远　见　成　就　未　来

GROUP

建 投 书 店 投 资 有 限 公 司

More than books

罗马传

СОВРЕМЕННЫЕ ПРОГУЛКИ ПО ДРЕВНЕМУ ГОРОДУ

〔俄〕维克托·松金 著 陈磊 译
Victor Sonkin

Здесь был
РИМ

GUANGXI NORMAL UNIVERSITY PRESS
广西师范大学出版社
·桂林·

LUOMA ZHUAN
罗马传

图书在版编目（CIP）数据

罗马传 /（俄罗斯）维克托·松金著；陈磊译. —桂林：广西师范大学出版社，2021.1（2021.12 重印）
ISBN 978-7-5598-2805-7

Ⅰ. ①罗… Ⅱ. ①维… ②陈… Ⅲ. ①城市史—罗马 Ⅳ. ①K546.9

中国版本图书馆 CIP 数据核字（2020）第 066882 号

广西师范大学出版社出版发行
（广西桂林市五里店路 9 号　邮政编码：541004
网址：http://www.bbtpress.com）
出版人：黄轩庄
全国新华书店经销
湛江南华印务有限公司印刷
（广东省湛江市霞山区绿塘路 61 号　邮政编码：524002）
开本：880 mm × 1 240 mm　1/32
印张：18.75　　图：223 幅　　字数：485 千字
2021 年 1 月第 1 版　　2021 年 12 月第 3 次印刷
定价：128.00 元

献给

米·列·加斯帕罗夫

（1935—2005）

最好的老师

目　录

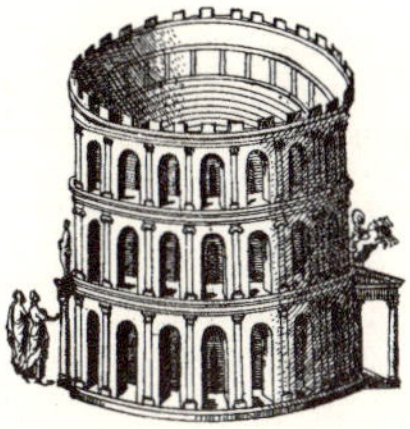

第九章 澡堂与墓穴

切利奥山与阿庇亚大道

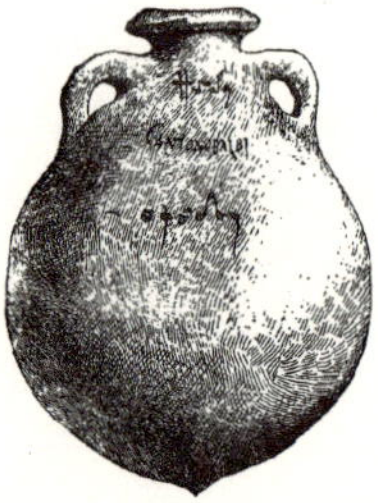

本书在讲什么？

在古埃及底比斯（现今卢克索）附近的尼罗河西岸，矗立着两尊半损的巨大石像。它们塑造的是法老阿蒙霍特普三世，但在古罗马时期，它们被称为“门农巨像”。门农是黎明女神厄俄斯之子、埃塞俄比亚国王，曾亲率部队前往支援命运多舛的特洛伊人，最终命丧阿喀琉斯之手。据传说，北边的石像会在黎明时分发出类似人的声音，仿佛在迎接母亲的到来。

在数个世纪里，门农巨像吸引了众多希腊和罗马游客，其中不乏名流。比如军队和罗马人民的宠儿、年轻的统帅日耳曼尼库斯，曾专赴埃及只为一睹巨像真容，罗马皇帝哈德良也曾在车队护送下到此一游。进入公元纪年的前两个世纪，门农巨像的巨足上已经写满百余篇类似“某某携某某到此一游”的题词，其中45篇为拉丁文，63篇为希腊文，还有两篇是双语的。

在此之后，人们对旅游的热爱和对历史的热忱交融得更加紧密。18世纪时，对古罗马宝藏的亲近演变成为具有固定行程的壮游；对英国人来说，不走上这么一趟，都不能说自己接受过完整教育。不过，壮游的行程较短，有别于现在诸如“意大利七日深度游”之类的旅游产品。

现如今，面向历史爱好者介绍某座城市或某个国家的书籍可分为两大类：一类专注于详尽地介绍遗址遗迹、建筑风格等；另一类立足于时间旅行，穿越到过去，向你解释如何在古罗马时期花上五塞斯特斯度过一天。

本书则试图兼顾两者：不仅会介绍那些冷冰冰的石头和地基（其实也没讲那么多），更会着重讲述它们背后的活生生的历史。你在意大利经济财政部大楼那里看不到任何遗址，可能会从边上漠然走过；但倘若知道当年这里是"罪恶之地"，是违背贞洁誓言的维斯塔祭司被活埋之地，而且遗骸至今还被埋在下面，那么你再从这里经过时也许就会有不同的感受了。

从古代作家的笔下和枯燥的教科书中挖掘出这些已经不再鲜活的人物，让他们重返当年曾经爱过、战斗过、嬉笑过、谈过买卖、耍过阴谋的地方——这就是本书的使命。如果你正准备前往"永恒之城"，心里充满了对古罗马的遐想，或者刚从那里返回，希望在家里重温旧梦，那么本书就是写给你的。

致　谢

马可·奥勒留不仅是一位罗马皇帝，也是一位斯多葛派哲学家，其哲学著作《沉思录》一开篇就历数他从一些人身上学到的东西和他对于知识的渴求："从我祖父威汝斯身上：优良品德和控制自己的脾气……从我母亲身上：虔诚和慷慨，以及节制……从我曾祖父身上：不要经常去公共学校，而是在家里受教于优秀的老师……从我的老师身上：不要加入竞技场的绿派或蓝派……从汝斯提库斯身上……从阿波罗尼奥斯身上……从语法学家亚历山大身上……"

古人非常清楚，一个人不是单独存在的，他所创造的成果是一代代人不停轮回、不断交流的一部分。我愿在这里向那些以不同方式促成本书诞生的人们表达感激之情。如果因健忘或粗心而有所遗漏，我在此先行表示歉意。

承蒙几位朋友或笔友在阅读本书部分章节或全部手稿后提出宝贵看法、修改建议、意见和希望。我深深感谢历史学家维克托利亚·梅列赫逊、记者朱利娅·施图吉娜、分析家安娜·切尔诺娃及其母亲伊丽娜，以及弗拉基米尔·卡普斯廷博士，感谢他们提出善意且富有批判性的意见。古典语言学家、文学批评家和翻译家格里戈里·达雪夫斯基细致地纠正了数处错误，提出了一系列有价值的建议。特别感谢记者奥尔嘉·格林克鲁格，她是多部罗马和佛罗伦萨旅游指南的作者、意大利旅游指南的编辑，她忘我地通读了几乎全部手稿；要是没有她的质疑、校对和修改，本书将逊色不少。

我现在和曾经的学生们是一些严苛的批评家。当我身陷难点，迟疑于语句组织、词源探究或拉丁文表述时，我经常去找他们中最吹毛求疵的几位寻求帮助。数学家和翻译家奥列格·波波夫、语言学家亚历山大·皮别尔斯基、文学研究家兼医务工作者安德烈·阿佐夫通读了我的手稿。遗憾的是，限于本书的体裁和篇幅，我无法详述这些宝贵的帮助。他们每一位都提出了大量有价值的意见并挑出了一连串的错误和偏差，安德烈甚至按照编辑规范梳理了所有标点符号。对于安德烈和奥列格帮助建立的 here-was-rome.com 网站，我也心存感激，该网站对本书起到了互动和补充作用。语言学家亚历山大·别尔吉切夫斯基校对了修辞和语法。当然，所有错误都由作者本人负责。

承蒙时任主编谢尔盖·帕尔霍门科主持的《环球》杂志社推动，本书才从模糊的想法最终变成图书。图书部编辑亚历山大·图罗夫负责把握全局，美术编辑莉迪亚·列维纳负责装帧设计。对于本书编辑朱利娅·列夫吉娜做出的贡献给予再高评价都不为过，我们的观点并不总是一致，但要是没有她的参与，这本书将变得不成样子；对于她在建筑方面所做的纠正，我尤其表示感谢。

在《环球》杂志社停止图书出版业务后，文集出版社（Corpus）的卓越团队在瓦尔瓦拉·格尔诺斯塔耶娃的率领下接手了这个项目。我对参与本书工作的出版社全体人员和所有外包工作人员表示深深谢意，他们是嘉亚内·阿鲁久尼扬、茵娜·扎亚夫林娜、伊丽娜·嘉切齐拉泽、叶普盖尼亚·科诺年科、康斯坦丁·米尔琴。美术设计师安德烈·邦达连科设计了典雅的版式并找到了很多有趣的插图，安德烈·孔达科夫则在版式非常复杂、需要与作者时不时交换意见的情况下，将版面变成了现实。感谢奥尔嘉·伊万诺娃精心细致的校对，感谢叶卡捷琳娜·弗拉基米尔斯卡娅如鹰一般敏锐的洞察和有条理且友善的支持。

与前人相比，当今的研究者掌握着一个具有不可思议力量和延展性的工具——网络。我无法历数在工作中求助过的、从谷歌到维基百科等所有网站，但有几个网站我想特别提一下：荷兰历史学家约纳·伦德林的网站 Livius.org，美国古罗马学者比尔·塞耶的包罗万象的网站 Lacus Curtius，以及由意大利退休石油工程师罗伯托·皮佩尔诺建立的、介绍罗马历史和现实的网站 Romeartlover.it。Ancientrome.ru 是俄罗斯介绍古希腊古罗马时期网站中使我受益最多的，特别是在搜索希腊文学和拉丁文学的俄语翻译时。

本书的前身是发表在网络杂志《信息爆炸》上的一系列随笔。感谢该项目的同事，特别是《信息爆炸》的策划人和组织者亚历山大·马留科夫。

境外的朋友给予了我不可估量的帮助。我要特别感谢《牛津罗马考古指南》的作者阿曼达·克拉里什、牛津大学阿什莫林博物馆负责人苏珊·沃克、罗马不列颠学院的罗伯特·寇茨-斯蒂文斯和考古学家乔瓦尼·里奇（他们两位带我参观了罗马最新的考古发现）、罗马法兰西学院的特蕾莎·德别利斯，以及绝无仅有的拉丁文标注的《罗马旅游指南》作者泰勒·林斯福。同时感谢莫斯科历史图书馆、伦敦大英图书馆和牛津大学博德利图书馆等几家图书馆的工作人员，我曾在他们那里苦苦探寻。

斯拉瓦·什维茨带我看了一些只有真正熟知罗马城的人才知道的神秘角落。鲁本斯基一家则将人生中第一次罗马城导游经验献给了我。

出色的美术设计师和可靠的朋友塔契扬娜·鲁西塔自项目启动之初就付出了远胜常人的努力、时间和热忱，并勇敢地承受着我的多事和没完没了的核对。本书中的平面示意图都是她的功劳。

感谢我的老朋友们和不是那么老的朋友们，叶普盖尼·金兹伯格、亚历山大·克拉斯诺夫、亚科夫·茹林斯基和茵娜·格洛舍娃、克谢尼雅·罗日杰斯特文斯卡娅、古罗马语言学家朱利娅·鲁戈娃和罗德尼·阿斯特，还有图书出版项目的守护神亚历山大·嘉夫利洛夫。对罗马人来说，“友谊”是个神圣的概念，我也将铭记这份友谊。

大多数情况下，每个人都会把最大的功劳归功于家庭。我很幸运，属于大多数人，本书也包含着我的家人奉献的汗水和挚爱。我的祖父、祖母、外祖父、外祖母是最早引领我接触书籍和世界文化宝藏的人；比如，正是从祖母维拉·维克托罗夫娜·多布隆拉沃娃那里，我第一次听到了米哈伊尔·库兹明的古罗马题材的诗歌（《难道不是吗？珍珠在醋中会溶解》）——这还是在白银时代的诗歌传播开来之前很久。我的父亲瓦伦汀·德米特里耶维奇·松金是生理学教授，在探寻深奥学术和进行清晰表达方面，他至今是我的榜样，他的妻子亚历山德拉·马可耶娃则是我教学授课事业中最忠实的宣传者之一。我的母亲柳波芙·谢尔盖耶夫娜·莎什科娃是资深编辑，她不仅在我童年时陪伴我阅读《古希腊的传说和神话》，还审读了本书的多个章节，让我感激不尽。很遗憾，我的继父瓦伦汀·维克托洛维奇·马京没有活到本书问世之时，他是个博学者、音乐迷和艺术鉴赏家。我的岳母嘉丽娜·雅科夫列芙娜和岳父列昂尼德·谢尔盖耶维奇·鲍里先科阅读了本书的数个章节，给予了有益的指正；他们两位，还有亚历山大和列昂尼德·涅马尔克兄弟不吝与我多次进行饶有趣味的历史讨论。我的兄弟们，数学家弗拉基米尔和心理学家维塔利，以他们对罗马的求知态度支持了我；对于他们两位和他们的夫人（克塞尼娅和安娜），我欠了不少情。我的第一任妻子奥尔嘉·普罗霍洛娃自始至终地鼓励着我的文学和新闻创作。我的大儿子瓦西里和他的妻子达利雅选择罗马作为新婚旅行的终点站，颇合我意；而小儿子米哈伊尔毫无怨言地用了一周时间陪我走遍罗马的名胜古迹。我的小妹妹叶莲娜不久前去了罗马，希望她也会爱上这座“永恒之城”。若是本书能引起我的孩子们的兴趣，那我认为它的教育功能已经算圆满了。

我的妻子兼战友亚历山德拉·鲍里先科对本书的问世做出了最为巨大的贡献。她参与了每一章节的讨论，经受了出版过程的煎熬，陪我走过了破晓前罗马无人的街巷，陪我不停地共同创作——她事实上是本书的合著者。要是没有她的支持和耐心，本书将无法面世。

本书的面世还少不了一个人的支持，米哈伊尔·列昂诺维奇·加斯帕罗夫院士，他是学者、智者、近几十年来俄罗斯最出色的修辞学家。他擅长以无人能及的方式表达复杂的意思。作为一本介绍他所钟爱的古罗马的图书，本书就聊作怀念米哈伊尔·列昂诺维奇的小小礼物吧。

古罗马史概要

公元前8世纪中叶（或早些或晚些，传统上认为罗马建城日为公元前753年4月21日），意大利中部的数个部落选中一片河流道路的交汇之地定居了下来。这片土地易守难攻：一侧是山丘，另一侧是台伯河。此外，还可以向途经此地去往海路的商贾收取过路费。

在建城之初的几个世纪里，罗马慢慢由部落联盟演变为真正的城市，筑起了城墙、驻扎了军队、建起了庙宇、拥有了自己的神话传说。据传说，最最古老的罗马王国由国王统治。现在我们已经无从分辨王政时期的传说有多少是臆想，又有多少是事实了。

公元前510年，性丑闻葬送了这个王国，至少罗马人自己是这么讲的。贵族们不满于王子的猥亵行径，将国王和王室成员逐出了城。罗马共和国得以创立，每年选举执政官掌管最高执政权。罗马的权力制衡体系如此之复杂，以至于法学家们至今仍在不吝笔墨地阐述，但仍有很多疑问尚未厘清。

几个标榜自己历史悠久、血统纯正的家族长期把持罗马政权。但随着国家发展，其他社会阶层出身的人也开始觊觎权力。为了打破贵族们对此的垄断，平民们一次次举行声势浩大的游行，威胁要迁离罗马，在邻近地区另寻佳地自建国家。随着危机消弭，贵族与平民的关系也不再那么水火不容。

台伯河谷很快就容纳不下这个年轻的国家，周边部落陆续加盟罗马政权，随后意大利半岛的剩下部分也被并入进来。半岛上最后被罗马征服的是南部的希腊城市，也就是所谓的“大希腊”。

公元前3世纪中叶，罗马为登上地中海大舞台做好了准备。但它的竞争对手迦太基也出现了，这是一个由近东的腓尼基人在非洲北海岸（现今突尼斯）建立的王国。两强的首次碰撞以划分各自势力范围收场，而此时的罗马人已经拥有了自己的舰队。在第二次布匿战争中，罗马的历史险些被终结：要是在坎尼战役惨败后，罗马人未能积蓄起力量并击溃来势汹汹的敌人，欧洲文明史恐怕就要被彻底改写了。与迦太基的第三次布匿战争几乎演变成一次扫荡：罗马人彻底击溃了苟延残喘的对手，控制了迦太基此前的势力范围——西西里、西班牙和北非一部分。

尽管战事胜利了，罗马的经济发展却不太顺利，廉价的奴隶劳动力自新领地涌入导致意大利本土出现了就业和支付危机。贵族出身的格拉古兄弟试图推行土地改革和其他一系列新政，却遭到富有贵族的抵制。格拉古兄弟的改革方案最终在很大程度上得以实现，但兄弟二人都丧命于暴徒之手。

罗马共和时期的最后百年充斥着恐怖和血腥。在国家不断扩张的边界上，战争从未停息。罗马内部的政治力量失去平衡，寡头与平民势力凶狠对抗，国家凋敝，人民期盼铁腕人物的出现。他们的等待并不漫长。罗马的新一代政治家意识到，在这个摇摇欲坠的国家中，无论是喧闹嘈杂的公民大会，还是巧言善辩的元老院都左右不了政治，只有军人的长剑才管用。独裁官你方唱罢我登场，连带清洗前任的追随者，外加没收财产。当前途无量的统帅朱利乌斯·恺撒与另两名角逐最高权力的对手结为三巨头同盟，并远赴高卢（现今法国）征服蛮族时，反反复复的血腥内战似乎即将终结。但九年后，恺撒率领在高卢战争中得到淬炼的精兵，调转枪头，进军罗马。纷争再起，恺撒最终击败其他竞争对手，却未能享受到胜利的果实。他缺少治理国家的明确规划，而对手们认为他是在觊觎王位。罗马人对国王的袍服有着强烈的过敏症，公元前44年3月15日，共和制度的维护者策动阴谋，暗杀了恺撒。

共和国并未因此得到挽救：共和派与恺撒的追随者打起了又一场内战，共和派随后败北。十年后，恺撒派内部再起硝烟：老将安东尼与恺撒的甥孙兼养子——年轻的屋大维一决雌雄。埃及艳后克利奥帕特拉与希腊东部地区的支持最终未能挽救安东尼，屋大维取胜，成为唯一的、无可争议的主事者。

当共和制向帝制过渡之时，罗马的领土扩张首次遇到了不可逾越的障碍：罗马人在近东的安息帝国遭遇惨败，另一场溃败则发生在日耳曼。这两场大败终止了罗马边界向东南和北方扩张的步伐。

屋大维（公元前27年获得“奥古斯都”之称号）是一位圆滑且富有远见的政治家。他不试图取消共和体制和官职，从不自称皇帝或独裁官，似乎是凭借道德威望在统治国家。但当年事已高的屋大维热切地着手物色继承人时，大家才明白过来，重返旧时的共和自由体制已是无望了。

奥古斯都确立的体制使得国家命运密切仰赖于最高统治者的个人品质。“昏君”治下诸事不顺：尼禄烧毁了罗马城并肆意处决忤逆之人，卡利古拉将马牵入元老院并导演了小丑般的远征；“贤君”治下则福利增长，税收顺畅，行省繁荣。公元2世纪初，图拉真时期的罗马疆界扩张到极致，达到了罗马人所知世界的几乎所有角落：从荷兰到埃及，从葡萄牙到亚美尼亚。

公元3世纪，国家遭遇系统性危机。疆界在蛮族进逼下步步后退，商业停滞，出生率下降。传统的罗马宗教被包括犹太教及其衍生的基督教在内的东方信仰所挤占。“士兵皇帝”（常常是出身外省的平民，被军队拥立才登上帝位）如走马灯般交替，几乎无人得以善终。最终，戴克里先果断重组了从税收到行政区划等国家制度。戴克里先已经不在意是否保留共和制的门面，也正是他把帝国一分为二，以便更好地进行防御。

东罗马帝国（史称拜占庭帝国）此后延续了超过一千年。西罗马帝国则国祚不长。几乎完全由蛮族雇佣兵组成的军队终究不能，或者也不想抵御边疆受到的侵袭。公元476年传统上被认为是古罗马历史终结之年，那一年日耳曼首领奥多亚塞废黜了西罗马末代皇帝——一个名为罗慕路斯·奥古斯都路斯的小男孩。

罗马传

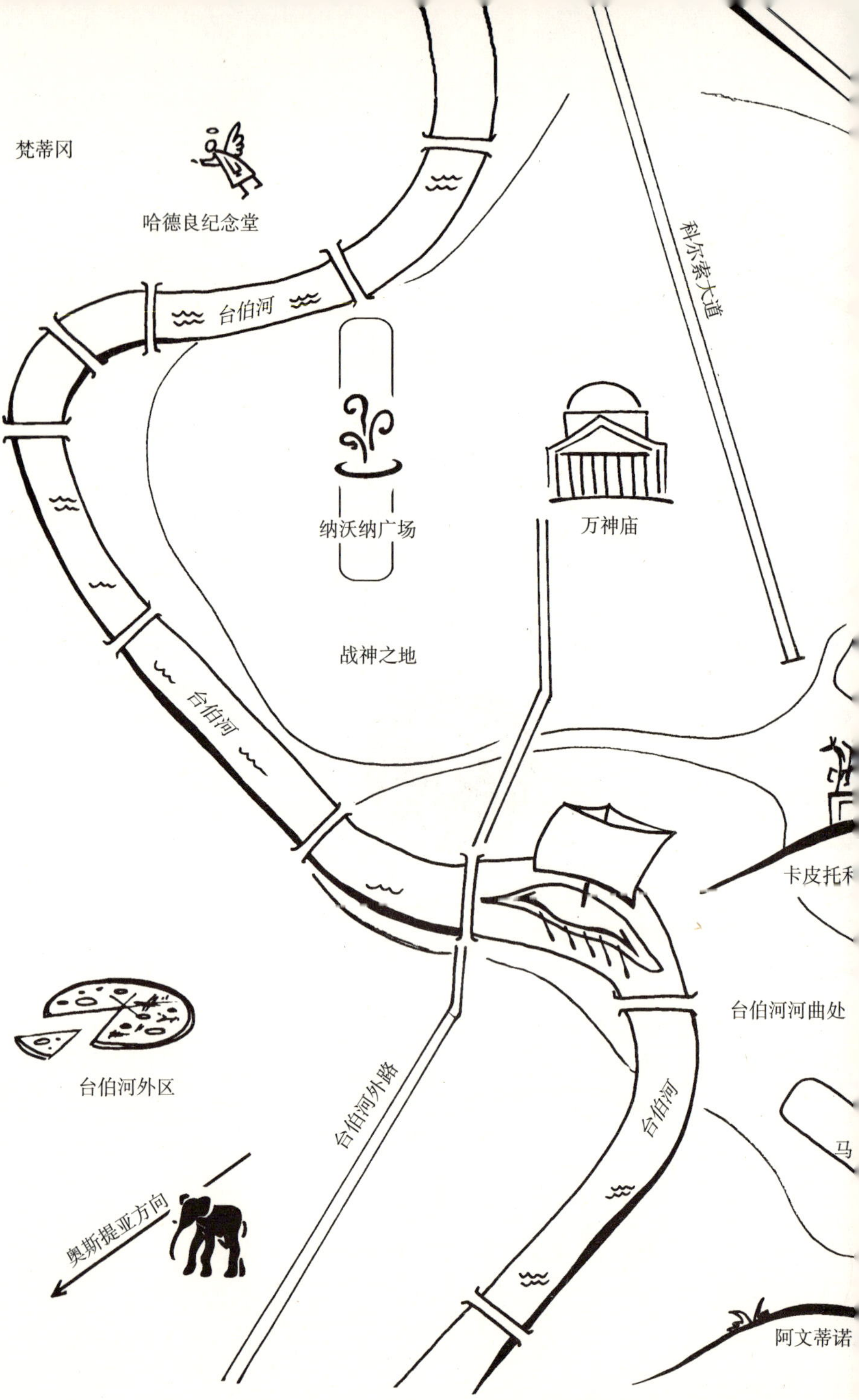
梵蒂冈
哈德良纪念堂
台伯河
科尔索大道
万神庙
纳沃纳广场
战神之地
台伯河
卡皮托利
台伯河河曲处
台伯河外区
台伯河外路
台伯河
马
奥斯提亚方向
阿文蒂诺

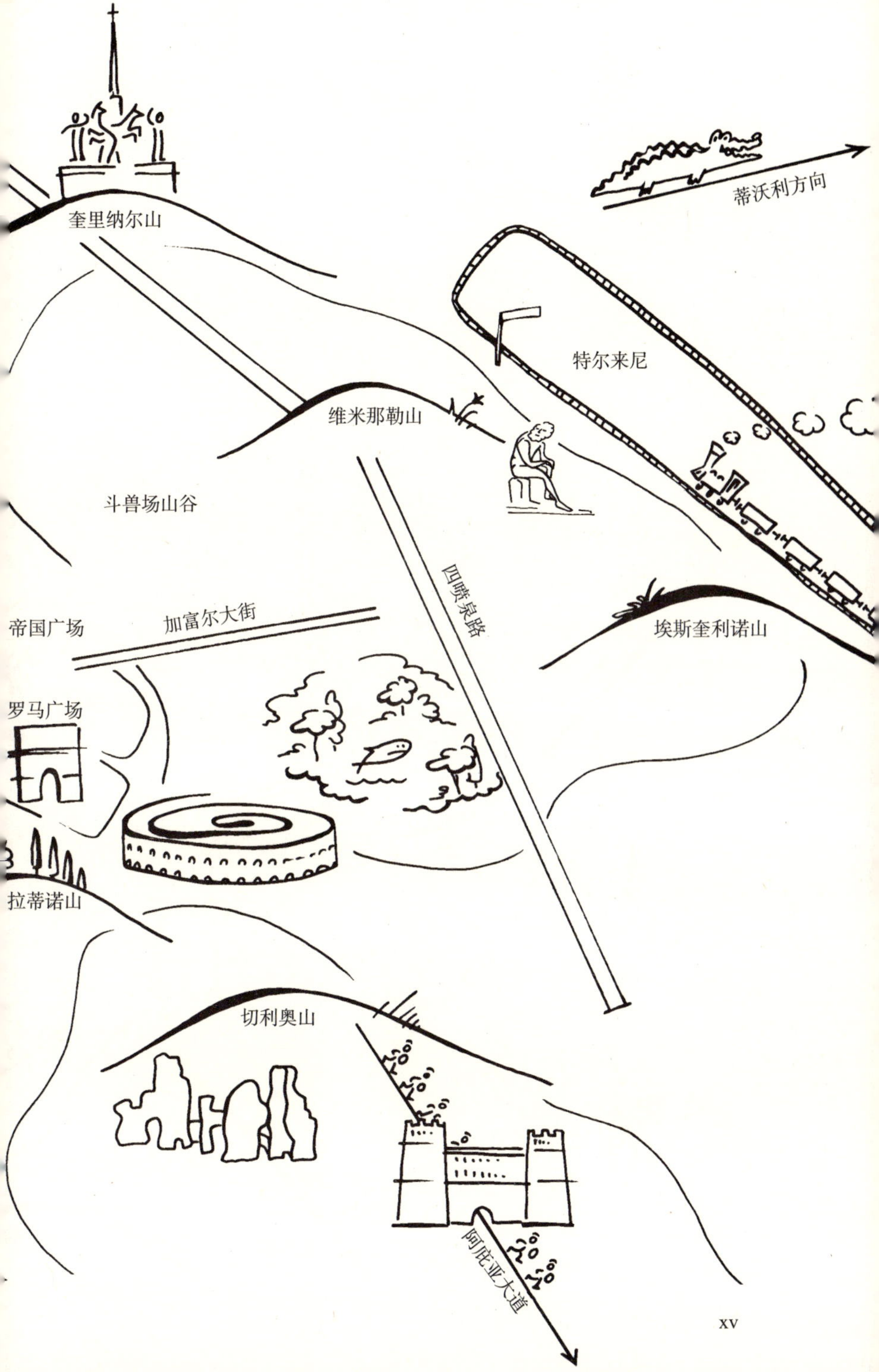
奎里纳尔山
蒂沃利方向
特尔来尼
维米那勒山
斗兽场山谷
四喷泉路
埃斯奎利诺山
帝国广场
加富尔大街
罗马广场
拉蒂诺山
切利奥山
阿庇亚大道

这里有我神圣的家，这里有我崇拜的家神，这里对我来说就是罗马。

——卢坎《法萨里亚》

这里就是真正的罗马，一个无人能够想象其最辉煌灿烂之时模样的罗马。

——查尔斯·狄更斯《意大利风光》

简言之，他立即开始独立行动，死死盯住罗马城看，就像每个初来乍到的外国人。他先是对其零散而不够光鲜的外表、对其斑斑驳驳的建筑大吃一惊，接着从一条窄巷撞进另一条窄巷，莫名其妙地自问道：“那个宏伟的古罗马到底在哪里？”然后当他已经认清了它，那个古罗马就渐次从逼仄的街巷中跃然而出了……

——尼·瓦·果戈里《罗马》

第一章

罗马的心脏

古罗马广场

几乎所有的罗马旅行指南都从介绍古罗马广场开始，也可以说，几乎每一位作者都觉得有必要为那些既不方便参观也不容易弄明白的残垣断壁向读者道歉。或许其中最直白的是《牛津罗马考古指南》的作者阿曼达·克拉里什的观察："今天，这个区域看上去就像被炸弹炸过一般。"

这种情绪并不新鲜。两百年前，她的同胞拜伦勋爵就说过类似的话：

> 一片乱糟糟的废墟！在这双重的暗夜中，又有谁能突破黑暗，
> 像在黑乎乎的残块上投下一道月光一样心中一亮，
> 然后说，"这里曾经是，或现在是罗马"？[1]

诗人所说的"双重的暗夜"是指岁月的暗夜和由此引发的无知的暗夜。对于前者，我们或许已无能为力；对于后者，我们可以试着点亮一些（或者，正如另一本旅行指南的作者所说，"可以帮你补充一点古罗马

[1] Lord Byron, *Childe Harold's Pilgrimage*, 4.80.

古罗马广场
元老院会堂
黑石
韦斯巴芗和
提图斯神庙
塞维鲁凯旋门
福卡斯圆
演讲台
纪念圆柱
农神庙
朱利亚巴西利卡
十二主神柱廊
100 米

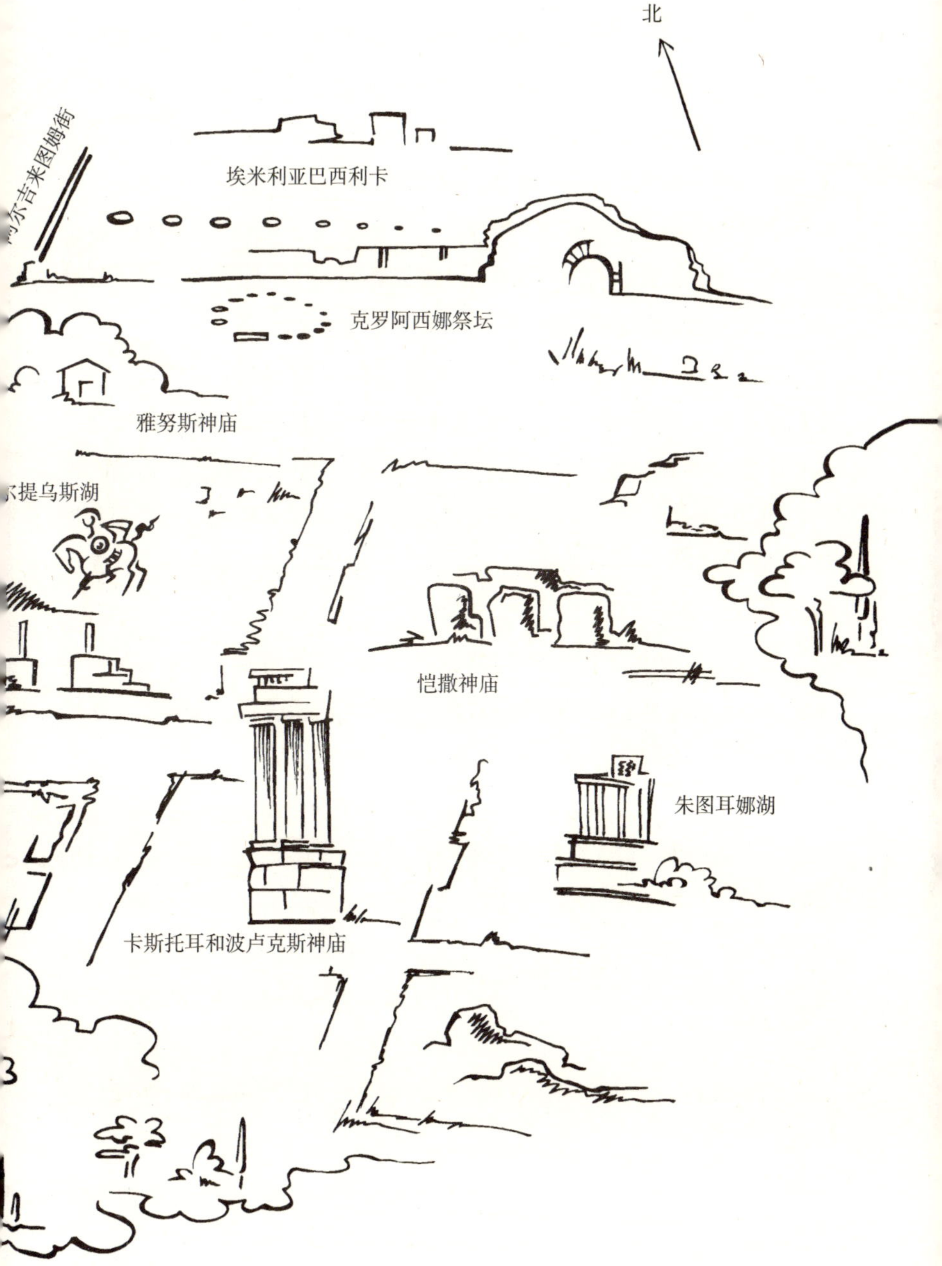
北
尔吉来图姆街
埃米利亚巴西利卡
克罗阿西娜祭坛
雅努斯神庙
提乌斯湖
恺撒神庙
朱图耳娜湖
卡斯托耳和波卢克斯神庙

历史”）。毕竟，世界上没有哪个公共广场能在历史重要性上与它相媲美（这也是所有旅游指南的作者都会提到的另一点）。

首先，到底什么是“古罗马广场”？它是一个大致东西走向的巨大长方形区域，西至卡皮托利诺山，南至帕拉蒂诺山，北至几个以古罗马皇帝命名的广场（以及帝国广场大道），东面几乎延伸到斗兽场。在很多书中，只有长方形的西半部被认为是严格意义上的古罗马广场。延续这个传统，我们将在下一章中介绍圣道上的古迹。

其次，旅行指南并没有说谎：全世界确实很难再找出这么一片几乎每寸土地上都聚集了大量重大历史事件的地方。文艺复兴时期作家波焦·布拉乔利尼曾这样描述自己在15世纪20年代游览广场时的样子：“耳边传来了那个年代宣读元老院决议的声音，脑海中想象着克拉苏、霍腾修斯、西塞罗的演讲，这一切让我时不时地灵魂出窍，目瞪口呆。”[1]

18世纪历史学家爱德华·吉本在追忆自己的壮游岁月时也有类似的体验：“25年过去了，我还是无法忘记，也无法描述第一次靠近‘永恒之城’并步入城中时，向我头脑袭来的那种强烈情感。在一夜无眠后，我隆重地步入广场废墟，一边走在那些罗慕路斯曾站立过、图利乌斯曾演讲过、恺撒曾丧命于此的纪念地上，一边行使着我的注目礼。”[2]我们现在对古罗马广场古迹的了解远比文艺复兴时期人们知道的要多，其实元老院并不在布拉乔利尼以为的地方，恺撒也根本不是在古罗马广场被杀害的。但有一点从未改变：世界上还是很难找到第二个如此浓缩历史的地方。

同时我们需要意识到，恺撒和西塞罗（更别说罗慕路斯）当年的所

[1] Poggio Bracciolini, *De Varietate Fortunae*, Book I, cited in Frances Muecke, “Humanists in the Roman Forum,” *Papers of the British School at Rome*, Vol. 71 (2003), pp. 207-233.

[2] Edward Gibbon, *Memoirs of the Life and Writings of Edward Gibbon* (1789).

见，在今日的古罗马广场是看不到的（更准确地说，它们是被深深地掩埋在了地下）。在最乐观的情形中，这里的最古老遗迹会是那些帝国晚期的建筑。（一位知名古典学者就在访问罗马时拒绝前往古罗马广场：“这些是帝国时期的建筑，在我的书中实际相当于现代主义。”）好消息是，罗马人非常保守，在修复甚至重建时都会尽量保留原貌。但同样，这是最乐观的情形：这里至少一半古迹的外观要归功于 19 世纪和 20 世纪的激进修复。

在史前时期，古罗马广场所在地是一片山丘间的沼泽洼地。它最古老的历史遗迹并不在广场中央，而在其周边：它们偎依在卡皮托利诺山和帕拉蒂诺山的山脚下。在将来成为安东尼和福斯蒂娜神庙的地方是一片墓地（在有史以后，罗马人几乎不会将逝者葬于城内）。一条小溪穿过沼泽。后来人们将沼泽排干，用石头铺砌成广场，沿着广场铺设了第一条道路（后来被命名为圣道），小溪则隐入地下。

这里逐渐从主要市场转变成为社会和政治生活的枢纽：元老院在此召集，法律在此通过，联盟在此酝酿，战与和在此决定。随着共和国日薄西山，帝国统治逐渐确立，古罗马广场的这些作用也成为历史。但它的外观变得更加宏伟，尽管附近又出现了一连串新的帝国广场，它作为“罗马广场”或“大广场”的地位依然不可撼动。

当罗马帝国在蛮族的侵袭之下日渐衰落时，罗马城的居民也纷纷逃离，剩下的未及鼎盛时期之百一，并且都聚居到了远离古罗马广场的战神之地。古迹逐渐开始倾颓。永恒之城终究未能躲开各种自然和政治灾难：847 年和 1231 年，发生了两次毁灭性地震；1084 年，诺曼人罗贝尔·吉斯卡尔率军屠城。但生活还在继续：中世纪的贵族们依托着古代凯旋门加盖起自己的城堡，修道士们则将异教徒的神庙改换成基督教的教堂。文艺复兴时期，古罗马广场的古代遗迹摇身成为一个采石场，教廷的工人和建筑师们毫不脸红地从那里运出大理石和其他珍贵材料用于

17 世纪中叶“奶牛牧场”的样貌（版画，乔瓦尼·巴蒂斯塔·皮拉内西作）

新建筑。17 和 18 世纪，在文艺复兴建设热潮消退后，古罗马广场成了市内最僻静、最具田园风情的地方之一，在众多游客和画家口中被称为“奶牛牧场”（Campo Vaccino）。

对古罗马广场的系统性发掘始于 19 世纪初，一百年后，考古学家几乎成了这里唯一的主宰。住宅被拆迁，中世纪城堡被移除，教堂被关闭。进入 20 世纪，古罗马广场渐渐变成我们熟悉的露天考古区。现如今，在保护古代遗迹时，人们强调要保护各个时期具有艺术价值的痕迹，但这个洞见对古罗马广场来说无甚用处：为了寻找古罗马文物，考古学家已经破坏了几乎所有在那之上的土层。

古罗马广场考古区的主入口位于帝国广场大道一侧。从元老院会堂和埃米利亚巴西利卡之间穿过，游客会走在一条古罗马的商业街上，阿尔吉来图姆街（Argiletum，得名于意为“黏土”的“argilla”一词，因为附近可采挖黏土）。商业街穿过古罗马广场的那部分就是集议场，即举办公民大会的地方。在集议场周围，环绕坐落着古罗马广场最古老、最神秘的历史遗迹。在逐个介绍这些古迹之前，我们先回忆一下那些发生在罗马最古老岁月里的情景。

古代诸王

“罗马最初是在国王统治下的一个城邦”，最伟大的古罗马文学和历史著作——塔西佗的《编年史》开头如是说。[1] 对罗马人来说，这个简单的事实无可争议且充满传奇色彩。一方面，罗马王政时期的历史众所周知：共有七王，自建城之日即开始统治。通常认为罗马建城于公元前 753 年（甚至具体到 4 月 21 日这一天，直到现在，这一天仍被作为城市诞生之日加以庆祝）。另一方面，在公元前 510 年至公元前 509 年间，在卢西乌斯·朱尼乌斯·布鲁图斯的领导下，贵族们将末代国王驱逐出城并创立共和国。自公元前 509 年起，历任执政官和其他民选官员（高级官员）的名录就记载在共和国档案中，这些名录（执政官年表）被保存到了后世。历史学家倾向于承认它们是真的：在共和国早期的高级官员中，有很多名字是不见于其他文献的。要是这些名录确实曾被后来的某个“真理部”篡改过，那么当时的当权者也许很难抵抗诱惑不把自己追认的先祖加进去。罗马王政时期的档案，即便曾经有过，也可能于公元

[1] Tacitus, *Annals*, 1.1.

前390年在高卢人的劫掠中被毁于一旦。

16世纪中叶，执政官年表和凯旋年表（得胜后获准在罗马城举办隆重凯旋式的将军名录）在50余个大理石残块上被发现。当时，新出土大理石的命运，最好是被拿去装饰教堂和宫殿，最坏则是被烧制成石灰。教廷的图书馆员奥诺弗里奥·潘维尼奥和好友米开朗基罗抢救下了这批文献，为后世保存下这一珍贵历史。这些残块（新残块陆续出现，一直持续到19世纪末）被小心地拼凑起来，保存于现今的卡皮托利诺博物馆，又被称为“卡皮托利诺年表”。

第一位罗马国王是建城者罗慕路斯。他（和孪生兄弟雷穆斯）的一生犹如神话，包含神话需要的所有元素：篡权（双胞胎的外公努米托尔被其弟弟阿穆利乌斯篡位）；诅咒（阿穆利乌斯获知自己的侄孙将夺回王位的预言）；企图永绝后患（阿穆利乌斯杀死侄子，强迫侄女瑞亚·西尔维亚去做需要遵守童贞誓言的维斯塔祭司）；以及当然，阴谋没有得逞（西尔维亚遭受强暴并怀孕，据她本人称，这是战神马耳斯所为）；蓄意谋杀（双胞胎兄弟被抛弃在河边）；神奇获救（罗慕路斯和雷穆斯被母狼发现并喂奶）；秘密抚育（孩子们在牧羊人家庭中成长，并不知晓自己的王族身份）；推翻并杀死叔公；最后兄弟相残，雷穆斯死于罗慕路斯之手。有趣的是，进入文明时期后，罗马人反倒不那么笃信古老传说了。比如，历史学家李维就对双胞胎兄

弟的神圣出身持怀疑态度。他认为，西尔维亚要么患上了妄想症，相信是战神马耳斯夺去了她的贞洁，要么托词于被神明强暴以显得不那么丢人。李维还大胆推断，孩子们的养母，即牧羊人的妻子劳伦缇雅，被其他牧羊人昵称为“母狼”（实指行为轻浮的女人），神奇获救的传说也由此而来。

在复仇之后，罗慕路斯和雷穆斯决定另觅地方，建立自己的城市。对于具体地点，他们却争执不下，毕竟多年以来，他们一直旗鼓相当。双方便商定通过鸟占决定：看上天向谁发送更明确的预兆，就听谁的。罗慕路斯选在帕拉蒂诺山，雷穆斯则选在南边不远的阿文蒂诺山。在雷穆斯的区域，飞鸟出现得更早；在罗慕路斯那里，飞鸟的数量却要多上一倍。双方各执一词。在随后的口角中，罗慕路斯杀死了兄弟并独掌大权。对于雷穆斯的死，还流传着另一种说法：口头争执不下，罗慕路斯便开始挖沟建墙；似乎是为了取笑兄弟的工程方案，雷穆斯从新的围墙上翻越了过去。结果，罗慕路斯杀死了兄弟，并放话说：“敢越我城墙，这就是他们的下场。”

一开始，罗马城居民很少。为了聚集人气，罗慕路斯使出了一个雄心勃勃的新兴国家惯用的手段：他设立一个庇护所，收留那些流离失所、逃亡在外或对命运不满的人。于是，从周边涌入了大量急切的人群。这时又出现了一个新的人口问题：在涌入新城的人当中，男人比女人多了好几倍，原因可以理解。罗慕路斯向各邻居部落派遣使者，请求他们将女孩子嫁给罗马人为妻，但对方对这些拉丁人土匪和强盗心存警惕，嘲笑地建议罗慕路斯再开一个收留女性的避难所。罗慕路斯转而召集周边部落来参加体育比赛，受好奇心驱使，对方纷纷前来参加。邻居萨宾人更是带着老婆孩子而来。突然间，罗马小伙子按照预定信号抢走了萨宾女人来当自己的新娘。受到侮辱的萨宾人向罗马人发动了战争。当战事正酣时，已经“嫁鸡随鸡”的萨宾妇女们“跑到两军之间，试图阻止战

萨宾妇女分开交战双方

斗继续，并劝说一边的父亲和另一边的丈夫冷静下来”，历史学家李维记述道。[1] 如此一来，罗马人和萨宾人只得修好，罗慕路斯与萨宾人首领提图斯·塔提乌斯同掌大权。在他们的统治下，罗马已显现出帝国性格，成功地将周边数个城邦纳入麾下。

下一位国王努玛·彭庇利乌斯，虔诚而贤明。传说他是毕达哥拉斯的学生，但当古罗马历史学家开始计算年代时，他们意识到，200 年的时间差距是无论如何也弥合不了的（李维也纳闷，他们应该使用何种语言交流）。努玛被认为是这个国家几乎所有宗教制度（包括祭司团和历法等）的奠基者。下一位国王图路斯·荷斯提利乌斯则正好相反，他残忍且好战（他的姓氏“Hostilius”在拉丁文中意为“怀有敌意的”）。在他治下，罗马向宗主国阿尔巴隆加宣战。正如在那个英雄时代常做的，争端通过决斗来解决——贺拉提乌斯三兄弟对阵库里亚提乌斯三兄弟（我们将在第九章的“阿庇亚大道”一节中详细介绍，那是决斗的发生地）。最终，罗马人获得了胜利，阿尔巴隆加被纳入罗马统治。

下一位国王安库斯·马尔西乌斯是萨宾人后裔。他将罗马属地扩张到了第勒尼安海，并在台伯河口建立了港口奥斯提亚。之后的国王老塔奎尼乌斯是伊达拉里亚人移民，他在罗马创设了竞技和娱乐项目，增加了元老的人数，加强了骑兵队，并在与外敌的战争中战绩显赫——据某位历史学家考证，对手甚至包括他原来的族人。

第六位国王塞尔维乌斯·图利乌斯是最为神秘的一位统治者。他的出身问题一直迷雾重重（稍后我们再谈）。在他治下，罗马社会得到彻底重组。英语“census”一词意指“人口登记”，俄语类似的词“ценз”则含义更宽泛，指按照特定社会属性（财产、年龄、教育程度等）进行登记。这是因为拉丁语的“census”一词含有两层意思——登记人口及

[1] Livy, *History of Rome*, 1.13.

其财产。有史以来头一回，塞尔维乌斯为罗马完成了这一基础性工作。然后，他根据财产将所有应服役的男子——不分平民和贵族——分为五个等级，每个等级都要求募集不同数量和装备的军队。实质上，塞尔维乌斯的这一改革奠定了罗马公民权的概念。

罗马末代国王名为高傲者塔奎尼乌斯。他是老塔奎尼乌斯的儿子、塞尔维乌斯的女婿，后来杀死岳父，以武力夺取王位。在他治下，罗马战事顺遂，成为意大利中部主要的军事和政治力量。狂放的家风使塔奎尼乌斯遭到了报应：他的儿子塞克斯图斯玷污了品德高尚的卢克蕾提娅——一位亲戚的妻子；卢克蕾提娅召集家族众人讲述了此事，而后自杀明志，这让在座一人忍无可忍，他就是卢西乌斯·朱尼乌斯·布鲁图斯。

但以上所述种种并不是真的。无论如何，历史实际上不可能是罗马传统所描述的那样。罗慕路斯几乎可以确定是一个神话人物，他的名字应该是由城市名倒推而来的。这个国王担心王位被推翻、真正的王位继承人因母狼神奇获救以及预言最终实现的故事是如此套路化，这里毋须多言，这类神话司空见惯。另一方面，这个神话受到人们的广泛尊重。毫无疑问，在古代大多数时候，罗慕路斯和雷穆斯的传说众所周知。

或许，古罗马诸王的主要问题在于传统上王政时期的长度与国王数量（这个数目本身就可疑：实在凑得太好了）的比率。七位国王共计在位 244 年（平均每位在位 35 年！），这种情形后无来者，再也没有一个拥有诸多长期统治者的王朝，因此，数据的可信度就很成问题了。许多研究者，尤其是在疑古盛行的 19 世纪，甚至质疑古罗马是否存在过王权，从而将有关王政时期的传统说法统统斥为不可靠。此外，按照现代欧洲人的观念，君主制是世袭的。现如今，在哪怕最民主的君主立宪制国家，国王和王后也不是选出来的。但古罗马君主制有所不同：国王是选出来的，并且是全民直选。（这种继位的不确定性在几个世纪后的帝国时期再次出现，经常给皇帝所爱之人和国家带来灾难性后果。）当然，人选由元老院提名，但公民大会能够拒绝提名人选，至少在理论上如此。公民大会说“不”的机会不只有一次，而是有两次：一次是通过提名人选时，另一次是在授予新王大权（imperium）时。完成这整个程序（包括询问神明意志）期间，所有权力由从元老中推举的“摄政”（interrex）代行，“摄政”元老掌权五天，然后交给下一位，直到选出新国王。

传说中的七位国王没有一位是贵族。有些还明显是外来户：塔奎尼乌斯父子来自伊达拉里亚，塞尔维乌斯·图利乌斯则不知从何而来。个别学者提出王权的继承是基于母系，但这一观点缺乏史料的足够支撑。

围绕古罗马诸王的名字的传说基本上属于神话范畴，但归功于他们的成就、战功、建筑等则实际存在过。

集议场与元老院会堂

在王政时期和共和早期，对古罗马广场乃至整个罗马而言，最重要的地方是集议场，即召开公民大会的地方。这是一片露天场地，有时（想必天气不好）会在上空搭起幔帐。后来，这里建起类似露天圆形剧场的建筑，来自罗马不同部落的代表可在台阶上投票。罗马人开会是站在台阶上，而不是坐着；东方的希腊人习惯坐着开群众大会被视为娇气（除了在元老院）。

只要由祭司举行过净化仪式，罗马的任何一块露天场地都可成为圣地。经净化的地方被称为“templum”，常被译为“神庙”。这一不寻常的措词让后世考古学家一直认为集议场是一处建筑，并试图找寻其遗迹。

在集议场上，曾矗立过几尊纪念罗马英雄的雕像和一株不寻常的无花果树，后者是为了纪念另一株传说中的无花果树——当初母狼正是在其下发现了罗慕路斯和雷穆斯。如果树枯萎了，这会被认为是一个重要的预兆，祭司便会郑重地补栽上一株新树。

在集议场与广场之间（有可能是现在塞维鲁凯旋门的位置）有一片开阔地，提供给外国使者使用。这是一个尊贵的地方，但它的名称不太雅致，“Graecostasis”（翻译过来大意是“希腊人站的地方”），因为外国使者通常来自讲希腊语的东方。

按照李维的说法，集议场是“元老院会堂的门廊”。第一座元老院会堂据说由王政时期的图路斯·荷斯提利乌斯所建，然后一直沿用到共和时期。公元前 100 年，在朱利乌斯·恺撒出生之年，这里成为保民官和人民的宠儿卢西乌斯·萨图尔尼努斯遭受迫害的地方。当时罗马共和国已是一片混乱。独裁官马略几乎集所有权力于一身，他对自己的盟友萨图尔尼努斯和格劳西亚亏欠良多，这两人的平民派活动又使得马略在贵族中越来越处于两难境地。当萨图尔尼努斯和格劳西亚的支持者杀死了对两人不利的执政官候选人时，元老院极度不满，授权马略出面解决此事。马略左右为难，他仿佛要被撕成两半：某天晚上，两拨人来拜访他，一派是要求严惩萨图尔尼努斯的元老们，一派是试图摆平元老们的萨图尔尼努斯。马略借口闹肚子，从自己房子的一侧跑到另一侧，无耻地向双方扯起了谎话。第二天，在古罗马广场爆发了真正的战斗。萨图尔尼努斯和支持者们打了败仗，逃至卡皮托利诺山据守；对手切断了交通，萨图尔尼努斯一派没有粮食和水，只得投降。萨图尔尼努斯做了俘虏，他

演说家所熟悉的建筑或其他场所，可被他们作为记忆技巧用在演讲活动中。演讲者在脑海中将演讲的各部分内容放置在房间的不同角落，然后在演讲过程中通过想象这个房间来回忆起接下来要说的。

被押解至会堂，将交由元老审判。然而，怒火中烧的贵族青年爬上屋顶，掀开窟窿，用石块先砸死了他。

公元前 80 年，卢西乌斯·科尔内利乌斯·苏拉——下一位富有群众魅力的领导人——对荷斯提里亚会堂（即荷斯提利乌斯的会堂）进行了扩建，但扩建后并未保存太久：30 年后，克劳狄乌斯与米洛两派政治力量的斗争激化，演变成为各自支持者的街头械斗。某日，在阿庇亚大道上，米洛的追随者偶遇克劳狄乌斯本人并杀死了他。克劳狄乌斯的支持者悲愤不已，他们将领袖的遗体运至科尔内利亚会堂，在那里举行了火葬。一不小心，火势蔓延，这座古老的建筑被毁于一旦。

西塞罗的哲学对话录《论至善和至恶》中，一位谈话者说道："对我自己而言，只要一看到我们的会堂（我指的是荷斯提里亚会堂，而不是现在这座新建筑，后者在我看来扩大后反而变小了），我就会想起大西庇阿、老加图、莱利乌斯……这些场所就具有这样的提示性力量。"[1]

[1] Cicero, *On the Ends of Good and Evil*, 5.1.

罗马人名

在史前时期，每位罗马人只有一个名字（比如 Romulus 或 Remus），但进入历史时期后，每位自爱的罗马公民都有三个名字：个人名、氏族名和家族名。比如 Gaius Julius Caesar 或 Publius Ovidius Naso。个人名总共没多少，大约二三十个，常见的更是屈指可数：比如 Gaius (C)、Marcus (M)、Lucius (L)、Publius (P)、Gneus (Cn)、Quintus (Q)、Sextus (Sex) 等。氏族名源远流长，可追溯至氏族的祖先。它以“-ius”或“-aeus”结尾：比如 Julius、Claudius、Horatius、Cornelius 和 Annaeus 等。从起源上讲，家族名是氏族支系（家族）的祖先当年获得的绰号，比如 Ahenobarbus（“红胡子”）、Cicero（“鹰嘴豆”）、Celer（“快”）、Brutus(“重”)、Scipio(“杆”)。在历史的长河中，家族名的含义有时会失落，比如我们已经无从得知 Caesar 或 Cato 的含义。

家族名父子相传。鉴于某些特殊的成就，一个公民还可以获得一个额外的附加名。比如，Creticus 或 Africanus，分别表明其主人在克里特或非洲取得过显赫战功。这种头衔有时是过世后追授的。比如，小加图——罗马共和国的捍卫者之一——在后世便被称为 Marcus Porcius Cato Uticensis，以纪念他不食周粟，在非洲城市乌提卡（Utica）自尽身亡。

妇女则没有这样一些名字，人们以其父的氏族名的阴性形式（通常以“-ia”结尾）来称呼她们。比如，Marcus Tullius Cicero 的女儿叫 Tullia，Julius Caesar 的女儿叫 Julia。如果有两个女儿，她们以大小相区分，在名字后面分别加 Major 和 Minor。如果是多个女儿，则可以顺次编号：Prima、Secunda、Tertia、Quarta，如此等等。不过，有时妇女也有家族名：随父亲或丈夫的家族名（比如 Lucius Caecilius Metellus Dalmaticus 之女 Caecilia Metella），或者得名于自身的某个特质。在罗马帝国时期，妇女在结婚后有时会获得丈夫个人名的阴性形式。然而，夫妻共享个人名的历史要悠久得多，在罗马婚礼的传统仪式上，我们可见到这种遗留痕迹——新娘宣誓说，“ubi tu Gaius, ego Gaia”（“你盖乌斯去哪，我盖娅就去哪”），新郎随之做出类似的回应。

外籍奴隶通常只有一个名字。如果主人赐予他们自由，他们可以取用主人的个人名和氏族名，并加上自己原来的名字作为家族名。比如，Marcus Tullius Cicero 的奴隶、一种速记法的发明者 Tiro，在获得自由后就叫 Marcus Tullius Tiro。

在此，我还希望消除一个常见的误解。文献中，我们经常可以见到一些似乎拼写错误的常见人名，比如把 Gaius 写成 Caius。但事实上，拉丁文曾经是“C”和“G”不分的。当后来它们被明确分开后，保守的罗马人仍然使用 C 和 Cn 作为两个常用人名 Gaius 和 Gneus 的首字母缩写，但这只是一种怀旧做法，并不适用于发音。

一块公元 1 世纪末的墓碑，上书“M(arco) Anneo Paulo Petro，M(arcus) Anneus Paulus 的爱子”，其中儿子的家族名结合了两位使徒的名字 Paul 和 Peter。

苏拉的儿子福斯图斯开始重建元老院会堂，但后来朱利乌斯·恺撒没有让他完成工作，而决定推翻一切重来。在恺撒完成重建之前，他就被刺杀了。恺撒的继承人屋大维（此时已获得“奥古斯都”的附加名）最终完成了工程。奥古斯都在朱利亚会堂深处设立了胜利祭坛，其中有一尊黄金的胜利女神维克托利娅像，它是从意大利南部的希腊城市塔兰托运来的。公元4世纪末，这尊雕像成为一些坚守多神教信仰的元老与羽翼日丰的基督徒的争执焦点。“让我们重新恢复那个长久以来已经证明于国有益的宗教吧。”元老叙马库斯写道。米兰主教安布罗斯则在给瓦伦提尼安二世皇帝的信中抱怨道：“难道基督徒可以忍受多神教的献祭仪式吗？”最终是基督徒取得了胜利。

继奥古斯都之后，公元1世纪末，图密善皇帝对元老院会堂实施了第二次大型重建。3世纪末，又一场大火之后，戴克里先皇帝再次重建了会堂。现如今，那栋正面有三个大窗户、每年有大约400万名游客从门前经过的砖饰建筑就是戴克里先会堂遗址（旅游指南经常称之为朱利亚会堂）。当然，元老院会堂当年并不是以这样一副毫无吸引力的面貌矗立在罗马城的主广场上，其外立面原本覆盖着大理石和石膏，只是现在已经踪迹全无。

会堂内部是一个大厅，两侧有三层台阶。这几层台阶是元老们就坐的地方，他们或坐圈椅、或坐长凳。最高一层台阶很可能是安排给资历浅的元老的，他们不能坐，只能站着（也被称为“站立元老”）。会议通常由一位执政官或首席元老召集和主持；当议题进行到表决阶段时，他或是逐一点名询问与会者，或是要求同意方和反对方分别站到大厅两侧（这时，结果便可以一眼看出来）。主持官员坐在大门对面的位置（即摆放胜利女神像之处），其身后有两扇门通向恺撒广场。在壁龛中摆放着雕像，其他装饰物则是为了提升音效而设计的。

在古代，元老院只有100位元老组成。自那时起，元老们一直享有

元老院会堂或圣阿德里安教堂（19 世纪素描）

穿着特殊鞋子的特权，鞋上有字母 C 形状的装饰物（按照他们的说法，这源自“centum”一词，意为“一百”）。后来，元老们的数目增加到 300 人，到了共和晚期，数量开始剧增。在朱利乌斯·恺撒时期，更是达到将近千人。奥古斯都在整饬国事时，将元老院人数限定为 600 人。戴克里先会堂的三层台阶可容纳 300 人左右（考虑到有人会站立着，容量会更多一些），很有可能是许多元老不尽职守，这已被视为正常情况。

相较于其他建筑，有几座建筑得以幸存下来，原因很简单：它们曾被改造成基督教堂。万神殿就因此幸免于难。元老院会堂也因此看上去比古罗马广场上的其他建筑完好许多。630 年，教宗和诺理一世将会堂改造成圣阿德里安教堂。尼科米底亚的阿德里安是马克西米安皇帝的卫士，他与妻子纳塔利娅一同殉教，后来被尊为军队、屠夫和信号兵的主保圣人。17 世纪中叶，建筑师小马蒂诺·隆吉将会堂装饰成巴洛克风格；另一位设计师弗朗切斯科·博罗米尼从会堂（或者说，圣阿德里安教堂）上拆下铜门，加以修复，转移到拉特朗的圣若望大殿。在修复过程中，人们在铜夹层中发现了数枚硬币，其中最古老的属于图密善时期。因此，这扇铜门被认为是世界上最古老的仍完好可用的门。

19 世纪后半叶，考古学家开始猜测圣阿德里安教堂的巴洛克装饰底下隐藏着古罗马的元老院会堂。1935 年，教堂停止使用；到了 1938 年，后世加盖的装饰被移除，只保留原来的砖墙。一些人相信，我们终于得以一睹从古代幸存下来的最精美的内饰之一；另一些人则认为，清除了隆吉的经典设计无助于让我们更好地欣赏古罗马建筑的壮观美丽。内部的马赛克地面是古代原物，由从罗马帝国各地采集来的多种彩色大理石拼凑而成。现如今，元老院会堂被用作临时考古展览的场地。

黑石

19 世纪末，古罗马广场成为考古胜地，从那以后，这种情形几乎从未改变。1899 年，人们在元老院会堂前发掘出一片黑色大理石铺面，在其下又发现了多个不同时期的遗迹：一个 U 形祭坛、一截方形的凝灰岩基座，以及一些陶瓶碎片和雕像。研究者无法进行分期排序：似乎是在公元前 1 世纪时，广场和集议场经历了某次大翻修，古代的和近代的物件被仓促地归集到一起，掩埋在黑色石板下面。人们意识到，古代文献中提及的“集议场的黑石”（Lapis Niger in Comitio）被找到了。现在，这个地方正在进行新的发掘工作，被一个巨大的半透明棚子覆盖了。

罗马人认为，这个地方是一座坟墓，但他们并不知道具体是谁的。有些人说是罗慕路斯的，但这跟罗慕路斯最后白日飞升、上天成神的传说相抵触，可古人的心智接受了这样的矛盾。另一个说法，黑石标识的是牧羊人浮士德勒之墓。浮士德勒是罗慕路斯和雷穆斯的养父，当他看到自己的骨肉相残时，便冲到两人之间，但求速死。又或者，这是罗马第三位国王的祖父霍斯路斯·荷斯提利乌斯之墓。最后，它还可能是文献中提到的伍尔卡努斯祭坛（伍尔卡努斯是罗马神话里的火神），一个支持证据是：在黑石杂物坑中，出土的希腊陶瓶碎片上画有骑驴的赫费斯托斯像（赫费斯托斯是希腊神话里的火神）。这是一个古代艺术中常见的题材：赫费斯托斯因为长得丑，惹得母亲赫拉生气，被她从奥林匹斯山上扔下；赫费斯托斯在空中掉落了一天，最后落在利姆诺斯岛上，被摔成瘸子；他在当地自然诸女神的照顾下生活了九年，并拒绝接受母亲的召唤回到天上；最终，酒神狄俄尼索斯将赫费斯托斯灌醉，用驴把他驮回奥林匹斯山。因此，在陶瓶所属的那个时代，罗马人已经将自己的火神伍尔卡努斯等同于希腊火神赫费斯托斯。然而，考古学家在黑石遗址并未发现任何墓葬。

在这个圣地上，最有意思的发现是那块不起眼的凝灰岩。它上面刻有题记，用拉丁文写成——非常非常古老的拉丁文。公元前 1 世纪后期，希腊历史学家哈利卡纳苏斯的狄奥尼西奥斯记载，在一次远征胜利后，罗慕路斯将战利品奉献给伍尔卡努斯，并在附近竖立自己的雕像，在其上“用希腊文”（也就是说，用古文字，题记中的字母 r 确实看上去更像 P，而不是 R）记录下他的功绩。

题记只有部分保存下来。它所用的是一种古老的书写法：不是从左往右，不是从上往下，而是先一个方向，然后调转另一个方向（在这里是从上往下，然后从下往上）。这被形象地称为“牛耕式转行书写法”。其中有几个单词被辨识了出来，比如“kalatorem”、“iovxmenta”

和"recei"。第一个词指辅助祭司进行日常事务的公共奴隶，第二个词指拉车的家畜，第三个词则是"rex"（"国王"）的与格形式。这一发现在当时引起了轰动，它似乎证实了王政时期的真实性，但也有许多人持怀疑态度。在西塞罗的时代，被称为"rex sacrorum"（"祭祀之王"）的祭司长（他行使以前专属于国王的宗教职能）曾在这个地方举行某种意义上已经不为外人所知的仪式，仪式一结束他便像被人追赶似的匆忙离开。一些学者谨慎地认为，黑石题记（需要注意，黑石不是指那块凝灰岩，而是曾经铺在顶上的黑色大理石）描述的是，国王（或祭司长）和助手针对仪式中的动物采取了某种行为。更大胆的学者则根据自己的理解补上了缺失的部分，比如"国王禁止闲人踏入这块圣地，愿动物阻拦他们进入"。无论内容具体如何，它当属现存的最古老的拉丁文题记之一。

库尔提乌斯湖

站在集议场中央朝南看，我们首先会看到孤零零的一根巨柱（稍后会讲到它），它的左边有一个下陷处，上面覆盖着一个黑乎乎的方形顶棚。那就是库尔提乌斯湖，古罗马广场上另一个古老且或许最神秘的遗迹。

首先，不难想到这根本就不是一个湖。它的名字让人想起在传说时代，古罗马广场当时还没有被排干，无法居住。诗人奥维德写道：

> 这片现在是广场的地方，曾经是一片湿润的沼泽，一条水渠集满了河流漫出的水。那个安放着祭坛的库尔提乌斯湖现在是坚实的土地，但以前它是一个湖。[1]

[1] Ovid, *Fasti*, Book 6.

这当中有一点说得不假：罗马坐落在沼泽地之间，一开始人只能定居在地势较高的山丘上。直到经过塔奎尼乌斯时期的大规模工程改造，山丘之间的山谷地带才变得适宜居住。但说沼泽中间有一个湖（尤其是在这么一个不大的地方），这或许就是一种文学夸张了。

关于库尔提乌斯湖的由来，罗马人至少有三种说法：一种平淡，一种源自传说，还有一种精彩至极。

平淡的解释是：公元前445年，一道闪电击中此处，时任执政官盖乌斯·库尔提乌斯·菲隆于是下令在此修了一圈护墙。真要说有什么非比寻常之处的话，那就是闪电击中了平地。

第二个故事发生在罗马人强掳萨宾妇女导致萨宾人兴师问罪的时候。最后的战斗在古罗马广场所在的山谷打响。萨宾人层层进逼，迫使罗马人退到帕拉蒂诺山下，萨宾领袖梅蒂乌斯·库尔提乌斯更是身先士卒，骑马冲在前面。罗慕路斯率领一帮勇猛的年轻人扭转了局势，萨宾人开始退却。库尔提乌斯的马匹在撤退时陷入泥淖，人从马上摔了下来，所幸被自己的同伴救起。双方重整队伍，战斗继续。突然，萨宾妇女们从城中来到两军之间，决心以和平方式结束战争。

第三个故事最精彩，也最有名。公元前362年，在古罗马广场所在地方的中央，不知是由于地震还是别的原因，地面突然出现一处深坑，怎样也填不上。最终，祭司宣称，他们必须把罗马人的力量所在投入坑中，这样社稷方得久长。这时，年轻勇士马库斯·库尔提乌斯反问众人：还有什么比罗马子弟的武力和勇气更珍贵的吗？说完，他骑上配饰威武的战马，穿着全套甲胄跃入坑中。男女老少随后也将祭品和果实投入其中。这就是库尔提乌斯湖的名称由来。

有意思的是，向来怀疑精神十足的李维倾向于最后一种（也是较晚近的）说法，而不是梅蒂乌斯·库尔提乌斯的传说。顺便一提，“梅蒂乌斯”（Mettius）来自萨宾语中的“领袖”（medìss）一词——这意味着，

马库斯·库尔提乌斯骑马跃入坑中（16 世纪版画，疑似凯鲁比诺·阿尔贝蒂作）

至少他的名字不是杜撰的。但神秘深坑和英勇献身的传说更被罗马人青睐。在奥古斯都时期，在古罗马广场上竖立起一座不大的纪念碑，上面有一块描绘马库斯·库尔提乌斯骑马跃入坑中的浮雕。这一浮雕现在保存在卡皮托利诺博物馆，摆放在古罗马广场上的是其复制品。

奥古斯都似乎很爱这个地方：历史学家苏维托尼乌斯写道，“各式各样的人每年向库尔提乌斯湖投入小硬币，以感念他的恩德”。[1]

[1] Suetonius, *The Lives of the Twelve Caesars*, “The Life of Augustus.”

在“四帝之年”（公元69年），一年有四位皇帝走马灯般交替，其中之一的加尔巴就是在库尔提乌斯湖附近遇刺身亡的。他来到广场上，以为自己胜券在握，但其实是误信了故意散布、诱其出宫的假消息。他的军团甚至也背叛了他。愿意保卫他的只有从日耳曼招募的新兵，但他们在罗马城还不太认路，待他们赶到广场时，为时已晚，皇帝已在库尔提乌斯湖附近倒在血泊中。加尔巴是秃头，砍掉他头颅的士兵无法揪着头发向二号竞争者奥托献上战利品，便将手伸入死者口中，抓住颌骨拎着头。

雅努斯神庙与克罗阿西娜祭坛

古代文献众口一词，在阿尔吉来图姆街与古罗马广场交会处、紧挨元老院会堂的地方有另一座重要的神庙——双面神雅努斯的神庙。最初，神庙很有可能位于现在树丛中的小砖房那里，小砖房如今是古罗马广场考古单位的工作用房。

“神庙”的称呼并不太准确。它其实是一座过街式的小祭坛，前后都有门。人们对它的起源众说纷纭，但或多或少都与罗马人同萨宾人的战争相关联。一种说法是，此处的温泉突然喷水，拦下了乘胜追击的萨宾人；另一种说法是，在双方停战后，罗慕路斯和提图斯·塔提乌斯建起一座祭祀双面神的祭坛，以象征罗马人和萨宾人的联合。最后，李维和老普林尼认为，神庙由贤王努玛·彭庇利乌斯设立，用以“标示战争或和平”。这一解释显然更具生命力，按照传统，雅努斯神庙的大门在罗马处于战争状态时敞开，在和平时期关闭。关闭的情况极为罕见：在半传说半历史的努玛时期之后，再度关闭是在第一次布匿战争结束后的公元前235年；再下一次则要等到亚克兴海战之后的公元前30年，这次海战使奥古斯都成为当时世界的主宰；在奥古斯都统治时期，还关过两

雅努斯

次门（他非常自豪地在自传中提及此事）。此后，和平时期变得更为常见，但罗马共和国看上去始终处于战争状态。

在祭坛里或其附近，摆放着一尊双面的雅努斯铜像（奥维德称它为“双面的”，维吉尔称它为“双头的”）。人们相信，它是由国王努玛·彭庇利乌斯安放于此的。神像一手持杖，一手持钥匙，并以某种方式用双手表示出数字“355”（在朱利乌斯·恺撒进行历法改革前，罗马人认为一年有355天）。

雅努斯在罗马神话中占据了一个特殊位置。他是开始、结束、大门、转变、边境之神，爱好秩序的罗马人对他十分敬畏。在普鲁塔克看来，之所以古代钱币上一面是双面神雅努斯的头像，另一面是船头或船尾，是因为“雅努斯建立起一个良好的政府框架，引导人们践行一种有节制的生活方式；通航的河流则送来了所有必需的商品，部分从大海中获取、部分从国外运来”。[1] 事实上，就像我们会说“正还是反”，罗马的小孩在掷硬币时会说“头还是船”，而不论硬币上实际印的是什么。罗马人在向神发誓时，雅努斯的名字也都是第一个被提到的。

再往西一点，在埃米利亚巴西利卡（稍后介绍）的柱廊前面，我们在地面上可以看到一个圆形

[1] Plutarch, *Moralia*, “Roman Questions.”

大理石台基，直径约两米半，一端接着一个长方形。19 世纪末，考古学家认为这是克罗阿西娜祭坛的地基。祭坛是为了祭祀马克西姆下水道（Cloaca Maxima）的守护神克罗阿西娜（Cloacina）而建的。这个“最大的”下水道原来是流经古罗马广场地区的溪流，后来被覆盖到地下，成为古罗马下水道系统的主干。罗马人（正确地）相信，良好的下水道系统是健康的保障，他们很早就明白了这一点。克罗阿西娜祭坛是最古老的宗教遗迹之一。在现在所见的台基之下，还有七层不同时期的石头：随着文化层的堆积，祭坛的地基也不得不随之提高。

传统认为，克罗阿西娜祭坛始建于罗慕路斯时期，更确切地说，（又是）在罗马人与萨宾人的战争结束后：在萨宾妇女成功介入后，双方战士放下武器，在此地使用香桃木枝进行了一个净化仪式。我们可以透过朱利乌斯·恺撒时期的硬币了解到祭坛的外观。

有一点需要注意：一栋建筑，即便是小型的，至少也能容纳几十人，大的则能容纳几百人甚至几千人。但一枚硬币，即便是最大的，也可被放在手掌上。这种尺寸上的差距，使得哪怕最精益求精的艺术家也需要简化所刻画的建筑，舍弃不必要的细节，常常还要改变比例，因为在极小幅的画布上，还需要遵循其他构图原则。因此，最终得到的画面更接近于建筑的轮廓，而非其图像。然而，古代钱币仍然是重要的信息来源，记录了大量未保存下来

传统认为马克西姆下水道始建于王政时代的后期。从广场到台伯河，河流的河道原本非常蜿蜒曲折。罗马人对于干预大自然很谨慎，因为山川河流对他们来说都是有可能发怒的神灵。有些挖通的沟渠是如此宽阔，沿着它们可以跑装满干草的马车。到了公元前 1 世纪，奥古斯都的亲密战友、担任市政官（负责公共设施的官员）的阿格里帕下令大规模重构下水道系统，并将马克西姆下水道加盖封入地下。19 世纪下半叶，罗马导游发现商机，热切地向有钱的英美游客展示这个“最大的”下水道。1869 年，未来的小说家亨利·詹姆斯从罗马给妹妹写信称，马克西姆下水道“给了他对于古代的最深刻、最阴森的印象”。

公元 1 世纪时，百科全书式作家老普林尼曾感叹，尽管马克西姆下水道已经有 700 年之久，但它完整如新，“几乎坚不可摧”。他大概会更加惊讶，要是他知道即便到了现在，在几乎 2000 年后，马克西姆下水道的有些部分仍然在

履行其功能。它在台伯河上的排水口可从帕拉蒂诺桥的旁边看到。

的古代建筑。这些信息非常重要，有时甚至绝无仅有，但我们仍需要审慎地对待它们。

在铸有克罗阿西娜祭坛图案的硬币上，我们可以看到一个不大的台基（接近于圆形）、一圈格子状栏杆以及两尊戴头饰的女性雕像。其中一尊一只手举着什么东西（通常被认为是鲜花，但由于尺寸太小，我们只能模棱两可：它小到连细节都分辨不出来）。这两尊雕像看来是两位女神（曾经有一段时间，克罗阿西娜崇拜与维纳斯崇拜交错在一起），她们共同矗立在马克西姆下水道的一个落水口处。下水管曾流经埃米利亚巴西利卡的下面，后来被废弃不用了。

在共和早期，罗马由十人委员会执政的时候，在克罗阿西娜祭坛附近发生过一个悲剧。委员会成员之一阿庇乌斯·克劳狄乌斯（后文中，我们将一

再遇到这个名字）疯狂地爱上了一位名叫维尔吉尼娅的平民姑娘。他唆使自己的一个食客公开宣称，维尔吉尼娅并不是其百人长父亲的女儿，而是一个奴隶。阿庇乌斯打算自己担任这一案件的法官，结果已经事先注定了。维尔吉尼娅的父亲克服万难，自军营返回城中，向众人恳求允许自己与女儿单独说几句话。他领着姑娘走向克罗阿西娜祭坛旁的食品摊，突然拿起一把面包刀刺向自己的女儿，口中喊着“只有这样，我才能保护你的自由！”人民感到无比震惊，十人委员会的专制统治由此走到了尽头。

塞维鲁凯旋门

介绍罗马城的古物时，我们不得不牺牲一种时间上或空间上的连续性。历史学中有一个“重写本”的概念——古人将羊皮手稿上的文字刮去，再在上面书写新的文字，以重复利用宝贵的资源。现代研究方法有时可以让我们识别出已被破坏的文本。整座罗马城其实就是一份巨大的重写本。在这座城市中，人们会毫不犹豫地大量建造古典时代风格的城墙和文艺复兴风格的塔楼。

在古罗马广场最古老的遗迹（黑石和库尔提乌斯湖）附近，一座巨大的凯旋门于公元 3 世纪初建立，它是古罗马广场保存最好的建筑之一，完好程度可以与元老院会堂相媲美。

凯旋门能够较完整地保存下来，也出于相同的原因：7 世纪时，教宗佳德挨着它建起了一座济贫所——以圣塞尔吉乌斯和圣巴克斯命名，后者一直存续到 16 世纪。中世纪时，建筑本身的异教性质并没太引起人们的误解，这颇司空见惯。12 世纪时，当地贵族又在凯旋门顶上添建了一座防御塔，后者存在了超过五个世纪。

塞维鲁凯旋门在艺术上的声望并不高：人们认为，相较于图拉真纪

塞维鲁凯旋门（16 世纪版画）

念柱上的图案，塞维鲁凯旋门上的浮雕过于粗略，不够生动。这并不完全中肯，但为了便于形成自己的观点，你需要前往罗马文明博物馆，观看其复制品——在那里更方便观看，而且复制品也得到了部分修复（原物远不在其最佳状态）。凯旋门上装饰丰富，除了展翼的胜利女神、河神和四季神等，还有表现塞普蒂米乌斯·塞维鲁皇帝远征东方的大幅浮雕嵌板：从军营出发的军队、自愿归顺罗马政权的居民、围城、冲锋场面、军事会议、被征服的城市埃德萨和泰西封等。其中，罗马士兵牵着或赶着惊恐万状、戴着帽子的安息俘虏是一个重要的表现主题。

此次东征，可谓罗马帝国最后几次成功的军事行动之一：他们打败了东方的主要对手安息帝国，俘虏了超过十万人，获得了大量奴隶。虽然最终未能攻克固若金汤的阿拉伯国家首都哈特拉，塞维鲁还是给自己添加了胜利头衔“Parthicus”和“Arabicus”——在凯旋门题铭的最上面一行，“PARTHICO”和“ARABICO”两个词清晰可见。这个题铭不仅颂扬了皇帝本人，还提及他的两个儿子马库斯（更广为人知的名字是“未来的皇帝卡拉卡拉”）和普布利乌斯（更为人熟知的名字是盖塔，他与兄长一起做过短时间的共治皇帝）。盖塔在被卡拉卡拉杀害后，已死亡的他还经受了一次“除忆诅咒”（damnatio memoriae）：在凯旋门上原本提到他的地方被整行抹去，代之以颂扬“最贤明、最英勇的皇帝”（OPTIMIS FORTISSIMISQUE PRINCIPIBUS）的抽象语句。然而，重写本能够抗拒遗忘：借助固定原有的鎏金铜字母的孔洞，原始的题记很容易便被恢复了。

古代硬币显示，在凯旋门顶上原本矗立着一组大型雕塑：一位勇士（塞维鲁？）驾驭着一乘六驷马车凯旋，两侧各有一名骑士（卡拉卡拉和盖塔？），颇似摩托护卫队。现如今，这组雕塑没有留下任何痕迹。

在古代，凯旋门看上去坐落在高丘上，有台阶通向它。从皮拉内西到卡纳莱托的许多古代绘画和版画中可以看到，直到 19 世纪，凯旋门底层的浮雕（描绘了罗马士兵押送安息俘虏的场景）完全被埋在了地下。

农神庙

从元老院会堂那面看过来，在塞维鲁凯旋门的后面有八根圆柱——农神庙的遗迹。在罗马城，农神庙跟维斯塔神庙和卡皮托利诺山的朱庇特神庙均属于最古老的神庙。罗马人都不清楚究竟是谁修建了它，众说纷纭，但都与半传说时代的人物，比如国王图路斯·荷斯提利乌斯、高傲者塔奎尼乌斯或者罗马历史上第一位独裁官提图斯·拉尔基乌斯有关。

现在的遗迹可追溯至公元前1世纪，当时执政官卢西乌斯·姆纳蒂乌斯·普兰库斯修复（更可能是重建）了神庙。普兰库斯有着非凡的经历：他是恺撒在高卢战争中的战友、是决定安东尼与克利奥帕特拉的宴会哪个更奢华的裁判（埃及艳后曾在自己的宴会上将珍珠溶解于醋中并饮下液体）、是献给首位罗马皇帝“奥古斯都”之称号的发明者、是罗马最后一位监察官（在他之后，此职被撤销），还是巴塞尔和里昂的建城者。在巴塞尔市政厅里，至今摆放着普兰库斯的木制雕像。

遗憾的是，我们所看到的并不是奥古斯都盛世时期的东西：公元4世纪时，八根灰白色的埃及花岗岩圆柱被从其他建筑上拆运过来，并配上了不太精致的爱奥尼克柱头。我们看到的年代要晚些，以至于有些人认为，这是罗马的多神教徒在奥林匹亚诸神的神庙已经被官方禁止的情况下所做出的最后挣扎。檐壁上的题记写道：Senatus Populusque Romanus incendio consumptum restituit（元老院和罗马人民修复了这座被大火焚毁的神庙），这句话的缩略语 SPQR 似乎到处可见，但很少见到像这里写得这般齐全。

自古以来，农神庙地下就是国库，因此它还被作为财务官和其他财政官员的办公总部。从某个时候起，国库资金被分成两块：一块用于国家日常需求；另一块类似于“平准基金”，只有国家处于危险关头才可动用。罗马人一度相信，高卢战争是他们面临过的最大威胁，但一如既往地，现实总是超出预期。在内战中，朱利乌斯·恺撒将手伸向了国库的后备金。当时，年轻的保民官试图保卫国库和他们自己的钱财时，恺撒威胁要杀了他，并直白地说道：“年轻人，你显然知道，对我来说，这样说要比这样做更难。”[1]

在文艺复兴时期，古罗马广场的其他许多古迹都受损了，农神庙遭受的损伤最严重。透过波焦·布拉乔利尼的《多变命运的历史》，我们可以了解损毁发生的大致时间：“当我第一次去罗马时（1402 年），和谐神庙（他误将农神庙当作和谐神庙）的门廊保存完好，漂亮的大理石贴面几乎完好无损；后来，罗马人将整座庙宇、部分门廊和断裂的圆柱统统烧制成石灰。现在（1447 年）在门廊上还可以看到一些文字，说的是元老院和罗马人民修复了这座被大火焚毁的神庙。”[2] 在皮拉内西的一幅版画上（18 世纪后半叶），农神庙的废墟散发着一种古罗马广场已经长久未见的田园牧歌氛围：一条道路重新出现，路边是民房；一栋房子直接依托在圆柱上建起，房顶上的巨大花盆中鲜花盛开；羊群在土坡上吃草，圆柱之间拉起了绳子晾晒衣服。

农神庙中原来摆放着一尊农神萨图耳努斯像，由黄金和象牙制成，外披羊毛服饰。老普林尼记载到，这尊神像是中空的，注满了橄榄油，据说这样做对象牙有好处。此外，神像的双脚被用粗绳绑在基座上，只有在 12 月底农神节期间才被解开。这是一个快乐狂欢的节日，按照诗人卡图卢斯的说法，“最好的日子”：主人服侍奴隶用餐，大家相互串门，互赠礼品，停止工作。（公元前 1 世纪，喀提林和同谋就是计划在农神节

---

[1] *Plutarch's Parallel Lives*, “Life of Caesar.”

[2] Bracciolini, *Historia de Varietate Fortunae*, Liber Primus.

农神庙（版画，乔瓦尼·巴蒂斯塔·皮拉内西作）

期间，趁着大家缺乏警惕，夺取政权并屠杀元老。）小普林尼给朋友写信说，他搬到别墅里的另一间书房，以避免影响家人过农神节，也避免节日的喧闹影响他的学术研究。有些研究者相信，在古代末期，基督教神学家决定将基督诞生的日子选在12月底，正是为了改造传统，将坚持多神教的农神节信徒引上一个更虔诚的方向。

和谐神庙

在塞维鲁凯旋门后面、紧挨着古罗马广场西侧边界的地方，有一片混凝土台基——它是一处建筑的一部分台基，原台基要比现在所见的大得多——一直延伸至现在的台阶和元老院。这些混凝土（它们也许是罗马城里最古老的）是和谐神庙的遗存。传说该神庙始建于公元前 367 年。奥维德曾这样写道：

> 弗利乌斯，伊达拉里亚的征服者，曾经发愿修建这座古老的神庙，他后来兑现了自己的承诺。他当初发愿的原因是，平民们拿起武器，纷纷离开贵族，这使得罗马畏惧于自身的力量。[1]

事实上，在此之前，罗马平民就不满于当时的国家制度，与贵族展开了斗争，并威胁着要离开罗马城，建立自己的国家。经过十年的激烈斗争，一系列法令出台，允许平民担任包括执政官在内的高级官员职务；此外，根据这些法令，在两名执政官中，必须有一名由平民担任。当著名将领和政治家马库斯·弗利乌斯·卡米卢斯向人民宣布这个决定时，他受到了热烈欢迎。为了纪念平民和贵族的和解，他发愿修建一座神庙，献给和谐女神孔科耳狄亚。

公元前 121 年，神庙得到了重建。打基础的混凝土是粉碎古代的卡米卢斯神庙的石料而获得的，这点很确凿——古罗马的建筑实践很看重这种象征性动作。现在，这座神庙不再是为了纪念各阶层之间的和解，而是为了歌颂寡头统治者之间的和解。批准这项工程的执政官卢西乌斯·欧皮米乌斯，先前就以执行元老院终极决议为借口，处死了盖乌

[1] Ovid, *Fasti*, Book 1.

斯·格拉古改革的3000名支持者。这是罗马共和国历史的一个转折点。100年后，存在了数个世纪的共和制度将彻底瓦解。欧皮米乌斯以重建和谐神庙来纪念罗马共和国历史上最血腥、最悲剧的事件之一，这一举动并没有逃过观察者的眼睛。很快就有人在山墙上涂鸦道："在不和谐声中建立起和谐神庙。"几个世纪后，奥古斯丁仍然抓住这点不放："但建起一座神庙，献给那位女神，难道不是在嘲笑神明吗？要是她确实在城中，目睹如此的纷争，她焉能不心碎？又或者，和谐女神对那场流血冲突其实也负有责任，因为她舍弃了众人、自己躲进那座神庙里？"[1]

在文献中，因为一些发生的征兆，和谐神庙偶被记载：有一次，一道闪电击中了它顶部的胜利女神像；还有一次，在神庙附近下起了一场血雨。在历史学家所谓"罗马革命"的动荡岁月里（一场延续了一百多年的"革命"是否可被称为革命，尚存在争议），元老院一次次地在这座神庙里开会，尤其是在国家危急关头。正是在此处，西塞罗发表了他第四次也是最后一次谴责喀提林的演说，号召处决参与阴谋者。后来，提比略皇帝重建神庙，并利用征伐日耳曼获得的战利品将其装饰一新。

和谐神庙曾经有点类似博物馆：提比略将他从帕罗斯岛带回的一尊维斯塔神像安放在内殿；神庙

在萨摩斯的波利克拉特斯，这位海岛和海岸的领主看来，自愿放弃一颗宝石似乎足以表示对于自己富有的愧疚；甚至在作为受益者的他看来，自己也富有得有点过度了。因此，他希望通过遭遇一点不幸来平衡一下。显然他认为，自己已经厌倦了源源不断的幸福，要是自己遭遇这一点不幸，他就会完全躲开命运女神的恶意。因此，他乘船出海，将戒指扔进深水中。然而，造化弄人，戒指被一只大鱼当作食物吞下，后者被渔夫捕到并作为献给国王的礼物，最后被送回到原来主人的厨房。

——老普林尼，
《自然史》第37卷

[1] Augustine, *The City of God*, Book 3.

里还有许多希腊雕像和罗马绘画、奥古斯都赠送给神庙的四尊黑曜石大象，以及奥古斯都的妻子利维娅捐赠的一枚宝石戒指——据传说，这就是那枚著名的、曾属于萨摩斯僭主波利克拉特斯的宝石戒指。

复杂的地形使得神庙的建筑设计不同寻常：与古典传统相反，它的内殿正面宽，纵深浅。在提比略时期重建时，人们本想扩大其纵深，但受到后面的档案馆和前面的集议场的限制，主要扩展了其正面，并将狭窄的台阶设在门廊两侧而非正面。古代硬币显示，神庙当年装饰有大量雕塑：入口两侧是赫耳库勒斯和墨丘利，屋顶上有不少于七尊雕像（很可能包括和谐女神孔科耳狄亚、提比略及其弟弟德鲁苏斯等人）。在神庙附近卡皮托利诺山上的卡皮托利诺博物馆里，我们可以看到装饰丰富的檐部（门廊柱子以上的水平部分，通常包括檐口、檐壁和额枋三部分）的残块。

韦斯巴芗神庙

挨着和谐神庙（更准确地说，是神庙遗址），矗立着三根白色意大利大理石圆柱。在皮拉内西的一幅版画中，这些圆柱融入了“奶牛牧场”的日常生活，但现代的观看者恐怕不太容易辨认：在版画中，地面几乎达到了圆柱柱头的位置——自帝国时期以来，文化层已经抬升了这么高。1810 年，人们开始挖掘神庙，他们发现三根保存下来的圆柱并非直立的，而是倾斜了差不多一米，靠着周围土壤的支撑才能屹立不倒。建筑师只好将柱子拆下来，把它们安放在新的基础上，所以这座神庙的台阶和台基是建于 1811 年。19 世纪末，考古学家鲁道夫·兰恰尼稍带夸张地写道，在土层被清除后，“人们看到这些柱头和檐壁矗立在天空下，但几个月前它们还被游客踩在脚下”。

皮拉内西和 19 世纪初的建筑师都认为，这三根圆柱属于朱庇特神庙

韦斯巴芗神庙（版画，乔瓦尼·巴蒂斯塔·皮拉内西作）

（后者在附近的卡皮托利诺山上）。在保存下来的一部分檐壁上，可以看到“ESTITVER”字样。不难猜出来，这是“RESTITUERUNT”（“修复”）一词的残缺，但这对确定神庙的主人没有什么帮助。

破解谜团的关键隐藏在一份独特的文献当中，即《艾因西德伦旅行指南》。它是一份9世纪时（查理曼时期）的中世纪手稿，介绍了11条贯穿罗马城——从一个城门走到另一个城门的游览路线。一位来自德国的学识渊博的僧侣细致地记录下每条线路沿途的建筑和古迹，并抄录了部分建筑上的题记。比如，在韦斯巴芗神庙上当时写着：“献给神圣的韦斯巴芗·奥古斯都，元老院和罗马人民敬献。”下面一行则写着：“虔诚、幸运的塞维鲁王朝皇帝与恺撒和安托尼努斯奥古斯都修复。”这份文献很早就在瑞士的艾因西德伦修道院被发现，但直到1827年，考古学家安东尼奥·尼比才将它与古罗马广场上的韦斯巴芗神庙联系起来。

事情逐渐变得清晰起来，在韦斯巴芗去世并被封神后，他的儿子提图斯开始修建这座神庙，但并未来得及修建完。提图斯在父亲死后两年也去世了，他也被封神，他的弟弟图密善——弗拉维王朝的第三位、也是最后一位皇帝——最终完成了工程。古代文献记载，这座神庙是献给父子俩的（尽管题记只提到了父亲），所以有些书也称它为“韦斯巴芗和提图斯神庙”。

将死去的皇帝封神的做法始于朱利乌斯·恺撒；到了韦斯巴芗的时代，它已经变得如此常规，以至于这位偏重实用的皇帝（“金钱不臭”便出自他之口）也发现自己有机会就此开个玩笑：根据历史学家苏维托尼乌斯的记载，韦斯巴芗在生命的最后一刻说道，“我想，我很快要成神了”。

神庙的檐壁用公牛的头盖骨装饰——这种牺牲被认为能够驱邪。在牛头之间则描绘着祭献用到的各种工具：头盔、斧、刀、盘、罐。它是古罗马装饰艺术的精致范例，我们可在卡皮托利诺博物馆看到。

十二主神柱廊

在韦斯巴芗神庙旁边、农神庙对面，有一处怪异的古迹，很少有人注意到它。这是一个由 12 根不高的科林斯式圆柱组成的柱廊，背倚卡皮托利诺山形成一个别扭的钝角。建筑和考古旅游指南的作者通常比较克制，但在面对这个相当拙劣的建筑时，他们也不吝恶言。

这个遗迹甚至连一个确定的名称都没有，只知道它是献给罗马十二神的。“十二神”的概念是罗马人从希腊人那里借鉴过来的（希腊人根据设想中神灵的住所——希腊北部的奥林匹斯山，将他们命名为“奥林匹斯十二神”），很有可能在与汉尼拔交战期间得到进一步强化。当时国家处于生死存亡关头，元老院和罗马人民转向祭司寻求帮助。祭司在翻阅神圣经典后宣称，如果罗马渡过难关，那么迎来和平的第一个春天产下的所有活物，包括牛犊、羊羔、猪仔和小鸡，都需要祭献给神灵。这种仪式被称为“春祭”（ver sacrum）。此外，人们还决定在广场修建六处神明的“住处”，每处安排一对主神。李维进行了如下配对：朱庇特和朱诺、尼普顿和密涅瓦、马耳斯和维纳斯、阿波罗和狄阿娜、伍尔卡努斯和维斯塔、墨丘利和刻瑞斯。古代诗人恩尼乌斯则创作了无法翻译的二行六步诗，将奥林匹斯十二神按照性别分组：先列举所有女神，再列举所有男神。他使用了 Iuppiter 的旧时用语 Iovis，以符合格律：

Iuno Vesta Minerva Ceres Diana Venus Mars
Mercurius Iovis Neptunus Volcanus Apollo.

瓦罗是一位百科全书式学者，他在《论农业》一书中也提到“十二位主神，但不是那些摆在广场上、分六男六女的城市神像，而是特别护佑农民的十二位神”。[1] 他们分别是：朱庇特（天父神）和忒卢斯（地母神）、索尔（太阳神）和卢娜（月亮神）、刻瑞斯（谷神）和利柏耳（葡萄神）、罗比古斯（五谷枯萎病神）和佛洛拉（百花女神）、密涅瓦（橄榄园守护神）和维纳斯（花园守护神）、林帕（甘泉女神）和好运神。

考古学家推测，神像可能是立在柱廊的圆柱之间。柱廊背后的七个小房间的用途还不甚明了——或许有六间是用来摆放六对神像的，又或许本来有十二间，但其中五间已经踪影不见。这处废墟可追溯至弗拉维王朝时期，但柱廊经历了不止一次的修复和重建。

[1] Varro, *On Agriculture*, Book 1.

柱廊额枋的题记记录下了古代的最后一次重建，从中我们可以了解到重建的主持者和时间：市政官维提乌斯·阿革利乌斯·普莱特克斯塔图斯，公元 367 年。对于修复这样一座明显是多神教性质的古迹，这是一个非常令人意外的年头，因为祭献在 341 年已经被禁止，多神教庙宇在 356 年也已经被正式停用。尽管如此，很多罗马人，尤其是世袭贵族，还在顽强地对抗基督教的席卷之势。普莱特克斯塔图斯就属于这样的顽固保守派（他的一位年轻朋友叙马库斯也是同样的人，后者曾试图保卫元老院会堂中的胜利女神像）。在他的墓碑上，他的宗教头衔（鸟卜师、维斯塔祭司、太阳神祭司、祭司长、密特拉教祭司等）被放在了公职（卢西塔尼亚总督、亚该亚代执政官、罗马市政官）之前。

普莱特克斯塔图斯

像叙马库斯一样，普莱特克斯塔图斯也不畏惧公开抗拒这门新宗教。到了 4 世纪末，基督教已经不再是局限于穷困外省的信仰——它在成为国教后势力越来越强，基督教教士也开始沾染罗马后期盛行的奢华之风。“让我做罗马教宗的话，我立刻就接受洗礼。”普莱特克斯塔图斯曾这样讽刺道。基督教徒也报之以同样的敌意：在普莱特克斯塔图斯死后，哲罗姆就不无满意地写道，“当选执政官现在在塔耳塔罗斯（恶人在冥界经受折磨的地方）了”。

鉴于曾经有过这样不可调和的斗争，这处遗迹在现代得到修复的历史看上去就有点不无悖论了：

它的发掘是在教宗额我略十六世的支持下进行的，它现在的模样却要归功于教宗庇护九世，后者在 1858 年下令从废墟中收集布满青苔的大理石石柱，并用洞石石柱补上缺失的部分（即柱廊右端没有凹槽的五根圆柱）。两位教宗的贡献被记载在纪念牌上。

两座巴西利卡

古罗马广场的中央是一个长条广场，乍看上去，它是一片空地——只有几根圆柱和孤零零的柱础。它的北边和南边曾经矗立着两座宏伟的巴西利卡（basilica）。

“basilica”一词在今天有两个意思。首先，它指的是拥有特殊地位的大型天主教大教堂（比如梵蒂冈的圣伯多禄大殿）。艺术评论家也将其平面形制为拉丁十字的基督教教堂称为“巴西利卡式”的（按照这个定义，圣伯多禄大殿是一座缩短的巴西利卡式教堂，威尼斯的圣马尔谷圣殿则不是一座巴西利卡式教堂）。但在前基督教时代，一些纯粹世俗性质的建筑也被称为巴西利卡。这个词源自希腊语，原意指“国王的议事厅”。巴西利卡集法院审判、商业活动、商品买卖等功能于一身：民事和刑事诉讼在其宽敞的大厅内进行，众多货摊则在其可遮阳避雨的拱廊里出售形形色色的商品。

在广场北边、一头挨着阿尔吉来图姆街的那个长方形区域，原来矗立着埃米利亚巴西利卡——老普林尼曾称赞它是罗马城三大奇迹之一（另外两个是奥古斯都广场与和平神庙），现在看来令人难以置信。在共和早期的半传说时代，这里有货摊——一开始是肉摊，后来是兑换货币的摊位。公元前 2 世纪，监察官马库斯·富尔维乌斯·诺比利奥尔在这里建立了第一座巴西利卡。我们现在不甚清楚埃米利亚巴西利卡是否就是富尔维乌斯所建的那座，如果是，它后来又经历了多大改动。在一份古代文献中，它甚至被称为“埃米利亚和富尔维亚巴西利卡”。我之所以会提到它，是因为这里发生了一件大事：公元前 2 世纪，人们在这里设置了罗马城的第一座水钟。

新的（或翻新的）埃米利亚巴西利卡由于得到了埃米利乌斯·保卢斯家族（属于赫赫有名的埃米利乌斯氏族）的资助而得名，它有时也被称为保里巴西利卡。

当埃米利乌斯·保卢斯家族的人开始用朱利乌斯·恺撒的钱修复巴西利卡的时候，恺撒的竞争对手庞培感到十分不安，他开始担忧恺撒派手中集中了越来越多的财富和权力。他的焦虑最终酿成了苦果——我们接下来将多次目睹这个教训。希腊传记作家普鲁塔克写道：“恺撒把自己从高卢获得的财富提供给所有参与公共生活的人尽情使用……分给执政官保卢斯一千五百塔兰同，后者用这笔钱在广场上原来富尔维亚巴西利卡的位置建造了巴西利卡；在这种情况下，庞培对于他们的结盟感到害怕，便亲身努力并请朋友出面，公开谋求继承恺撒在其政府中的位置，并要求恺撒归还自己之前借给他用于高卢战争的士兵。”[1]

奥古斯都自矜于“我接手的是砖头的罗马，留下的是大理石的罗马”，他自然也没有忽略这栋建筑——他是出于意识形态上的原因去关注。晚年，奥古斯都面对的一大难题是政权交接——该由谁继位的问题一直深深地困扰着他。奥古斯都本人与妻子利维娅对此意见不一，使情况变得复杂：奥古斯都倾向于选择自己的血亲后代，利维娅则倾向于选择她自己的。利维娅的主张更占上风：她在第一次婚姻中育有一子，提比略·克劳狄，此人的头脑、道德水准和军事能力无人怀疑。然而，奥古斯都的上一次婚姻只给他留下了生性放荡的女儿朱利娅，于是他将宝押在了朱利娅的头两个儿子盖乌斯和卢西乌斯身上。他将两个外孙收为

[1] *Plutarch's Parallel Lives*, “Life of Caesar.”

盖乌斯和卢西乌斯柱廊（素描，朱利亚诺·达·桑迦洛作）

养子，并在他们十来岁时迫使元老院宣布他们为指定执政官，一旦年满20岁即就职。奥古斯都亲自陪伴外孙完成了执政官任期，并在埃米利亚巴西利卡外加盖了以他俩名字命名的柱廊。在古罗马广场的这个位置进行考古挖掘时，人们发现了一块献给卢西乌斯的大石匾，后者如今安放在巴西利卡边上。在建筑师朱利亚诺·达·桑迦洛的素描中，我们会发现，16世纪初时柱廊还在。

可惜两个年轻人命运不济，一个死于18岁，一个死于23岁，所以提比略最终成为正式的继承人。在一次自述执政成就时，奥古斯都说到此事，在克制且正式的行文中唯一一次流露出些许普通人的情感：“我的儿子盖乌斯和卢西乌斯，命运在他们还是年轻人时把他们从我身边夺走……”[1]当然，传言把这两个年轻人的死归咎于利维娅，但缺乏证据，尤其是他们实际上死于远离罗马的地方：盖乌斯死于吕西亚，卢西乌斯死于高卢。

5世纪初，巴西利卡被焚毁。在大理石地面的遗迹上，你仍然能够看到青铜铸币在大火中熔化后留下的绿色痕迹（或许巴西利卡里面仍有兑换货币的摊位）。大火可能是在410年阿拉里克率领哥特人劫掠罗马时发生的，那是“永恒之城”在八百多年的历史中首次沦陷——老人们摇头叹息，认为放弃诸神而热切地拥抱时髦的基督教学说，真是得不偿失。（为了回应这些质疑，北非城市希波的主教奥古斯丁写出了他的重要著作，《上帝之城》。）847年，在教宗利奥四世时期，巴西利卡遭遇一次强震，彻底倾颓。桑迦洛把震后的巴西利卡画了下来，然后其墙体和柱廊的遗物陆续被拆下来，用作建筑材料。

这些物料的去向今天还可以找到。在笔直连接圣伯多禄广场和圣天使城堡的协和大道上，坐落着众多的驻教廷大使馆。协和大道30号是托洛尼亚宫，当年英格兰还没有脱离天主教的时候，这里曾是英格兰驻教廷大使馆。后来，这栋建筑归属法国银行家族，再后来归于托洛尼亚家族，该家族如今还有人在梵蒂冈政府担任高官。这里曾是托洛尼亚博物馆，但从20世纪60年代起，它被改造为公寓，于是托洛尼亚家族的收藏品从公众乃至专家的视线中消失了。据说，政府曾出巨资，试图购入这些藏品，但终究未果。这栋建筑的外立面，就是曾被誉为“罗马城三大奇迹”之一的那座著名巴西利卡仅有的遗迹了。

在埃米利亚巴西利卡的对面，还有一座巴西利卡。那里原来是森普罗尼亚巴西利卡（得名于格拉古兄弟的父亲），后来，朱利乌斯·恺撒

---

[1] Augustus Caesar, “Achievements of the Divine Augustus.”

开始在此处修建新楼，但未及完工他就遇刺了。奥古斯都完成了几乎所有恺撒未能完成的市政建设项目，这座巴西利卡也不例外。为了纪念养父，它被命名为朱利亚巴西利卡。在盖乌斯和卢西乌斯死后，它又以他们的名字命名，但新名字最终没有流传下来。

这两座巴西利卡在结构上相似：都是双层，一层和二层有着不同风格的圆柱，拱廊下有售货摊，室内是商业场所。朱利亚巴西利卡还是百人法庭开会之处，这种法庭据说在王政时期就有了。虽说是“百人”，但在帝国时期，人数增加到了180人。法庭主要审理财产纠纷，包括继承问题。律师兼作家小普林尼在一封信中生动地讲述了一起他在百人法庭所打的官司：

> 她是一个出身高贵的人，嫁给了一个禁卫军位阶的男人，并在她八十多岁的父亲受爱情驱使带回家一个继母的第十一天后被剥夺了继承权，于是她在百人法庭前提出诉讼，试图夺回她的那份家产。法庭由一百八十名陪审员组成（这是四个合议庭的陪审员的数量），一众律师分立两侧，长凳上坐满了人，宽敞的法庭里还密密麻麻地围了好几圈人。此外，主席台和旁听席上也挤满了男女老少，他们引颈眺望（看见不难），竖耳倾听（听到却难）。父亲们、女儿们，还有继母们，都焦急地等待着裁决。裁决最终出现分歧，两个合议庭支持我们，两个反对我们。这着实惊人且奇怪，在同样的法院里提出同样的事由，由同样的律师提出同样的辩护，竟然会得到如此大相径庭的裁决——这纯粹出于偶然，但它看上去并不像偶然。根据遗嘱，原本能够得到六分之一遗产的继母败诉了。[1]

[1] *Letters of Pliny the Younger*, Book 6, Letter 33.

两座巴西利卡都覆以木制屋顶。诗人们有时甚至将朱利亚巴西利卡直接称为“朱利亚屋顶”。半疯半癫的皇帝卡利古拉使用屋顶的方式独具一格：“他有时一连几天在朱利亚巴西利卡的屋顶上朝下面的平民大量地撒钱。”[1]

埃米利亚巴西利卡的地面因熔化的钱币痕迹而知名，朱利亚巴西利卡的台阶上则有着众多（根据某些统计，数量超过80个）直接刻在大理石上的游戏棋盘——古罗马人显然是户外一族。

演讲台

在俄罗斯圣彼得堡的旧证券交易所前，在瓦西里岛的岬角处矗立着两根红色圆柱。它们不仅是为了装饰，也有其实用目的：在夜间，柱子顶上会燃烧松脂，于是成了涅瓦河上的导航灯塔。进入20世纪，圆柱的这一功能失去了需求方，但在节日期间，它们还是会像过去那样被点亮——只不过现在燃烧的是20世纪50年代被通往柱上的天然气。这两根圆柱柱身上饰有很多撞角（在拉丁文中称rostrum，其复数为rostra），故得名撞角柱。另一根著名的撞角柱矗立在纽约的哥伦布环岛中央，为了纪念哥伦布发现美洲400周年而竖立，柱身上表现了哥伦布船队的三条船只：“平塔号”、“拉尼娜号”和“圣母号”。

早在古罗马时期，人们便开始用敌船船头的撞角来装饰纪念碑，以庆祝海战胜利。在古罗马广场上竖立的第一根撞角柱是为了纪念安提乌姆（现称为安济奥，位于第勒尼安海海边，距离罗马约50公里）海战的胜利。罗马人不知道拿战斗中俘获的敌船的撞角怎么办，就把它们安置在了广场中央。

---

[1] Suetonius, *The Lives of the Twelve Caesars*, “The Life of Caligula.”

另一根更著名的撞角柱是为了纪念公元前260年罗马人在米莱（现称为米拉佐，位于西西里岛东北部）海战中战胜迦太基人。这是罗马人第一次海战大捷，战胜了一直被认为在海上战无不胜的对手。此前，罗马人全无海战经验，他们之所以能够建立起自己的海军，靠的还是仿造一艘在墨西拿海峡失事的迦太基战船。然而，迦太基人不能抱怨什么，他们早就得到了告诫：在第一次布匿战争爆发前不久，有个名叫恺索（Caeso）的罗马人告诉迦太基大使，罗马人对于敌人擅长以其人之道，还治其人之身。在历数几个令人信服的历史证据后，恺索总结道："不要迫使罗马人投入海战，因为如果我们需要海上力量的话，将会在短时间内装备出比你们更多、更好的战船，并且将证明自身比那些航海经验丰富的民族更擅于海战。"[1]

罗马人的胜利得益于其创新的海战技术（即后来所谓"接舷战"），以及指挥官盖乌斯·杜伊利乌斯的勇敢无畏。他是一个"新贵"，出身贫贱，后来成为执政官。广场上的那根撞角柱便以他的名字命名。

随着海战胜利越来越多，罗马人开始用撞角装饰在集议场和元老院会堂附近的一个演讲台，这个平台也因而被称为"Rostra"。按照古代历史学家的说法，这是广场上最尊贵荣耀的地方。对于一个从政者来说，在那里竖立他的雕像可谓至高的荣誉。当然，随着时间推移，雕像越来越多，只好移除旧的，给新的腾地。撞角也是如此。共和时期的老撞角在朱利乌斯·恺撒时期被拆除了。演讲台的后部受集议场圆弧边缘的影响，原来被设计成凸出的。在恺撒时期，演讲台被移到了靠近广场中心的地方，但新的平台还是仔细地复制了老模样。奥古斯都在它的东侧不远处另建了一个平台，到了帝国晚期，人们为了对称，在广场的另一侧的恺撒神庙前又建了一个演讲台。19世纪时，这些帝国时期的演讲台被

[1] *Ineditum Vaticanum*, cited in Tim Cornell, *The Beginnings of Rome*, p. 170.

演讲台复原图

误认为属于中世纪（不具有历史价值）而被拆除了。

1904 年，恺撒演讲台几乎被彻底重建，虽然也使用了一些古代部件——有的还留着安装撞角的小孔。紧挨着奥古斯都演讲台有一座不大的砖结构附属建筑物，上面有一份保存不良的题记，似乎说这座建筑是在西罗马帝国的最后岁月里为纪念市政官乌尔皮乌斯·朱尼乌斯·瓦伦丁的某些功绩而建的。那个时期，罗马主要与日耳曼部落汪达尔人作战，所以这座建筑也被称为“汪达尔演讲台”。

公元4世纪初，为了庆祝戴克里先皇帝统治20周年和他创立的四帝共治制度实施10周年（他为此第一次也是平生唯一一次造访了罗马），人们在演讲台上竖起了五根圆柱。在最高的柱子上，安放着朱庇特像；在其他柱子上，竖着四位皇帝的雕像。1547年，人们发现了其中一根柱子的柱础（现在，它被安放在距离演讲台不远的地方）。柱础上刻画了四帝共治10周年之际的游行队伍和献祭仪式，两位长翼女神手持一面盾牌，上书“CAESARUM DECENNALIA FELICITER”（祝贺诸位恺撒统治十周年）。

在广场南侧的边上，七个巨大的砖头柱础（当然，当年它们外覆洞石和大理石贴面）以等距排列着。这是为了庆祝帝国晚期各场战争的胜利而竖立的纪念圆柱的柱础，其中两根柱子得到修复，但位置搞错了——上面明显有小孔的那根是一根撞角柱（小孔用来固定撞角），有可能原本位于广场的别处。

在演讲台两侧，耸立着标示罗马中心和世界中心的两个纪念碑。罗马中心原点位于演讲台与塞维鲁凯旋门之间，现在只留下一个圆形基座。金色里程碑位于演讲台西南方，建于奥古斯都时期，其上标记了罗马帝国所有主要城市距离此地的路程——按照普鲁塔克的说法，这里是意大利所有道路的终点。

福卡斯圆柱

福卡斯圆柱修建于中世纪早期的608年，但一般被认定为古罗马广场上修建最晚的遗迹。这根科林斯式圆柱孤零零地矗立着，一直是古罗马广场上的醒目地标，在广场后来沦为牛羊牧场时也是如此。从柱础的题记上，我们可以了解到，拉韦纳总督（西罗马帝国覆灭后，东罗马帝国一度夺回意大利，设立行省，建都拉韦纳）斯马拉格达斯竖立了这根

福卡斯圆柱

纪念柱，“献给最英明和最仁慈虔诚的统治者、上帝加冕的永恒的皇帝、永远的凯旋的奥古斯都、我们的主宰福卡斯”。当时，在罗马不容易找到好的石匠和建筑师，所以便从某座2世纪的建筑上挪用过来这根圆柱。

福卡斯出身于底层士卒，最终登上了东罗马帝国的帝位。他采取的方式直截了当：杀死皇帝莫里斯及其五个儿子，然后自己被军队拥立为皇帝。几年后，福卡斯的严苛统治走向了终结：迦太基总督老希拉克略向他发难，在经过几次激烈战斗后，老希拉克略的儿子小希拉克略兵不血刃地进入了君士坦丁堡——福卡斯女婿率领的皇帝卫队都主动投诚了。福卡斯被带到小希拉克略面前。“可怜的家伙，这就是你统治国家的方式吗？”胜利者问道。福卡斯反唇相讥道：“那你会做得更好吗？”小希拉克略勃然大怒，亲手砍掉了福卡斯的脑袋。

葬礼

演讲台是进行公众演讲和举办葬礼的首选之地。在古罗马，葬礼其实也是一种形式的公众演讲。历史学家波里比阿对这一习俗进行了最细致的描绘。波里比阿原是希腊贵族，在公元前 2 世纪罗马强化其在希腊的影响力时，与一千名亚该亚贵族一道被送至罗马当人质。这种情况下，“人质”不是那种嘴里被堵着东西、随时面临死亡威胁的人，而是一种特别形式的文化交流。波里比阿以“人质”身份在罗马度过了十七年时光，住进了显赫的埃米利乌斯 · 保卢斯家族的家里，担任其家庭教师，并对罗马的制度、道德、习俗和文化形成了一种非常欣赏甚至有些美化的认知（后世，波里比阿的分权思想曾对美国的建国元勋产生了巨大影响）。波里比阿不断地思考着一个对他自己、对大多数同时代的希腊人而言的“不解之谜”：一个地中海西部的偏远城邦，如何能在大概两代人的时间里，一跃成为已知世界的主宰？波里比阿作为希腊人，他向希腊语读者描绘罗马帝国崛起的故事时，必然会比后世的罗马作家更多地讲述民族志的元素，他的《历史》也因而成为了解古罗马人日常生活的宝库。

根据波里比阿的记载，一个罗马贵族去世是一件全城瞩目的重大事件。逝者的遗体被送至广场并被安放在演讲台上（多数是直立摆放，少数斜放）；受过特殊训练的匠人事先从逝者的脸上拓制死亡面具，保存下其特征和肤色，力求栩栩如生（此后，这副面具将被供奉在逝者家中的显要位置）。葬礼既要颂扬逝者的美德，也要颂扬他所属氏族的高贵品质。逝者的儿子或其他亲属在演讲台上发表悼词，赞美逝者并追溯从最早的祖先算起的先人事迹。讲故事的过程仿佛在演戏，因为逝者的其他亲属也坐在演讲台上，同时戴着这些祖先的死亡面具，穿着相应的服装（比如，如果某位祖先是执政官，他就穿着镶紫边的托加长袍）。

正是在演讲台上，马克 · 安东尼在恺撒的遗体边发表了那篇著名的悼词。在古代文献中，这篇悼词的原文并没有被记录下来，但历史学家阿庇安留下了一份相当详细的复述，后世人们所熟悉的文字主要来自莎士比亚的悲剧。根据阿庇安的记载，安东尼精心导演了恺撒的葬礼，每一个细节都未疏漏；到最后，当人们啜泣不已时，一具恺撒的蜡像被从棺木中升起（遗体仍躺在棺木中），透过一个专门制作的旋转装置向四周的人群展示身体上的 23 处伤口。人们终于情不自禁地放声痛哭，誓言要为恺撒报仇。如此一来，安东尼就有借口说，自己先前所允诺的赦免看来难以被民众所接受。当安东尼试图通过武力争夺恺撒的遗产时，老西塞罗则试图挽救奄奄一息的共和国。在元老院、在广场上，西塞罗发表了 14 次最激烈的反对安东尼的演说，他称之为“反腓力辞”，得名于雅典演说家狄摩西尼反对腓力二世的演说。在这些演说中，年轻的屋大维（未来的奥古斯都）被描述为元老院的守护者和共和国的拯救者。然而，当屋大维在内战中取胜后，他与安东尼一起兵指罗马。元老院别无选择，只能承认军队统帅的最高权力。西塞罗被迫逃亡，但被追上并遭杀害，他的头颅和手臂被砍下来献给了安东尼。当时，安东尼的妻子富尔维娅还用自己的发簪反复地戳西塞罗的舌头。这令人恐怖的战利品被钉在演讲台上，也正是在那里，在此后几十年中，造就了西塞罗的荣耀。“来看死西塞罗的人，比当年来听活西塞罗演讲的人还多。”阿庇安如是说。

福卡斯性情严苛，下场悲惨，但他给罗马留下了至少两处古迹：福卡斯圆柱和万神庙。他下令将万神庙捐献给罗马教宗波尼法爵四世，使得它被改建为基督教堂，从而得以几乎毫发未损地保存下来。

早在1813年，透露圆柱历史的题记就被拿破仑的考古学家发掘出来，但多年以后，拜伦仍然称它为“基座埋在地下的无名圆柱”（这是多么浪漫啊）。英国贵族德文郡公爵夫人伊丽莎白资助了部分进一步的挖掘工作。在她的资助下，考古学家在砖头柱础下面发现了一座中世纪时的阶梯金字塔——1903年，它被当作没有历史价值的建筑遭到拆除。

卡斯托耳神庙与朱图耳娜湖

朱利亚巴西利卡东侧有一条街道，它在古代被称为“伊达拉里亚街”。剧作家普劳图斯对于广场众生相曾做过一番相当大胆的描述，他警告说，那条街是出卖自己肉体的男性聚集的地方。街道的另一侧是卡斯托耳神庙，它有三根保存下来的圆柱——它们在很多18世纪城市风景画家的作品上就可以看到，并不是修复的。我们能够知道的是，神庙在公元4世纪时还保持着原貌，但此后很长一段时间里，它都没有留下任何记录。到了15世纪时，它所在的街道已被称为“三柱街”，即是说，它已经变成我们今天所见的样子了。

长久以来，人们对这三根圆柱赞誉颇多。18世纪60年代，小乔治·丹斯（他后来成为建筑师）在给伦敦的建筑师父亲的信中写道：“我对着也许是全世界最好的科林斯式圆柱画了素描。”

说它们“不是修复的”，是指它们不是在新时代修复的。在古代，罗马的卡斯托耳神庙就存在了，但我们今天看到的是它在奥古斯都时期的重建物。卡斯托耳和波卢克斯——统称为狄俄斯库里（Dioscuri，意为“宙斯的儿子们”）或杰米尼（Gemini，意为“孪生子”）——是丽达的

英国建筑师约翰·索恩的助手手持量棒，研究卡斯托耳和波卢克斯神庙的废墟（亨利·帕克绘，约1810年）

孩子，丽达就是宙斯变身为天鹅诱惑的那位女子。这个神话简直古老得不可思议。身为神或半神、擅长骑马的兄弟俩，是流传于印欧大陆的一个常见母题，在印度吠陀传统中也有相对应的人物。在希腊神话里，狄俄斯库里的故事有多个不同版本和矛盾之处——这也表明了其古老程度。在“大希腊”，即意大利南部的希腊城市，狄俄斯库里崇拜得到了蓬勃发展，并由此传入罗马。卡斯托耳和波卢克斯的名字，经常与罗马共和国建立初期一场战胜邻国的战争联系在一起。

波卢克斯有着让人羡慕不起来的命运，有点像美国笑话中副总统的命运（“兄弟二人一个出了海，另一个当了美国副总统，自此两人都杳无音信”）。在有些史料中，这座建筑被称为“卡斯托耳与波卢克斯神庙”，但更多的时候，另一个人的名字被落掉了。这样的不公待遇在古代就被拿来开玩笑：在朱利乌斯·恺撒与马库斯·毕布路斯共同担任执政官的时候，当时的刻薄之人称之为“朱利乌斯与恺撒共同执政时期”，毕布路斯便“公开表示，他遭受了波卢克斯的命运：‘因为，’他说，‘正如广场上的双子神庙只被赋予卡斯托耳的名字，恺撒与我共同的慷慨之举也只归功于恺撒一人。’”[1]

[1] Suetonius, The Lives of the Twelve Caesars, “The Life of Julius Caesar.”

这场战争年代久远，难以考证。李维曾抱怨说，不同作家给出了不同的执政官年表，使得难以确定执政官的先后次序或某个事件的发生年份，“不只是事件，甚至连讲述它们的权威们都距今年代久远”。[1] 塔奎尼乌斯家族在被人民驱逐后，开始挑唆周边的拉丁部族向罗马开战；当战争迫在眉睫时，罗马人便践行了一个新引入的传统：在国家危急时刻，选举一位独裁官（dictator）。在现代语境中，“dictator”是指通过不正当手段独揽大权的独裁者——不仅不打算交出权力，还残暴地对待臣民。罗马的独裁官并不符合现代定义，他实质上是一位危机管理者。需要这样一位管理者是基于一个事实：平常的双执政官制度，不管有多少优点，都没法确保意见统一，而意见统一在非常时期极端重

[1] Livy, *History of Rome*, 2.21.

要。因此，罗马人决定：在必要情况下，可以任命一个人对某项极为复杂的国家事务全权负责（通常是军事事务，但后来并不局限于此）。任命独裁官，颇似现代的实行紧急状态法；一旦被赋予的任务完成（如果未能及时完成，那么在不晚于被任命的六个月后），独裁官需要立即卸任；他有权享受24名随扈的保护，这是两位执政官总共的配额。在独裁官执政时期，执政官的职权不会被撤销，但在独裁官受命的领域，执政官需要听命于独裁官。罗马人对王权的绝对统治充满恐惧，根据法律，独裁官被任命后需要立即挑选助手——所谓的“骑兵长官”——助手尽管听命于独裁官，但多少会制约其独断专行。

为了准备与拉丁人作战，奥卢斯·波斯图米乌斯·阿尔布斯被任命为独裁官，他挑选的骑兵长官是提图斯·埃布提乌斯·厄尔瓦。军队在伊达拉里亚的雷吉卢斯湖附近集结（现在已很难确定其具体位置）。雷吉卢斯湖是一个死火山口中的小湖，18世纪时就完全干涸了。战斗有可能是在今天的弗拉斯卡蒂与图斯科洛之间进行的。罗马士兵在敌人的猛攻之下，畏战退却，奥卢斯·波斯图米乌斯·阿尔布斯便将自己遴选的步兵队变成督战队，将逃兵就地正法。罗马士兵别无选择，只得再次冲向敌人，结果冲散了敌军队形并攻占了敌营。独裁官和骑兵长官最终胜利凯旋。

在战斗最危急的时刻，罗马人忽然看到，有两位骑着高大白马的美少年与他们并肩作战。当战斗获胜时，两位美少年又神奇地出现在广场上，并在朱图耳娜湖边给马饮水降温，罗马城里的人们便是从他们口中得知胜利的消息。西塞罗写到，很久以后，在公元前168年，当罗马统帅卢西乌斯·埃米利乌斯·保卢斯击败马其顿国王佩尔修斯（并将包括波里比阿在内的一千名人质带回罗马，以威慑对方）时，双子神又向元老普布利乌斯·瓦提尼乌斯现身通报胜利的消息。元老院认为瓦提尼乌斯散布了不实传言，打算将他投入监狱。然而，多日以后，保卢斯从马其顿传来急报，证实了交战日期。于是，在人们的惊愕和尊崇中，瓦提尼乌斯被释放了。

公元前2世纪初，卡斯托耳神庙由卢西乌斯·凯西利乌斯·梅特卢斯进行了彻底重建，以纪念他征服了达尔马提亚人，后者生活在亚得里亚海沿岸，不久前才归顺了罗马。达尔马提亚人根本无心打仗，他们友好地接待了梅特卢斯，还安排他在萨罗纳（今天的索林，位于斯普利特的郊区）过冬休整。然而，回到罗马后，梅特卢斯还是搞了个凯旋仪式。在古罗马广场上，该神庙的台基很可能是那个时期建筑的遗存，现存的三根圆柱则是在奥古斯都统治末期，由其养子兼未来的皇帝提比略重建的。

在共和时期，卡斯托耳神庙经常是元老院聚会之处，圆柱前面的平台则是政治家发表演讲最爱的地方之一，算是第二个演讲台。进入帝国时期，这一切就成了历史。在提比略皇帝重建的建筑内部，有约25个小房间——当时，卡斯托耳神庙被作为度量衡局和国库，房间的功能应该与此有关；根据现场找到的物品，其中一个房间可能是牙医工作的地方。

7月月中，罗马人会庆祝一个节日，纪念卡斯托耳和波卢克斯：数千名身穿军装的年轻人会组成浩浩荡荡的队伍在城内游行，两人骑着白马扮作狄俄斯库里在前面领头。奥古斯都将这种崇拜“私有化”，试图让皇室也与双子神扯上关系：他首先打造的是自己的外孙盖乌斯和卢西乌斯，在他们早逝之后，他又推出了提比略及其弟弟德鲁苏斯（后者也是不那么成功的狄俄斯库里，最后因坠马伤重身亡）。

在卡斯托耳神庙后面，坐落着图密善和卡利古拉时期的几座建筑，还有一处建筑的遗迹——它曾是罗马主要的基督教堂，老圣母教堂，里面有无与伦比的中世纪壁画（壁画的现状很糟糕，需要长时间修复，所以游客无法入内）。9世纪中叶，该教堂被废弃（有可能是在一次地震之后），它的主要圣物——一幅绘有圣母和圣子的5世纪壁画，即所谓“温

卡斯托耳和波卢克斯神庙

柔圣母”——被人们小心地从墙上割下来并转送到附近的新圣母教堂（现在的圣妇方济加圣殿）。老建筑被废弃后也逐渐被遗忘了，人们甚至在它上面建起了新教堂，后者在 1901 年的考古发掘中被拆除。老建筑旁边的四十殉教者礼拜堂则一直矗立在那里。在戴克里先迫害基督徒的时期，40 名罗马士兵拒绝放弃自己的信仰，结果被长官下令活活冻死在奇里乞亚行省（现在的土耳其南部）的塞巴斯特附近的一个高山湖中。在礼拜堂的半圆形后殿中，有一幅描绘塞巴斯特殉教者之死的中世纪壁画，但建筑本身是古罗马时期的。

紧挨着礼拜堂的是朱图耳娜“湖”，它其实是泉水汇集成池。据说，在雷吉卢斯湖战役后，卡斯托耳和波卢克斯正是在这个池边给马匹饮水解渴。公元前 2 世纪，罗马统帅卢西乌斯·埃米利乌斯·保卢斯在此处设立了狄俄斯库里骑马像，以纪念他战胜佩尔修斯的功绩。此处泉水被认为具有治疗功效。在帝国时期，维斯塔祭司从这里取水，用于宗教仪式。这里的建筑则是负责城市供水的部门“水道局”的总部所在。

20 世纪 50 年代，人们重建了此处的景观，使用了一些古罗马时期的残块。比如，在泉水出水口前面，安放着一块刻有“IVTVRNAI S”字样的残块。正如在小熊维尼的童话中，小猪在门外挂的“TRESPASSERS W”牌子可以让人有各种解读，残块上的文字也可以有不同的阐释：“朱图耳娜的圣地（IVTVRNAI SACRUM）”，或者“献给朱图耳娜，元老院和罗马人民敬献（IVTVRNAI SPQR）”。在罗马神话中，朱图耳娜（Juturna）是不太知名的角色，她是泉水女神、水源女神、雅努斯的妻子。诗人维吉尔在《埃涅阿斯纪》中，将这个名字赋予了图尔努斯——埃涅阿斯在争夺拉丁姆霸权过程中的主要对手——的妹妹。

恺撒神庙

朱利乌斯·恺撒遇刺，在罗马人民当中引发了意见不一的反响。有些人颂扬阴谋者为民除暴，但大多数人还是真心地为独裁官感到伤心。当保存在维斯塔祭司那里的恺撒遗嘱被宣读时，人们得知他将自己在台伯河一侧的花园捐赠给大家使用，并给每位公民发放 300 塞斯特斯，便再也抑制不住悲痛与愤恨之情。恺撒的朋友赫尔维乌斯·秦纳撞到了枪口上，他被误当作凶手科尔内利乌斯·秦纳，结果被愤怒的人群撕成了

恺撒神庙

碎片。（“我是诗人秦纳，我是诗人秦纳！”“撕碎他，因为他作了坏诗；撕碎他，因为他作了坏诗！”[1]）恺撒的葬礼在两个地方举行：人们在战神之地上堆起了一处柴堆，朝火堆中抛入衣物、椅子和手边能拿到的各种东西，包括小孩的颈饰——本该佩戴到成年再献给神灵的；人们又把

[1] Shakespeare, *Julius Caesar*, Act 3, Scene 3.

恺撒的遗体运到广场，在卡斯托耳神庙附近火化。在火化地点，一根用努米底亚大理石制成、黄色如金、上面刻着“献给这个国家的父亲”字样的圆柱被竖起来，但它没有待很久，便被恺撒的反对者移除了。

7 月，天空中出现了一颗异常明亮的彗星，人们认为这是恺撒的灵魂升天成神。（至于这到底是什么彗星，至今众说纷纭：20 世纪 90 年代，曾有两位美国研究者上下求索，分析从中国古代文献到格陵兰冰川的化学成分后，提出了一个自洽的假说，但很多历史学家相信，其实并没有这么一颗彗星，它不过是后人杜撰的。）根据遗嘱，年轻的盖乌斯·屋大维成为恺撒的继承人，继承了他的个人财产和政治资产。在屋大维的施压下，元老院通过法令，将恺撒封神，并在火化地点修建了神庙。这是罗马历史上第一次为不是神话和传说中的神、而是不久前还在世的人立庙祭祀。

为了庆祝神庙设立，罗马人举办了角斗士表演，有一位元老甚至亲自下场，罗马观众也有史以来第一次见到了河马和犀牛。神庙的祭坛被赋予庇护所的地位，即是说，凡成功地跑到祭坛的逃跑奴隶或犯人能够请求赦免，或至少推迟判决。在罗马，先前只有那些始建于罗慕路斯时期的神庙才享有这个特权，所以有些传统卫道士感到非常愤怒，他们找到了一个优雅的解决办法：不是剥夺恺撒神庙祭坛的庇护权，而是为神庙加建了一道无人能够翻越的围墙。

这座神庙建得非常高大，比隔壁的卡斯托耳神庙还高。奥维德在流放时所写的书信中描述道：“……就像神圣的朱利乌斯从他高耸的神庙俯瞰着邻近神庙的两兄弟。”[1] 庙里摆放着一尊高大的恺撒像，其额头上装饰着一颗星，当庙门敞开时，人们从广场上便能望见该像。跟许多罗马神庙一样，恺撒神庙里也陈列着艺术品：表现狄俄斯库里、胜利女神的

[1] Ovid, *Epistulae ex Ponto*, Book 2.

绘画，大画家阿佩利斯的《维纳斯从海面升起》等。当然，它们没有一件流传下来，其中那幅《维纳斯在古代》就因受潮而损坏，被尼禄用另一幅画替代了。

从古代钱币上的信息判断，神庙在哈德良时期得到重建，但保存至今的不起眼的废墟属于原始建筑。在罗马，人们对于朱利乌斯·恺撒的崇拜至今未泯，神庙的祭坛上时不时地便能够看到鲜花。

SENATV
POPVLVSQVEROMANVS

第二章

神圣之路

圣道

进入帝国时期之前，罗马只有两条道路以“Via”相称：“Sacra Via”（圣道）和“Nova Via”（新道）。这两条道路都穿过古罗马广场所在的山谷。圣道南起于一座小山丘，韦利亚山（它是帕拉蒂诺山北面的山嘴）的顶部，接近现在提图斯凯旋门的位置，往西北延伸到古罗马广场的中部，即维斯塔神庙附近。圣道地位特殊，它的两侧有诸多重要神庙，还是凯旋式的最后一段路：得胜回朝的统帅率领队伍沿着圣道游行，最后登上卡皮托利诺山进行报恩献祭。

安东尼和福斯蒂娜神庙

皇帝安东尼（他因虔诚信仰而被称为安东尼·皮乌斯，意为“虔诚的安东尼”）深爱自己的妻子福斯蒂娜。当皇后于140年去世时（安东尼才刚登基几年），元老院提议将福斯蒂娜封神并立庙祭祀，铸造金身。按照古代历史学家的说法，当傲慢的前任皇帝哈德良在“众人的憎恶”中死去后，元老院很希望与新君主改善关系，所以尽量取悦他。安东尼下令在意大利各地的竞技场竖立福斯蒂娜像，并继续资助妻子生前参与

安东尼和
福斯蒂娜神庙
“罗慕路斯神庙”
圣　道
雷吉亚
维斯塔祭司之家
维斯塔神庙

马克森提乌斯巴西利卡
圣 道
北
50 米
圣妇方济加圣殿
维纳斯和罗玛神庙
提图斯凯旋门

上有福斯蒂娜皇后头像的钱币

的一个女童慈善基金会，还在广场东南部、圣道边上的黄金位置为妻子建立庙宇。神庙的额枋上刻着原始题记“DIVAE FAVSTINAE EX S.C.”（献给神圣的福斯蒂娜，奉元老院令敬献），内殿里安放着一尊巨大的皇后像——雕像在历经18个世纪的沧桑后变得残缺不全，残块现在放于神庙的门廊处。

20年后，安东尼七十多岁了。他在某顿晚餐时吃了很多格吕耶尔奶酪，夜里就感到不适；第二天，他向亲信下达了最后一批命令，并在告知卫队长新的口令“aequanimitas（内心安宁）”后安然辞世。

皇帝驾崩了，举国陷入一片深切且看来真挚的哀痛当中。安东尼的统治在整个帝国历史上是最平静的，他没有进行大规模的征服战争，也没有跟元老院、禁卫军或军队闹不和。他统治期间，既没有发生一百年前维苏威火山喷发那种自然灾害，也没有发生类似几年后爆发的“安东尼瘟疫”那种大规模疫情。此外，他统治的时间之长也创下纪录，仅次于奥古斯都。

元老院将安东尼封神，让他与妻子一同接受祭祀。人们移除了神庙檐壁上原来的装饰，刻上新的字样“DIVO ANTONINO ET”（献给神圣的安东尼和），便于跟下方额枋上的题记凑成一体。人们在福斯蒂娜像旁边安放了一尊巨大的安东尼像。后来，神庙被改造成基督教堂，这立

米兰达的圣老楞佐教堂（19 世纪素描）

建于神庙内殿的教堂以圣老楞佐的名字命名，因为根据传说，公元258年，在瓦列里安迫害基督徒期间，他就是在这里被审判的。圣老楞佐是天主教最受尊崇的圣人之一，而在罗马，作为城市的主保圣人，他更受崇敬。在他殉道的地方（他被按在烤架上活活烧死，但在受刑时他还跟行刑者开玩笑说，“这一面已经烤熟了，把我翻个面吧”），有一个潘尼斯帕纳的圣老楞佐教堂。在埋葬他的地方，则有一个城外的圣老楞佐圣殿；在现在的圣殿建成之前，此处有一个由君士坦丁一世创立的小礼拜堂。最后，对酷刑感兴趣的人还可以在卢西娜的圣老楞佐圣殿看到行刑用的那具烤架。这座教堂在4世纪或之前建造，但当然，现存的建筑历史要短得多，主体是巴洛克时期的。不过，教堂的外立面相当古老，是12世纪初的。

于其正面的八根卡里亚大理石柱保存至今。大概从7世纪起，这里成为米兰达的圣老楞佐教堂，并在12世纪时的著名罗马旅游指南《罗马城的奇观》（*Mirabilia Urbis Romae*）中被提到。

1602年，米兰达的圣老楞佐教堂形成了现今的总体样貌，当时建筑师奥拉齐奥·托里亚尼重构了它的外立面，并建造了新的附属小堂。我们不清楚，在福斯蒂娜神庙之前，在这样一个黄金位置是否有过建筑；如果有的话，具体是什么建筑。20世纪初，人们在神庙东侧、圣道旁的柱廊遗迹后面进行考古挖掘，发现了一片古老的大理石地面，其上是一个帝国晚期的澡堂。当考古学家继续向下挖掘时，他们遇到了一处不早于罗马奠基时期的古老墓葬。

雷吉亚

在安东尼和福斯蒂娜神庙对面、圣道的另一侧，是雷吉亚（Regia）的废墟。从名字可以看出，它跟王家（regal）有关（事实上，“Regia”一词源自拉丁语“rex”，即“国王”）。据传说，罗马的第二位国王努玛·彭庇利乌斯奠基和建造了雷吉亚。从古代文献可知，雷吉亚结合了神庙和住宅的功能，这在罗马可不常见。它里面有一座战神圣物殿（保存着战神马耳斯的长枪和盾牌），以及一处俄普斯圣坛。俄普斯是播种和丰产女神，每年

8 月都有一个纪念她的节日，其间会组织盛大的游行。雷吉亚的俄普斯圣坛严禁外人进入，只有大祭司和维斯塔祭司可以进去。马耳斯的长枪则被用于神启：如果长枪无故自鸣，则会被认为是凶兆，祭司就需要立即进行赎罪献祭。历史学家说，公元前 44 年 3 月中，在朱利乌斯·恺撒遇刺当天，马耳斯长枪发出响动，于是身为大祭司的恺撒依例完成了献祭仪式——但这并没有扭转灾厄。

考古发掘证实，在遥远的公元前 7 世纪至公元前 6 世纪，这里有一处建筑，它貌似一座伊达拉里亚风格的富人住宅。这处房子经过多次翻建，平面布局多有改动，但从共和国初期起，建筑的基本轮廓和墙体在一系列改建过程中都没有变动：内部共有三个房间，从中间一间可以通到两侧的房间（战神圣物殿和俄普斯圣坛），还可以通往庭院。

在屋大维（未来的奥古斯都）统治初期，统帅格涅乌斯·多米提乌斯·卡尔维努斯对雷吉亚进行了修复，并用自己从西班牙城市获得的黄金对建筑进行了华丽装饰。用黄金装饰如此重要的一处房子尚显不足，但可惜西班牙还没有像样的艺术品，那里毕竟还未开化。所以，卡尔维努斯找到屋大维，请求借给自己几尊雕像。屋大维同意了。后来，当屋大维想要回雕像时，卡尔维努斯说："那就派人来拿吧。"他本想暗示自己这边人手紧缺，但也可被理解为不情愿交出雕像。屋大维摆了摆手，他决定把这些艺术品当作祭品献给雷吉亚。卡尔维努斯行径如此放肆却平安无事，是因为他坚定地支持朱利乌斯·恺撒及其继承人屋大维，这在罗马贵族中是少见的。

维斯塔祭司：崇拜与仪式

诗人贺拉斯在写作未来所有“纪念碑”的典范、颂诗《致墨尔波墨涅》时，希望表达“我的名字会远扬，只要在这月光下的世界 / 哪怕仅仅有一个诗人流传”[1]之情，他这样写道：

> ……只要祭司长还在静默处子的陪伴下走上卡皮托利诺山。[2]

也就是说：只要罗马还在。而罗马，众所周知，是永恒的。确实，在罗马人的心目中，没有什么比维斯塔崇拜更代表了他们的城市和世界秩序的永恒不朽。

这种崇拜非常古老。它存在于罗马建城之前：要知道，人们认为罗慕路斯和雷穆斯是维斯塔祭司瑞亚·西尔维亚和战神马耳斯的儿子。传奇的国王兼立法者努玛·彭庇利乌斯设立了维斯塔祭司团，他也是雷吉亚的建立者。维斯塔祭司的主要职责是守护维斯塔圣火和圣物。圣物的具体清单已经无从知晓，但其中包括帕拉蒂姆（Palladium）——一尊雅典娜木像，它当初由埃涅阿斯从陷落后的特洛伊抢救出来。因此，维斯塔崇拜一开始就融合了罗马人十分看重的几个地理元素：阿尔巴隆加、特洛伊、拉丁姆、地中海（维斯塔还有一个希腊原型，灶神赫斯提亚）。罗马人自视是世界民族之林中最特殊者，但他们也清楚，自己的出众并

---

[1] 普希金，《纪念碑》，查良铮译。——译者注

[2] Horace, *Odes*, 3.30.

非源自民族的血统纯正，相反，是出于民族形成过程中的兼容并包。

起初，维斯塔祭司有四人，后来增加到六人。六到十岁的女孩子被要求登记，参加遴选。遴选条件相当严格：候选人不得有任何身心残障，需要父母双全，父亲必须是罗马居民，双亲不得是奴隶或下层劳动者。遴选过程颇似征兵，候选者先由祭司长进行初选，入选后再进行抽签，以确保人选得到神意确认。不过，在有史以后，并不需要这样一个严格的程序：有一定身份的父母会把女儿献出来，这种请求通常会得到满足。另一方面，这一神职也算不上热门之选：曾经，上了岁数的奥古斯都责备元老们不把女儿献出来做维斯塔祭司，他信誓旦旦地说，自己要是有个适龄的孙女，必定会毫不迟疑。从最久远的古代时起，维斯塔祭司就不仅从贵族阶层也从平民阶层挑选，毕竟，只有维斯塔祭司才有权代表全体罗马人民面对神明。

被选中的女孩子通过一个“夺取”（captio）仪式——后世历史学家的称法——成为维斯塔祭司。这个仪式像一场古代婚礼，但中途终止，缺乏把“新娘”从父亲手中交到丈夫手中的部分。仪式中，女孩子坐在父亲膝上，祭司长走过来抓住她的手把她带走，“就好像她是战争中的俘虏一样”（2 世纪的罗马作家奥卢斯·革利乌斯对这个仪式作过最详尽的描述）。与此同时，祭司还要宣告这样一番话：“阿玛塔，我将你带走，去担任维斯塔祭司，依据最高法律代表罗马人民履行神圣仪式，并享受作为维斯塔祭司的‘最优渥条件’。”[1]

这套程式非常古老，在革利乌斯时期，其中有些细节已经引发了疑问——比如，不清楚“最高法律”是指什么；为什么未来的维斯塔祭司会被叫作阿玛塔（Amata）。有两个最简单的解释，一说这个词的字面意思是“亲爱的”，另一说是革利乌斯给出的：他认为阿玛塔是第一位维

[1] Aulus Gellius, *Attic Nights*, I, xii.

大维斯塔祭司

斯塔祭司的名字。现代学者给出了更多猜想，认为它源自一个吠陀语，意为“最年幼的”，它也可能是希腊语的拉丁化，意为“处女”，但这些都不具有说服力。

除了守护维斯塔圣火和圣物，维斯塔祭司还会参加很多宗教仪式。3 月 1 日，在古罗马历法的元旦，她们用新鲜的月桂枝装饰维斯塔神庙，在神灶里点燃起新的圣火。4 月，在牧神节期间，她们将怀仔的母牛献祭给神灵，将未出生小牛的骨灰、马头部的血投入焚烧豆秆的火堆。5 月，她们将用芦苇扎成的人像从桥上抛入台伯河（不清楚这一仪式的含义，奥维德含混地提到了“先人的模样”）。6 月，她们庆祝灶神节——纪念她们主神的主要庆典，这一天，她们会郑重地从神庙里请出圣火的灰烬并撒入台伯河中。10 月，她们将一匹马献祭给战神马耳斯，焚烧马尾以求净化，并把马头悬挂在雷吉亚的墙上。12 月，她们主要投入祭祀丰收女神玻娜·得亚。一年几次，她们利用一种特殊品种的小麦制作仪式上使用的面粉（这种小麦被称为二粒小麦，它们是四倍体，即拥有四套染色体。在现代，由此培育出的六倍体小麦是“对环境友好”的食物，在西欧流行开来），然后在 9 月 13 日向面粉中添加两种盐，得到“盐面粉”，再用它来制作特殊的祭祀面包。所有这些仪式的含义可归结为两点：净化和祈福（后者又可分为两类：祈求罗马粮仓平安和祈求丰收，但现代研究者对此尚未有共识）。

对罗马人民来说，维斯塔祭司和她们负责照管的圣物的安全可谓头等大事。这从一个历史故事中就可以看出来：公元前 386 年，高卢人包围了罗马，居民慌乱出逃，其中就有带着圣物出城的维斯塔祭司。一个名叫卢西乌斯·阿尔比尼乌斯的平民将老婆孩子放下马车，请维斯塔祭司和圣物上了马车，将其安全地运送到伊达拉里亚城市凯里（现在的切尔韦泰里）。这听上去有点像爱国主义宣传故事，但在罗马并不罕见（加斯帕罗夫曾指出，小烈士帕夫利克·莫罗佐夫大义灭亲的故事要是发生在罗马，他大概也会被立碑纪念）。

维斯塔祭司有一系列相关规定，这突显了她们的特殊地位。首先，古罗马的祭司不是一个独立阶层，这跟在古埃及或革命前的沙俄不同，在那里祭司职位通过选举产生，常常拥有一定的政治分量，尤其是在政局动荡时期。维斯塔祭司却是例外，她们大多数终身任职。其次，维斯塔祭司是罗马社会中唯一不受男权（父亲、丈夫或其他监护人）支配的女性。表面上，祭司长对她们行使了父亲的某些职能，但维斯塔祭司是罗马女性中唯一可以自由支配财产（有时还相当多）、订立遗嘱、亲自出庭的人。同时，她们的证言如此重要，以至于在帝国时期早期，一名维斯塔祭司拒绝出庭（据她说，涉及名誉问题）而要求执法官到她那里听取证言时，执法官乖乖地听从了。维斯塔祭司有权在罗马城内乘车出行，这种特权几乎无人再有。她们拥有自己的马厩。在帝国时期，她们还有一支武装护卫队，如果她们被罪犯在街上偶然遇到，罪犯还可以获得赦免。

维斯塔祭司在宗教、法律和财务上具有独立性，这保障了她们在罗马社会中拥有一个无可比拟、相对超脱的地位。作为国家公民，维斯塔祭司完全融入罗马的社会结构，但她们又超脱于普通罗马男女身陷其中的家族关系网络。正因为如此，维斯塔祭司得以代表全体罗马人民，而不从属于任何阶层或部落。

然而，维斯塔祭司能够摆脱血亲家族影响的程度也不应该被放大。因此，有规定要求：如果姐姐已经入选了维斯塔祭司团，则不建议再选择此家的女孩。这不无道理，谁都不希望看到一个家族借助祭司的巨大影响力而势力过强。公元前 143 年，第一起维斯塔祭司公开干预国事的案例出现了。当时，执政官阿庇乌斯·克劳狄乌斯·普尔凯尔为了求得一个凯旋式，出兵攻打生活在阿尔卑斯山山麓的萨拉西人（距离现在的奥斯塔不远），但元老院以损失过大为由拒绝授予凯旋式。普尔凯尔仍不甘心，自己掏钱举办。当保民官拦下队伍，试图将执政官从马车上拽下来时，维斯塔祭司克劳狄娅冲到执政官身边，以自己的神圣权威维护执政官和未经批准的凯旋式。你可能猜到，这位祭司是执政官的亲戚（至于是妹妹还是女儿，古代文献各执一词）。

公元前 1 世纪，罗马历史上最动荡的时期（至少就内部政治斗争而言），在这个残酷且看上去完全属于男人的世界里，维斯塔祭司也表现得非常活跃。公元前 63 年，在角斗士表演场上，维斯塔祭司李锡尼娅将自己的尊贵座位让给了堂兄卢西乌斯·李锡尼乌斯·穆列纳。当时，穆列纳正在竞选下一年的执政官，所以这一举动不难被理解为支持特定候选人（至于是为了自己的家族，还是为了不朽的神明，就见仁见智了）。同一年，当罗马的贵妇们聚集在时任执政官西塞罗家中举办的丰收女神庆典时，祭火扑闪将熄灭却又突然重新燃烧了起来。出席活动的维斯塔祭司一致认为这是吉兆，嘱咐女主人告知丈夫，他应该下定决心，作出决定——神灵已经为他的荣耀和繁荣重新点燃了火焰。其中一个维斯塔祭司是西塞罗夫人的同母异父妹妹，所以我们可以大胆推测：神迹源于一次精心的事先设计。

下一年，公元前 62 年，维斯塔祭司再一次站到了西塞罗及其同党一边：一个由男祭司和维斯塔女祭司组成的祭司团需要对一位青年政客克劳狄乌斯作出是否有罪的认定。当朱利乌斯·恺撒家中举办丰收女神庆典时，克劳狄乌斯男扮女装潜入进去。这个仪式严禁男性入内，以至于这位女神的真正名字我们都不得而知（“玻娜·得亚”，意为“良善女神”，仅是一个用于男人的假名）。维斯塔祭司认定克劳狄乌斯有罪，并指定特别合议庭作出最终判决。然而，陪审员被贿赂，所以克劳狄乌斯最终被无罪释放，尽管西塞罗非常不满。

公元前 73 年，维斯塔祭司李锡尼娅被控与自己的堂兄马库斯·李锡尼·克拉苏有染。但克拉苏成功地说服了公众，他只是打算从妹妹那里买一处房产，从而使她免于遭受惩罚。在此事中，克拉苏的坏名声反倒帮了他忙。他养着一支私人救火队，爱带着他们到处前往罗马城的火灾现场；在现场，克拉苏会向着火房子的主人提议以低价买下房子。假如房主拒绝，克拉苏就带着救火队一走了之；假如房主同意，救火队就会匆忙灭火，以保全趁火打劫的老板新购得的房子。这么一个人，跟维斯塔祭司还能谈些别的吗？

现在，我们将谈到维斯塔崇拜中最著名也最可怕的元素——女祭司的童贞和对失贞的惩罚。我们知道，女孩子是在没有达到性成熟时被选为维斯塔祭司的，她们的最低服务年限是 30 年。任职期间，维斯塔祭司应该保持宗教意义上的纯洁，包括在性方面，只有是处女，她们才被允许接触维斯塔圣火和其他圣物。哪怕一丁点儿违反仪式的要求，也会严重破坏人神之间的脆弱平衡。因此，犯错的祭司需要接受净化和惩罚，而最大的罪过（丧失童贞）则意味着死刑。

罗马人尽量避免杀人见血，尤其是对那些冒犯神明的人。犯下弑父之罪的大逆不道之人会跟狗、猴子和公鸡一道被封入一个口袋，再被抛入台伯河——从技术上讲，他的生死还是由神明决定的。对于犯下“incestum”（这个词意为“失贞”或“不洁”，“incest”一词的特殊含义“乱伦”则到后来才引入）之罪的维斯塔祭司，执刑方式要更为间接。被定罪的维斯塔祭司会被穿戴整齐，像遗体一样放入一口棺木中，穿过广场，接受亲友的告别，最后来到一个所谓“罪恶之地”（campus sceleratus），这个地方在科林纳门附近的城内（大致现在的九月二十日大道与戈伊托街路口、意大利经济财政部所在地）。在罪恶之地，她被送入一个事先备有被褥、油灯、黄油、面包、水和奶的地下小室。然后，行刑者往小室里面填土，直到地面恢复平整。维斯塔祭司的情夫，如果被查明是谁，他会被用柳木棒打死。

在维斯塔崇拜存续的千年历史中，活埋祭司的事例并不多，少见的几个几乎都发生在社会动荡时期。比如，在公元前216年，罗马军队在坎尼战役中遭受惨败后不久，两个名叫欧皮米娅和弗洛罗尼娅的维斯塔祭司就被控失贞，并被定罪。时值罗马生死存亡关头，城里几乎家家缟素，户户哀嚎，此时对维斯塔祭司进行审判便有了双重意味：既在神灵面前谢罪（或许是构陷之罪），也吓唬城里的妇女，以免她们的哀嚎最终打击到那些丈夫、兄弟和儿子们的士气。

判定维斯塔祭司是否有罪时，被告的辩解颇为无力（罗马法的常规原则并不适用于此），但有些人还是能够证明自己的清白。当然，编年史家热衷于反复讲述他们视为有神干预的故事。比如，维斯塔祭司图克西娅证明自身清白的方法是：她从台伯河用筛子将河水送到了广场（因此，在文艺复兴时期的绘画中，筛子象征贞节，英国女王伊丽莎白一世在自己的肖像画中便手拿筛子）。当被指控玩忽职守、导致圣火熄灭时，维斯塔祭司埃米利娅面向神灶祈祷，然后把自己的衣服撕下一条，扔到神灶上，这时一股巨大的火焰从已经冷掉很久的灰烬中窜起，点燃了布条。也有一些不那么圆满的例子。比如，维斯塔祭司波斯图米娅因性情活泼和着装俏皮而被控失贞。尽管她得以证明清白，大祭司还是严重地警告了她，要求她今后在外形和举止上继续追求圣洁，避免轻佻。

前面提过，维斯塔祭司的最低服务年限是30年，包括10年的学徒

手持筛子的维斯塔祭司图克西娅（19 世纪版画）

期、10 年的工作期和 10 年的授徒期。此后，原则上，她们有权离开祭司团并结婚成家，这时她们一般 36 岁至 40 岁，即便以古罗马人的标准，年纪也不算太老。然而，出于一些显见的原因，只有少数人敢于迈出这一步，她们此后的个人生活也多不如意。大多数维斯塔祭司还是选择做一辈子的祭司。

在帝国时期，罗马的政治生活逐渐从公开转为幕后操作。维斯塔祭司的地位也相应发生了改变：她们开始与对皇帝的崇拜密切联系在一起，并常常负责保管特别重要的国家文献。在图密善的传记中，苏维托尼乌斯提供了只言片语的证据：在公元1世纪时，童贞誓言已经不再被严格遵守，某些“贤君”（韦斯巴芗和提图斯）也对此睁一只眼闭一只眼。这可以理解：大多数受过教育且独立的维斯塔祭司也许认为，坚守童贞是古代历史的残留，并不值得严肃对待。然而，图密善并不认同父兄的姑息做法，在他治下，共有四名维斯塔祭司因失贞被定罪。

随着罗马的基督教化，维斯塔祭司的工作变得愈发形式化，直到4世纪末，狄奥多西一世禁止多神教崇拜。394年，维斯塔祭司团被解散，其房产和财产转归皇室所有。

维斯塔神庙与维斯塔祭司之家

维斯塔祭司的所有活动集中在圣道附近的一个不大区域内。那里有一座很小的圆形维斯塔神庙，其外形象征了罗马建城者当初居住的古代茅屋。据说，神庙有一段时间也是稻草屋顶，颇似那些茅屋。有史以后，神庙的外围饰以爱奥尼克式圆柱，柱间饰以装饰性的栅栏。上方的圆锥形屋顶有个洞（就像万神殿），以便排出维斯塔神灶的烟；洞的上方很可能遮以某种金属挡板，以便在天气不好时保护神庙内部。一些保存下来的钱币上刻画的也许是这座神庙，其中有些表现了一尊雕像（很有可能是灶神维斯塔）立在屋顶上，另外一些则表现了一把官座（一种不高的座椅，只有执政官或独裁官这种高级官员才有权使用）放在庙中（这时神庙被刻画得并不十分写实）。在佛罗伦萨的乌菲兹美术馆所藏的一幅浮雕和索伦托的科雷亚莱博物馆所藏的一个雕像基座上，我们可以见到刻画这座神庙的两幅最可靠的图像。

维斯塔神庙复原图

维斯塔神庙本身保存下来的很少。我们现在看到的只剩一个圆形混凝土台基，外面围着几层凝灰岩石块，其余部分都在16世纪中期被扫荡一空，当时教宗的建筑工人在古罗马广场到处搜寻，搬走任何能找到的大理石。有些残块后来被用到各式建筑上，包括圣伯多禄大殿，其他的则被烧制成石灰。3世纪初，塞维鲁的皇后朱利娅·多姆娜重建了这座神庙，人们现在看到的遗迹就源于这次重建。在共和晚期（钱币和浮雕所表现的时代）与最后一次重建之间的某个时候，爱奥尼克式圆柱被换成了科林斯式圆柱。马赛克地面和存放炉灰的灰坑则有可能更古老。19世纪后期，有些侥幸躲过教廷拾荒者的残块被发掘出来。1930年，神庙的一小部分外墙得到修复，它被证明是一个成功之举，使得这处古迹登上了无数海报、年历、明信片，甚至著名的《牛津罗马考古指南》第一版的封面。

很长一段时间里，人们都认为在帕拉蒂诺山上还有一座维斯塔神庙，这显然是一个误解。当奥古斯都被选为大祭司后，根据惯例，他本该搬到广场上的大祭司官邸（domus publica），但他却不想这样做。相反，他将自己在帕拉蒂诺山上的住所捐出一部分给国家，改造成一处献给维斯塔的神庙；广场上的大祭司官邸则交给维斯塔祭司团。顺便一提，广场上的维斯塔神庙并非一座真正的神庙——真正的神庙需要供奉一尊神像，而它只有一处象征性的圣火。至于台伯河畔的“维斯塔神庙”——位于热门的“真言之口”附近的那座圆形建筑，其实是胜利者赫耳库勒斯神庙——纯粹因为其圆形形状而导致此误解。

维斯塔神庙旁边有一块巨大的长方形区域，这里曾是维斯塔祭司之家。它的四至是四条道路——北至圣道，南至新道，西至维斯塔巷，东边的巷弄名字已经失传。它现在的位置和平面结构可追溯至图拉真时期（2 世纪初），更早期的地面和墙壁的痕迹可在入口处看到。建筑东翼的中央是一个大房间，两侧各有三个小房间，这里不太可能是维斯塔祭司的“集体宿舍”，因为维斯塔祭司之家如此之大，每位祭司想必拥有自己的大套间，以及供仆人和奴役使用的房间。这里可能是公共活动场所，比如公共食堂。在共和时期，维斯塔祭司之家的北墙外有拱廊和货摊，它们获得的收益被交给祭司团。

北墙下陈列着一排雕像。19 世纪 80 年代，人们从一个废弃堆中发现了它们。雕像制作于 2 世纪至 4 世纪，每座雕像代表了一位大维斯塔祭司，但雕像与带题记的基座是随意配对的。

长久以来，维斯塔崇拜有两个方面不断激起后世的好奇心：它的悠久历史和处女崇拜。罗马人很像英国人，是传统的遵循者，哪怕已经没有人真正相信维斯塔祭司职责的重要性，人们依然尊崇这一职位。从康

维斯塔祭司之家（19 世纪素描）

斯坦丁·列文（作者列夫·托尔斯泰在其著作《安娜·卡列尼娜》中的化身）的一句话中，我们可以窥见这种态度："我们就这样活着，做不出任何事情，就仿佛我们是古代的维斯塔祭司，只是维持着火不熄灭。"[1]

在许多宗教中，处女崇拜都是一个重要元素。有些东方的宗教，包括基督教，就有一个"处女生子"的母题。（这个概念并不像听上去那么荒诞不经，无性繁殖在鲨鱼、蜥蜴、鸟类等高等生物中均有记载，但唯一的缺点是：只能生下雌性后代。）在尼泊尔各地，现今仍有"库玛丽"崇拜——一位初潮前的处女被封为"活女神"供奉；在首都加德满都，库玛丽还会参加一些重要的国家仪式活动，吸引了大量游客。遴

[1] Leo Tolstoy, *Anna Karenina*, 6.29.

选库玛丽的过程要比遴选维斯塔祭司更严格，其中一项试炼是候选者必须在一间堆放着水牛头和山羊头的房间中度过一夜，却不能表现出任何恐惧。被选中担任库玛丽的女孩可以履职到初潮来临，此后，人们便认为女神离开了她的身体，女孩就可以回归正常生活，新一轮的遴选也随之展开。相传有一位前库玛丽的丈夫在新婚不久后暴毙而亡，但现实中，近年来大多数前库玛丽都过着平安美满的家庭生活。

对于处女的永不停息的痴迷（直到今天，这仍是人类文化的一部分，即便在工业化国家也是如此）使得维斯塔祭司成为最深入人心的罗马神职人员。确实，现在谁还记得诸神祭司（flamines）、牧神祭司（luperci）甚至是大祭司（除了它作为教宗的头衔之一）呢？但一说起“维斯塔贞女”，人们的想象力就不禁被激荡起来。所以，一座只有三根柱子得到修复的破旧神庙会成为今日罗马的一个重要象征，这并非巧合。

“罗慕路斯神庙”

回到圣道，我们会经过圣葛斯默和圣达弥盎圣殿，它也是由一座罗马晚期的神庙扩建而成。通常，这座小建筑被认为是马克森提乌斯皇帝为早夭的儿子瓦勒利乌斯·罗慕路斯修建的神庙。但这种认定很牵强：古代钱币可以证实，马克森提乌斯确

圣葛斯默和圣达弥盎圣殿（19 世纪素描）

实建过一座带有圆顶和裸体青年雕像的神庙，模样也跟这座相似，但仅靠钱币上的图像作为唯一证据，就认定它是圣道上的建筑会有些不妥。这座神庙也许是古代文献中记载的“城市神庙”（urbis fanum），它在 4 世纪初被拼凑而成，大部分装饰物都是从之前的建筑上搜罗而来，包括两根绿色大理石圆柱、柱头（取自其他圆柱）、青铜门、大理石门框（取自 3 世纪初塞维鲁时期的建筑），以及上部檐口（用奥古斯都时期的石块拼凑而成）。

东哥特领袖狄奥多里克曾将圣道上的一些建筑作为礼物献给教宗斐理斯四世，教宗便将原来的“罗慕路斯神庙”献给了殉教者葛斯默和达弥盎兄弟，用以对抗坐落在不远处的异教双胞胎兄弟卡斯托耳和波卢克

葛斯默和达弥盎是在奇里乞亚的港口城市爱格爱（现在土耳其的尤穆尔塔勒克）执业的医生。他们行医不收报酬，因而在基督教传统中，他们也被称为“廉施圣人”（Anargyroi，意为“不收银子”）。根据传说，他们做出了一项独特的器官移植突破：当一个病人因腿脚溃烂而不得不截肢时，他们将一位刚过世的埃塞俄比亚人的一条腿成功地移植到他身上。埃塞俄比亚人的黑皮肤腿脚与获治病人的白皮肤躯干形成了鲜明对比，后世的众多画家在表现这一奇迹、这一两兄弟的最知名成就时常爱强调这点。但他们的神乎其技并未能让其逃过戴克里先时期的迫害：两兄弟因为拒绝放弃自己的信仰而被绑在十字架上，被扔石头和射弓箭，并最终被砍头。

斯神庙。

两兄弟是内外科医生、马医和药剂师的主保圣人。选择此地方作为他们的教堂十分合适，传说中，盖伦（继希波克拉底之后的古典时代医学权威）曾在这座建筑里（当时它是旁边的和平神庙的图书馆）讲过课。在许多个世纪里，罗马的医生聚集到这里，进行专业讨论。从15世纪起，隔壁的米兰达的圣老楞佐教堂也归属于一个药剂师行会，直至今天，行业成员仍然在行会管辖的一座小附属建筑里举办会议。

马克森提乌斯巴西利卡

在圣葛斯默和圣达弥盎圣殿旁边，有一座巴西利卡的废墟。它今天外表沧桑，但仍然是古罗马广场最大的建筑，也是最令人印象深刻的罗马古迹之一。它的砖包混凝土墙高大雄伟，有的地方甚至厚达6米。它由马克森提乌斯始建，在他更幸运的竞争对手君士坦丁大帝手里完成（在第六章中讲述君士坦丁凯旋门时，将叙述二位在罗马附近的米尔维安大桥的对垒）。我得再次提醒：古代的巴西利卡不是教堂，而是一个供经商、贸易、议事和娱乐的场所。这座建筑的拱顶结构此前只见于公共浴场。它的功能不是宗教性质的，但壁龛中仍然安放着神像。在它西侧的半圆形后殿中，原先安放着一尊巨大的（五倍于真人大小）、石首石肢木身的君士坦丁坐像——头部被美化了一般虔诚地仰视着（当然，它跟皇帝本人还是得有些许相像），竖起食指的手部和长着老茧的脚部则十分写实。现如今，巨像的残存部分被安放在卡皮托利诺博物馆保守宫的中央庭院，罗马旅游指南和相关电影都不会遗忘掉它。

君士坦丁巨像的头部和四肢以大理石雕刻而成，躯干则由砖砌内核和木质框架构成，外面可能还覆以镀金的青铜。当然，金属在中世纪时就已经被劫掠一空，但大理石头部和四肢在 15 世纪时被重新发现。

这座巴西利卡在不同文献中有着不同的名字，马克森提乌斯巴西利卡（始建者）、君士坦丁巴西利卡（完成建设者），又或者新巴西利卡（区别于朱利亚巴西利卡和埃米利亚巴西利卡）。它在古代便遭受破坏，建成两个世纪后就无人记得它原来是什么建筑。6 世纪时，它被称为“罗玛神庙”，得名自代表罗马城和罗马国家的女神。7 世纪时，教宗和诺理一世将它的青铜瓦片挪给圣伯多禄大殿使用，后者建于君士坦丁时期，其遗址上后来建起了“新”圣伯多禄大殿——凝结了米开朗基罗和其他文艺复兴巨匠们的心血。11 世纪时，马克森提乌斯巴西利卡被地震损毁了一部分。

关于它，还有一则有趣的基督教传说，被收录进《黄金传说》（一部流行甚广的中世纪圣人传记集）中。传说在基督诞生当天，君士坦丁巴西利卡连同站立在那里的罗慕路斯巨像颓然倾倒了。这当中有三百年的时间差对不上号，哪怕我们睁一只眼闭一只眼，它也选择了一个非常不合理的报应对象：要是基督教未来的世界主导地位必须归功于一个人，那这个人就应该是君士坦丁大帝。尽管如

此，传说还是非常深入人心。许多基督诞生绘画的背景就设在异教神庙的废墟中，有时甚至隐约像马克森提乌斯巴西利卡。这无疑也受到了《黄金传说》的影响。

1613 年，教宗保禄五世将马克森提乌斯巴西利卡唯一保存下来的一根圆柱转移到了圣母大殿前面的广场。直到今天，它仍然矗立在那里（上面还有一尊圣母玛利亚像，由纪尧姆·贝特洛和奥拉齐奥·琴索雷创作），让我们得以想象原来建筑的恢弘壮美。

墨索里尼统治时期，在巴西利卡现存的北墙上、面向新开拓的宽阔帝国广场大道的一侧，悬挂了一幅表现罗马帝国领土扩张的地图。1960 年，在罗马奥运会期间，这座古老的建筑承办了摔跤比赛。

在马克森提乌斯巴西利卡附近，圣道汇入了圣妇方济加圣殿所在的地段。这座教堂不可谓小，其周边区域更是巨大。从步道上看，你并不觉得它及周边多么宏伟；从斗兽场的上层看过来，你就会留下深刻的印象。尼禄皇帝当初将圣道转向，想让它穿过这个区域直通他在埃斯奎利诺山上的“金宫”。正是在圣道的转角部分，矗立着尼禄的巨像。哈德良皇帝也看中了这个地段，他投入大量资源将它腾空，把尼禄巨像往东移动，并打算在腾出的空地上建造一座新神庙。

维纳斯和罗玛神庙

哈德良是一位知识分子兼希腊爱好者。像所有知识分子一样，他对于批评非常敏感；像所有希腊爱好者那般，他希望人们不光把他看作统治者，还能体察到他那创造性的心灵。希腊建筑大师大马士革的阿波罗多罗斯为上一任皇帝图拉真修建过一座新的广场（有那根著名的圆柱），他随口一句话，曾深深地刺痛了哈德良。有一次，哈德良想在阿波罗多罗斯和图拉真交谈时插话，却被建筑师抢白道："别闹，还是画你的南瓜去吧，你对建筑可是一窍不通。"（"南瓜"或许指拱顶结构——哈德良偏爱这种风格。）哈德良咬牙切齿，心中也许暗暗寻思："等我有朝一日掌了权……"他确实登上大位后，便开始推进一个庞大的开发项目——一座由他自己设计的希腊风格神庙。他拿出感人的谦逊态度，将图纸送给阿波罗多罗斯寻求指正。对方在返回图纸时批注道："建筑的高度与雕像的尺寸不匹配。如果女神希望站起身，走到外面，她的头就会捅破房顶。"

老实说，当初一模一样的理由也被用来批评菲迪亚斯的奥林匹亚宙斯巨像，但它长久以来被视为世界奇迹之一。

哈德良怒不可遏。现在已经为时太晚，他无法对项目做重大变更，他所能做的是将阿波罗多罗斯流放，后又赶尽杀绝将其处死。这个故事姑且听之，它是由一位罗马元老卡西乌斯·狄奥（一个希腊人）讲述的，哈德良与元老院始终关系不和，元老们对他也没有好感。

新的神庙引入了一种双神崇拜，尊崇罗玛和维纳斯。罗玛是罗马城的化身。维纳斯则选择了一个新的形象，不是传统的“母亲维纳斯”（朱利乌斯氏族传说中的祖先埃涅阿斯的母亲），而是前所未有的“快乐维纳斯”——象征着罗马帝国广袤土地上的所有子民生活安乐祥和（帝国当时正处于领土扩张的巅峰）。每位女神拥有自己的内殿，相背而坐：维纳斯朝东，面向斗兽场；罗玛朝西，面向卡皮托利诺山。下一任皇帝安东尼·皮乌斯颁布过一道法令，纪念已故的妻子：刚结婚的新人必须到维纳斯和罗玛神庙的祭坛献祭。

这座神庙一度是罗马城最大最宏伟的神庙，后来逐渐失修颓败。到了 9 世纪中期，教宗利奥四世在神庙的废墟上建起了新圣母教堂。1612 年，新圣母教堂被重建并命名为圣妇方济加圣殿，其间哈德良时期的遗迹包括残存的双内殿、柱廊以及神庙的外围区域——面积约 1.5 公顷，构成了一个单独广场。

哈德良

2008 年，大英博物馆举办了一场展览，题为“哈德良：帝国与冲突”，它出人意料地成为当年的文化盛事。展览宣传文案说，哈德良即位后，做的第一件事就是“下令罗马军队从伊拉克撤军”。当然，公元 2 世纪时还没有所谓“伊拉克”，但为哈德良披上现代外衣是 20 世纪欧洲文化的典型做法。法国作家玛格丽特·尤瑟纳尔在 20 世纪中期创作小说《哈德良回忆录》时，正是这样做的——把他改造成了一位存在主义先驱。

福楼拜曾在一封信中写道：“当诸神已经离去而基督尚未到来之时，存在这样一个独特的历史时刻，从西塞罗到马可·奥勒留，这时人是孤独的。"[1] 这种被神舍弃和孤独的感觉在尤瑟纳尔的时代（"在奥斯维辛之后，写诗是野蛮的"）和我们的时代都非常典型。所以也不太意外，哈德良，福楼拜所描述的那个时代的风云人物，会得到如此的关注。

我们已经并还将多次遇见哈德良的作为的吉光片羽。他挪开了尼禄巨像，在广场上修建了维纳斯和罗玛神庙；他与图拉真的御用建筑师阿波罗多罗斯较量建造技艺；他还在战神之地修建了古代的标志性建筑之一——万神庙；他自己在梵蒂冈附近的陵墓现在则是圣天使城堡。为了拼凑出一个更完整的形象，我们需要回顾一下他的生平。

目前关于哈德良的细节信息极为有限。他唯一的完整传记见于《罗马帝王纪》，这份史料成书较晚且非常不可靠。长久以来，人们认为它有四位作者，现在的研究者却倾向于认为：从哈德良到 3 世纪末的一连串"军人皇帝"和僭主的传记，其实是一个人所写，他可能使用了四个假名以期给读者留下更深的印象，又或者后世之人凭空想象给他多出了几个身份。卡西乌斯·狄奥也描述过哈德良的统治，不幸的是，他的作品只有一个拜占庭时期的简化转述版本流传了下来。看上去，哈德良确实写过一部自传（《罗马帝王纪》的作者多次提到它），但同样不幸的是，它已经遗失在历史的长河中。

哈德良出生于伊塔利卡（Italica），罗马在西班牙的殖民城市，建立于布匿战争时期。也有史料称，哈德良出生于罗马，这极有可能是编造的。罗马的殖民者常常与当地贵族联姻，哈德良的祖先中便有一些西班牙人，更确切地说，凯尔特人（当时，他们是伊比利亚半岛的主要定居者）。哈德良受过良好的教育，但终其一生，他的拉丁语发音都不是罗马腔。

---

[1] *The Letters of Gustave Flaubert: 1857–1880*, edited and translated by Francis Steegmuller, Belknap Press, 1982.

十岁时，哈德良的父母过世，他投靠了一位同为伊塔利卡出身的远亲、未来的皇帝图拉真，并在后者的庇护下接受教育并进入仕途。从那以后，哈德良再也没有回过故乡。他在传统的罗马职业阶梯中快速爬升，担任过军事以及（算是）选举性的民事职务——对于一个皇帝的门生，诚实的选举是不可想象的。117 年，在经受长期病痛折磨后，图拉真于奇里乞亚辞世，他没有明确指定继承人。这个细节以及后来他对主要竞争者的处置成为贯穿哈德良整个统治的一个争议。图拉真的遗孀普洛提娜出示了一份图拉真签署的文件，表示他将哈德良收为养子，这几乎自动意味着，在图拉真死后，哈德良将继承他的权力。古典时代的作家们坚持认为，哈德良的胜利源自一个宫廷阴谋：哈德良是普洛提娜的情夫，文件是在图拉真死后伪造的，当时一个廷臣冒充他的声音口授了文件（这一情节后来被但丁引用，再后来被普契尼在独幕歌剧《贾尼·斯基基》中引用）。现代历史学家则认为：考虑到哈德良的履历，他是一个合理的继任者，但他的继位不无偶然性（在整个罗马帝国的历史中，继位都是一个非常复杂和令人头痛的问题）。有些来自元老阶层的作家暗示，图拉真原本希望将权力归还给元老院和罗马人民——这实则是一个适合好莱坞的幻想。

哈德良像（硬币）

哈德良在摆平了潜在竞争者后，将注意力转向了对外政策。确实，他所做的第一件事是拒绝防卫新征服的东方行省，美索不达米亚（后来被称为

“伊拉克”）和亚美尼亚。据说他践行了老加图的说法，后者主张让新被征服的马其顿人获得自由，因为罗马无法保护他们。

哈德良的对外政策是外交征服和武力威胁并用，双管齐下。他没有发动过扩张战争——几个世纪以来，罗马帝国的领土面积首次缩小了。他亲自出面或通过使节与邻国谈判，以期达成和平协议，曾与最危险的对手安息帝国之间缔结了和约。同期，军团也始终处于战备状态。哈德良从未想过缩小军队规模——相反，他持续监控着军团的数量和战备状况。

当士兵无仗可打时，他们做什么？他们去营建。建设工程包括统帅住宅、学校以及边防工事。在哈德良时期，勘测罗马疆界和构筑防御工事得到大规模的开展。在许多欧洲地区（如德国和罗马尼亚的森林中、莱茵河和多瑙河畔），军营、哨卡和瞭望塔的废墟是罗马文明留下的唯一痕迹，但最著名的边墙是哈德良在不列颠修建的。

这个工事现在被称为“哈德良长城”，它的拉丁语原名一直不明。2003 年，一些寻宝者在斯坦福德郡找到了一个嵌珐琅青铜平底锅，锅沿下方有一圈铭文，列出了哈德良长城西段的四个要塞名称。这样的铭文以前也发现过，但“斯坦福德郡荒原平底锅”给出的也许是整段长城的名字：Vallum Aelium（埃利乌斯的营墙），其由来只要对照一下皇帝的全名就明白了：普布利乌斯·埃利乌斯·图拉真·哈德良·奥古斯都。

修建边墙，完全符合哈德良对于行省的主要军事原则：停止征服，巩固边界。作为一个军事工程，哈德良长城不是非常有效，但军事效用并非它的主要目标，它主要是向蛮族人和罗马人宣示“罗马和平”（Pax Romana）从何处开始，如有必要罗马帝国会投入多少资源去守护它。哈德良的继任者安东尼·皮乌斯越过这道长城，在更北面——今天的苏格兰——修建了一条新的边墙安东尼长城，但这片领土很快就无法守住，罗马守备又回撤到哈德良的边界。

温德兰达木牍

几乎所有的大部头古代文献都是经由前人辗转传抄流传下来的。小时候玩过“传话游戏”的人都清楚这多么成问题！专家们有一些方法去过滤以讹传讹，但损失终究不可避免。建筑物上的题记或涂鸦（大多来自庞贝和赫库兰尼姆）也可以提供一手材料，但它们的内容比较有限。写在莎草纸上的文书是另一种了解古人日常生活的素材来源，但莎草纸非常脆弱，承受不了欧洲的湿气。所以，现存的古希腊和古罗马时期的莎草纸几乎都是在非洲的埃及、利比亚等地发现的。

温德兰达木牍是一种薄木片，上面用墨水写着文字。它们被埋进缺氧的土壤中，得以神奇地保存下来。人们在哈德良长城以南几公里的温德兰达（Vindolanda）的一个辅助骑兵营地中发掘出它们。大部分木牍是军用文书，如采购官与运输官之间的业务函件等，其中也有一些富有人情味的内容，

如第 291 号木牍上的文字：

“克劳狄娅·塞维拉向勒皮狄娜致敬。9 月 11 日，姐姐，在我生日之际，诚挚地邀请你前来参加宴会，你的到来将让我在这一天过得更开心。请代我问候刻利阿利斯。我的丈夫埃利乌斯和小儿子也问候他。姐姐，我静候你的光临。再见，姐姐，我最亲爱的，祝你万事如意。”

这是英国现存最早的书面资料之一，现存最早的女性书写的拉丁文书之一，也很可能是现存最早的女性写的书信。

温德兰达木牍的发现是古典研究的一个重要里程碑。学者们借此了解到罗马手写体的知识，确认了对罗马军队的高识字率的猜测，并发现了罗马人对当地土著有一个蔑称——“Brittunculi”（小不列颠人）。

哈德良长城横亘英格兰北部，东至北海，西抵爱尔兰海。它跟英格兰与苏格兰的边界并不重合，而始终处于英格兰境内，其中西段距离边界不到一公里。边墙历经了恶劣天气、人类活动和荏苒时光的洗礼，中段仍有许多保存较好的石墙和要塞遗迹，尤其是在诺森伯兰郡。这段长城旁边有一条规划好的步行道，夏天时有很多游客沿途远足。早在 1987 年，哈德良长城就名列世界遗产名录，但到今天仍未被圈起来保护，所以人们可有与一段古罗马长城同行的难得机会。

1973 年，人们在哈德良长城发现了温德兰达木牍，这是一次激动人心的发现，也是古罗马文书最重要的发现之一。

在哈德良时期，几乎唯一一个战事活跃的区域是巴勒斯坦。一开始，哈德良与犹太人的关系还不错；后来，皇帝决定将耶路撒冷改名为埃利亚 - 卡比托利纳（Aelia Capitolina），在被毁的所罗门圣殿原址上建立一座朱庇特神庙，并且禁止割礼，这引发了一场暴动。犹太人不想重复 60 年前上次战争的错误，便花了很长时间谋划暴动。起义领袖是西缅 · 巴尔 · 科赫巴，他自称弥赛亚。罗马人起初低估了暴动的规模，当事态变得非常严重时，哈德良从不列颠召回了他最好的统帅之一，并从帝国各地调动军团赶赴巴勒斯坦。战争持续了几年时间，双方均损失惨重。哈德良在向元老院报告战况进展时，甚至都没用以往的套话，“朕和军团均安好”。

最终，巴尔 · 科赫巴起义被扼杀在血泊中。古代文献称，罗马人杀害了将近 60 万犹太人，夷平了 50 座城市和 1000 座村庄。犹太人被赶出耶路撒冷，并被禁止靠近他们的圣城。哈德良还试图消灭犹太人的宗教，他认为它是暴动和战争的根源。于是，在现今装饰着朱庇特神像和哈德良像的圣殿山上，一长卷的《妥拉》被郑重其事地焚毁。他下令禁止研究《妥拉》和犹太历法，把犹太行省更名为叙利亚 - 巴勒斯坦行省。犹太人从此开始了流散世界各地的漂泊。在犹太习俗中，当哈德良的名字被提及时，后面总是会跟着一句诅咒：“愿他被挫骨扬灰。”

哈德良希望人们把自己看作知识分子。当时，罗马社会对待后来所谓科学和工程学的东西态度很矛盾：一方面，如果缺少工程师和管理人员，治理这样一个帝国简直难以想象；另一方面，人们仍强烈地认为只有战争和农业才是最高尚的职业，哪怕现实早已并非如此。至于智识性工作（如医学和教育），那主要是帝国东部居民的事情，他们不论什么肤色、遵循何种习俗，都被统称为“希腊人”。因此，一个罗马知识分子必定是一个希腊爱好者，哈德良自然也不例外，甚至有人暗讽他为“Graeculus”（小希腊人）。

哈德良热爱希腊文化的表现之一可从他的形象上看出来：他是第一个按照希腊传统留起胡子的罗马皇帝，尽管流言蜚语说他这样做是为了掩饰皮肤缺陷。

哈德良热切地追求各种知识，期待超越各领域的公认大师。他演奏乐器，唱歌，研究数学，画画，写诗。阿波罗多罗斯的故事表明，哈德良并非在所有领域都是佼佼者，但毕竟很少有人敢像这位著名的建筑师那般指出来。在一次晚宴上，皇帝批评了哲学家法沃里努斯的某个说法，对方立即接受了。后来，朋友指责法沃里努斯奴颜婢膝，这位哲学家回答道：“一个统领 30 个军团的人怎么会不是最聪明的人呢？”

对知识的渴求也驱使哈德良经常旅行。他希望亲眼见证从书上读到的东西。当然，在那个时代，任何旅行都非常麻烦，并且更重要的是——极为漫长。正常情况下，在每个驿站都可以更换马匹的政

厄琉西斯神秘仪式在距离雅典一天行程的厄琉西斯（Eleusis）举办，有着将近两千年的历史。这个节日是为了庆祝丰收女神德墨忒尔以及与她相关的永恒再生崇拜。希腊人（以及后来的罗马人）认为死后的生活一片惨淡，厄琉西斯神秘仪式却为他们提供了一个替代选择：就像谷物在这一季死去，又在下一季再生，经过这个神秘仪式而悟道的人可以期望自己会再生成为新生命。人们被禁止谈论仪式的内容，所以今人对它知之甚少。我们确实知道的是，在仪式上，人们会喝一种叫作“库刻翁”（kykeon）的饮料，还会从一个特制的筐中取出一些圣物——具体是什么就无从得知了。在当时，厄琉西斯神秘仪式众所周知，甚至连奴隶都被允许参加，毕竟，死亡面前人人平等。

府信使一天也不会骑行超过一百公里，皇帝带着随从前行自然会慢很多。这意味着在几个月甚至几年间，罗马会由皇帝的亲信管理。哈德良的权力在他出巡期间也并未受到太大的挑战，这一事实有力地驳斥了传记作家们对他的统治作出的负面评论。

哈德良在广袤的帝国领土上巡游，审理最微不足道的案件，处理最卑微的陈情，访问名胜古迹。在西西里，他登上埃特纳火山，观看日出；在阿提卡，他参加了厄琉西斯神秘仪式，并禁止护卫们带着武器进入。

在一次访问比提尼亚行省（现在的土耳其北部）时，哈德良遇到了一个名叫安提诺乌斯的希腊男孩，便把他带在身边。男孩相貌俊美，哈德良则充满了激情（《罗马帝王纪》的作者好心地建议读者，“请自行评判”）。安提诺乌斯在宫廷中度过了几年时光，然后在某次出巡中（去埃及）溺亡在尼罗河里，原因不明。有些史料声称，他是在一个古老仪式中被作为牺牲献祭的，或者他自愿献身以帮助皇帝扭转厄运。不管怎样，哈德良悲痛万分，在埃及建立了一座城市，将之命名为安提诺波利斯。拿破仑的随军科学家发现了城市的神庙和街道的废墟，但今天，在谢赫-伊巴达村（El Sheikh Ibada）附近的旧址，已经看不到任何废墟了。哈德良还下令将安提诺乌斯封神，这项殊荣原本只有皇室成员才享有。

哈德良的最后岁月并不快乐。他的健康状况恶

安提诺乌斯（浮雕，收藏于亚历山德罗·阿尔瓦尼的别墅）

化了。为了避免自己继位时曾经历的不明不白，他在生前就指定了继任者。一些原本希望继位的宫廷老臣心生不满。哈德良年纪越大变得愈发多疑，他将心生不满的老臣们全部以叛国罪处死。其中一个廷臣，一个名叫塞维安努斯的老人，在死前发下诅咒，愿哈德良求死而不得。他的愿望成真了：皇帝数次企图自杀，却都被阻拦了下来。最终在138年，哈德良“在所有人的憎恨中”死去，不是死在他喜爱的蒂布尔离宫（现在的蒂沃利），而是在那不勒斯附近的巴亚离宫（现在的巴科利）。他被葬在

人们不应该匆忙地把安提诺乌斯和哈德良奉为LGBT权利运动的先驱（玛格丽特·尤瑟纳尔在她的小说中就是这样做的）。古希腊人和古罗马人并没有我们所谓的性取向概念——要是有人告诉他们，他们大概会非常讶异。当时，对此的社会共识关注的不是“男与女”，而是在性关系中的主动与被动。成年男性之间

曾经属于西塞罗的产业里，后来又被移葬到一个新建的陵墓。

哈德良临死前写了一首诗，向自己即将逝去的灵魂喊话。它的形式和精神都如此“不”古典，所以不被古代作家们喜欢，却被现代诗人们赞赏有加——拜伦曾将它翻译成英语，自17世纪以来它还有超过40个英语译本。

啊！可爱的远去的灵魂，
这具泥躯的伙伴和客人！
你将飞向哪个未知国度？
不再有往昔的快乐欢笑，
而只是惨白寒冷赤条条。

提图斯凯旋门

有故事说，2004年，当一个以色列的拉比代表团探望病中的教宗若望·保禄二世时，他们恳请获准查检梵蒂冈地库的物品清单，以期找到来自第二圣殿的圣物。此前一年，以色列总统也官方请求梵蒂冈提供一份犹太圣物清单，以色列的宗教事务部更是在2001年就要求建立一个官方委员会，搜寻七烛台的下落。

七烛台，是耶路撒冷圣殿所用的一个纯金的七枝蜡烛台。当罗马军队摧毁圣殿时，那里的犹太圣

的断袖关系是受到谴责的，但这出于相当实用主义的考量：一个成年人就应该干事业、顾家庭，而不是将时间和精力浪费在情爱消遣上。与此同时，成年男性与少年之间（就像哈德良和安提诺乌斯）的性关系则是符合规范的。当苏维托尼乌斯想强调克劳狄皇帝行为乖张时，他便指出皇帝“深深受到女人的吸引，却完全不沾染男人”。[1] 当有人嘲讽朱利乌斯·恺撒是靠着陪国王尼科美德四世睡觉（也是在比提尼亚）起家时，这个指控的关键也正在于这位年轻罗马人扮演了“女角”，而这在当时是难以洗刷的污点。

[1] Suetonius, The Lives of the Twelve Caesars, “The Life of Claudius.”

物就落入胜利者的手中。这一事实可以从一份独特的建筑文献——一座位于圣道上的凯旋门——那里获得证实。至于圣物后来的去向，没有人确切地知道。它们可能落入汪达尔人之手，并被这个日耳曼部落送往当时的首都——北非的迦太基。另一个版本则说，海盗将圣物从地中海的一头运到另一头，送回了耶路撒冷，却又不巧地落入了波斯人的手中。又有一个版本说，拜占庭名将贝利萨留将圣物运到了君士坦丁堡，藏在圣索菲亚大教堂的下面。还有一些更加疯狂的版本，其中一个说，312 年 10 月 28 日，马克森提乌斯与君士坦丁为争夺帝位展开最终决战时，七烛台从米尔维安大桥上坠入台伯河（一开始烛台是如何跑到桥上的，这个版本并没有给出解释）。还有一个从 18 世纪起就流传于犹太城市中的传说，声称七烛台和其他圣物仍在罗马，这也解释了那些关于梵蒂冈地库的官方请求和传闻。

坐落在圣道上、位于古罗马广场考古区出口处的那座凯旋门，可谓记载劫掠犹太圣物的历史文献。它被称为提图斯凯旋门，刻画了老韦斯巴芗和时年 40 岁的提图斯在 71 年庆祝镇压犹太起义胜利的凯旋式场面。凯旋门东面（面向斗兽场）上写着题记：“元老院和罗马人民将此献给神圣的韦斯巴芗之子，神圣的提图斯 · 韦斯巴芗 · 奥古斯都。”

站到凯旋门的门洞下，望向左右两侧，你会看到记载劫掠一事的浮雕。军团士兵们抬着七烛

耶路撒冷圣殿

公元 66 年，罗马帝国的犹太行省爆发了一场反抗外来统治的起义。情况非常严峻，尼禄皇帝不得不召回老将韦斯巴芗去镇压叛乱。韦斯巴芗曾在皇帝自演自唱的音乐会上打起了瞌睡，触犯了龙颜，随后借故退隐乡下。他克服困难和损伤，对起义者层层进逼。然而，到了 69 年，尼禄去世，帝国开始分崩离析，各地军团纷纷拥立自己的统帅为“皇帝”，韦斯巴芗也被黄袍加身。这位老军人抓住这个有可能成为已知世界主宰者的机会，举兵进军意大利，留下儿子提图斯善后。于是，公元 69 年成为历史上的“四帝之年”。最终，韦斯巴芗获得胜利，开创了一个以自己的氏族名命名的弗拉维王朝。

提图斯围困耶路撒冷长达五个月，主要战斗发生在耶路撒冷圣殿附近。当时，城墙外聚集了四个军团，东方的小王和当地的部落首领也派来了援兵，角逐帝位失利的奥托和加尔巴的手下残兵也从意大利前来归附。耶路撒冷的守卫力量可谓以卵敌石。

事实证明，守城的抵抗英勇顽强。耶路撒冷拥有多道城墙。罗马人突破了其中两道，经过激烈战斗占领了所谓“新城”。这时，提图斯意识到：强攻风险太高，结果也许不如预期。他便改变战术，围而不攻，并砍掉了 15 公里范围内的所有树木。城内已经遭受了饥荒，现在更是爆发了瘟疫。成功逃出城并投降的人，有时会因为饿坏了而暴饮暴食至死。提图斯估摸着守卫已不堪一击，便下令对耶路撒冷圣殿附近的安东尼要塞发起攻击。罗马人随后发现，守卫者在要塞后面迅速建起了一道城墙。罗马人派出一支 24 人的决死队，神庙的守卫者高估了威胁，开始退守，留下地下的交通道无人防守。罗马人立即抓住这个战机，打开了缺口。几天后，祭司被迫中断例行的献祭，这个消息彻底摧毁了犹太战士的战意。圣殿最终毁于大火。历史学家约瑟夫声称，罗马普通士兵放了火——但他作为犹太人，虽与罗马人作战过，在写作历史时却已然是提图斯和韦斯巴芗的座上宾很久了，所以他也许不想在犹太读者眼中损伤他们的声誉。其他文献则引用了一份塔西佗的报告，声称是提图斯本人下令摧毁圣殿，可这份报告原文未能流传下来。

第二圣殿被损毁发生在犹太历的埃波月第九日——与当初巴比伦人摧毁第一圣殿是同一天。这一天，圣殿被毁日，通常被认为是犹太人的不幸日子，后来在这一天也发生过各式灾祸，比如在 1290 年的这一天，犹太人被爱德华一世驱逐出英格兰，又比如在 1942 年的这一天，华沙的犹太人开始被大规模地送往特雷布林卡集中营。

罗马士兵搬运耶路撒冷宝物（提图斯凯旋门浮雕）

台——它如此之重，士兵的肩膀上都需要放上垫片。他们还抬着用银子做的两支号筒（“用以招聚会众，并叫众营起行”，《民数记》10:2），以及用来摆放供饼的包金供桌（《出埃及记》25:30）。有些士兵还扛着牌子，上面很可能有题记，但由于是画在上面而非刻在上面的，所以没有被保存下来。题记可能包含参战军团的名称和人数——这对军事迷来说是个令人惋惜的损失，但也还好；如果它们是关于战利品的说明，那么当然，这对所有历史爱好者来说都是无法弥补的损失。

在题记中，提图斯被称为“神圣的提图斯”，这意味着凯旋门是建于他去世并被封神之后。另一处场景也生动地确认了这一点。站到浮雕之间，举头仰望，你会看到一幅被大多数游客忽视的浮雕：象征朱庇特的雄鹰抓着一个小人飞向天空。这个人不是别人，正是提图斯皇帝。这幅奇怪的画描绘的正是他升天成神的瞬间。

后来，一些事实证明了提图斯凯旋门与犹太教、犹太人之间的象征性关联相当强。1555 年，教宗保禄四世颁布诏书，在教宗国重申已经松弛的反犹法令。犹太人被禁止在犹太区之外居住，被强迫在衣服上佩戴特殊标志，被要求在提图斯凯旋门前宣誓效忠当局。直至今日，罗马的犹太人还不愿从提图斯凯旋门下面穿过或太靠近它。1948 年，为庆祝以色列建国而举办的游行是一次例外，当时，游行队伍从提图斯凯旋门下面穿过，不过是以古罗马凯旋式相反的方向行进。

提图斯凯旋门是罗马城中保存最好的古迹之一，这主要得益于辛苦的修复。中世纪时，它被弗兰吉帕内家族改造成一处防御工事，在 12 至 13 世纪见证了许多激烈战斗。它的损毁如此严重，19 世纪初人们对它进行了大规模重建。幸运的是，主持重建的是新古典主义建筑师朱塞佩·瓦拉迪耶。他将凯旋门小心地拆解下来，更新部件，再同样小心地组装起来。对于需要替换的部件，他使用了洞石，而不是原来的大理石，以便让现代复制品一目了然。面向古罗马广场的一面也有了它自己的题记，用拉丁文书写：“此精美之宗教和艺术古迹因年久破败，承蒙大祭司庇护七世效法先贤，下令加固修缮，岁在其即位之二十四年（1823 年）。”

第三章

皇帝之山

帕拉蒂诺山

古罗马广场是罗马各广场中最古老的，帕拉蒂诺山则是罗马各山丘中最古老的。罗马史诗中最伟大的《埃涅阿斯纪》将故事时间设定在特洛伊陷落之后，这个事件在传统纪年中发生于罗马建城之前四百多年。维吉尔的读者，包括最重要的读者奥古斯都，无疑都期盼诗人会提到他们生活的城市——在奥古斯都的都市振兴计划下，它正变得越来越漂亮。为了绕过这个难题，维吉尔将一些来自希腊阿卡狄亚山区的移民安置在未来罗马城的城址上，他们将与埃涅阿斯的特洛伊人合作对抗拉丁人。他们的小城市叫作帕兰提乌姆（Pallantium），核心区就是帕拉蒂诺山。帕兰提乌姆的统治者、睿智的厄凡德尔带着埃涅阿斯和同伴们参观了城市，所到之处都是史诗的最早一批读者（更准确地说是听众）非常熟悉的。

多年以后，埃涅阿斯的后人罗慕路斯，在帕拉蒂诺山丘上观看飞鸟占卜，认为神意指示他在这里建立城市。古代作家提供了另一个版本：罗慕路斯在这里修建起一道城墙，圈出了所谓“罗马方城”（Roma Quadrata）。城中还有“罗慕路斯茅屋”，一个用篱笆围成的茅草屋，直到基督教彻底胜利之前，它一直受到罗马人的祭拜。

七节楼
弗拉维宫
竞技场花园
水道
圣格雷戈里奥街
北
圣博纳文图拉教堂
0
50
100 米
圣巴斯弟盎教堂

帕拉蒂诺山

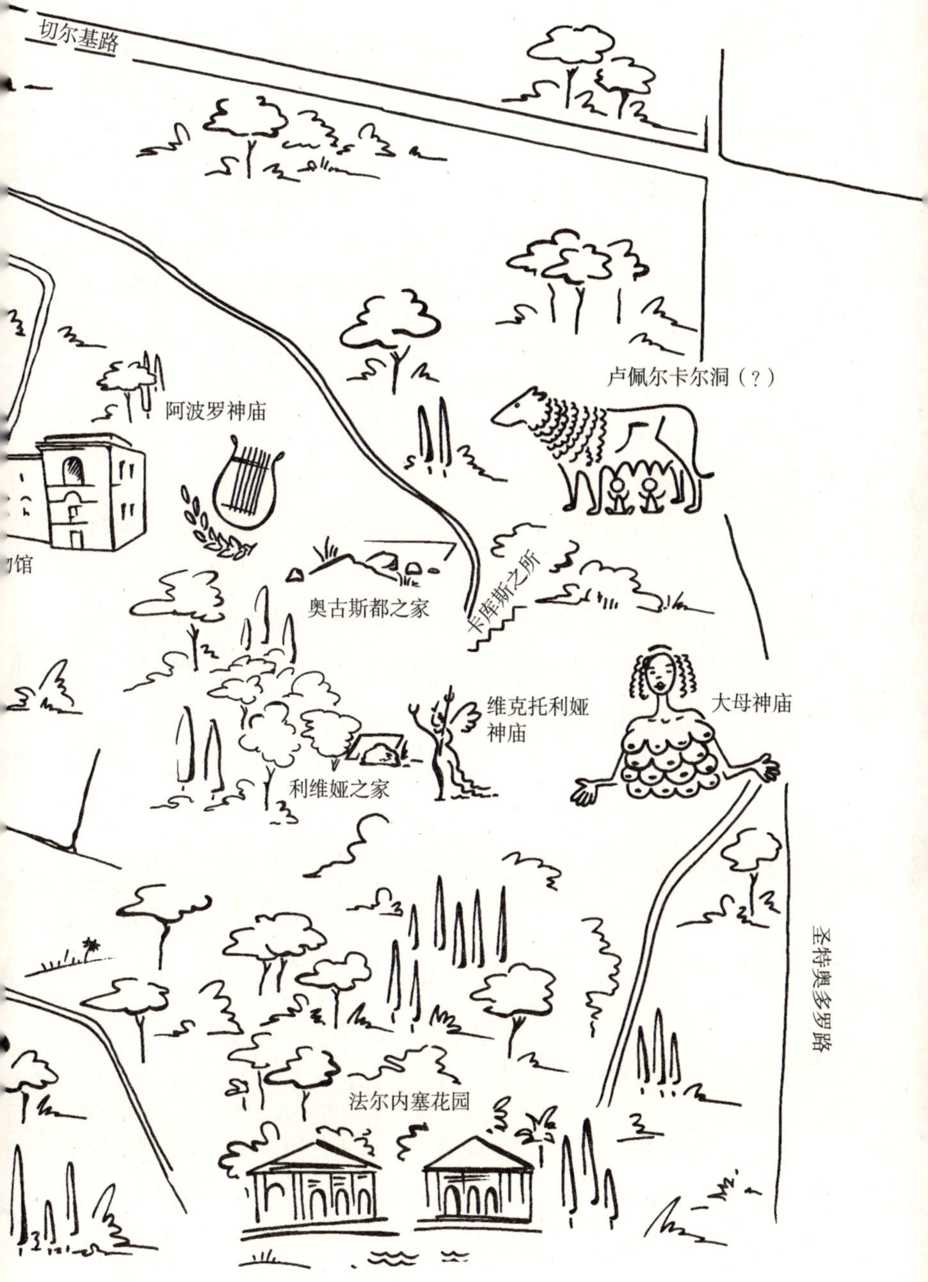
切尔基路
卢佩尔卡尔洞（？）
阿波罗神庙
奥古斯都之家
卡库斯之所
维克托利娅
神庙
大母神庙
利维娅之家
法尔内塞花园
圣特奥多罗路

考古学家们发现，最古老的罗马传说经常有着一定的事实依据。这一次，传统说法又对了。20 世纪初，人们在帕拉蒂诺山展开了认真的考古发掘，发现那里很早就有人定居，至少比官方认定的建城日期提前了几个世纪。帕拉蒂诺山作为“最古老的山丘”和权力与权威的枢纽，这份地位几乎一直延续到了现在。20 世纪 30 年代中期，人们匆匆忙忙（且不无武断）地修复了帕拉蒂诺山上最雄伟的古代建筑——弗拉维宫，期望给将于 1938 年 5 月访问意大利的希特勒元首留下深刻的印象。元首受到了古罗马式的隆重款待：在那不勒斯湾进行了一场 200 艘舰船参加的海上阅兵，还在罗马城进行了一场陆空演习。然而，希特勒对于这些肌肉秀没有什么深刻的印象，两个轴心国同盟的关系仍然紧张不下。

在今天的帕拉蒂诺山上，没剩下什么东西能让人回想起帝国的昔日辉煌。在很长一段时间里，这里由考古学家进行封闭发掘，不对游客开放。发掘仍将继续，短期内也看不到尽头，因为大部分古迹仍埋在地下。现在，帕拉蒂诺山是罗马市中心为数不多的几个允许游客徜徉其间的考古区之一。漫步此处，我们很少想到对于两千年前生活在这里的人而言，这个地方究竟意味着什么。帕拉蒂诺山上的建筑保存不佳，比古罗马广场上的还要差，导览介绍也不充分。矗立在帕拉蒂诺山边缘的砖包肋架和拱顶（靠近古罗马广场的山北坡和靠近马克西姆竞技场的西南角）是台基而非建筑本身的遗迹。帕拉蒂诺山不仅在向外扩展，也在高度上不断增加：在其中心部分，文化层高出基岩达 15 米！

花园

法尔内塞花园是一个散步的好去处。这里曾经是皇宫（更准确地说，人们所谓的提比略宫）所在地。提比略开始兴建它，盖乌斯（“卡利古拉”）和尼禄两位皇帝也出力甚多。后世将盖乌斯和尼禄定为昏君，把他们的名字从宫殿名称中划去了。

16 世纪中期，红衣主教亚历山德罗·法尔内塞（后来的教宗保禄三世）在帕拉蒂诺山的此处建造了一座花园，由风格主义建筑师贾科莫·巴罗齐·达·维尼奥拉设计。17 世纪时，自古典时期以来第一次，帕拉蒂诺山上重新接通了水源，吉罗拉莫·拉伊纳尔迪在花园中建造了喷泉。19 世纪时，在奢华的法尔内塞别墅旁边出现了一座“米尔斯别墅”，其主人是一位在西印度发家致富的苏格兰怪人查尔斯·米尔斯，他将原来 16 世纪的斯帕达别墅极富创意地改造成了一座新哥特式“海地姜饼屋”。米尔斯先生是最后一位在帕拉蒂诺山上举办私人宴会的业主——这一传统上可追溯至罗马帝国的鼎盛之时，下则延续至大英帝国的衰落之日。所有这些房屋最终都惨遭厄运：继承了法尔内塞别墅的那不勒斯国王将其间的大部分宝物都运到了那不勒斯；后来，别墅被法国皇帝拿破仑三世购得（他是考古学的热情支持者，下令让考古学家彼得罗·罗萨在帕拉蒂诺山的各处开展大规模发掘）；再后来，花园和别墅被意大利政府收归国有，非古典时代的建筑几乎都被拆除。现如今，只留下圣格雷戈里奥街上一座后世修复的大门（考古区的入口之一）和从古罗马广场攀上帕拉蒂诺山的 16 世纪台阶（尽头是一座布满青苔的喷泉），向人们默默诉说着昔日的奢华。

早在 17 世纪时，法尔内塞花园的珍稀植物就声名远播，现在的景观规划多出自拿破仑三世的另一位考古学家贾科莫·博尼之手。博尼在古罗马广场主持发掘工作，住在帕拉蒂诺山，死后被安葬在他仿照古罗马式样重建的花园中央。

法尔内塞花园周边环绕着众多神庙。当然，罗马的主要宗教枢纽还是在卡皮托利诺山，当年从现在法尔内塞花园的西侧也许可以远眺朱庇特神庙的雄姿。

在南面，从马克西姆竞技场所在的山谷有一条台阶路通往帕拉蒂诺

赫拉克勒斯与革律翁神牛（古希腊瓶画）

山。它被称为“卡库斯之阶”，得名于一次著名的偷牛事件。赫拉克勒斯（罗马神话中的赫耳库勒斯）在台伯河畔打盹，他刚刚建立第十件功绩时获得的几头革律翁的神牛却被当地一个牧羊人（名叫卡库斯的巨人）趁机偷走了。故事发生在台伯河畔有一定合理性：传说中，革律翁生活在遥远的伽得斯（现在西班牙的加的斯），在回到伯罗奔尼撒的梯林斯、回到自己的表哥和临时主人欧律斯透斯那里时，他可能会横穿意大利。狡猾的卡库斯拽着牛尾巴将牛藏入一个山洞中，使脚印看上去是走出山洞而不是走入。赫拉克勒斯一觉醒来，觉得不对劲，搜遍了也找不到丢失的牛，就驱赶剩下的牛群继续前进。然而，被藏起的牛开始哞哞叫，被赫拉克勒斯发现了，他严惩了卡库斯。相传这些台阶标记了故事发生的地点，罗马人其实也不是很确定具体地点，便把台伯河畔最古老的市场——牛市——作为卡库斯的另一个葬身之地。

神庙

帕拉蒂诺山的西南角、卡库斯台阶的尽头，是山上少数几处被完全发掘的地方。这是 15 至 18 世纪的建筑强盗的功绩，他们搬走了几乎所有的建筑材料（或许还有大量古代制品），使建筑台基暴露出来。混凝土在他们眼里没有什么特殊价值，所以大母神神庙和一座小的处女维克托利娅神庙的台基得以留存。邻近的维克托利娅神庙则没那么幸运，建筑强盗拆走了它的洞石台基，直至露出了共和时期的水井和蓄水池。

传统上，人们认为维克托利娅神庙始建于传说中的厄凡德尔时代。实际上，它是由卢西乌斯·波斯图米乌斯·梅格勒斯于公元前 307 年奠基的，资金来源于他担任市政官时收取的罚款。几年后，梅格勒斯当选为执政官。另一位执政官，马库斯·阿蒂利乌斯·雷古鲁斯，出发征讨萨莫奈人（这个意大利部落长期抵抗罗马人，甚至成功地坚持到了罗马帝国时期）；梅格勒斯因病留在了城中。两军对垒，安营扎寨。萨莫奈人在一个起雾的夜里发起大胆的偷袭，让罗马人措手不及，他们没料到

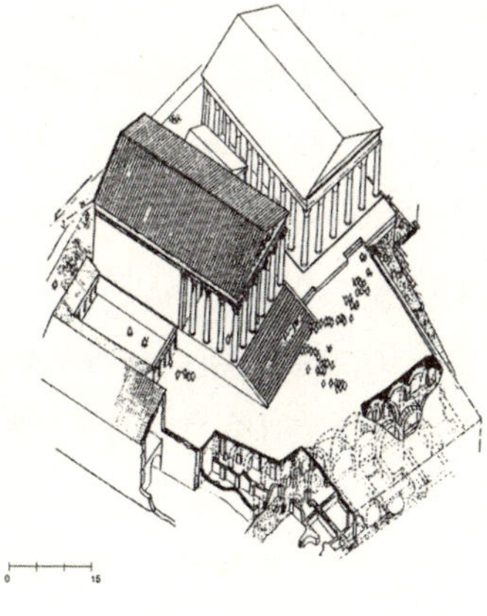

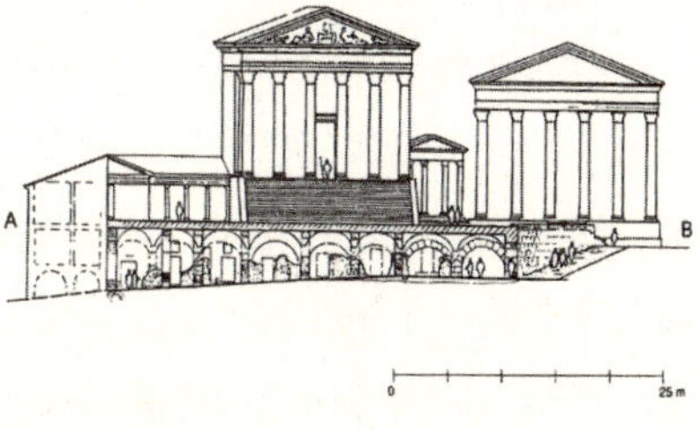

大母神神庙、处女维克托利娅神庙以及维克托利娅神庙复原图

敌人竟敢直捣黄龙。罗马人在浓雾中分不清状况，纷纷撤退到己方的营墙下。这时，执政官雷古鲁斯大声呵斥：“你们打算在丢掉营寨后再把自己的营地包围起来吗？！”罗马人这才回过神来，重整队形，挡住攻势。当战事不利（被夸大了许多）的消息传回罗马时，梅格勒斯不顾病体，立即率兵前去援助，匆忙之中，他还没忘抽出时间前往维克托利娅神庙献祭。萨莫奈人不愿两面受敌，只好撤军。

胜利女神维克托利娅已逐渐成为一个日益重要的神明。征服意大利的扩张正在全力推进，与迦太基人争夺地中海（当时的整个已知世界）霸权的第一次布匿战争即将爆发。维克托利娅神庙必定曾经宏伟又奢华。少数幸存下来的残块表明，公元前1世纪时它经历了一次修复，一处题记残片则记录着奥古斯都时期它又被重建。

公元前193年，第二次布匿战争（几乎耗尽了国家实力）结束后不久，罗马人仍然风声鹤唳，对细微的征兆都不敢大意。历史学家李维写到：这一年，有建筑倾颓，有天降石子雨。在卡普阿，有一群胡蜂飞到广场并在战神庙安家落户，人们只得小心地移除并用火焚毁蜂巢。面对异象，人们不得不征询圣书，“进行了九天的献祭……净化了城市。在此期间，M. 波尔西乌斯·加图（老加图）兑现了两年前的发愿，将维克托利娅神庙附近的小型神庙献给了处女维克托利娅”。[1]

时光流逝，人们对维克托利娅的崇拜和对罗马建城者的崇拜越来越紧密地融合了起来。在帕拉蒂诺山上，两座胜利女神庙紧挨着传说中牧羊人浮士德勒和妻子抚养罗马建城者罗慕路斯和雷穆斯长大的那间茅屋，这并非偶然。茅屋在那里存在了很久，直到今天，人们从马克西姆竞技场眺望神庙时仍可以隐约地看到其遗迹。至于茅屋是否真的该在那个地方，自然不得而知，但罗马人一直信誓旦旦。历史学家哈利卡纳苏斯的

[1] Livy, *History of Rome*, 35.9.

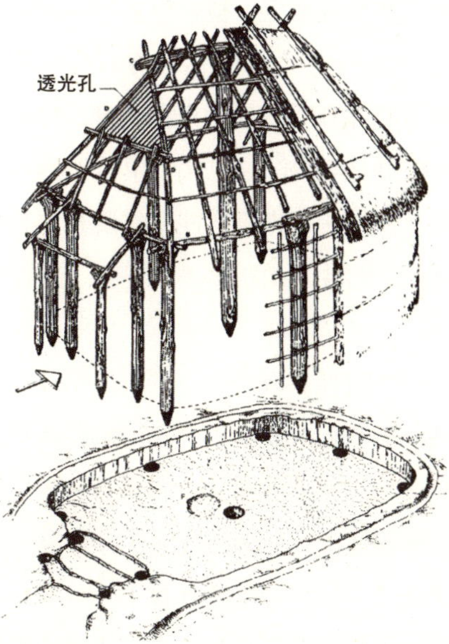

罗慕路斯茅屋复原图

狄奥尼西奥斯在《罗马古代史》中写到，拉丁姆的最古老居民过着“牧羊人的生活，自给自足，住在山上自建的茅屋里。其中一座名叫罗慕路斯茅屋，甚至保存到了我的时代。它坐落在帕拉蒂诺山上面向竞技场的一侧，被看护人当作圣物保护。他们不会增添一物，以免损伤其庄严，但当它因风雨或岁月侵袭而遭受破坏时，他们就会修补，尽量恢复其原貌”。[1]这间茅屋就像雅典卫城中不断被修复的忒修斯之船，也是马克思主义哲学的支柱之一——“辩证矛盾”的一个鲜活例子：几个世纪后，它里面已经没有一根原始的木头，但仍然是“原来那间茅屋”。

在维克托利娅神庙旁边坐落着大母神神庙，两座建筑的坐向稍微呈

[1] Dionysius of Halicarnassus, *Roman Antiquities*, 1.79.9.

角度，屋顶几乎要撞到一起。当汉尼拔兵临城下、整个国家即将面临灭顶之灾时，人们向西彼拉书求助，后者给出了一个神秘的建议：“找到并请来母神。”祭司解释说，“母神”就是弗里吉亚的众神之母、特洛伊人曾经信奉的伟大的库柏勒。库柏勒的崇拜中心在安纳托利亚的培希努，主要圣物是一块小小的三角形石头。不同史料声称，三角石要么用来替代女神的整个面部，要么被放置在女神口中。像很多圣石一样，库柏勒之石可能是一块陨石。

罗马人向培希努的统治者国王阿塔罗斯一世派去了一个使团。国王犹豫不决，也许是害怕惹怒汉尼拔。恰巧此时发生了一场地震，罗马人立即声称这是库柏勒对国王表达不满。（奥维德还说，女神亲自从天上发声，要求国王将她送到罗马，因为那座城市有资格供奉所有的神明。）阿塔罗斯万分惧怕，只好将圣物忍痛割爱。这一珍贵圣物被十二万分小心地从海路运到了意大利，却在奥斯提亚附近的台伯河口搁了浅。前来迎接的罗马人，包括众多出身高贵的男男女女，此刻全都不知所措。见此情景，一位名叫克劳狄娅·昆塔的贵妇（有些史料称她为一名维斯塔祭司）挺身而出。她平时穿戴张扬，常被怀疑生活腐化。但见她抓起纤绳，一把将船拉出了浅滩。人群欢呼雀跃，克劳狄娅也被奉为人民英雄，所有流言蜚语也自然迅速地消散了。

这件圣物被临时安放在维克托利娅神庙内。几年后，一座新的神庙建成，献给母神库柏勒，同时还举办了庆祝祭典。献给母神的贡品是最普通的食物——混有草叶的奶酪。

神庙被焚毁过两次，克劳狄娅·昆塔的雕像却都神奇地完好无损。目前，这里除了一个公元前2世纪末复建的混凝土台基，其他遗迹已荡然无存。帕拉蒂诺博物馆中有一尊雕像被认为正是库柏勒，表现得是一位女神坐在宝座上，两旁有雄狮护卫。

这座神庙的东面，隔着一个小型住宅区，坐落着另一座神庙——阿波罗神庙。罗马城中有两座阿波罗神庙，均是屋大维（未来的奥古斯都）修建的，用以纪念他的两次关键性胜利：一次是在西西里岛的瑙洛库斯附近海上打败了庞培，另一次（五年后）是在希腊西岸的亚克兴附近海上打败了安东尼和克利奥帕特拉。屋大维把阿波罗视作守护神，在亚克兴也建立了一座阿波罗神庙。相传，屋大维的母亲阿提娅曾在别处的阿波罗神庙里睡过去，被一条蛇爬上了身子并留下了一个色如蛇皮的斑记（从此，她不再去公共浴场）。九个月后，未来的奥古斯都出生了，他被人们视作阿波罗之子。阿波罗是音乐和艺术之神，对待敌人毫不留情，这些阿波罗崇拜中的元素想必也被奥古斯都利用了。在帕拉蒂诺山阿波罗神庙的大门上，装饰着象牙浮雕，表现了罗马和阿波罗的敌人一次又一次地遭受失败，其中一幅是高卢人在公元前 278 年试图劫掠德尔斐的阿波罗神庙时遭受挫败的场景，另一幅则表现了尼俄柏的孩子们被阿波罗和阿耳忒弥斯（罗马神话中的狄阿娜）用箭射死的场景。神庙内殿的神像——阿波罗、狄阿娜和他们的母亲勒托（拉托娜）——均出自希腊最优秀的雕刻家之手。东侧的外立面顶上是乘着马车、头顶光芒的太阳神赫利俄斯像。

克劳狄娅·昆塔拉动船只（中世纪插画）

神庙外周是一圈柱廊，名为“达娜伊得斯柱廊”。这是奥古斯都针对潜在敌人发出的另一个没有言明的威胁。柱廊的具体位置现在已不甚清楚——很可能在尼禄时期的大火后被焚毁且未得到

西彼拉

“西彼拉”（sibylla）的词源不明，意为“女预言家”。西彼拉崇拜历史悠久，可以追溯至原始印欧语之前的时期。这部分解释了女性在西彼拉崇拜中的核心地位。欧洲现存最早的文字记载出自完全进入父系社会的时期，只有最古老的仪式的残余能够透露出母系文明的蛛丝马迹：尚未被来自大草原的游牧民族征服，仍然崇拜女性神明。（就像所有其他原始印欧语之前时期的假说，这个假说既原始也富有争议，大概在我们发明时光机之前一直不会有定论。）罗马的维斯塔贞女和地中海各地的西彼拉就是这些古老崇拜中的女祭司。

西彼拉的数量已经无从考证——就像所有传说中的角色，她们有很多分身，在记载中常常被混淆。但所有文献对于她们的典型特征倒描述一致：极其长寿、不问世事，并且预言晦暗不明。

备受罗马人崇拜的西彼拉曾经生活在那不勒斯湾沿岸。用传统意义上的文明概念（国家和文字出现）来衡量，这里正是文明的第一批种子在意大利的土地上生根发芽之处。公元前 8 世纪，来自希腊埃维亚岛的移民在这里建立了一个贸易点，与当地的意大利部落进行贸易。随着殖民地不断扩大，贸易点变成了一个城市——库迈，意大利主岛上由此出现了第一个希腊定居点。

罗马人当中流传着许多关于库迈的西彼拉的故事，其中最古老的一个故事是这样的：

有一天，一个老妇人来见国王老塔奎尼乌斯，打算出售九本预言书。国王询价，老妇人说了一个极高的价格，国王无意购买，她便耸耸肩转身走了。一段时间过后，老妇人又回来了，声称她烧了其中的三本，现在准备以相同的价格出售剩下的六本。塔奎尼乌斯心想“这简直疯了”，便把她赶走。执着的老妇人第三次登门推销，这次她只带着三本书。国王犹豫了，他召来谋士商议。谋士们一看到书，立刻兴奋不已：“这些预言暗含着罗马人民未来的命运，必须不惜任何代价买下来。只是剩下的书在哪里？应该还有更多的。”塔

库迈的西彼拉（西斯廷礼拜堂壁画局部，米开朗基罗绘）

奎尼乌斯一脸尴尬，以最初的价格买下了三本书，而那个西彼拉（老妇人的真实身份）从此消失不见。

跟罗马王政时期的传说一样，西彼拉预言书的故事也真假参半。然而，这些书确实存在着，它们被保存在卡皮托利诺山上的朱庇特神庙里，由一个特殊的祭司团负责照看。当国家面临危急时刻，人们便会向预言书求助，然后得到一个相当含糊的回答，使得他们可以暂时分心于解读答案。西彼拉书的建议有时相当残忍：当罗马人在坎尼战役中遭受惨败后，圣书给出的破解之法是在广场上活埋两个高卢人和两个希腊人，这个建议后来被落实。公元前 83 年，朱庇特神庙连同其中的预言书被彻底焚毁。几年后，元老院下令重新收集类似的预言书，它们后来被奥古斯都转移到了帕拉蒂诺山上的阿波罗神庙。

重建。柱廊的圆柱由黄色的努米底亚大理石制成，上饰50位达娜伊得斯和她们的父亲的雕像。

“达娜伊得斯”（Danaids）意为“达那俄斯的女儿们”，“达那俄斯”（Danaus）则被认为是希腊民族的祖先。在《荷马史诗》中，希腊人被统称为“达那安斯”（Danaans，意为“达那俄斯的部族”）。达那俄斯的50位女儿都嫁给了自己的表兄弟——埃及国王的儿子们，但在新婚之夜，49人遵照父亲的命令杀死了自己的丈夫（剩下一人拒绝了，由此孕育出未来希腊民族的血脉）。鉴于奥古斯都打败过安东尼和克利奥帕特拉，并将埃及纳入罗马版图，这当中的暗示再明显不过了。

帕拉蒂诺博物馆中藏有三尊达娜伊得斯像，两尊由黑色大理石制成、一尊由红色大理石制成，红黑雕像有可能在圆柱间交替摆放。奥古斯都后来为阿波罗神庙增建了一座图书馆，规模大到足以召开元老院会议。元老院也确实经常在图书馆里开会，尤其是在奥古斯都执政末期，当时年迈的皇帝觉得下到广场太辛苦了。在奥古斯都接受了大祭司的头衔后，图书馆旁边又建起了一座小型的维斯塔神庙。

新的阿波罗神庙的重要性，在它被奥古斯都选中作为西彼拉书的存放处后最终得到确认。预言书被保存在金箱内，箱子被埋在阿波罗神像的基座下面。

在弗拉维宫的东北角、隔着巴尔贝里尼葡萄园，坐落着另一座神庙。不清楚它到底是什么神庙，但有零星的证据表明：它是献给朱庇特的。这座神庙也许被行为乖张的埃拉伽巴路斯皇帝改造成了埃拉伽巴尔太阳神神庙。小时候，埃拉伽巴路斯在故乡埃美萨（现在叙利亚的霍姆斯）担任太阳神埃拉伽巴尔的祭司。14岁时，他登上罗马皇帝的宝座，便将这个叙利亚宗教强加到新子民身上，迫使元老院和罗马人民崇拜一个新的神明——“无敌者索尔”（Sol Invictus，意为“无敌的太阳神”）。来自东方的新花样并不讨罗马人喜欢，少年皇帝随后也被自己祖母唆使的阴谋者杀害。

后来的皇帝恢复了朱庇特崇拜，但并不长久，另一种更具生命力的一神教正在兴起，它在今天的帕拉蒂诺山上有两座代表性小教堂：圣博纳文图拉教堂（17 世纪末）和圣巴斯弟盎教堂（建于 17 世纪初，保留了先前一座约 10 世纪时建筑的壁画和许多细节）。圣巴斯弟盎教堂曾被称为帕拉蒂姆的圣母教堂，据传说，这里原是一座多神教神庙，保存着埃涅阿斯从特洛伊带出的那尊神奇的雅典娜神像，“帕拉蒂姆”。这一传说可信度不高，众所周知，帕拉蒂姆被保存在广场上的维斯塔神庙。然而，这两座教堂之间确实存在着一座帝国晚期神庙的遗迹，遗迹之下是古代罗马的蓄水池。现在，这两座教堂是非常受欢迎的婚礼地点。

住宅区

帕拉蒂诺山是罗马诸山丘的中央之山，环绕着各种远古传说的光环，也是罗马城中最体面的住宅区。共和末期，它成了一个身份象征，有头有脸的政治人物和说客们都希望住到它的山坡上。比如，格拉古家族（这个家族出了公元前 2 世纪的兄弟改革家）、提比略·克劳狄·尼禄（提比略皇帝的父亲）以及马克·安东尼等人都曾安家于此。

在今天，世界上的许多高层政治家都是法律背景。在古罗马，胸怀政治抱负的人通常从演说家做起。当然，他们也聚集到了帕拉蒂诺山，这个非正式的权力中心。这里曾住着卢西乌斯·李锡尼·克拉苏（著名演说家，西塞罗的老师）、昆图斯·霍腾修斯（西塞罗异军突起之前，他是罗马最抢手的律师）以及西塞罗——他在距离自己的死敌克劳狄不远的地方购入了一套房子。

有一处住宅群毗邻阿波罗神庙，人们一般认为它属于罗马的第一个皇帝家族——奥古斯都家族。这片废墟常被称作“利维娅之家”（利维

西塞罗与维勒斯案

西塞罗的演讲和政治生涯始于一件渎职案。上一代的政治家盖乌斯·维勒斯为当权者尽心服务，获得了酬庸：被委任为西西里总督。这是一个肥缺——西西里岛长久以来被誉为“共和国的粮仓”，它地处地中海的中心，是东西海路的枢纽，这使得各地的财富都源源不断地汇聚于此。

维勒斯充分利用了自己的职权：他向农民征收前所未有的税收，随心所欲地取消合同，并从当地居民手中任意充公艺术品从而建立起一份价值不菲的私人收藏。在斯巴达克斯起义期间，他抓捕无辜的奴隶，给他们安上“同情起义者”的罪名，并暗示奴隶的主人，只要给总督捐献一点钱就可以保全其财产（奴隶被“物归原主”）。

走投无路的西西里人来到罗马请愿，要求审判维勒斯。年轻的西塞罗自告奋勇为他们代理，维勒斯自恃财富雇用了更为资深的霍腾修斯做代理人。霍腾修斯以言辞华丽（西塞罗曾评论“听他演说比读他的文字效果更好”，想必有些偏见）、记忆超凡、演技高超（演员们都来观摩学习他的演说）、衣着考究和爱好奢华而著称，毫不意外，像这样的一个人物也住在帕拉蒂诺山。

对被告来说，不幸的是主持这次审判的副执政官是格拉布里奥，一个既不怕死也不爱钱的老派人士。霍腾修斯竭力地想拖延开庭时间，以待来年更好说话的官员就职，但西塞罗成功地粉碎了这一图谋。开庭后，年轻的西塞罗第一次发言就让在场的人印象极为深刻；霍腾修斯当即甘拜下风，拒绝进行抗辩，并建议自己的客户自觉离开罗马。维勒斯自我放逐到马西利亚（现在的马赛），和他的西西里宝藏一起在那里生活，直至马克·安东尼对他的一些雕像打起了主意。我们不知道事情最终如何了结，但对维勒斯来说结局可能不太好。

西塞罗为法庭辩论准备的大量演讲词没有机会说出来。他年轻气盛，雄心勃勃，鼓励人们以手抄本的形式来传播他的演讲词，这些内容从而广泛流传开来。直到今天，学法律和学演讲的学生仍能够利用它们进行训练。

西塞罗

娅是奥古斯都的妻子），原先也许是霍腾修斯的住宅。霍腾修斯以追求奢华闻名，奥古斯都的生活标准却相当简朴。苏维托尼乌斯曾描述道：“他（奥古斯都）所用的家具和日常用品相当朴素，从保存至今的桌椅就能看出来，它们在普通公民眼里都会显得不够精致。”[1]不过，我们也要清楚，纳博科夫曾说，“一个禁欲主义者也许会在梦里梦到一场连一个享乐主义者都觉得过分的盛宴”[2]。西塞罗时期的奢华，50 年后在人们眼中也许是简朴。40 年间，奥古斯都在冬天和夏天都睡于同一个卧室（罗马人夏天通常会从南屋搬到北屋），并将一间阁楼作为他想不受打扰时的去处，那间阁楼被他称作“锡拉库萨”和“小工作间”。只有在生病时，奥古斯都才会搬到埃斯奎利诺山上的梅塞纳斯别墅——那里的空气被认为更好。

“利维娅之家”保存下来的壁画中，既有一串串的水果和花朵，也有埃及风格的风景画。中部的房间则表现了神话题材：一面墙上是海洋女神伽拉忒亚和她爱上的海巨人波吕斐摩斯，另一面墙上是阿尔戈斯看守着的伊俄。每面长墙的尽头都有一幅小画（称为 pinax，是一种还愿画），它们非常珍贵，曾设有专用门来提供保护，画面表现的都是三位贵族妇女。在发掘过程中，人们还发现了标记有不同人名的铅水管：图密善皇帝、某位朱利娅·奥古斯塔（可以是皇室中的任何一位贵族小姐），以及 L. 佩希尼乌斯·厄罗斯（塞维鲁时期的一名承包商）。

“利维娅之家”南边是“奥古斯都之家”。奥古斯都原本打算扩展自己的住宅，但在建造过程中一道闪电击中了工地（这意味着神明欲将此地据为己有），所以他改变了主意，将这块地献给了国家，并自掏腰包开始建造阿波罗神庙及其柱廊。为了补偿皇帝的花销，元老院提出以

[1] Suetonius, *The Lives of the Twelve Caesars*, “The Life of Augustus.”
[2] Vladimir Nabokov, *The Gift*, Ch. 4.

罗马饮食

罗马人当年吃什么？我们通常设想的是山珍海味、美器美食，但大多数罗马人，包括那些有钱的罗马人（普通人的生活我们知道得更少），日常饮食都相当简单。受过教育的罗马人对于过度饮食持怀疑态度。阿皮基乌斯在罗马家喻户晓，他是生活在公元 1 世纪的美食家，将做饭变成了一门艺术，并发明了许多神奇的菜肴，比如蔬菜炖火烈鸟舌头或乳猪的猪尾汤。据说在一系列盛宴后，他盘点自己的财产，结果发现只剩下一千万塞斯特斯（仍然是一大笔财富），然后他就自杀了。大约 4 世纪或 5 世纪时，出现了一本打着阿皮基乌斯名号写作的大型饮食图书（题为《论烹饪》），这是历史上第一部菜谱。真正的阿皮基乌斯有着卓著的名声，但这本书中的很多菜谱都非常简单，使用的是一些日常食材，做法大体上像现在的意大利菜。我们只需要记住一点：古罗马人并不知道所谓土豆、玉米甚至西红柿——所有这些都来自新大陆。糖在当时不存在，也没有东方常见的甜点。新鲜水果和蔬菜却非常流行，蜂蜜则起到增甜作用。

有时候，我们会听到这样的说法：罗马人如此热爱享用食物的过程，吃饱甚至成了次要考量。为了能吃下更多东西，他们甚至会服用催吐剂（或用孔雀翎毛来催吐），以便给胃腾出空间，确实，塞涅卡忿忿地写道："人们为了吃东西而吐出来，为了吐出来而吃东西，甚至不愿意屈尊去消化他们从各地辛苦获得的食物。"[1] 不过，我们应该注意到，催吐剂在当时被认为有益于健康，可以避免暴饮暴食。比如，朱利乌斯·恺撒是一个很朴素、不讲究吃喝的人（连他的对手也得承认这一点），但当他与西塞罗一同用餐时，他也服用了催吐剂。

英国古典语言学家和历史学家玛丽·比尔德提出过一个好玩的方法，用来检验有关古罗马文化和历史的通俗读物（以及相关话题的纪录片和电影）的可靠性。她提出了一个简单的"睡鼠测试"。"角色们以不舒服的直挺身姿端坐在通常摆着葡

[1] Seneca, "Of Consolation: To Helvia," 10.

庞贝发现的厨具和餐具

萄的桌子前，看要过多久一个人才会对另一个人说：‘你要来一只睡鼠吗？’”她写道，“你等待这种美味小点心出现在餐桌上的时间越长，该历史重构就有可能越真实。”[1] 尽管如此，事实还是残酷的：这种名叫可食榛睡鼠（Glis glis）的啮齿动物是古罗马人口粮的一部分，很可能还被视作一种点心。公元前 115 年，一道特别法令禁止人们食用睡鼠、贝类和进口的鸟类——但这种法令常常被人们无视或很快就被废弃。

顺便一提，在斯洛文尼亚和克罗地亚的部分地区，人们现在仍然食用睡鼠——这些地方曾经是罗马行省，不禁让人想象这个传统也许是从古罗马时期一直流传下来的。

[1] Mary Beard, “Apart from vomitoriums and orgies, what did the Romans do for us?” *The Guardian*, 29 Oct 2005.

公帑为奥古斯都购买一所新房子。奥古斯都是否接受了这一提议，后来购买的是否就是这所“奥古斯都之家”，情况不明。不管怎样，奥古斯都还是继续生活在老房子里，即曾经属于霍腾修斯的“利维娅之家”。

相传奥古斯都出生的房子也在帕拉蒂诺山上，邻近一个名叫“牛头”的地方。后来，一个名叫盖乌斯·莱托里乌斯的年轻人为了减轻通奸罪指控的严厉惩罚，向元老院陈情，声称他是神圣的奥古斯都出生后首次接触的土地的主人，也可以说是守护者。（在罗马，婴儿出生后会被放到父亲脚边，父亲抱起了婴儿就代表他正式认可了父子或父女关系。）莱托里乌斯一案的结果未见记载，但元老院确实下令将那个地方加以净化。

在帕拉蒂诺山南麓、马克西姆竞技场边上有一处住宅，它曾经属于某位格洛提乌斯，在文献中也被称为“格洛提乌斯之家”。卡利古拉皇帝经常来这里，他是一位支持“绿派”的战车赛狂热爱好者（关于战车赛和对立派别，我们将在讲述马克西姆竞技场时再谈）。1857 年，人们在格洛提乌斯之家发现了一幅古代涂鸦，它很有可能是现存最早的刻画基督的图画。但它刻画得极为不敬，即便往轻里说。在一块墙面上粗略地画着一个人被钉在 T 形的十字架上。那个人长着驴头，另一个人站立在他前面，作祈祷状，而题记用希腊语写道，“亚历克萨梅诺斯在崇拜他的神”。

不论是个人、国家，还是意识形态，在面对他们视为异类、无法理解的东西时，对其加以取笑是常见做法。古典时代的人们困惑于犹太教和基督教，并试图将它们一笑了之。亚历克萨梅诺斯涂鸦就是这种策略的一个生动例子。出于某种原因，驴常常成为取笑的工具。希腊人和罗马人认为（或假装认为），犹太人和基督徒崇拜的是驴。这样的迷信甚至有了一个专门说法“onolatry”，它由希腊语中的“onos”（驴）和“latris”（崇拜）两部分组成。

宫殿

真正的宫殿直到提比略和尼禄时期才出现在帕拉蒂诺山上。在奥古斯都时期，这样的奢华还前所未闻。为了从最佳位置观看战车赛，这位罗马统治者常常不请自来地造访房子位于南坡上的朋友家和自由民家。后来的皇帝在现今法尔内塞花园之处建造了宫殿，它的地下室里有一处地牢——公元 33 年，提比略在这里活活饿死了自己收养的侄孙（弟弟德鲁苏斯之孙、日耳曼尼库斯之子）德鲁苏斯·恺撒，后者被控参与了一次谋反阴谋。历史学家注意到了一个有趣的细节，这位年轻人在绝望中曾以床垫的干草充饥。

弗拉维宫（也称为图密善宫）占据了帕拉蒂诺山考古区的大部分。它还没有被完全发掘，其东北角，即圣博纳文图拉教堂附近的部分，底下究竟有什么还不甚清楚。然而，目前已发掘部分的面积已经超过三公顷。在弗拉维宫之前，罗马根本没有如此规模的建筑。

图密善皇帝的名声在后来历史学家的手中遭受了损害。我们对他的了解很多来自下一个朝代的记载——苏维托尼乌斯和塔西佗都服务于接下来的涅尔瓦－安东尼王朝的皇帝。从弗拉维王朝到涅尔瓦王朝的政权交替充满暴力，原来的传承被破坏了。为了避免让新的统治者蒙上谋权篡位的恶名，宫廷历史学家被鼓励将图密善污名化。这也是为什么在前两任几乎完美的弗拉维王朝君主之后，第三位皇帝却出人意料地是一个怪胎。

以下有几个很说明问题的例子。在图密善统治之初，据说他会每天花好几个小时独处，以抓苍蝇和用尖笔扎苍蝇为乐（当外面的侍臣问里面还有谁跟皇帝在一起时，他给了一个妙答，“连只苍蝇都没有”）。他还残暴任性，任意杀人——几百年来第一次，他重拾残忍的古老仪式，将一名失贞的维斯塔祭司活埋。更令人印象深刻的是，在讲到图密善严厉征收所谓“犹太人头税”时，苏维托尼乌斯回忆起一段个人经历（他很少回忆什么）：皇帝将征税对象扩大到了很久以前就放弃原来的信仰、甚至隐瞒自己犹太出身的人。“我记得在我年轻的时候，”苏维托尼乌斯写道，“目睹过一位九十高龄的人在行省总督和一个非常拥挤的法庭面前被当众检查是否受过割礼。”[1]

这座宫殿奢华得超乎想象，仅宴会厅就非常巨大。图密善的宫廷诗人斯塔提乌斯写道，“皇帝倚靠在一千张餐桌中最佳的那张旁”。（图密善在后来的历史叙述中运气不济，在当时还是展现出了很好的公关手段。）墙壁饰以三层的彩色圆柱。大理石和经过抛光的花岗岩熠熠生辉。为了使工程达到恢弘气派，任何花费都毫不吝惜，工人们也无意对前人的工作表示尊重。比如，此处原来的尼禄宫里有着漂亮的大理石地面，上面的植物图案是罗马装饰艺术已知最好的范例，但在需要铺设台基的地方，它们就被直接破坏了，其他地方则被盖上了土。现在，这个地面的某些部分已重见天日。

宴会厅外面被花园和喷泉所环绕。每个柱廊园都犹如一座宫殿那样大。其中一个（位于帕拉蒂诺博物馆以东的“三号柱廊园”）里面的花园，正按照流传下来的几条古典园艺准则进行重建。这些华丽花园以东是另

[1] Suetonius, *The Lives of the Twelve Caesars*, “The Life of Domitian.”

帕拉蒂诺山上的弗拉维宫废墟（19世纪素描）

一个巨大的、形似体育场或竞技场的花园，它也是帕拉蒂诺山上令人印象很深刻的景点之一。图密善似乎特别偏爱这种形状：在罗马，他建了一座真正的体育场，其形状仍然可以从罗马城最精致的广场之一——纳沃纳广场上看出来；在他的郊区别墅，也有一座类似形状的花园。我们不知道帕拉蒂诺山上的“体育场”里面有什么装饰，除了在两端的喷泉（那也是图密善的最爱），或许那些表现皇帝本人、有着固定重量的金银像，是图密善唯一允许安放在里面的。

在生命的最后阶段，图密善变得多疑。他的死期已经被预言，所以他不安地等待着。凶兆犹如安排好一般接踵而至。闪电开始击中各处建筑，包括帕拉蒂诺山上的宫殿，甚至皇帝的卧室。预言的内容越来越悲观。占星师阿斯克勒塔利昂的死则给了他最后一击。为了检验预言的准确性，图密善询问这位占星师命将如何。阿斯克勒塔利昂回答说，自己很快会被狗撕成碎片。图密善立即下令处死他，并将他妥善火葬。然而，就在葬礼上，一阵狂风吹灭了葬礼火堆，烧焦的尸体果真被狗扑上来撕成碎片了。“好心人士”马上向本已神经兮兮的皇帝报告了这条消息。

宫殿内，图密善常走的柱廊都被皇帝下令以月光石作镶面，一种他即位前不久在卡帕多西亚行省（现在的土耳其北部）发现的半透明白色大理石，有着镜面效果。他希望借此发现来自身后的袭击。这终究没有帮上忙：阴谋者趁着皇帝放松警惕，将他刺杀于卧室里。对图密善多有丑化的苏维托尼乌斯也承认，皇帝进行了英勇的反抗，军团将士在得知他的死讯后也发誓要将阴谋者千刀万剐——图密善在军队中非常受爱戴。

在帝国后期，由奥古斯都奠立并经历代扩展的宫殿群几乎占据了整座山丘。“帕拉蒂诺”（Palatino）也因而成为欧洲很多语言中“宫殿”一词（palace、palazzo、palais、palacio、palast 等）的词源。

七节楼与卢佩尔卡尔洞

弗拉维宫的东区在塞维鲁王朝时期得到重建和扩展。今天，这块区域看上去相当普通，但想当年，其规模和装饰的恢弘气派甚至超过了图密善的心血结晶。3 世纪初，塞维鲁王朝的皇帝在通往宫殿区的要道上建起了一座十分奇怪的建筑——七节楼（Septizodium），其名字含义不清：或许指的是七位行星之神，又或许简单地指建筑分为七层。七节楼是一座身后没有任何建筑的单独的外立面，上面大量饰以神像和皇室成员像，所以它可能是一个纯粹的宣传工程，旨在吸引每位经由阿庇亚大道从南边抵达帕拉蒂诺山的人驻足赞叹。在今天，七节楼消失很久之后，从马克西姆竞技场一侧眺望夕阳映照下的翠绿山坡仍然是一道不可错过

七节楼（艾蒂安·迪佩拉克作，1575 年）

的美景。

这个奇怪外立面的一部分，残存的三层科林斯式圆柱，顽强地存在了很长时间，直到 16 世纪末，在教宗西斯笃五世时期最终被拆除。这样一大堆白色和彩色石料是教廷建筑师非常眼馋的，其中 104 块灰白色普罗科尼苏斯大理石被用来修复奥勒留圆柱。

后来的皇帝继续居住在帕拉蒂诺山，但很少再大兴土木。马克森提乌斯在“体育场状”花园的东南添设了一处浴场。他原本或许有更雄心勃勃的计划，只可惜未能变成现实。随着帝国的重心转移至君士坦丁堡，帕拉蒂诺山慢慢变成一个纪念昔日荣光的地方。然而，那些更偏好住在罗马（而不是特里尔或米兰）的西罗马帝国皇帝继续青睐着帕拉蒂诺山。当哥特统治者奥多亚塞和狄奥多里克进驻永恒之城时，他们也属意于帕拉蒂诺山的住处。驻扎在罗马城的一支拜占庭卫戍部队继续任命一位“帕拉蒂诺宫殿守卫”，直至 7 世纪。

2007 年 11 月，伊雷妮·亚科皮和安德烈亚·卡兰迪尼率领的一支意

牧神节

卢佩尔卡尔洞被认为正处于母狼哺育罗慕路斯和雷穆斯的地方。这座神庙也与罗马最古老、最奇特的节日之一——牧神节有关。每年2月中旬举办牧神节。人们将两头羊和一条狗献祭后，牧神祭司身上围着刚剥下的羊皮，手持用这些羊皮制成的皮鞭，绕着帕拉蒂诺山行走，用皮鞭抽打遇上的任何人。人们并不远远躲开，相反，贵妇们主动伸出手挨打（“就像学校的学生一样。”普鲁塔克一本正经地写道），牧神节皮鞭的抽打被认为可以增强生育能力，减轻分娩时的痛苦。在命运之年的公元前44年，马克·安东尼被选为执政官——共和国的最高级官员，但他并不认为担任牧神祭司有损自己的身份。他全身只围着一块羊皮，手持皮鞭跑到广场上，向朱利乌斯·恺撒献上了一个小王冠。在评估了群众可能的反应（无疑会非常负面，毕竟君主制为罗马人所憎恶）后，恺撒拒绝了这样的加冕——但这做法还是不足以挽救他的命运。

此后，牧神节仍然广受欢迎。5世纪末，教宗哲拉修一世打算取消它，但他遇到了强烈的反对。教宗对反对者说，既然你们都思想如此开放，何不自己披上血淋淋的羊皮满城跑？当时，距离执政官可以充当牧神祭司已经过去了数个世纪，牧神节已经变成一个下层人民的节日，那些捍卫该节日的贵族也就哑口无言了。今天，大众媒体中经常流传情人节源自牧神节的说法，尽管它们时间相近，但其实是无稽之谈。事实上，圣瓦伦丁节原本与浪漫或爱情完全没有关联，只是在14世纪末，乔叟的一些诗歌才创造出这样一种联系。

马克·安东尼向朱利乌斯·恺撒献上小王冠（19世纪素描）

大利考古队宣布了一个发现：在“利维娅之家”下面，发现了一处中等规模的洞室。洞室的拱顶饰以彩色马赛克和贝壳，中央是一个白色雄鹰图案（罗马帝国的象征）。考古队隆重宣布，他们找到了传说中的“卢佩尔卡尔洞”，一座祭祀罗慕路斯、雷穆斯和喂养他们的母狼的神庙。洞室还无人能进入，里面满是两千年的建筑垃圾，很容易坍塌。所幸在现代技术的帮助下，爱古者们可以看到透过摄像探头拍摄的内部彩色照片。

很多研究者仍然对新发现洞室的认定持怀疑态度。古代文献记载，卢佩尔卡尔洞位置要更靠近维克托利娅神庙和大母神神庙，发现的地点却更靠近阿波罗神庙（当然，这个距离可以忽略不计，作家们——尤其是希腊作家——很容易把地点弄混）。洞室中也未发现祭坛（它可能被埋在废石堆下面，或者被强盗掠走了）。最后（这是一个严肃的质疑），马赛克屋顶即便在 2 世纪小普林尼的时代都是一个新奇玩意，而根据各家史料的一致记载，卢佩尔卡尔洞曾在奥古斯都时期进行过修复（某次后续修复的记载也可能失传了）。

这些怀疑者并不否认这次发现的价值：在罗马市中心，找到任何一处内饰完好的古代建筑都是一个重大发现。他们只提出了其他理论，比如洞室是某位皇帝（如尼禄）的个人餐厅。2009 年，在帕拉蒂诺山的东北角，巴尔贝里尼葡萄园，人们发现了一处独特的圆筒形砖结构建筑，它立即被认定为金宫著名的旋转餐厅。当然，这个判断也立即受到了挑战：为什么这样重要的房间要离宫殿主体这么远？（我们将在第六章讲到金宫。）最近，巴尔贝里尼葡萄园在长期封闭后重新开放，游客可以一览恢弘的斗兽场，并一睹神秘的圆筒形建筑。

未来的新研究也许会为这些新发现建筑的认定带来曙光，但更有可能的情况是：我们将永远不知道答案。尽管如此，轰动性的新发现还是带来了更多的考古资金，我们也不难设想：这座罗马的最古老山丘上还隐藏着更多迷人的宝藏和奥秘。

第四章

墨索里尼的大道

帝国广场

一条贯穿一座古城的笔直街道总是可疑的。有着数百年（更别说数千年）历史的城市永远不会是按照一份统一的蓝图建造的。住宅区、公共建筑和教堂有机生长出来，占满了每一块空地，所以几乎所有欧洲古城镇的老街都是狭窄而弯曲的。如果看到一条笔直的大道，你就要留意了：这样的新面貌很可能是以牺牲一大堆陈旧而“无用”的城市肌理为代价换来的。

罗马的一些区域有着两千年的历史，那里的笔直街道就更加可疑了。其中有些确实可以自矜有着悠久的历史，就像科尔索大道——弗拉米尼亚古道的历史延续，一条当年连接罗马与亚得里亚海沿岸的主干道。其他大多数只有百年或更短的历史：民族大道（自共和国广场至威尼斯广场）是 19 世纪末贯通的，协和大道（自圣彼得广场至台伯河畔）是 20 世纪中叶贯通的。这其中最大胆的要数自斗兽场至威尼斯广场的帝国广场大道，它贯穿了帝国时期罗马城的心脏——一个帝国两百多年间的历代统治者大兴土木竞豪奢的区域。

帝国广场大道（也叫帝国大道）落成于 1932 年 10 月 28 日。选在这一天是为了纪念“进军罗马”十周年，正是那场政变迫使意大利国王维

北
民兵碉楼
格里洛路
十一月四日街
图拉真市场
圣母圣名教堂
图拉真圆柱
图拉真广场
祖国祭坛

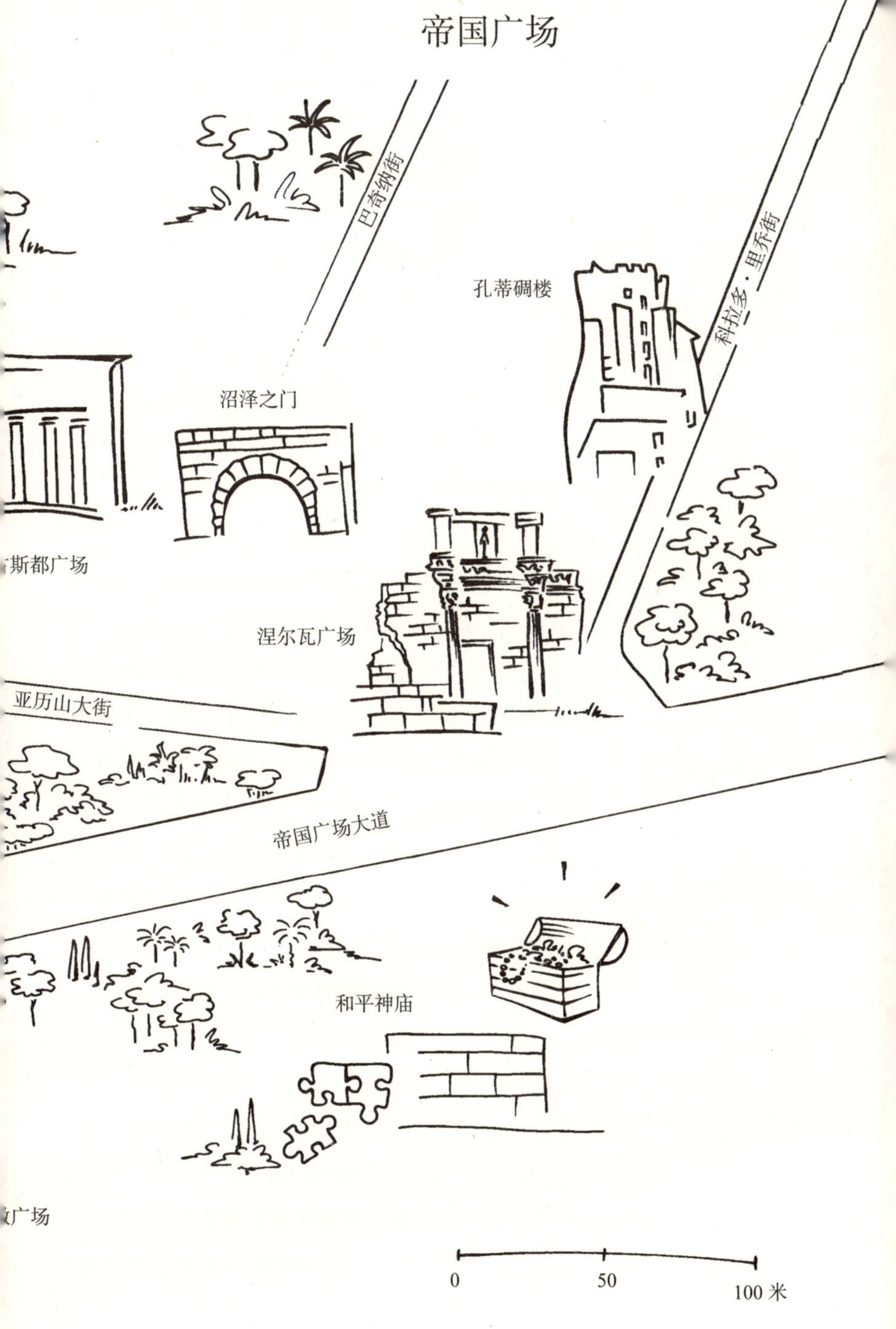
帝国广场
巴奇纳街
科拉多·里乔街
孔蒂碉楼
沼泽之门
斯都广场
涅尔瓦广场
亚历山大街
帝国广场大道
和平神庙
广场
0
50
100 米

贝尼托·墨索里尼（1883—1945）是1922年至1943年的意大利法西斯政权领袖。1943年，在盟军部队攻入意大利本土后，墨索里尼被免职并被抓捕，但后来为德国特种部队所营救，并在希特勒支持下建立意大利傀儡政权。1945年，当希特勒的纳粹德国败局已定时，墨索里尼与情妇克拉拉·佩塔奇试图潜逃至瑞士，但中途被共产党游击队抓获并处死，他们的尸体被倒吊在米兰的一座加油站顶上。

托里奥·埃马努埃莱三世让意大利法西斯头目贝尼托·墨索里尼组阁。墨索里尼出身于北方的艾米利亚－罗马涅大区，他却视自己为一个古罗马人，推崇古罗马，尤其是罗马帝国的一切，几近狂热。因此，新马路启用成为十周年纪念活动的一个重大事件，与展示法西斯统治十年成就的“法西斯革命展”开幕同等重要。

墨索里尼的城市规划方案涉及古迹“解放”。这意味着，古代遗迹周围数百年来建起的住宅和其他建筑将被他的建筑师视为“贫民窟”，一律拆除。马塞卢斯剧场已经以这种方式获得“解放”，现在轮到帝国广场了。

那么什么是“帝国广场”？这个名字传统上指位于“老”广场以北的五个建筑群。（原初的广场有时被称为“罗马广场”，以区别后来的广场。当然，这很容易引起歧义：就好像其他广场都不是在罗马似的！）

帝国广场中首个广场由朱利乌斯·恺撒在共和晚期构想和建设，他生前未能全部完成。最后的图拉真广场被后世视为罗马帝国鼎盛时期的标志。

恺撒广场

帝国广场中最早的恺撒广场（又称朱利乌斯广场）是朱利乌斯·恺撒在偏乡僻壤时为了消遣而规划的。当时，他正在今天的法国忙于讨伐留着长发、穿着裤子的高卢人（偶尔分心到达更远的地方，比如两次入侵不列颠）。在这个过程中，他取得了大量财富（一次成功的战争过去是、现在仍是一件高回报的事情）。恺撒需要这些钱：首先，他欠罗马的一些大人物钱；其次，他打算花一大笔钱做自我宣传，以便巩固在罗马的地位。建造新广场就是宣传计划的一部分。

原有的广场确实已经无法满足这个世界首都的需求。一到群众集会或宗教仪式，那里就拥挤不堪。当恺撒还在高卢作战时，对他态度复杂的西塞罗在给密友阿提库斯的信中写道，恺撒的友人受他之托正在收购用于新建广场的地块——“听到我这样讲，你可能会笑出声来，但鉴于这种收购的目的，我也算恺撒的这些友人之一。”

只有搞定外部敌人和（他认为的）内部敌人后，恺撒才能真正开始实施自己的建设计划。在与庞培决战的法萨卢斯战役前夜，恺撒根据罗马传统习俗发下了愿言：要是自己得胜，就建造一座神庙献给自己的守护神——维纳斯。

这个时至今日仍被视为有史以来最伟大统帅之一的男人竟然与无忧无虑的爱情和情欲女神联系在一起，这看上去显得非常轻佻和奇怪。这其实有着一个重要的血统意涵：恺撒家族（名列贵族但一直功业不彰，在恺撒之前并没有出现特别响当当的人物）声称自己一脉是朱卢斯（也被称为阿斯卡尼乌斯）的子孙，后者是特洛伊英雄埃涅阿斯之子。埃

称为“母亲维纳斯”的这种类型维纳斯像最早是由古希腊雕刻家卡利马库斯所创立的。摆放于恺撒神庙的一尊神像便是这个样式。它表现了维纳斯这样一个时刻：她右手拎起头纱，准备蒙头，以示虔诚；她左乳裸露，左手拿着一个苹果——从帕里斯的裁决中得到的奖品。卡利马库斯的原作没有流传下来，但“母亲维纳斯”的形象广泛见于古罗马时期的复制品和钱币。这样一尊复制品在法国的弗雷瑞斯被发现，现被藏于卢浮宫，并被许多人认为是对于一尊失传的古希腊原作的最好的古罗马复制品。另一尊尺寸更大些的复制品由圣彼得堡的艾尔米塔什博物馆从意大利著名收藏家詹彼得罗·坎帕纳手中购得。这具雕像要更端庄一些：她的双乳都被遮着。

凯旋式

在任何罗马从政者的军政生涯中，一场凯旋式都是最重要的事情，就像打了一张能让自己在身后获得不朽的包票。元老院和罗马人民将这一至高荣誉授予得胜的统帅。为了确保配得上凯旋式的殊荣，胜利必须符合一系列最严格的要求：敌方损失必须远超过罗马一方，战争必须是“正义”的（这也是为什么——除了少数例外——内战中的胜利不会被授予凯旋式），国家疆域必须因此战而得到扩大。在等候决议期间，统帅和军队驻扎在城外，决议须经由元老带至城外宣布。军队只有在凯旋式的胜利游行时才能正式越过罗马城的神圣边界——所谓的“城界”（pomerium）。

得到元老院许可后，统帅率军穿过凯旋门进入城中，沿着“凯旋之路”抵达广场和卡皮托利诺山。历史学家对于实际的游行路线仍然各执一词。有可能没有一定之规，统帅所选择穿过的“门”就是那次活动的“凯旋门”。游行队伍前面是号手、传令官、笛手、元老和其他公共官员。凯旋将军本人面涂红彩，穿着专门的服饰，乘坐一辆特殊的驷马车，驱赶着掳获的最显要战俘及其家人。金银珠宝、艺术品等战利品以及被征服城市的模型也被放在特制的担架上展示。沿途两侧搭起临时彩棚，供罗马人民从里面欢呼致意。

凯旋式期间，还举办一些奇特的仪式，它们旨在消灾祛厄和提醒凯旋将军不要得意忘形。士兵们高唱挖苦统帅的歌曲。一位政府指派的奴隶则站在凯旋将军背后，手举一个花圈在他顶上，时不时地重复一句：“勿忘你终有一死。”一个形为阳具的菲勒斯护符悬挂在马车下方，用以辟邪。不过，需要提醒的是，大多数有关这些有趣习俗的描述都来自后世并不太可靠的记载。

庆祝过程并非总是一帆风顺。庞培决定将拉车的四匹马换成四头象，结果却发现这样无法穿过凯旋门。朱利乌斯·恺撒则遇上马车轴坏了，只好步行了一段路。

无论凯旋式的游行路线如何，它最终都会来到圣道，由此登上卡皮托利诺山。在山上，统帅和随行人员会向卡皮托利诺山上的朱庇特神庙献上酬神祭礼。

凯旋式后来的演变也成为从共和国向帝国转变的最明显的表征之一。在奥古斯都时期，凯旋式已然成为一个仅限于皇室成员专享的荣誉。从那时起，统帅们只能满足于穿着所谓的“凯旋服饰”。但渐渐地，这样的殊荣也变成彰显的是皇帝的恩宠，而不是其军事能力。

凯旋式（古代版画）

涅阿斯被公认为是罗马国家和光荣历史的开创者（早在后来维吉尔的史诗将他变成一个超级明星之前），他正是女神维纳斯之子。因此，通过提及维纳斯，恺撒也在宣示：他的家族血脉直接源自奥林匹亚诸神。为了进一步强化这一点，神庙供奉的神明被称为“母亲维纳斯”。

我们应该如何确定一座神庙的落成启用之日？自古罗马时期延续至今的一个传统是，举办一个特殊仪式，将其从人的领域转移到神的领域。罗马人称这个仪式为“奉献礼”（dedicatio），基督徒则称之为“献堂礼”。维纳斯神庙和整个恺撒广场在公元前 46 年恺撒的盛大凯旋式（合并庆祝恺撒过去的四次军事胜利）的最后一天，即 9 月 26 日举办了奉献礼。坐落在广场后部的神庙居高临下，睥睨全场，将广场变成了一条通往神庙的肃穆神道。这种布局也被后来的其他帝国广场效仿。

恺撒没来得及在生前看到自己的建筑规划最终完成，完成朱利乌斯广场的任务留给了他的继承人屋大维（后来称为奥古斯都）。

维纳斯神庙几乎没有留下一丝痕迹。这座神庙的台基和一些圆柱及檐壁的残块，在 16 世纪的发掘中被发现。维特鲁威（唯一存世的古代建筑著作的作者）曾写到，这座神庙的圆柱间距非常紧凑（这种安排被称为“密柱式”）。神庙由大理石建成，这在当时并不多见，里面（又或许在外面）摆放着一尊由希腊雕刻家阿尔克西拉奥斯制作的维纳斯像。一如往常，神庙也起到珍宝馆和美术馆的作用，并收藏了一些与朱利乌斯·恺撒的生平和事业有关的物品，包括一尊鎏金的克利奥帕特拉像、一套宝石浮雕、一具饰以不列颠珍珠的胸甲（老普林尼说，珍珠又黑又小）。神庙四周也饰以雕像，其中一座表现了骑在马上的恺撒或者单纯是恺撒的马。这匹马非比寻常：它的前腿像人腿。后来，神庙旁边又竖起了一尊提比略像，这是小亚细亚的十四个城市为了感谢提比略在大地震后慷慨解囊而献给他的礼物。此外，恺撒还在生前“勉为其难地准许”在广场上摆放他身穿锁子甲的雕像。

祖国祭坛紧挨着恺撒广场，这是一座纪念统一意大利的第一位国王维托里奥·埃马努埃莱二世的纪念碑，它的样子也被称为“婚礼蛋糕”或“打字机”（1911 年，人们举办了启用建筑的典礼，但直到 1935 年它才最终完工）。从帝国广场大道上可以清楚地看到维纳斯神庙的三根圆柱，它们是在 20 世纪 30 年代修复的。一座法西斯统治时期的恺撒像竖立在帝国广场大道的道旁，每年 3 月 15 日，这位独裁官遇刺的忌日，都会有人在雕像基座前献上鲜花。

奥古斯都广场

正如恺撒广场，奥古斯都广场也发源于一次军事胜利。公元前 42 年，未来的奥古斯都（当时还叫屋大维，或者说叫盖乌斯·朱利乌斯·恺撒，这是根据“正牌”朱利乌斯·恺撒的遗嘱，他成为恺撒的养子而获得的名字）战胜了由刺杀恺撒的阴谋者率领的共和国军。战斗发生在一个名叫腓立比（位于现在的希腊北部，距离塞萨洛尼基以东约 100 公里）的马其顿小镇附近。战前，屋大维循俗发愿，如果战神助其为养父复仇，他就新建一座神庙献给马耳斯。建庙需要腾出一块空地，新的广场便提供了这样的地方。

在古罗马，一年中最热的日子被称为“狗日”，因为当盛夏临近时（约7月中旬），大犬座最亮的天狼星与太阳从地平线同时升起。（在现在，由于所谓的“岁差”，这个现象出现的时间要比古代晚两周。）罗马人称天狼星为“canicula”（意为“小狗”），这也是俄语中“Каникулы”（意为“假期”）一词的由来。现如今，在八月的狗日，天气最热的时候，整个意大利都几乎停摆了：商店关门，饭馆关门，甚至连教堂都关门了；大城市里空空如也，只剩下游客及为他们服务的人。在罗马，八月被认为是旅游淡季，旅游相关的价格会下降不少。

广场的土地是以另一次军事胜利（我们不清楚到底是哪场战争）的收益购得的。历史学家称，这笔钱不足以买到屋大维原本想要的那么多土地，但他又不愿意动用行政手段逼走当地的商人。（古代历史学家认为，这完全源自屋大维的非凡德性。）在他的简短自传中（它有着一个低调的题目：《神圣的奥古斯都的事迹》），皇帝也特别提及这一点：“我在自己的私人土地上修建了复仇者马耳斯神庙。”[1]

建造广场的材料经过了精挑细选。老普林尼说，木材是在最热的日子里从雷蒂亚（现在的瑞士）境内的阿尔卑斯山上采伐的，以确保得到最高品质。这个技术被证明是成功的——16世纪时，被发掘的横梁仍然坚固耐用。

在最终建成的广场上，复仇者马耳斯神庙（这个名字暗示着屋大维在战神庇护下为朱利乌斯·恺撒复了仇）占据了显要位置。像之前的维纳斯神庙一样，马耳斯神庙位于广场深处，广场三面则环绕着高大的防火墙，后者将神庙与容易失火的贫民区——苏布拉区隔离开来。一个双层柱廊沿着防火墙排开。屋大维下令在广场上安放所有罗马凯旋将军的雕像，从传说中的罗马国家创立者埃涅阿斯（再次暗示建城英雄与朱利乌斯部落的血统关系），直至他自己时代的凯旋将军。每座雕像的基座上都刻着这位英雄的个人履历——罗马传统中所谓的

[1] Augustus, “The Deeds of the Divine Augustus,” 21.

“荣誉之路”（cursus honorum）。

奥古斯都（屋大维）是最不尚武的罗马统治者之一。在他治下也打仗，有些还取得了胜利，但他不像养父，个人性情不好武力，也不倾向于选择使用武力。促成奥古斯都广场建设的另一个事件通常被宣传为一次巨大的军事胜利，但实际上它是一次杰出的外交胜利：奥古斯都的使节通过谈判，成功地取回了公元前53年克拉苏在卡莱战役中大败时被夺走的军团鹰旗。奥古斯都平素举止和平，他的广场却成为罗马城中军事气息最浓烈的地方之一。罗马的少年在这里第一次换上白色的成年托加（toga virilis）——这意味着他们可以上战场了。罗马总督出发前往任职地时，路程的正式起点也是此处——他们届时的主要工作将是镇压暴乱和利用军事控制当地的部族。罗马统帅在得胜而归后，也是将战利品带到这里，就像1945年的红场阅兵中，苏联士兵将纳粹旗帜抛到列宁墓脚下。当监察官的任期即将结束时，他们会在广场上钉下一枚象征性的钉子。

就像其他所有罗马的公共空间，奥古斯都广场也被用于审判和宗教仪式。这两项功能在苏维托尼乌斯关于克劳狄皇帝的一段有趣记载中交织在了一起：“有一次，当他在奥古斯都广场主持审判时，闻到了附近的马耳斯神庙正在为萨里祭司准备饭菜，他离开审判庭，来到祭司处，然后在餐桌边找了个位置坐下。”[1] 当然，作传者讲述这位有点自闭的皇帝的轶事，只为了突显他的观点——克劳狄皇帝“无时无地不想着吃喝”，但他所描绘的罗马社会生活图景仍然十分生动。

今天，奥古斯都广场的现状无法给人留下太深刻的印象，只剩下台基、大理石台阶、三根白色大理石圆柱（马耳斯神庙仅留下的残余）、防火墙以及在帝国广场上遍布的杂七杂八的残块。罗马法兰西学院所在

[1] Suetonius, *The Lives of the Twelve Caesars*, “The Life of Claudius.”

奥古斯都广场和沼泽之门（19 世纪素描）

面向门洞站立，孔蒂碉楼就在你的左手侧，这条街便因它而得名。碉楼是教宗英诺森三世（他原名洛塔里奥·代·孔蒂）的家族在 13 世纪修建的。它在当时是罗马最高的建筑之一。外墙的饰面材料，根据惯例，是从最近的废墟搜寻而来的——而它最近的废墟就是帝国广场。但孔蒂碉楼反过来也没有逃过后世掠夺者的魔爪：其饰面材料被再次用于罗马城墙的庇亚门上。

的美第奇别墅（距离马耳斯神庙以北约 1.5 公里，在西班牙阶梯附近）藏有一幅浮雕，描绘的也许是马耳斯神庙的外立面。卡皮托利诺博物馆所藏的一尊巨大雕像（通常被称为“皮洛士”），有可能是奥古斯都所建神庙中的马耳斯神像。

你也可以穿过防火墙上唯一一座幸存的门洞——位于防火墙对面的巴奇纳街与顺着防火墙的孔蒂碉楼街的交汇路口的沼泽之门（当初门外是一片沼泽湿地），从另一面进入奥古斯都广场。这两条街始建于中世纪，对比它们的路面与几近挖到原始地面的帝国广场所在平面，你就可以看到：在将近一千年的时间里，文化层积累了好几米。门洞在孔蒂碉楼街一侧没有护栏挡着，但要从那里跳到广场上，非得身手矫健（或莽撞大意）不可。

往德尔格里洛广场的方向稍走一点，我们可以看到另一座与防火墙融为一体的中世纪建筑——医院骑士团的总部（这个骑士团在不同时期有不同称呼，比如耶路撒冷圣若望骑士团、马耳他骑士团、塞浦路斯和罗德岛骑士团等）。总部建于 12 世纪，现在保存着众多艺术品，包括在帝国广场的发掘过程中发现的物品。

和平神庙

在圣葛斯默和圣达弥盎圣殿与涅尔瓦广场之间的大片区域，直至古代晚期才被视为一个“广场”。在此之前，它一直被称为和平神庙——曾有一座巨大的神庙占据此地。不幸的是，墨索里尼的帝国广场大道从它正中间穿过。现在的车流人流很可能正行驶在曾经保存过耶路撒冷圣殿宝物的地下室上方。

为什么这样说？你可能会问。和平神庙是韦斯巴芗皇帝于公元 71 年开始修建、75 年落成启用的，正好在镇压犹太起义后不久。罗马的神庙一般并非举行宗教仪式的场所——仪式通常在户外进行。因此，神庙承担了其他很多功能。和平神庙就被作为图书馆、美术馆和银行。作为美术馆，它展出了从耶路撒冷劫掠回来的黄金饰品。历史学家约瑟夫说，最珍贵的物品（《妥拉》长卷和用来遮掩耶路撒冷圣殿内殿的紫色幔帐）则被保存在守卫更严密的皇帝宫殿。

罗马最富有的一些人曾将金银珠宝交给和平神庙保管。然而，就像经常发生的那样，银行也不是存放个人财富最保险的地方：在康茂德皇帝统治末期（约 191 年），神庙周边的整个地区被焚毁，留下那些富人们不知所措。

塞维鲁大理石平面图在学术文献中有着一众其他名称，其中一个被广泛接受的是“Forma Urbis Romae”（新拉丁语，意为“罗马城的图像”）。但它有着一个不巧的缩略语，“FUR”，后者在拉丁语中意为“小偷”。当年罗马人有时就为罪犯刺上这个字眼。

塞维鲁大理石平面图的残块现在保存在卡皮托利诺博物馆的保守宫。让它们各就其位是几个世纪以来历史学家的夙愿。近些年，人们开始借助新的数字技术的帮助，比如斯坦福大学的斯坦福数字 FUR 项目，但即便如此，进展仍然缓慢。

在塞维鲁王朝时期（2 世纪末至 3 世纪初），神庙里新添了一堵墙，墙上镶嵌了所谓的“塞维鲁大理石平面图”。这是一幅巨大的城市平面图，比例尺为 1∶240，方向为上南下北（与今天的习惯相反）。16 世纪中期，平面图的残块陆续被发现和辨认，到今天已经超过了一千块。让建筑师和历史学家们扼腕的是，找到的残块不及原来整个地图的百分之十。不无奇怪的是，保存下来的残块表明，这幅地图——无疑是受一个重要委托而制作——完成得非常粗糙，设计精度和工艺水平大大低于已知最好的罗马时期实例。

机缘巧合，地图上的和平神庙（Templum Pacis）附近区域保存得相对较多，连“Pacis”一词结尾的字母 CIS 都有。这里还有一个不解之谜：残块显示，神庙周边有一些连在一起的长条形。没人能够确认它们到底是什么，也许是花坛或树木（保护人们免受罗马骄阳的炙烤），也可能是商店（已知在神庙建成之前，这里是一个室内食品市场）。

我们也不清楚通往和平神庙的主通道在哪个方向。神庙的门廊有可能在现今圣葛斯默和圣达弥盎圣殿的位置，也可能在埃米利亚巴西利卡与安东尼和福斯蒂娜神庙（现在的米兰达的圣老楞佐教堂）之间。

伟大的古代历史学家、拜占庭学者普洛科皮乌斯说，在和平神庙周围摆着许多雕像，包括希腊雕刻家米隆所作的母牛以及另一位著名希腊雕刻家

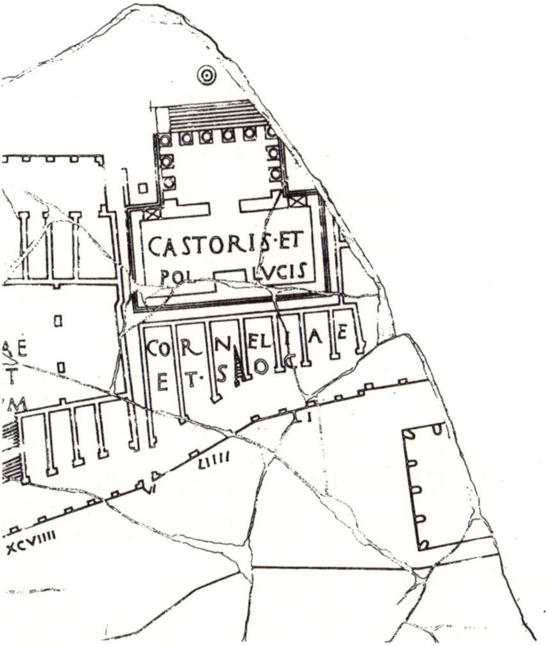

塞维鲁大理石平面图残块

所作的一头青铜公牛。有一次，当一群牛被赶过这个广场时，一头阉公牛离开牛群，骑到青铜公牛背上。一位路过的伊达拉里亚人预言（“即便到我的时代，伊达拉里亚人仍然擅长预言。”[1] 普洛科皮乌斯补充道）：有朝一日，一个阉人将战胜罗马的统治者。当然，后来确实如此：公元 552 年，占据罗马的东哥特国王托提拉被拜占庭皇帝查士丁尼一世的统帅、亚美尼亚人宦官纳尔塞斯所打败。

[1] Procopius, *Wars*, 8.21.

或许对普洛科皮乌斯的故事不应该只作表面看。事实上，鸟儿飞来啄食画中的葡萄，公牛想与雕刻的母牛交配，诸如此类赞美艺术家技艺高超的故事所在多有。爱德华·吉本也提到，单是米隆的母牛就“得到三十六首诙谐短诗的称赞”，其中之一是：

年轻人，把你的牛群赶远些吃草，
免得它们直往米隆的母牛身边靠。
然后到时你鬼使神差，
赶着牛群和那尊活生生的雕像把家还。[1]

[1] Edward Gibbon, *The History of the Decline and Fall of the Roman Empire*, vol. 5, ch. 39.

涅尔瓦广场

和平神庙命运多舛，涅尔瓦广场的命运甚至更糟。首先，它也多半被压在帝国广场大道的柏油路下面。其次，即便在古代，它也一直不是一个真正的广场。它的建造拓宽了原本其貌不扬但历史悠久的阿尔吉来图姆街，这使得它看上去更像一条大街而非一个广场。街道的功能也从它的另一个常用名称上反映出来："中转广场"（Forum Transitorium）。最后，它以涅尔瓦皇帝的名字命名是出于偶然——涅尔瓦确实为它举办了奉献礼（公元 97 年初），但它的建造始于弗拉维王朝的末代皇帝图密善治下。

这座广场的一截防火墙保存到了今天。它仿造了奥古斯都广场防火墙的风格，只是所用的石块要更大些。原来有一条由约二十根圆柱构成的柱廊在广场东南角沿着防火墙排开，形成和平神庙的入口，现在只剩下两根圆柱和一截檐壁了。柱子的位置很显眼，就在科拉多·里乔街与帝国广场大道的丁字路口。意大利人长久以来给这处古迹起了一个难以翻译的昵称，"le Colonnacce"（大概意思是"丑陋的大柱子"）。它们看上去没有那么比例失调，但想象一下当年未被完全发掘出来，只有帝国广场大道路面以上的部分露出来的模样，你就会理解昵称背后的情绪了。

"丑陋的大柱子"（19 世纪素描）

圆柱顶上是一截非常有趣的檐壁，上面刻画了妇女们的活动（纺线、针织、生孩子）。在它们上面，貌似一个独立的阁楼中，有一块表现密涅瓦女神的浮雕。在罗马城，现在已经很少有这样仍然位于原处的古代图像了。

跟其他所有广场一样，涅尔瓦广场上也曾有一座神庙。图密善皇帝是密涅瓦女神的狂热信徒，这座神庙自然就是献给她的。据说在图密善遇刺前不久，密涅瓦曾出现在他的梦中，悲伤地告诉他，自己不再能保护他了，因为朱庇特已经解除了她的武装。这座神庙的一部分可在塞维鲁大理石平面图上看到。它存在了很长一段时间，直到1606年，使得文艺复兴时期的艺术家有机会将它画下来。随后，教宗保禄五世下令将它拆除，用作建筑材料。

曾有一尊雅努斯四面像矗立在涅尔瓦广场上（看来为了跟上巨大化热潮的步伐，传统的双面已经不够了）。亚历山大·塞维鲁皇帝曾在此竖立所有被死后封神的皇帝的雕像，它们要么是英雄式（统治者被加以美化并被刻画成裸体），要么是骑马像（他们穿着就要更庄重）。广场相当大的一部分仍未被发掘，所以有出人意料新发现的可能性也很大。

涅尔瓦广场上的石料和圆柱被用于修建一座纪念碑式喷泉，后者是为了纪念一条可追溯至图拉真时期的水道的重新启用而建设的。这条水道部分缓解了台伯河右岸地区（包括梵蒂冈）长久以来的缺水问题。它有时被称为“图拉真水道”，但更多时候被称为“保禄水道”，以纪念修复水道的教宗保禄五世。喷泉位于水道的终点，其雄伟的外立面由一位名字很搭的建筑师卡洛·丰塔纳（Carlo Fontana）所设计，并且当地人将这座喷泉昵称为“Il Fontanone”，意为“大喷泉”。出于某种原因，与涅尔瓦广场相关的所有东西似乎都自带一种巨大化的光环。

医者密涅瓦

乘火车抵达罗马的旅行者一出火车站，迎面会看到一个充斥着廉价旅馆、中国制纪念品店和中东餐馆的区域。在这脏乱的表象之下，我们难以找到古典时代的痕迹。然而，它们就在那里，并且数量众多——只要你留心注意。罗马特米尼火车站一出来，边上有一条乔瓦尼·焦利蒂街，沿街往东南走上大约一公里，你会看到左手边有一座巨大的砖包混凝土建筑。周边环境没有庄严肃穆或类似博物馆的感觉，偶然经过的人也意识不到这座建筑居然有 1700 年的历史。这样的荒芜感自有其特殊魅力，它让我们回想起古代遗迹无人照顾也无人收门票的年代。

这个建筑空壳传统上被称为医者密涅瓦神庙，实际上那座神庙的真正所在另有别处，在埃斯奎利诺山上。混淆的原因是这里据传发现了一尊著名的密涅瓦像（“医者密涅瓦”）。那尊神像最早发现于 16 世纪，很可能是在其他地方发现的，后来辗转流传，现在收藏于梵蒂冈博物馆。这里也确实发现过雕像，在很晚的 19 世纪 70 年代——两位身穿托加的官员，一老一少（父与子？），正要放开手中的手帕，示意一场战车赛开始。它们现在展出于卡皮托利诺博物馆下属的蒙泰马丁尼中心博物馆。

这座建筑长久以来也被认为是一个装饰性的自然女神庙，但它更有可能是一座带有喷泉和水池的豪华餐厅。它十边形的大厅上覆一个留有采光孔的圆顶，这个“密涅瓦”圆顶是古代幸存下来的少数圆顶之一，一直受到推崇和研究，也被包括皮拉内西在内的艺术家所记录。不幸的是，它在 1828 年突然坍塌。

最初建造的圆亭在这座建筑上如此非同寻常，建成几十年后，人们就不得不在它外围添加一些扶壁、一个半圆形壁龛和一个柱廊，以强化结构。于是，这座建筑以更加传统的模样，在周围越来越城市化的景观中持续顽强地矗立着。

医者密涅瓦神庙曾经也矗立在一个风景如画的环境中，周围是所谓的李锡尼花园。3 世纪五六十年代，大致圆亭建

医者密涅瓦神庙（素描，年代不详）

立的时候，伽利埃努斯皇帝（出身自李锡尼家族）喜欢在这里与内臣们嬉戏。一位历史学家对皇帝的道德谴责也许就是针对在这里上演的纵情狂欢：“每当他前往以自己名字命名的花园时，所有宫廷侍从都跟随着他。一同前往的还有宫廷各司局的长官和主管，他们受邀与主子一同宴乐和洗澡。也经常有女人被送进去，漂亮姑娘被献给皇帝，其他人则只有丑陋老妇作陪。他曾经说过，当帝国各地在分崩离析的时候，自己还在寻欢作乐。”[1]

[1] *Historia Augusta*, “The Two Gallieni.”

图拉真广场

公元357年，君士坦提乌斯二世（他当时已是东罗马帝国和西罗马帝国的唯一统治者）踏足罗马。这位时年40岁的锡尔米乌姆（现在塞尔维亚的斯雷姆斯卡米特罗维察）出身之人，首次也是唯一一次造访永恒之城。罗马当时已经不再是地中海的政治中心：重心正在日益东移至君士坦丁堡，西边的米兰和特里尔也正在崛起。然而，对于一个路过的游客，即便最位高权重，也不禁发出惊叹。君士坦提乌斯二世在元老院发表演讲，在（老）广场与人民交谈，并惊叹于各处的公共浴场、巨大的弗拉维圆形剧场（后来称为斗兽场）、万神殿及其他庙宇。“当他来到图拉真广场，一个在我看来天上地下独一无二，甚至诸神都必定赞赏有加的创造时，”历史学家阿米阿努斯·马尔切利努斯写道，“他惊叹得动弹不得，只是环视着周围的巨大建筑——其壮美无法用语言描述，也无法再为凡人企及。”[1]

相较于其他帝国广场，图拉真广场幸存下来的建筑要稍多一些。不妨让我们调动所有想象力，追随君士坦提乌斯二世的脚步，跟他一道发现和惊叹吧。毕竟，这样一种“历史重现”正是本书的写作目的。

在斗兽场与威尼斯广场之间的中点，帝国广场大道一分为二：其左侧岔路继续直行，并沿用原来的路名；右侧岔路则以一个锐角北行，并改叫亚历山大街（得名自被拆除的街区名称），再往前的路段则直接叫“图拉真广场”。这两条道路将帝国广场的原始肌理生生切开，要是它们夹成的那个三角形可以走人，走到那尊20世纪所立的图拉真像的过程中我们会穿过一座凯旋门（它的形象现在仅存于钱币上）。君士坦提乌斯二世正是穿过那座凯旋门，走进了广场。就像任何第一次从威尼斯的街

[1] Ammianus Marcellinus, *Roman History*, 16.10.15.

巷中转出来，意外发现圣马可广场；或者穿过圣彼得堡总参谋部大楼的拱门，走进冬宫广场的人所终身难忘的，这种“复行数十步，豁然开朗”的建筑手法肯定也曾让君士坦提乌斯二世印象深刻。那座凯旋门顶上是表现图拉真皇帝驾驭六马鎏金马车的雕像。

君士坦提乌斯二世眼前的广场不同于其他帝国广场，最重要的差别是它不包含一座神庙——恰恰相反，广场空旷又开阔。它为柱廊所环抱，其中一个被称为“紫色柱廊”，很可能是因为圆柱的石料是红色埃及斑岩。广场中央是一尊图拉真骑马像，它的基座近期被发掘，从中可以判断雕像也很大——大约是卡皮托利诺山上的马可·奥勒留骑马像的三倍。君士坦提乌斯二世既惊叹于眼前的奇观，又自知无力效法前人，他决定只尝试复制一下图拉真所骑的马。陪同他参观的流亡波斯王子霍尔米兹德建言（阿米阿努斯·马尔切利努斯用“以东方的委婉”来形容他的建言）：“陛下，如果可以的话，您必须先建一个类似的养马场。你提议效仿的马需要有足够大的空间驰骋，就像我们眼前所见的这个。”

穿过广场后，君士坦提乌斯二世和我们将看到一座有着许多圆柱的巴西利卡，它叫作“乌尔皮亚巴西利卡”，得名自图拉真的氏族名。前文提到，古罗马的巴西利卡完全用于世俗目的，比如诉讼审判和商业交易。这座巴西利卡的地面高出广场平面

没有人预料到，病重的涅尔瓦皇帝会指定马库斯·乌尔皮乌斯·图拉真为自己的接班人。作为一个来自西班牙的外省人，一个与政治圈没有特别硬关系的职业军人，他看上去不是最高统治者的理想人选。但他受到军人的拥戴，他的名声也无懈可击，并且在罗马，出身普通从来不是向上层社会流动的一个障碍。在涅尔瓦死后，图拉真统治了帝国将近 20 年——手段强力，但不暴戾。

基督教传统在图拉真周围营造出了一个“有德性的异教徒”的光环。有些作者甚至试图将他塑造成一个基督徒，或至少是一个地下基督徒。但唯一可靠的史料表明，图拉真对于基督徒的态度往最好里说是中性的。当律师兼文学家小普林尼担任比提尼亚行省（现在的土耳其北部）的总督时，他曾就大小事务向皇帝询问过建议，因而给我们留下了一扇一窥罗马行省如何治理的独特窗口。其中一份书信就涉及一帮被人揭发是基督徒的人。子民的宗教信仰对罗马官员来说其实完全

一米，从浅黄色的大理石阶梯拾级而上，可以看到内部 96 根白色和黄色的大理石圆柱撑起了宽敞的大堂。部分圆柱保存至今，看上去数量众多，但与以往的恢弘相比只是冰山一角。巴西利卡顶上矗立着驷马车和皇帝像，屋顶则覆以鎏金青铜瓦片。

君士坦提乌斯二世会径直穿过巴西利卡，一边欣赏晶莹的大理石，一边倾听做生意和做辩护的嘈杂声音。在一个角落里，一个奴隶获释仪式正在进行：当这座巴西利卡建成时，监察官的总部“自由厅”（atrium libertatis）搬迁至此，它原来的办公地点在哪里不得而知。

从巴西利卡的另一侧出来，我们会发现自己置身于一个狭窄得多的空间。眼前矗立着一根高达 30 米的巨大圆柱，圆柱顶上安放着一尊鎏金雕像，圆柱两侧是两座不大的图书馆。古罗马时期的图书馆一般成对出现：一座存放拉丁典籍，另一座存放希腊文献。在为塔西佗皇帝（一位统治短暂的罗马皇帝，不要与那位伟大的历史学家相混淆）作传时，历史学家不无委屈地写道：“为了避免有人误以为我轻率地相信了某位希腊或拉丁作家，我要指出，在乌尔皮亚图书馆的第六个匣子中，有一部象牙图书，上面写着经塔西佗本人签署的元老院敕令。”[1]

从圆柱再往前追溯，那里曾经有什么至今是未解之谜。近年，人们修建地铁时，在附近发现了一

无所谓。不过，秘密结社的宗教团体会被怀疑是犯罪行为的温床（基督徒就被谣传在背地里食人和虐童——诸如此类几乎无一例外会被扣到“非我族类”头上的指控）。基督徒的另一个严重罪行是他们拒绝履行公民义务，拒绝向皇帝和国家的神明献祭。图拉真给普林尼的回应简短而正式：不必专门搜寻基督徒，如果他们被揭发并被证明有罪，他们必须受到惩处，除非他们能够证明自己确实不是基督徒或者能够幡然醒悟，转而崇拜我们的神明。但在任何情况下，匿名指控都不能成为迫害的理由（“因为这既是一种危险的先例，也与我们时代的精神不一致”）。

[1] *Historia Augusta*, “The Life of Tacitus.”

图拉真圆柱、洛雷托圣母教堂与圣母圣名教堂远眺（19 世纪素描）

座恢弘建筑的痕迹。有些考古学家认为那是雅典学校（Athenaeum），一所由哈德良皇帝创立的古代学校。

圆柱对面现在矗立着图拉真广场的圣母圣名教堂。或许正是在教堂附近，哈德良皇帝曾建起过一座神庙，以纪念历任被封神的皇帝。长久以来，人们相信这座神庙的台基被压在瓦伦蒂尼宫（一座小而雅致的宫殿，建于 16 世纪末）下面，但到目前为止，发掘只发现了一些别墅和一小片浴场的遗迹。

图拉真圆柱

图拉真圆柱相当完好地保存到了现在，成为罗马的主要景点之一。它上面是分成两章节的长篇叙事浮雕，讲述的是罗马帝国如何征服达契亚（一个位于多瑙河下游、黑海沿岸的区域，相当于现在的罗马尼亚）。之所以分成两章节，是因为与达契亚人的战争进行了两次。为了区隔，古代雕刻家在这个大理石叙事的两章节之间插入了一个胜利女神像。两场战争都被细致描绘：从最初的遭遇战、后勤支援、运送物资以便在多瑙河上架设桥梁、肉搏战到胜利凯旋，不一而足。图拉真皇帝本人被描绘成一个普通人（不是一个超人，后者在罗马视觉艺术中也完全可以被接受），他在圆柱上出现了 59 次。圆柱上的人物形象总共有大约 2500 个，这还

图拉真广场的整个建筑群是为了纪念达契亚战争的胜利而建设的，并且花费也取自这次战争的战利品。所有的宏伟建筑（可能也包括圆柱上的纪念浮雕）由大马士革的阿波罗多罗斯所设计，他是少数几位我们知道名字的古代建筑师之一。阿波罗多罗斯不仅是一位杰出的城市建筑师，还是一位军事工程师。正是他在铁门峡谷附近的多瑙河上架起了巨桥，供图拉真的部队通过。在超过一千年的时间里，它一直是最长的多拱桥。奥勒良

不包括马匹、骡子、绵羊、船只、建筑、树木和攻城塔等。叙事从下而上螺旋上升，连续不断，环绕圆柱 23 圈。如果展开成连续的平面，浮雕将达到近 200 米长。

图拉真圆柱是一处古怪的纪念碑。说它古怪，是因为这个长篇故事无法读到最后。这一点在今天看来也显而易见：绕柱观看，你可以分辨出下端部分的细节（除非它们被脚手架遮掩了），但越接近顶部，浮雕就越看不清楚。君士坦提乌斯二世当年也许有机会登上巴西利卡或旁边的一座图书馆的屋顶继续欣赏，但这些建筑的高度都远低于圆柱，所以圆柱最上部的浮雕即便在古代也几乎无法看到。

对此或许可以这样来辩护：以这种非常规方式将雕塑和建筑结合起来，其实体现了一种罗马德性，即难以翻译的“pietas”，它不是单纯的虔诚（piety），也涵盖了对于长辈和国家的尊敬，并且与责任感密切联系在一起。竖立一根纪念圆柱是一个“pietas”的行为，并不是为了增加对游客的吸引力。更晚近的时代，伟大的加泰罗尼亚建筑师安东尼·高迪也表达过类似的情感。当人们批评他花了大量时间和精力在巴塞罗那圣家堂高塔的细节上时，他回答道：“天使会看到它们。”

撇开观看效果不说，图拉真圆柱仍然是一个独特的纪念碑。它由 20 块巨大的卡拉拉大理石块层层堆叠而成，每个圆柱形石块重约 40 吨，看上去是先将石块组合在一起，再在上面雕刻浮雕，其

皇帝在从达契亚撤军时将桥梁拆毁，但它在两岸（现在的塞尔维亚和罗马尼亚）的桥墩现在还能看到，中间的 12 个桥墩则被淹没在多瑙河的波涛下。

在征服达契亚后，罗马帝国得以获得那里的金矿，所以战争的财务收益是非常可观的。至于地缘政治上的后果，他们就没有那么幸运了：仅仅一百年后，罗马人就被迫退出这个行省。达契亚战争最深远的影响体现在语言上：由于图拉真的征服，今天的罗马尼亚人和摩尔多瓦人都说一种由拉丁语演化而来的罗马尼亚语。特拉扬（Trajan）在罗马尼亚也是一个常见名字。

罗曼语族

在罗马帝国消亡后，其官方语言拉丁语继续存在。拉丁语的书面语继续作为科学和宗教中的通用语言，一直到 18 世纪和 19 世纪。拉丁语的口语则开始发生改变，不断根据发音的变化和其他语言的影响进行调整。数百年后，一个意大利人与一个葡萄牙人已经无法相互沟通了，哪怕他们说的都是源自拉丁语的语言。现在世界上大概有 25 种罗曼语族的语言，包括意大利语、法语、西班牙语、葡萄牙语、加泰罗尼亚语和罗马尼亚语。

中有很多是即兴创作。雕刻家事先并不清楚他们究竟有多少空间可用，他们的工作也无法像钟表般精准。浮雕带的绕柱多有转折生硬之处，宽度也随意变化——初始时，它越往上越窄，并不太合乎站在下面往上观看的逻辑；到了最后两圈，它又变宽了，似乎是突然发现空间终归还是够用。石块的堆叠方式有时也影响浮雕带，石块之间曾以巨大的金属钉加固，但它们在中世纪时被撬走了。

图拉真圆柱不仅是一件视觉艺术杰作，在某种意义上也是一件文学作品（在现代人们的生活中，“图像小说”早已成为一个独立的文学体裁）。它是我们了解 2 世纪时罗马军队的日常生活、部队构成和作战方式的不可替代的来源。当然，将严肃的宣传当作历史史料看待并不妥当，就像电影《夏伯阳》并不能算作研究俄国内战的最可靠史料。然而，一图抵千言，在没有文字记载流传下来的时候，图像也弥足珍贵。

图拉真圆柱内部还有另一个工程奇迹：一部通往顶端的大理石螺旋阶梯。攀登期间，有一些小窗户透光照明。我们生活在一个有着摩天大楼、观光电梯和埃菲尔铁塔的世界，但想象一下，当君士坦提乌斯二世爬过 185 级台阶来到圆柱顶上的观景台、从前所未有的高度俯瞰罗马城的时候，他会有怎样的一番头晕目眩！当时，圆柱顶部安放着一尊鎏金图拉真像，它也跟铁钉一样在中世纪时下落不明。16 世纪末，教宗西斯笃五世在图拉真圆柱顶

如果你想要从近距离观看图拉真圆柱上的浮雕（这绝对值得一试），这也是可以做到的。世界上至少有三家博物馆保存了浮雕全套的石膏模型：位于罗马 EUR 区的罗马文明博物馆、伦敦的维多利亚和阿尔伯特博物馆，以及布加勒斯特的国立罗马尼亚历史博物馆。网上也有关于浮雕的细节图像和介绍的大量资料。

上竖立了一尊圣伯多禄（圣彼得）青铜像，一直留存至今。只可惜除非我们真有皇帝陪同，不然考古部门不太可能让我们爬到圆柱顶上。

从圆柱顶上下来后，我们再看看圆柱的基座，里面曾存放着图拉真和他妻子普洛提娜的金质骨灰盒——不消说，它们也早已不见。圆柱入口上方的拉丁语题记再次提醒人们圆柱和广场建设的规模之大和难度之高："（竖立圆柱）以表明，为建设这些宏大工程而移除的山丘和土地原来有多高。"长久以来，人们都以为图拉真曾将卡皮托利诺山与埃斯奎利诺山之间差不多圆柱那般高（约 30 米）的"鞍

1989 年，美国字体设计师卡萝尔·通布利基于图拉真圆柱上的题记为 Adobe 公司设计了图拉真字体。如果你在网上搜索一下过去 20 年美国电影的宣传海报，你就会发现其中很多电影名所用的就是这种字体。古罗马字体不知怎么地在电影业中占据重要位置，这也引出了一些笑话和戏仿。

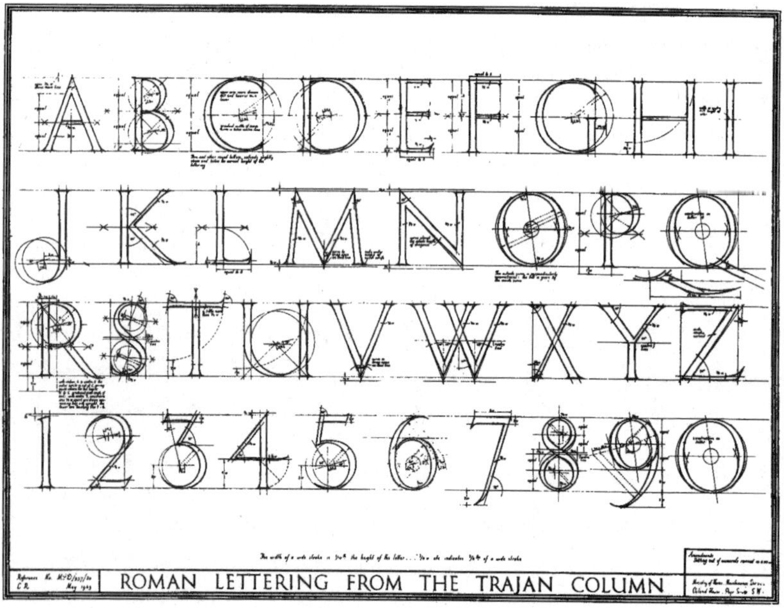

图拉真字体

部”全部移除了。在基座下，后来人们发现了更古老的房屋和街道的遗迹，这意味着此处原本没有山丘。学者们便猜测，题记（特别是其中的“山丘”一词）另有所指。图拉真所移除的也许是埃斯奎利诺山的东麓（站在巴西利卡与圆柱之间，其位置大致在你的右后方）。

一段观光体验少了购物就难称完整，尤其是在罗马。从圆柱上下来，喘了一口气，君士坦提乌斯二世可以移驾至图拉真市场。很早以前，货摊就是罗马的广场的标准配置，但阿波罗多罗斯是首位在广场上建起一座真正的商场的人。那是一座砖包混凝土、洞石贴面的多层建筑，中世纪时，建筑群的一部分被侵占——那座方形高塔，即民兵碉楼，就建于中世纪。如果你站在图拉真圆柱与圣母圣名教堂之间，你会看到有台阶通往埃斯奎利诺山上，这便是大那不勒斯街，沿街而上你会来到一条“比贝拉提卡街”（Via Biberatica），街名源自拉丁语动词“bibere”，意为“喝”，这里是世界上少数几个保存了古典时代多层建筑的地方之一。

作别罗马时，君士坦提乌斯二世很可能会慨叹白云苍狗，世事变幻。在他之前二百多年，在图拉真的时代，永恒之城的强盛看上去确实是永恒的。在图拉真治下，罗马帝国的领土扩张至最大程度，但这种状态并未延续很久：很快，罗马帝国不得不放弃美索不达米亚和亚美尼亚，接着在达契亚战争过去一百年后，奥勒良皇帝也从那里撤军了。对于图拉真盛世的怀念则延续了很久。18 世纪英国历史学家爱德华·吉本认为，正是在图拉真（和其他 2 世纪明君）治下，“人类的生存境况是非常幸福和繁荣的”。一系列墨索里尼时期表现罗马帝国领土扩张的地图（它们现在仍然悬挂于马克森提乌斯巴西利卡面对帝国广场大道的墙上）都以图拉真治下作为结尾。墨索里尼自己的“新罗马帝国”地图曾经被补到最后，但在第二次世界大战后被移除。

第五章

神庙与台阶

卡皮托利诺山

今天的卡皮托利诺山比以往任何时期都更是罗马城的世俗中心。它那美丽的文艺复兴时期广场被三座优美的宫殿环抱着，中间一座元老宫是罗马市政府所在地（据说，观看古罗马广场的最佳地点是在市长办公室的窗边），其他两座宫殿——保守宫和新宫（有超过400年历史，其实并不新）——则展出了卡皮托利诺博物馆的藏品，这是任何古代爱好者的必到之处。还有什么比市政厅和博物馆更世俗的吗？这正是历史的巨大反转：在古代，卡皮托利诺山是这座城市的宗教核心，是诸神在人间的住所。

诸神庙之首

还记得贺拉斯对于“永恒”的理解吗？

> “……只要祭司长还在静默处子的陪伴下走上卡皮托利诺山。”

他们是要去往哪里？他们上山献祭，为罗马人民祈求国泰民安，他

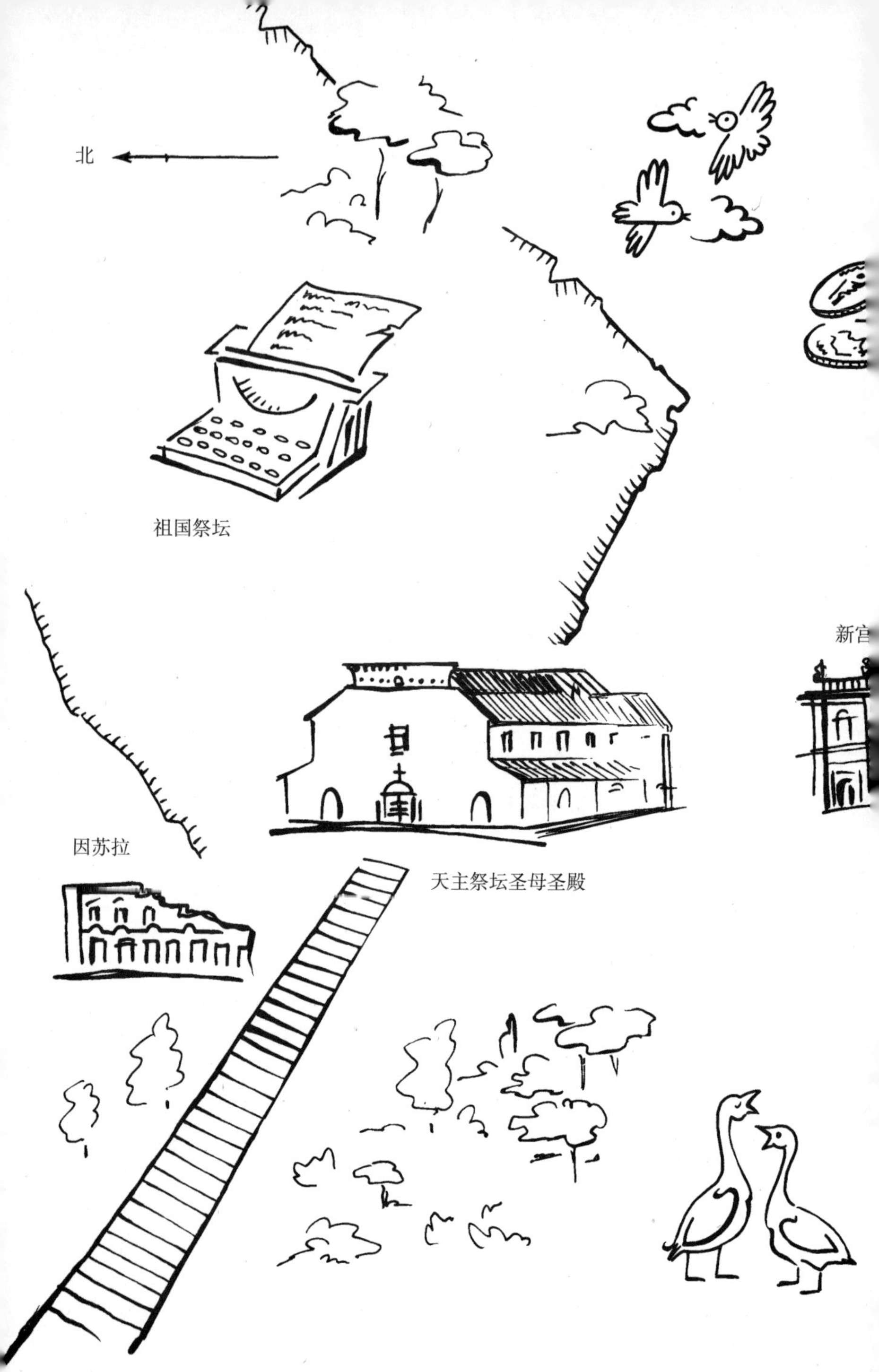
北
祖国祭坛
新宫
因苏拉
天主祭坛圣母圣殿

狱中圣伯多禄教堂
卡皮托利诺山
元老宫
保守宫
0
25
50
斜坡台阶

们的目的地就是至高至大的朱庇特神庙。在古罗马的城市中，还没有所谓“主教座堂”，但这座神庙已经接近于这样的大教堂。

这座神庙非常古老，传说它由罗马国王老塔奎尼乌斯发愿建造。当时，罗马人正与萨宾人交战，后者自罗慕路斯时代就与罗马人分分合合。塔奎尼乌斯承诺修建一座神庙，供奉三位神明：朱庇特、朱诺和密涅瓦。这个传说倒是契合这位国王的伊达拉里亚人出身，因为这三大主神确实是从伊达拉里亚人那里传入的（只不过伊达拉里亚人分别称它们为提尼阿、乌尼和门尔瓦），每座伊达拉里亚城市都建有供奉三大主神的神庙，也均位于城市的高点。

在建设开始之前，人们希望清除其他神庙，将整个山头献给朱庇特。占卜师在观察飞鸟的征兆后，同意清除其他所有神庙，除了忒耳弥努斯神庙——忒耳弥努斯是界标之神，它不挪地，这意味着未来的罗马国家将疆域稳定、国祚绵长。于是，界神庙被简单地纳入新建筑里面。在整理地基时，工人发现了一颗面部如生的人头，这也被解读为一个预言：有朝一日，罗马将成为整个世界的首领。

罗马传说中，人们将神庙的建设过程放在了王政时期，却把神庙的奉献礼推后了好多年，放到了共和初期。罗马末代国王、高傲者塔奎尼乌斯从自己的故乡伊达拉里亚的维爱订制了一套陶制驷马车，打算安放到神庙的顶上，但他还没收到货就被

维爱是一个伊达拉里亚城邦，位于罗马西北15公里处，在今天的伊索拉法尔内塞区附近。在罗马历史的早期，维爱是罗马的主要对手，是在经过一系列战争后才被罗马征服。19世纪时，在维爱的大墓地中发现了已知最古老的伊达拉里亚壁画。在罗马圆柱广场的西侧（也就是相对科尔索大道的一侧）是魏德金宫，其柱廊的圆柱便得自维爱的废墟。

罗马人民驱逐了。在烧制陶马车的时候，塑像膨大了许多，大到人们不得不拆掉陶窑和工作间。伊达拉里亚人又惊又喜，舍不得将这件圣物交出去，他们决定通过抠字眼来保住塑像：我们的合同是与塔奎尼乌斯，而不是与驱逐他的城市签的。罗马人只好作罢。后来，在维爱的一次战车赛中，获胜的战车跑出竞技场，不顾车夫的约束径直跑到了罗马的卡皮托利诺山下。伊达拉里亚人这下子没有再质疑神明的意志，乖乖地将陶马车交给了罗马人。

神庙的奉献礼在共和元年（公元前509年）举办。当年的两位执政官（波普利科拉和贺拉提乌斯）都在竞争这份殊荣，但波普利科拉不得不离城去指挥一次军事作战。在贺拉提乌斯主持仪式的过程中，波普利科拉的弟弟对他说：“执政官大人，您的儿子不幸在军营里染病身亡了。”这是谎言，这个诡计旨在让执政官失态出丑，但贺拉提乌斯只是淡淡地说：“你们来处理他的尸体吧——现在不是悲伤的时候。”然后他顺利地完成了仪式。

这座神庙之后矗立了约四百年时间，最终于公元前1世纪的内战期间被焚毁，连同收藏在里面的西彼拉书（它们后来经过重新收集，被存放到帕拉蒂诺山上的阿波罗神庙）。执政官昆图斯·卢塔提乌斯·卡图卢斯重建了神庙，使之更华丽和更现代，包括将屋顶的青铜瓦片鎏金。老派人士对此并不欣赏。塞涅卡，这位从不放过机会发牢骚的哲学家就写道：“在朱庇特神庙变得金碧辉煌之前，我们可没有陷入内战。”（这并非事实，但当你有一个道德论点可说的时候，这样的小节又有什么要紧呢？）第二代神庙要短命得多，在公元69年的“四帝之年”（当时几派势力为争夺这座城市的控制权而大打出手）被焚毁。第三代和第四代神庙仍然按照罗马惯例在原地重建，建得更加富丽堂皇，这些重建要归功于弗拉维王朝——韦斯巴芗及其儿子们（提图斯和图密善）。

第四代神庙比前两代存续了更长时间。中世纪早期，它遭到人们的

卡皮托利诺山上的朱庇特神庙复原图

在朱庇特神庙以西的菜市（现在的监狱上的圣尼古拉教堂）附近，曾经矗立着一尊大象像，它被称为“吃草的大象”（Elephas Herbarius）。

肆意掠夺（先是所有黄金，然后是鎏金青铜瓦片，再是所有雕像），但直到13世纪的时候，一份教宗文书提到它仍然在那里（“一座面向大象像的巨大神庙”）。

在很多个世纪里，朱庇特神庙一直是举办各种仪式的主要中心之一。在这里，刚就职的执政官为神明献上祭礼，重要的国际协议被保存在地下室，元老院也在此召开重要会议，此外还是凯旋式游行队伍行进的终点。

现如今，神庙只残留下部分台基，其中一部分可以在保守宫看到，让人一窥它当年的雄姿和大致方位，还有一部分可以从朱庇特神庙街路边的一个探沟中看到。当然，它也未能脱俗，自身的构件零星地散落在永恒之城的各处，比如，离纳沃纳广场不远有一座优美的巴洛克风格教堂——和平圣母教堂（里面有一个由多纳托·布拉曼特设计的回廊），其中一个小礼拜堂所用的大理石据说便来自朱庇特神庙的遗迹。

更多神庙

至高至大的朱庇特神庙不是卡皮托利诺山上的唯一一座神庙，甚至不是唯一一座朱庇特神庙！卡皮托利诺山上先后有多至三座朱庇特神庙，其中最古老的是打击者朱庇特神庙（传说它也是全罗马最古老的），它由罗慕路斯本人建立。在与凯尼那人作战时，他杀死了对方的首领阿克隆，剥下了他的铠甲。从那时起，这座小神庙的主要功能就是存放所谓的“最高战利品”（spolia opima）。只有罗马将领在战斗中亲手从敌方将领身上夺下的战利品才能被称为“最高战利品”。在罗慕路斯之后的整个罗马历史上，这种情况只出现了两次：公元前 437 年，科尔内利乌斯·科苏斯从伊达拉里亚首领（即我们现在熟悉的维爱的国王）托卢姆尼乌斯身上夺得一件铠甲；公元前 222 年，马库斯·克劳狄乌斯·马塞卢斯在与高卢将领布里托马尔图斯的单挑中取胜。看上去神庙中没有朱庇特像——只有各式战利品、一柄权杖和一把圣火镰。一枚朱利乌斯·恺撒时期的钱币的图案显示，马塞卢斯手举战利品从一座神庙前走过——这很有可能就是那座神庙，但神庙在卡皮托利诺山上的确切位置就无从得知了。

如果希腊历史学家卡西乌斯·狄奥的随口一句话可信，那么在帝国初期，奥古斯都被授予权利，他可以指定哪些战利品是“最高战利品”，

最高战利品（19 世纪素描）

并将它们送入打击者朱庇特神庙。然而，奥古斯都本人想必更倾心于卡皮托利诺山上的另一座朱庇特神庙——雷神朱庇特神庙。事实上，罗马的首位皇帝非常惧怕雷电，他也有充分的理由：出征西班牙时，一道雷电击中了他的辇车，击毙了车前持火炬的一个奴隶。为了纪念这次奇迹般的幸免于难，奥古斯都向雷神朱庇特奉献了一座装饰豪华的神庙（墙上覆以大理石，内外雕像林立）。不过，他的雷电恐惧症并没有减轻，只要一阴天，他就披上一张海豹皮，据说它能防雷击。

苏维托尼乌斯说，一天晚上，奥古斯都梦到朱庇特向自己显现，抱怨说那座奢华的新神庙夺走了卡皮托利诺山上主神庙的光彩。奥古斯都（仍然在梦中）匆忙解释道，雷神朱庇特只是至高至大朱庇特的看门人。醒来后，奥古斯都立即命令在新神庙的屋顶装上门铃。在塔佩娅山街附近发现的混凝土台基很可能就是这座神庙的。

1939 年，在建设卡皮托利诺博物馆的新展厅时，另一座有趣的神庙被发现了，它因被压在后期建筑的台基下而保存下来一部分。庙里供奉的神像也找到了：这尊大理石像刻画的是一位健美的年轻人，可惜头部已经遗失。根据史料记载，学者们推断这是威俄维斯神庙。威俄维斯是一位起源、功能或词源都不详的神明，两千年前古罗马的古物研究者就对他知之甚少。他可能是某个版本的阿波罗，或者年轻时的朱庇特，又或者是冥界的朱庇特。通过各种文献可以确信的是：他更接近于恶神，而不是善神——人们供奉他，不是为了寻求福祉，而是为了避免祸端。古罗马的古物研究者奥卢斯·革利乌斯就提到一个含义不清但令人不安的事实：一只母羊被以“人牲”（ritu humano）的方式献祭给威俄维斯。

古代作家写到，威俄维斯神庙坐落于“两片小树林之间”。确实，过去在卡皮托利诺山的两个山峰上各有一片小树林，南边的山峰就是卡皮托利诺，北边的山峰被称为“阿尔克斯”（Arx）——意为“要塞”。

阿尔克斯

曾经在阿尔克斯山峰上的建筑没有留下任何遗迹，至少在建设祖国祭坛时未发现任何有价值的东西。在天主祭坛圣母圣殿下面可能还隐藏着些什么，毕竟这两座建筑（教堂和祖国祭坛）覆盖了阿尔克斯的整个区域。

入侵的高卢人的首领叫布雷努斯。由于一句“Vae victis”（“成王败寇”），他得以在所有名言录中占有一席之地。被困的罗马人同意支付金子来赎回罗马城，但当他们抱怨高卢人在用来称金子的筹码上搞鬼时，布雷努斯在天平的筹码一侧放上了自己的剑，并说了这句名言。

要塞的主要功能是防御。阿尔克斯至少到公元1世纪还被用于军事目的，这里最著名的战斗却发生在公元前387年。据传在那一年（或其前后），山南高卢人（“山”指“阿尔卑斯山”）与罗马使团发生了冲突。高卢人不愿意（或不能够）通过外交手段解决争端，便对罗马发动攻击。敌人来势汹汹，罗马人陷入恐慌，纷纷抛下家私、奴隶和老人，逃亡到城外乡村和附近的伊达拉里亚市镇。城中剩下的男人太少，人们决定放弃罗马城，退守卡皮托利诺山。一些老人为了不拖累防守力量，甚至自愿留在不设防的城中，以身赴难。高卢人进入城中，但行动谨慎，警惕着陷阱和偷袭。他们不敢猛攻阿尔克斯，但一天夜里，一些高卢侦察兵成功地潜入阿尔克斯，连哨兵和狗都没有发现他们的动静。幸运的是，鹅听到了响动，嘎嘎作响，惊醒了罗马守卫。（鹅是朱诺神庙里的圣物，饿肚子的士兵也不敢吃掉它们。）被鹅唤醒的罗马人展开反击，很快就将这些高卢前锋赶下山峰。

在这次遭遇战中，立下最大战功的是前执政

“成王败寇”（19 世纪版画，保罗·勒于热尔作）

官马库斯·曼利乌斯·卡皮托利努斯。他之所以姓“卡皮托利努斯”，是因为他的家族长久以来住在卡皮托利诺山上的一处住宅中。几年后，这个他的出生之地、他的成名之所也成了他的丧命之处。事情经过如下所述。

在赶走高卢人后，曼利乌斯开始怀疑这个国家哪里出了问题。外敌已退，至少暂时如此；府库里充溢着战利品，但普通人（或者平民。在这个古老时期，两者几乎是同义词）仍然只能勉强度日，有些人负债累累甚至只能卖身为奴。曼利乌斯借助着自身“国家英雄”的声望，将自己塑造成平民利益的代言人。他暗示最高层的元老们私分了战利品。贵族们自然毫不喜欢他。很快，曼利乌斯便被控以试图犯上作乱者的常见罪名：叛国（当然，还有贪污）。审判在战神之地举办。在那里，卡皮托利诺山清晰可见，曼利乌斯便以一个无声但富有深意的举动回应了公诉人的每个指控：他举手指向阿尔克斯，仿佛在说，“看吧，罗马的公民，看我浴血奋战为你们做过什么”。审判不得不改期，并被挪到城外看不到卡皮托利诺山的地方。在那里，控方最终得偿所愿，曼利乌斯被判处死刑。为了避免平民报复，元老院通过特别法令，禁止贵族在卡皮托利诺山上居住。曼利乌斯的房子也被拆除，那里后来建立了警告者朱诺神庙。

根据惯例，人民公敌（包括不幸的曼利乌斯）会被扔下塔佩娅悬崖。这个地名自然也有它的传说

卡皮托利诺山上的警告者朱诺（Juno Moneta）神庙有一段时间也作为国家造币局，因而“moneta”一词后来在许多语言中意为“钱币”或“支付手段”，英语中的“money”（“金钱”）一词也是来源于此。不过，“moneta”自己的词源却没有那么明确。罗马人相信，它源自动词“moneo”，意为“警告”。在一次地震后，在阿尔克斯上听到一个声音，它要求献上一份赎罪牺牲，具体来说，是一头猪。人们立即献上牺牲，并建起这座警告者朱诺神庙。在建造祖国祭坛的过程中，并未发现这个建筑的蛛丝马迹。

萨宾人将盾牌“送”给塔佩娅（18 世纪版画，奥古斯丁·米尔维斯作）

来源。在罗马人劫掠萨宾妇女后，萨宾人兴师问罪，兵临城下。维斯塔祭司塔佩娅偷偷地为他们打开了城门。萨宾男人习惯左手戴金手镯，塔佩娅便贸然地向他们索要“左手上的东西”作为给自己的奖赏。但她忘了每位萨宾士兵还配备一只重型盾牌。谁都不喜欢叛徒（萨宾人想必也有点耻于通过这样不光彩的手段入城），他们便将手中的盾牌扔给塔佩娅，将她埋在盾山下。叛徒被埋在悬崖边，那里后来便以她的名字命名。从那以后，罗马人也将那里作为惩罚叛国者和其他十恶不赦罪犯的地方。被扔下塔佩娅悬崖比死亡更糟糕，因为那意味着遗臭万年，这也正是曼利乌斯的贵族敌人迫不及待地要对他做的。

悬崖没有被保存到现在，但我们可以猜测它的大致位置。所有史料都提到，全城人会聚集到一起，观看叛徒的下场。聚集到哪里？当然，到古罗马广场。这意味着，塔佩娅悬崖应该在卡皮托利诺山东南面的某个地方。今天，一条名叫塔佩娅山街的短街从这边蜿蜒上山。要是这样的死刑延至今日，那么附近的忧苦之慰广场会是比古罗马广场更好的观看地点。

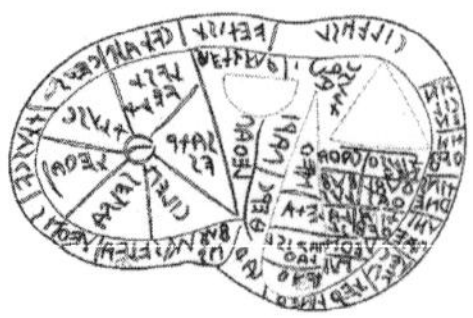

实际上，西塞罗当初所指的还不是见鸟而占的鸟占术，而是占卜术中更加玄乎的内脏占卜术——通过观察牺牲的内脏，尤其是肝脏，来洞察天机。但出于某种原因，后世进行了这样的移花接木。至于肝脏占卜术，这种方法源自伊达拉里亚人。顺便一提，现存文字最多的伊达拉里亚语（只有部分得到解读）文本之一就是所谓的“皮亚琴察铜肝”，一个实物大小的羊肝的青铜模型，上面写着神明的名字。

在阿尔克斯进行的另一项重要的国之大事是鸟占（Augury）。后来更开明的时代里，多疑的西塞罗（他本人担任过一段时间的鸟占师）写道：“我很好奇，当两位鸟占师相见时，他们如何能保持一本正经而不笑出声来。”然而，占卜在罗马向来被视为国家大事，在卡皮托利诺山上还为此划出了一个专门区域——“鸟占场地”（Auguraculum）。很有可能，这是一小块露天空地，因为在罗马人的用语中，一块经过净化的地方可被称为“神庙”（templum），即便地上没有任何建筑。

鸟占场地很有可能在阿尔克斯的东北面，距离现在天主祭坛圣母圣殿的后殿不远。

教堂、公寓楼与档案馆

现如今，进入卡皮托利诺山的最方便入口在西面。马塞卢斯剧场大道的路边有两道台阶：右边是米开朗基罗设计的斜坡台阶（时间更晚近），左边是更陡峭的122级台阶——通往天主祭坛圣母圣殿。如果教堂开门，你可以穿过它回到中央的卡皮托利诺广场。

22根古代圆柱分立在教堂中殿的两侧。进门左侧第三根圆柱上部刻着一段有趣的题记：A CUBICULO AUGUSTORUM（“来自皇帝寝殿”），这指的是一个中世纪传说。传说在基督诞生之日，圣母和圣子向奥古斯都皇帝显像。受到触动的皇帝便决定在自己卧室旁边竖立一座祭坛，献给未来的天国之主。后来，人们“发现”他的卧室就在这座教堂的圣海伦娜小礼拜堂（奥古斯都实际上住在帕拉蒂诺山，但争执这点会有些“鸡蛋里挑骨头”）。因此，根据这个传说，天主祭坛圣母圣殿是世界上最古老的基督教堂。圣海伦娜小礼拜堂的祭坛上方的拉丁题记尤其强调了这一点：

不像大多数小礼拜堂那样贴墙而建，圣海伦娜小礼拜堂位于十字形教堂左侧耳堂的中间，靠近教堂的祭坛。

汝入此光明圣母教堂，
世界建立最早之教堂，
当知此祭坛始建于恺撒·屋大维，
只因当时天国之圣子向他显现。

在你准备攀登阶梯前往教堂之前，看向你的左边：在树木之后隐藏着一处独一无二的遗迹，在罗马别的地方再也找不到。这是一座多层、多套间的房子，有着约 1900 年的历史。罗马人称这样的房子为“因苏拉”（insula，意为“岛屿”）——它们孤立于周围的城市环境。在庞贝和奥斯提亚有许多这种建筑的例子，但在罗马，卡皮托利诺山下的因苏拉是唯一保存较好的样本。

因苏拉的设计是罗马住宅的典型，直到今天依然非常常见：最底下一层是商店和储藏间，上面各层住人。但它不像今天的公寓楼，因苏拉的楼层越高，居住条件越差，所挤的人越多，低层还可以有某些卫生设施，比如供水管或下水管（卡皮托利诺

古代素描中的天主祭坛圣母圣殿；因苏拉还被埋藏在中世纪建筑之下

山下的因苏拉很可能并没有这些东西）。因苏拉的住户们利用移动炉灶在房间里做饭，这使得因苏拉密集的街区容易失火和快速蔓延传染病。房东向住户收取微薄的租金，即便这样，租金收入也常常足以让其过上在那不勒斯湾边上的舒适生活。

常常是几栋因苏拉环绕在一个庭院周围，就像美国的汽车旅馆那样。卡皮托利诺山下的因苏拉的底层被埋在现在地面以下九米。它得以保存下来，纯粹出于偶然：它被埋在后世相继的几座教堂之下，其中最早的一座教堂可追溯至 11 世纪（后世建筑就直接利用了因苏拉的部分结构，现在，这座教堂的一所小钟楼和一幅描绘基督下十字架的壁画仍然被保留在原地），最晚的一座教堂建于 17 世纪，是献给卡夏的圣丽塔的（在墨索里尼的大规模改建中，它被整体搬迁到附近的蒙塔纳拉街，在这次搬迁中，底下的古代公寓楼才重见天日）。

这些都在卡皮托利诺山的西坡，其东坡在面向古罗马广场的方向形成断崖，那里所砌的石墙曾经是档案馆（Tabularium）的一部分——这里类似于罗马的国家档案馆，里面存放着记载着文字的蜡版（tabula）。古代文献对于这处建筑只字未提，历史学家和考古学家现有的唯一资料是两篇石刻题记，它们说：公元前 78 年，执政官昆图斯·卢塔提乌斯·卡图卢斯“根据元老院命令修建地下结构和档案馆”。其中一篇题记只剩下一份中世纪抄本，另一篇则镶嵌在元老宫的北墙，靠近狱中圣伯多禄街。

档案馆原本构成了古罗马广场的一个很好的背景，但随着韦斯巴芗和提图斯神庙以及十二主神柱廊的出现，档案馆附近的悠然景象多少遭到了破坏。14 世纪初，教宗波尼法爵八世（但丁的死敌）在档案馆上面修建了一座碉楼。再后来，米开朗基罗清除了这个上层结构的上部和西边的大半部分，并在上面增加了一层——最终形成了我们今天所知的元老宫。

保存下来的档案馆的基础部分由方形条石堆砌而成，即所谓的“方石筑墙”（opus quadratum）。档案馆的地下室可以从元老宫进入，但那里并没有什么好看的：只是一些严重遭受岁月侵蚀的混凝土穹室（它们曾经被用于存放盐）。档案馆旁边挨着威俄维斯神庙。

罗马文献中唯一一次可能提及档案馆的地方出自维吉尔《农事诗》的两行诗句。在歌颂逃离樊笼、复返自然的田园生活时（上至戴克里先皇帝时期，下至千年以后，这是任何渴望简单生活的人所向往的），维吉尔写道，农人“不关心如铁的律条，他不曾涉足热闹的广场，也不曾望见国家档案馆”（Georgics, 2.501–502）。他在这里所用的是“tabularia”，即“tabularium” 的复数，而且它与古罗马广场非常接近，这都表明他所提到的建筑可能就是我们所说的档案馆。

监狱与台阶

教堂、公寓楼、国家档案馆——所有这些地方都安静祥和。如果你沿着狱中圣伯多禄街从卡皮托利诺山下到古罗马广场，很快就会来到一些不那么祥和的地方：国家监狱以及一道比监狱还糟糕的台阶。

这座监狱被称为“图利安努姆”（Tullianum），罗马人通常认为这个名字源自传说中的国王塞尔维乌斯·图利乌斯。更刨根究底的古物研究者认为它源自古拉丁语中的“tullius”，意为“泉水”。确实，在监狱里曾经有一口小的泉眼——事实上，现在仍有。

追求实用的罗马人并不认为监禁是一种合适的惩罚形式。放逐、没收财产、剥夺公民权，以及最后的，贬为奴隶和死刑——这些都可以拿来惩罚罪犯。但维护一座花费不菲却改造效果有限的监狱来关押不法者？谢谢，但不用了。所以图利安努姆一直以来是短期羁押国家公敌的地方——换言之，死囚牢。在今天，死刑犯可能要等上数年甚至数十年才会被执行死刑，但在图利安努姆，谁都待不过几天时间。

常见的情况是，监狱关押着外国的败军之将。非洲国王朱古达就是如此。在被投入死囚牢之前，他被扒去了衣物，甚至耳环，但朱古达保持了相当的气度，甚至还开了一个玩笑：“喂！你们的澡堂还真是冷啊！”六天后，他被活活饿死。

不过，也有一些例外。古代诗人奈维乌斯是一个不畏权贵的人，当与他不对付的梅特卢斯兄弟当选执政官时，他写了一句可有两种不同解读的诗句：“Fato Metelli Romae fiunt consules.”（“出于命运，梅特卢斯兄弟成为罗马的执政官”；或者，“罗马真是不幸，梅特卢斯兄弟成为罗马的执政官”。）梅特卢斯兄弟则回以一句更直截了当的诗句：“诗人奈维乌斯将被梅特卢斯兄弟狠狠收拾一顿。”由于此事，或其他类似的事情，奈维乌斯被投入图利安努姆，并在那里待了足够长的时间，写出了两部戏剧。

朱古达被押到苏拉面前（18 世纪版画，华金·伊瓦拉作）

"Vixerunt" 是动词 "vivere"（活着）的第三人称复数的过去完成时，意为"他们已经活过了"——也就是说，他们已经死了。不妨将这种罗马式的言简意赅与普希金的戏剧《鲍里斯·戈都诺夫》结尾处（大地主莫萨尔斯基的废话连篇）对比一下。当时莫萨尔斯基是这样传达死讯的："他们服毒自尽了。我们已经见过他们的尸体。"

这里也见证了喀提林阴谋中的一个争议性事件。阴谋暴露后，喀提林成功出逃，他在罗马的同党却被时任执政官西塞罗抓获，被投入图利安努姆并被处死。西塞罗随后来到群众聚集的广场上，宣布了这一消息："Vixerunt."

后来，西塞罗的敌人将这一事件作为将他拉下马的借口：草率处死罗马公民严重违背了罗马的程序和习俗。在记述喀提林阴谋的整个过程时，历史学家撒路斯提乌斯对图利安努姆进行了现存最细致的描述。"在监狱里，如果你沿着左手侧稍稍往上走一点，就来到一个称为图利安努姆的地牢。它位于地面以下大约 12 英尺，四面有墙，上面是一个有着石头拱顶的房间。叫天不应、黑暗和恶臭都让被关其中的人感到恐怖绝望。"[1]

除了朱古达和喀提林的阴谋分子，这座监狱还见证了其他许多人的人生最后阶段，包括高卢酋长维钦托利（被砍头）、曾经在提比略皇帝面前红极一时的塞扬努斯（被砍头）、格拉古兄弟的一些支持者（被勒死），以及鸟占师赫伦尼乌斯·西库卢斯（在行刑前，他跌倒撞破了头）。然而，图利安努姆最有名的过客据传还是圣伯多禄。

没有丝毫证据表明圣伯多禄实际上被关押在图利安努姆。但传说，顾名思义，自有其生命力。据说这位使徒还在狱中施行了一个神迹：他让一口泉

[1] Sallustius, *Conspiracy of Catiline*, 55.

图利安努姆（19世纪素描）

水从绑缚自己的柱子脚下涌出来。他用泉水为忏悔的狱卒博策稣和玛谛酿做了洗礼（后来这俩人也为自己新找到的信仰而殉了道）。

这座古罗马监狱的最上面一层很早就被改造成一座小礼拜堂，名叫狱中圣伯多禄教堂。教堂祭坛上方有一幅浮雕，表现的是博策稣和玛谛酿受洗。祭坛上面饰以一副倒放的十字架——据说，圣伯多禄就是头朝下被钉在十字架上的。从小教堂可以往地下走，但需要注意这些台阶、门和铺砖地面都是在17世纪时建造的，当时在小教堂上面又修建了木匠圣约瑟夫教堂。所以在古代，地上与地下是没

表现圣伯多禄受难最恐怖也最传神的一幅画作是卡拉瓦乔的《圣伯多禄受难》（1600年）。这幅画收藏在从这里出发不远的地方，就在卡皮托利诺山以北约2公里的人民圣母圣殿的切拉西小礼拜堂。这个小礼拜堂中还摆放着同一位画家的另一幅作品：《圣保禄在赴大马士革途中皈依》。

有台阶的：囚犯名副其实地被“投入”大牢——透过地面上的一个洞。

图利安努姆也常常被称为“马墨尔庭姆”（Mamertinum）。同“Tullianum”一样，“Mamertinum”也是一个来源不明的词（也许与战神马耳斯有关），但它可以确定不会早于中世纪。

牛津神学钦定教授爱德华·伯顿神父在《罗马古物及其他奇珍描述——根据个人观察及1818—1819年一次意大利游历》一书中写道：“仅就其遗迹判断，很难想象出比这更可怕的囚禁一个人的地方。”诚哉斯言！

仿佛这样还不够，附近的一道台阶（很有可能在今天的狱中圣伯多禄街的位置）有着比监狱更糟糕的名声。它被称为“革摩尼埃台阶”（scalae Gemoniae），罗马人将之解释为与动词“gemo”（“呻吟”）相关。这个解释几乎可以确定是错误的，但再贴切不过：死刑犯受刑后会被扔在此处曝尸示众。对于一个古罗马人或古希腊人来说，被曝尸户外是一个噩梦和耻辱。这也正是关键所在：在台阶上安排这恐怖的一幕就是为了威胁和吓阻。在“昔日美好的”共和时期，这样的不敬行为闻所未闻，它第一次被提及是在内战期间。对此最令人动容的一段故事出自历史学家塔西佗，它讲的是提比略皇帝的宠臣塞扬努斯的悲惨下场。当皇帝疑心塞扬努斯有意犯上作乱时，他很快将对方收监下狱并匆忙行刑，弃尸在革摩尼埃台阶上。报复并没有止步于此。“接着又决定，”塔西佗写道，“要处罚塞扬努斯的两个孩子。孩子们也被收入地牢，男孩清楚等待自己的命运，女孩则完全不明就里，还反复询问自己做错了什么以及要被带到哪儿去，苦苦哀求着说再也不敢做错了，要打要骂都甘愿受罚。根据当时人的记载，由于对处女执行死刑前所未闻，行刑者便在绞索前强暴了对方，然后将其绞死，随后年轻的尸体被扔到革摩尼埃台阶上。”[1]

[1] Tacitus, *Annals*, 6.5.9.

米开朗基罗与新卡皮托利诺山

从西面（马塞卢斯剧场大道）登上卡皮托利诺广场还可以经由另一道不同寻常的台阶，它的阶面很宽，阶高很矮。这样设计的目的是不仅使人可以登上斜坡，马车（或骡车）也可以拉上去。这样的斜坡台阶在现如今已经没有太大必要，但它可以成为电影大片里汽车追逐戏的绝佳场景。

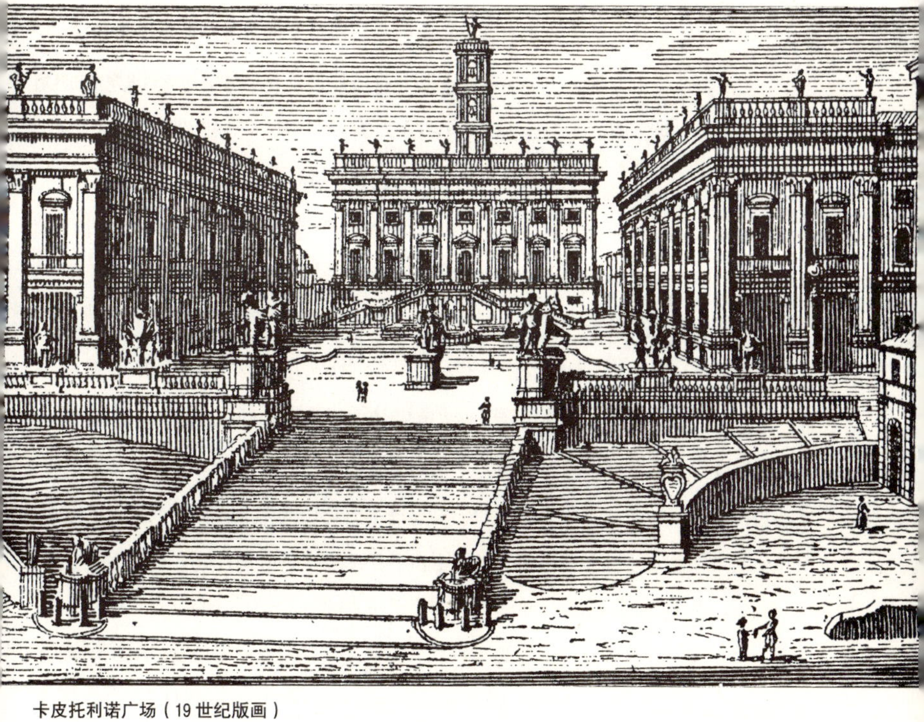

卡皮托利诺广场（19 世纪版画）

站在斜坡台阶的尽头，整个卡皮托利诺广场在你面前一览无余，台阶两侧矗立着孪生子卡斯托耳和波卢克斯的雕像（游览古罗马广场时，我们已经遇到过他们），他们两侧各有一尊表现甲胄和武器的雕像——不属于这兄弟俩，而是所谓的“马略战利品”，实际上它们来自图密善时期（公元1世纪末），也与著名统帅马略毫无关联。教宗西斯笃五世指示官员将这些新发现的战利品雕饰安放在卡皮托利诺广场上，想必是因为听说过朱利乌斯·恺撒的故事——恺撒在打败苏拉后，便将被苏拉拆除的、当初马略用以彰显自己战功的战利品雕饰重新竖立了起来。通过拉丁句法的一个特别之处（无疑是有意的），官员的名字被挤到基座的背面，教宗的名字则被摆到题记的开头。

广场以深灰色和浅白色石块铺地，构成了一个不同寻常的图案，从博物馆的楼上或卫星照片上都可以看到。这个图案的正中央是一个十二角星，星形中心是一尊青铜的骑马像：一位面色凝重的大胡子男人伸出右手，马也抬起右腿，作右转状。

所有这些设计（包括三座宏伟的宫殿在内），都出自16世纪中叶的米开朗基罗之手。建设工作拖延了很长时间，建筑师本人也未能活着见到广场的最终模样。许多在卡皮托利诺山首次尝试的设计思想是革命性的——比如这

只有很少古代青铜像幸存了下来——在许多个世纪里，金属甚至比艺术品更珍贵。前基督教时期的青铜骑马像则更为罕见。事实上，你在卡皮托利诺山上看到的那一尊也是唯一一尊。[不过，技术上讲，这不是非常正确。雕像原作保存在卡皮托利诺博物馆的一个展厅里。广场上的则是一尊精心制作的复制品（有人称它“令人失望”，但也说不出个所以然来），现在这尊是在1997年竖立的。1979年，右翼极端分子在当时由共产党员担任市长的市政府门前引爆了一颗炸弹。雕像没有受损，但元老宫不得不进行一些修复。]

这座雕像之所以免于被熔化，是因为在中世纪时，雕像人物被认为是君士坦丁，罗马帝国的首位基督教统治者。米开朗基罗将它从拉特朗的圣若望大殿的广场挪到卡皮托利诺山。而更早之前，它摆放在别的地方，很有可能在古罗马广场。雕像可能曾经覆以金箔，而一个都市传说称，等到审判日降临时，它上面的金子将会神奇地得到恢复。

可以注意一下，皇帝骑马却没有马镫。这是因为马镫要到很久之后才发明，古希腊人和古罗马人都没有马镫。

几座宫殿所采用的“巨柱式”柱子（圆柱上下贯通了两层或更多层）。马可·奥勒留骑马像的基座也是米开朗基罗设计的。罗马导游常会说：如果你不确定某座宫殿或教堂是谁设计的，你就说“米开朗基罗”，一半时候你不会错。

第六章

鲜血和尘土

斗兽场

如果你在图片搜索中输入“Rome”或“Roma”，至少 1/4 的结果会是各式各样的斗兽场。我住的单元门前挂着一幅“罗马”建筑公司的广告，上面画着斗兽场的简笔画。著名的刻录软件 Nero Burning ROM 的标志画着大火中的斗兽场（当然，就历史而言，这完全弄混了，稍后我们会讲到）。众多关于罗马的历史书和旅游指南也以斗兽场为封面图案。斗兽场还是欧洲唯一入选“世界新七大奇迹”的建筑古迹。

“世界新七大奇迹”旨在通过全球投票（利用电话、短信和网络）选出现存的七处建筑奇观。当然，它的模板是古代世界七大奇迹——其中只有吉萨金字塔幸存至今，它自然也当选了，占据额外一个“荣誉”席次。2007 年 7 月，投票结果在里斯本公布。世界新七大奇迹分别是：中国万里长城、秘鲁马丘比丘遗址、约旦佩特拉古城、印度泰姬陵、巴西里约热内卢基督像、墨西哥奇琴伊查金字塔，以及罗马斗兽场。

简言之，大众文化长久以来都将罗马与斗兽场画上等号。这并不出人意料，不过，在我们深入这座著名圆形剧场的历史和传说之前，先从周边开始逛逛吧——这整个区域可都有着丰富多彩的故事。

我们即将踏足的古罗马这一区域在考古指南中被称作“斗兽场山谷与埃斯奎利诺山”。它大致形成一个不规则的四边形。斗兽场无疑是整个区域

斗兽场及周边

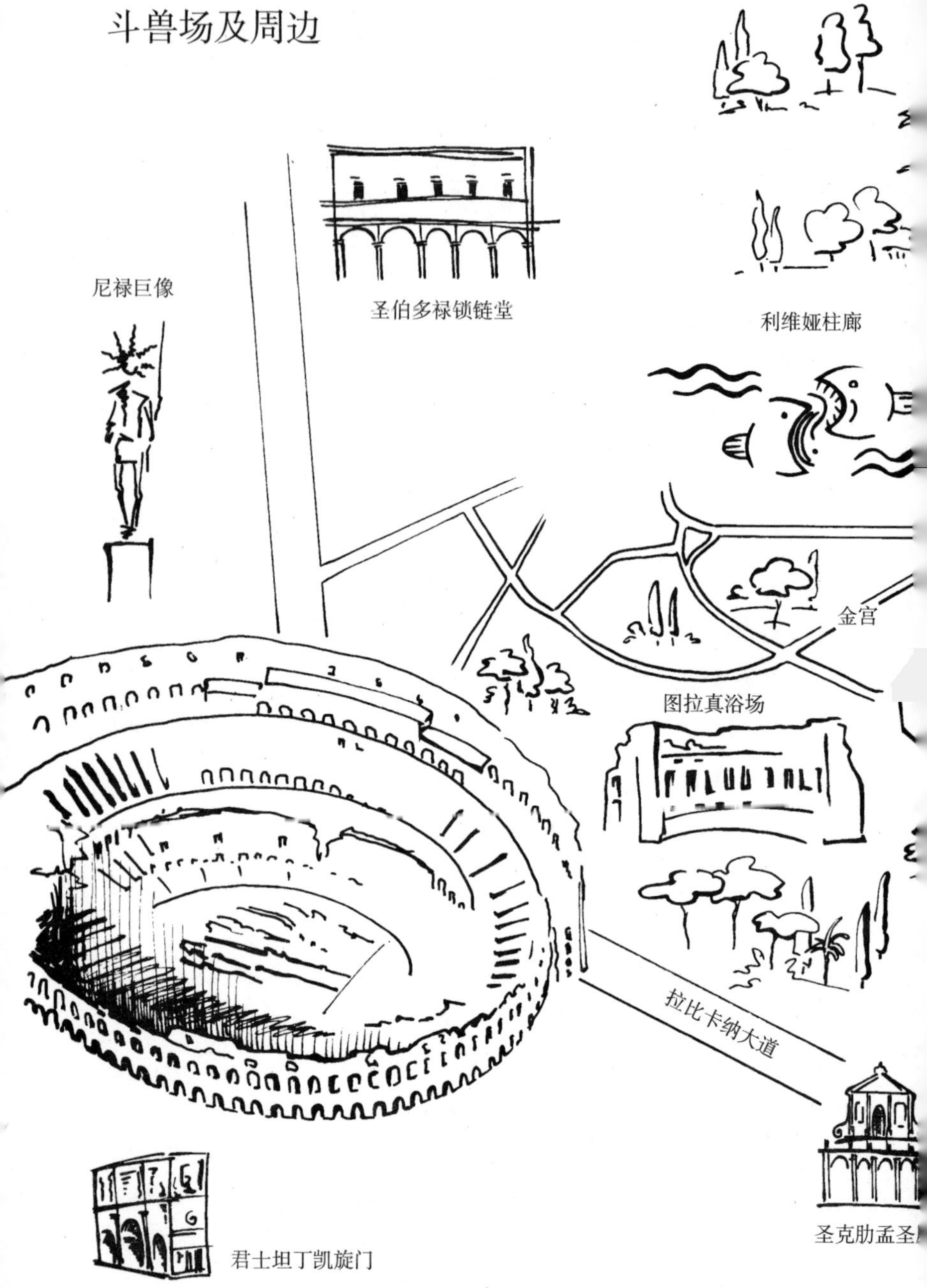

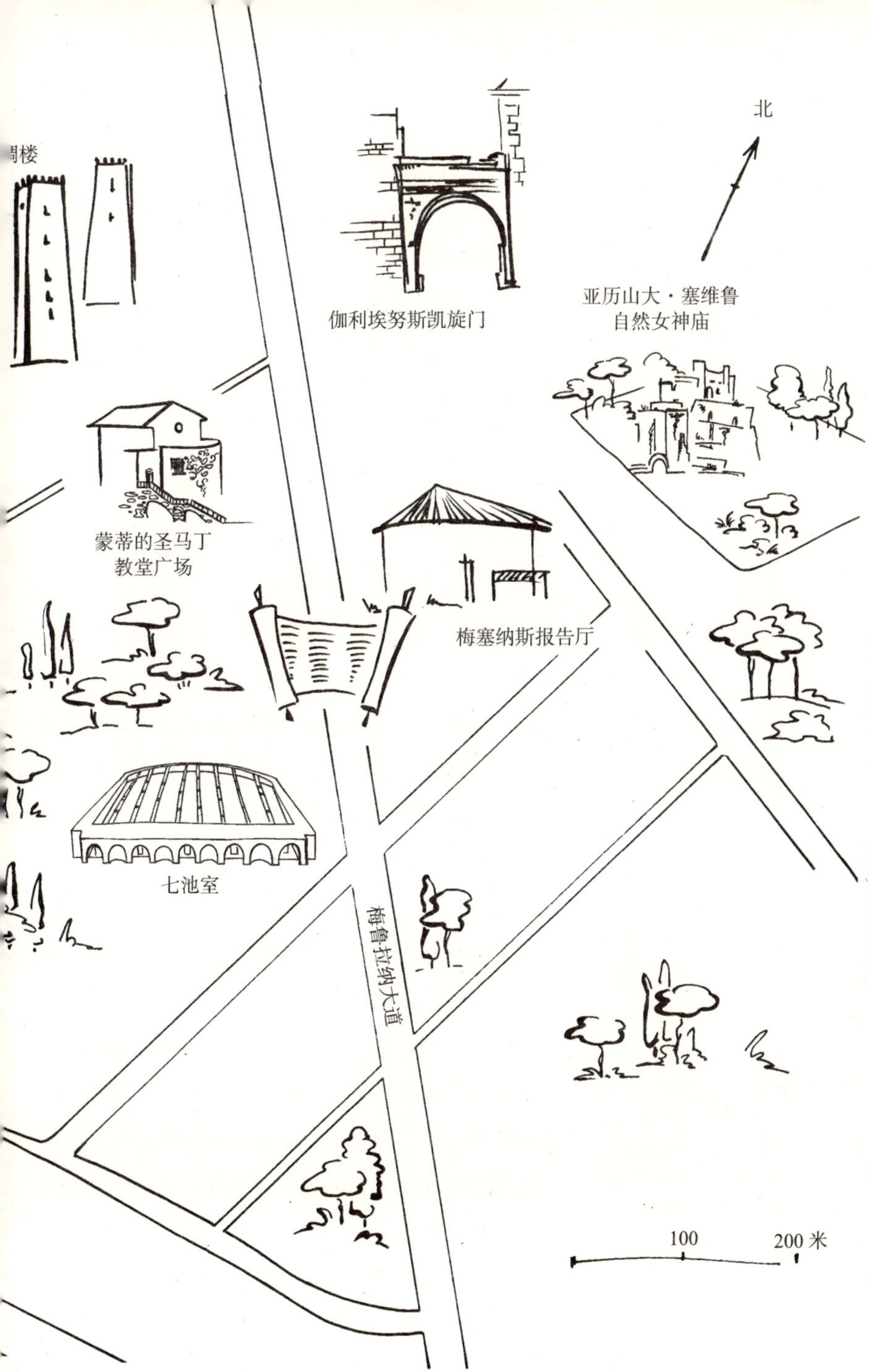
阁楼
伽利埃努斯凯旋门
北
亚历山大·塞维鲁
自然女神庙
蒙蒂的圣马丁
教堂广场
梅塞纳斯报告厅
七池室
梅鲁拉纳大道
100
200 米

的焦点，但它其实位于“四边形”的左下角。“四边形”的顶边是加富尔大道（以及接续它的乔瓦尼·兰萨大道），底边是拉比卡纳大道，右上角则是维托里奥·埃马努埃莱二世广场。“四边形”中间的一大部分是奥皮安山公园。

I. 梅塞纳斯花园

利维娅柱廊

利维娅·德鲁希拉出身于显赫的贵族家庭，她的父亲和第一任丈夫都曾与奥古斯都为敌——父亲支持布鲁图斯和“解放者”，丈夫则拥护安东尼。在取胜的奥古斯都宣布大赦后，利维娅和丈夫结束流亡，回到罗马。奥古斯都第一眼看到她，就决定要娶她为妻。他与刚为自己产下唯一亲生骨肉（一个名叫朱利娅的女孩）的第二任妻子斯克里波尼娅离婚，又劝说或强迫利维娅的丈夫同意离婚。利维娅当时身怀她的第二个儿子，即将分娩，婚礼就在她顺

沿着塞尔奇街行走（古罗马时期的苏布拉坡路），我们遇到的第一处古迹完全要靠想象去勾画样貌，它没有留下任何东西。它就是以奥古斯都妻子的名字命名的利维娅柱廊，建于公元前1世纪末。

在罗马，柱廊不仅仅有顶可供人遮阳避雨，还是人们聚会、闲聊和议事的地方——简言之，柱廊就像巴西利卡，是一个社交场所。我们要记得，古罗马人的几乎所有工作活动都在户外，在阳光下进行（那些躲在室内、肤色白皙得不健康的人则被称为“招魂巫师”），但遮阳避暑还是必要的，尤其是在夏天。

利维娅柱廊曾经矗立的地方有着丰富的历史。那里曾是某位维狄乌斯·波利俄的庄园（当时是郊

区，一派乡村景象）。波利俄是一位新贵，出身卑微，有可能是一位获释的奴隶，但他与奥古斯都关系亲密。奥古斯都对波利俄委以重任，包括任命他为亚细亚行省（现在的土耳其西部）的总督——这对出身如此卑微的人来说可谓闻所未闻的荣耀。波利俄将自己的一大块遗产献给了奥古斯都，这可是一位勤勉的臣子应该做的。皇帝留下了波利俄在坎帕尼亚的别墅，但将郊区的庄园拆除，以腾出地方兴建新的柱廊。

古代作家众口一词，讲到了维狄乌斯·波利俄的一个可怕故事。他们说，这位新贵对待奴隶非常残酷。他的庄园中有一处池塘，里面养着七鳃鳗。波利俄会将犯错的奴隶扔到池塘里喂食这种吸血的鱼。有一次，当奥古斯都前来做客时，一个服侍用餐的奴隶不小心打碎了一盏玻璃杯（玻璃在当时可是非常稀罕珍贵的）。波利俄立即命令将这个笨手笨脚的奴隶扔去喂鱼。奥古斯都试图说情，但主人固执己见。看到这副情形，奥古斯都便要求他将庄园里所有的贵重餐具都拿来，并将它们砸个稀巴烂。波利俄现在醒悟过来：为了一个皇帝都重复多次的过错而处死别人就显得不知分寸了——他最终不情愿地原谅了那个奴隶。

这个故事足够精彩，它是一个广泛流传的传说，而不一定确有其事。对奥古斯都并不怎么感冒的老普林尼从未提到过这个颂扬皇帝宽宏大量的故事，德尔图良则出于基督徒的立场添油加醋了一

利产子后的第三天举办，并由她的前夫“像父亲那样”将她交到奥古斯都手上。当时的人和后世的历史学家都倾向于认为，奥古斯都和利维娅的结合是利益联姻，但两个人共同生活了超过半个世纪，并且看上去婚姻美满。他们没有共同的子女。奥古斯都还在世时，利维娅就在忙着筹划让自己第一次婚姻的子孙接续罗马的至高权力。她也最终如愿以偿：接下来的四位皇帝提比略、卡利古拉、克劳狄和尼禄，分别是她的儿子、孙子、曾孙和玄孙。

番：波利俄用奴隶喂鱼，是为了以后再吃鱼，他也是在进行某种间接的食人。

七鳃鳗在波罗的海国家和部分地中海地区现在仍被视为一种美味。此次，还有一个有趣的巧合，使得七鳃鳗尤其适合被放到讲斗兽场的这一章：与这座古罗马圆形剧场的俯视图最相像的，莫过于一条七鳃鳗血盆大开的吻部。

在古罗马时期，玻璃得到了广泛使用，也受到高度珍视，但它面临着与今天的玻璃器皿相同的问题：易碎。在众多古代文献中有另一则传说，讲的是一位发明家带着一盏不会破碎的玻璃杯去觐见皇帝（至于是哪位皇帝，各家说法不一）。皇帝把玻璃杯扔到地上，结果它只磕出了一个小坑，被发明家立即拿过来用小锤子敲平了。皇帝随后询问是否还有其他人知道这种新技术的秘密，发明家答说别无他人——期望借此获得大笔奖赏。但皇帝最终选择将这位发明天才杀掉，因为他认为这种技术一旦传开，金银就将变得一文不值。

后世作家试图为这个故事找到一个合理化的理由，比如声称那盏神秘的杯子其实是铝制的，但它终究有可能只是一个传说。不过，确实有一盏古罗马时期的玻璃杯（被称为“吕枯尔戈斯之杯”，现藏于大英博物馆），它有着一个独特的迷人特征：当光从正面照射时，它显示出绿色；当光从内部或后面照射时，它显示出红色。直到相对晚近的时候，到 20 世纪 90 年代，人们才最终破解了这种

古代文献中的生物命名存在一个问题。许多从古代流传下来的拉丁名称只在老普林尼的巨著《自然史》中出现过一次，而它们所指代的动物、植物或矿物极其难以确定，也有可能吃掉那些不幸奴隶的是某种裸胸鳝，而非七鳃鳗。

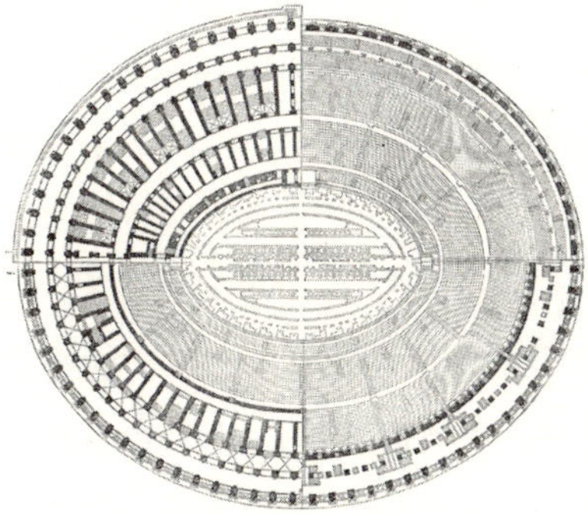

斗兽场（18 世纪版画）

七鳃鳗的吻部（19 世纪素描）

“二向色杯子”的奥秘：关键在于悬浮在玻璃中的金银纳米粒子。古罗马人或许没有禁打禁摔的塑料杯，但他们确实使用了纳米技术。

利维娅柱廊没有保存下来，连废墟都没剩下，但所幸它的名字见于现存的塞维鲁大理石平面图（参见第四章）。在平面图上可以看到，柱廊四周有围墙环绕，主入口在北部，从熙来攘往的苏布拉坡路经由上下两道台阶进入。现如今，这个地区的交通干道是乔瓦尼·兰萨大道，而延续了苏布拉坡路走向的塞尔奇街反而成了闹市中的一片静土。平面图还显示，在柱廊的中央有某种建筑——或许是一座喷泉或祭坛。

在一个富而不仁者曾经生活过的地方兴建一处有用的公共设施，这是奥古斯都所擅长的一种人心操作。在《岁时记》中，奥维德就对该高尚行为进行了描述：

> 后世的人啊，要知道现在利维娅柱廊所在的地方，曾经矗立着一座巨大的宫殿。这处房子就像一个城市，它占据的空间甚至要大过许多市镇的围墙所围的区域。它被夷为平地，不是因为叛国的指

控，而是因为其奢华被认定为有害人心。恺撒甘愿拆除这样庞大的建筑，摧毁如此大量的财富，哪怕他自己是这些财富的继承人。但这是他行使监察官职权的方式，是他作出表率的方式，通过亲自践行他希望其他人所做的。[1]

这不是奥维德的诗歌中唯一一次提到这处建筑，但第二次的提及（在《爱经》中）则相当直截了当。在诗中，奥维德更细致地描绘了柱廊的优美内饰：

只在庞贝柱廊的阴凉地里闲逛，尤其在日当正午时……你也不应该忘记利维娅柱廊，那里四处摆放着古代绘画，沿用着其建立者的名字。[2]

诗人是在鼓励谁去造访利维娅柱廊呢？是我们这些好奇的游客吗？不是的——他针对的是那些寻芳觅艳的年轻花花公子："首先要了解哪里可以遇见佳人。"奥古斯都无疑期望通过新的柱廊宣扬家庭价值，这个意图之外的用途想必会让他生气。很有可能正是因为这种不加修饰的手法（歌颂奥古斯都治下的实际面貌，而不是其期望的样子），导致奥维德最终被放逐到凄寒的黑海边。

厄奎提乌斯之家

离塞尔奇街往东汇入乔瓦尼·兰萨大道的路口不远处，你会在右手

[1] Ovid, *Fasti*, 6.639–648.
[2] Ovid, *The Art of Love*, 1.67–72.

侧看到一座深褐色的砖楼。仔细观看，你会看到除了一些大大小小的窗户和一扇大门，西侧的外立面上部原本有许多大得多的窗户，下部则有一系列拱门，它们现在都被用砖砌死了。东侧的外立面下部看不到拱门的痕迹，是因为它在 17 世纪进行了重新饰面，但整体而言，其外立面还是一座罗马晚期建筑的模样。它有可能是帝国晚期（公元4世纪或5世纪）的一处大房子，当时富人们都愿意住在埃斯奎利诺山。今天，人们很难相信居然还有人住在一座有着上千年历史的房子里，但这处建筑确实仍然被用于居住目的。它属于塞尔奇的圣露西娅教堂的修道院，修女们将自己的住所视为城堡，不可侵犯，那里的古罗马时期地下室因而一直没有得到很好的研究。不过，房子的外墙上有一处小小的古代细节（它在古代属于虔诚之举，但在基督教看来无疑不是）：在西侧外立面下部的拱门之间有五根白色洞石方柱，在右数第二根柱子上面则可以看到一个模模糊糊的长条图案——丰产之神普里阿波斯，其标志性形象是一根硕大的男根。普里阿波斯的形象经常被置于公园、花园和路口附近，塞尔奇街上的普里阿波斯正好处于这种环境中。

继续往前，来到蒙蒂的圣马丁教堂广场，我们会看到一座经过全面修复的中世纪碉楼，称为“卡波奇碉楼”。在街道对面，碉楼的双子楼被挤在现代建筑之间。在广场的南边，有一座古老敦实的砖结构建筑——不容易一眼看出来是教堂，因为它背对着广场，我们需要穿过教堂左侧狭窄的厄奎齐亚街才能看到其巴洛克风格的外立面。

蒙蒂的圣马丁教堂是罗马最古老的教堂之一。此地的第一座基督教堂由教宗西玛克在公元 5 世纪修建，在此之前，教宗西尔维斯特一世曾在这里的住家教堂服务。现在的建筑物也相当古老，可以追溯至 9 世纪，但这从建筑物的内部或外立面不容易看出来（因为 17 世纪时曾被重建），整体布局和部分外墙却几乎仍然保持原样——这从广场上就可以明显看出。内殿的 24 根圆柱也非常古老，很可能取自 5 世纪的教堂。圣器收藏

蒙蒂的圣马丁教堂（18 世纪版画，朱塞佩·瓦西作）

蒙蒂的圣马丁教堂得名自图尔的圣马丁，法国最受欢迎的基督教圣人之一（当第 次世界大战在1918年11月11日，也就是圣马丁日签订停战协议时，许多法国人便将之视为圣人的神迹显现）。他最著名的善行是“割袍赠丐”：当他还是一位信奉多神教的军人时，他将自己袍子的一半割下来，送给了一位在寒冷中瑟瑟发抖的乞丐。当晚他梦到耶稣托梦，并且对方身上穿着他赠送的半件袍子。

室里藏有一盏属于圣西尔维斯特的银灯台。

在圣马丁教堂的地下，有一座 2 世纪末 3 世纪初的古罗马房屋。它不是在教堂的正下方，而是在其偏西的位置，理论上可以从教堂的地下室穿过去。相传这是某位富裕的罗马人厄奎提乌斯的房子，他身为基督徒，将住处捐献出来供教徒集会使用（旁边的街巷也以他的名字命名）。在天主教传统中，这样的“住家教堂”被称为“titulus”。

“titulus”原意为“写有题记的牌子”。在古罗马，就像在我们现代，这样的牌子常常被用来标识私人住宅，这个词后来也指代教友聚会的地方。福音故事和考古证据都表明，在基督教早期，这些场地并不是完全被用于宗教目的（唯一一座只用作或主要用作教堂的住家教堂见于罗马军事重镇杜拉欧罗普斯，它位于现在的叙利亚）。从其结构和房间大小来看，“厄奎提乌斯之家”与其说是住宅，不如说是一座粮仓或谷仓——当然，这不会影响到它举办基督教集会和圣礼。

据信，正是在厄奎提乌斯之家，在君士坦丁大帝的见证下，人们宣布了尼西亚会议的决议。尼西亚会议是基督教历史上第一次世界性主教会议，将当时已知世界的全体基督教代表聚集到一起，试图统一教义和仪式。会议取得了部分的、短暂的成功：阿利乌教派（当时教会中的主要反对力量）被斥为异端，遭受暂时性挫折，但未被彻底消除。然而，他们的异端经典被付之一炬，圣马丁教堂可谓最早见证了这种对付异见者的手段，它后来将变得极其流行。

路口祭坛

在广场的北面，在它与蒙蒂的圣马丁教堂街相接的路口，有一扇不起眼的大门（8号门牌在拱门装饰性的拱心石上异常显眼）通往一户住家。19世纪末，当整个街区进行翻修时，人们在为新房子打地基时在这里发现了一座祭坛的遗迹。在基建工程中发现的许多文物很快被送入博物馆，这处古物却得以被保留在原地。祭坛由典型的罗马洞石制成，

拉瑞斯是一些起源不明的神明。他们可能源自祖先崇拜、被封神的英雄或家神。拉瑞斯被认为是所属地界的守护神：不论是住家、村落，还是城市街区。（在犹太传统中也有一个类似概念，“eruv”——一个住家或一个相当于住家的社区的象征性边界。在这个边界内，犹太人就可以在安息日搬动东西了。）在古典时代，拉瑞斯被刻画成身穿简单农民服装（普鲁塔克称，这些服装由狗皮制成）的青年，一手持酒杯，另一手执祭奠杯。他们几乎都摆出舞蹈姿态，并且常常成对出现。

在前部是一些凝灰岩石块（曾经覆以大理石贴面），在后部是其他一些石块和圆柱。题记表明，这是一座所谓的路口祭坛（compital altar）——一座设在路口供奉街道守护神拉瑞斯的小祭坛。

奥古斯都在统治末期重组了罗马城的行政分区，将它分为14个区。每个区的居民自己选举官员（通常从出身较低的人，比如获释奴隶中选择），负责防火灭火、对抗街头犯罪以及照料路口祭坛等。此处祭坛上的题记说，祭坛曾经供奉旅行和商业之神墨丘利的一尊雕像，后者是奥古斯都本人送给这个区的，制作雕像的资金来自每年新年子民们献给奥古斯都的礼物。

埃斯奎利诺门（伽利埃努斯凯旋门）

沿着蒙蒂的圣马丁教堂街继续往东走，你会穿过宽阔的梅鲁拉纳大道，再路过一座由苏格兰建筑师乔治·威格利设计的新哥特式的圣阿方萨斯·利果里教堂，就会迎面遇上一座古老的凯旋门，它被夹在圣维笃、圣模德多和圣妇格森夏教堂与一座19世纪的建筑之间。它是伽利埃努斯凯旋门，即自王政时代以来就矗立在这里的埃斯奎利诺门。当年穿过这里，你就来到了城外。也正是在这里，罗马军队终结了伊达拉里亚人的侵袭劫掠。他们使用了一个诡计：将通常在城内安全吃草的牛故意放到城外，贪婪的伊达拉里亚人见猎心喜，冲上来捕捉

伽利埃努斯凯旋门，透过拱门可以看到亚历山大·塞维鲁自然女神庙（18世纪版画，朱塞佩·瓦西作）

它们，结果被罗马人截断后路，一举歼灭。此后，伊达拉里亚人就停止了侵袭。

将这座凯旋门称为伽利埃努斯凯旋门其实不完全公平，因为它建于，或至少重建于奥古斯都时期，当时两侧还有供行人通行的小拱门（当然，它们在文艺复兴时期被拆除，被用作建筑材料）。公元 3 世纪，一个名为奥勒留·维克托的廷臣移除了原来奥古斯都时期的题记，装上了自己创作的新题记："献给最慈悲的皇帝伽利埃努斯（他无与伦比的德性只逊

自然女神庙

在罗马，这种喷泉被称为“自然女神庙”（Nymphaeum），这得名自一个古老的传说。罗马诸王中最睿智、最虔诚的努玛·彭庇利乌斯认为引导民众向善的最好办法是借助神话的力量，所以他声称自己有一位秘密的妻子兼谋士——自然女神厄革里亚，后者教给他不同宗教的奥秘，他只是将它们如实地转述给自己的子民。这是历史学家李维对这个传说所作的合乎理性且实用主义的诠释。不过，奥维德在《变形记》中似乎对这个故事信以为真——他写到，在努玛去世后，厄革里亚万分哀恸，诸神深受感动，便将她变成喷泉，流泪不止。

厄革里亚的神庙保存到了现在，还保存得相当不错。那里最初是一片溪水流经的圣林，但在 2 世纪时，人们在林中建造了一座喷泉，到了 17 世纪和 18 世纪，贵族旅行者将那里视为一个必去的朝圣地。歌德留下了一幅厄革里亚神庙的速写，皮拉内西也留下了一幅版画。厄革里亚神庙位于现在的阿庇亚大道区域公园内，我会在第九章进行介绍。

人们认为自然女神庙要比普通喷泉看上去更自然，且不论这是真的（比如一处有泉眼的山洞），还是假装的（比如一座模仿成山洞样子的喷泉）。但渐渐地，自然女神庙演变成为大型的配水站，通过水道向不同街区供水。

色于他的虔诚），以及神圣的皇后萨隆尼娜，骑士奥勒留·维克托诚心敬献。”最高级的溢美之词终究未能使伽利埃努斯皇帝摆脱3世纪“军人皇帝”的通常下场：他在米兰之围中阵亡。

凯旋门上的题记已经不完整。缺失的开头部分很有可能提到了伽利埃努斯的父亲瓦列里安皇帝。瓦列里安的下场比他儿子的更为悲剧：公元260年，瓦列里安被波斯国王沙普尔一世的军队所俘虏，并在两年后死于（或被害于）狱中。罗马的战俘们在波斯沙漠中建起了比沙普尔城（位于现在的伊朗南部，距离波斯湾不远），其中有浮雕表现罗马军队遭受惨败的场景，而这是从“蛮族”的角度看待罗马战争的难得机会。

亚历山大·塞维鲁自然女神庙

穿过埃斯奎利诺门，经过圣维笃教堂，然后沿着卡洛·阿尔贝托大道往东走，我们会来到维托里奥·埃马努埃莱二世广场，并几乎迎头撞见一处非常宏伟却由于某种原因鲜有人知的古罗马古迹——亚历山大·塞维鲁自然女神庙。

这是一座五层楼高的砖包混凝土建筑。第一眼很难看出它的用途，但绕着它走一圈，你就会在它的背后看到一个硕大的进水口——因此，它是一座巨大的喷泉。

亚历山大·塞维鲁自然女神庙位于两道城墙（旧的塞维鲁城墙与新的奥勒留城墙）之间，处在两条要道（提布尔提纳大道与拉比卡纳大道）的交汇口。给它冠上这个名字，是因为它的一些建筑材料可追溯至亚历山大·塞维鲁皇帝统治时期。然而，这些材料有可能是在修复时添加的，原始的喷泉大概是建造于图密善时期。它看上去很像一座三孔凯旋门，只不过取代拱门的是巨大的半圆形壁龛。壁龛中原本安放着雕像，不过它们并非为这座建筑专门制作，而是挪用自其他地方——我们已经多次遇到这种做法，将来也会见到更多例子。中央的壁龛有可能安放着一尊神像（朱庇特或维克托利娅，或者是某位被封神的皇帝）。两侧壁龛的情况则十分清楚：它们安放着表现甲胄和武器的浮雕。这样的建筑雕饰被称为“战利品”，在中世纪时，这里的“战利品”不知何因与著名统帅马略于公元前2世纪末战胜日耳曼部落的辛布里人和条顿人联系在了一起，这座自然女神庙便被改称为“马略神庙”或“马略的战利品”（没人记得它曾经是一座喷泉）。1590年，教宗西斯笃五世将这里的浮雕转移到通往卡皮托利诺广场的斜坡台阶的顶部，直到今天，它们仍在那里。

梅塞纳斯的花园和报告厅

来到广场，我们往右拐，进入莱奥帕尔迪街。走不远，右手边是一座公园：奥皮奥公园，得名自古罗马地名（奥皮奥山是埃斯奎利诺山南面的山嘴）。公园的北部，我们迎面看到的部分与一个人有关，这个人的名字在许多语言中成为文学和艺术资助者的代名词。这个名字就是梅塞纳斯。

盖乌斯·客尔尼乌斯·梅塞纳斯是奥古斯都皇帝最亲密的朋友和战友之一，也是他终生的伙伴。在结束一个世纪的漫长内战后，奥古斯都的统治实实在在地受到了当时人们的欢迎，彼时被称颂为一个新的黄金时代。奥古斯都充分地利用了手下统帅的军事胜利，他也同样迅速地利用了和平的成果：他大张旗鼓地关闭了雅努斯神庙的大门，以表明在整个罗马帝国境内没有任何战争——这样的举动在整个罗马历史上可谓屈指可数。

一个富强起来的国家需要一个更大、更有效率的官僚体系，但在旧的元老阶层中少有优秀的管理者，上层阶级早已抛弃任何实务性事务，尤其是与金钱有关的。这催生了前所未有的社会流动性。骑士阶层（他们富裕但以往在政治上失势）得以广泛跻身元老院、行省政府，以及最高级的政治职位。

梅塞纳斯就出身于骑士阶层。据说，他是神秘的伊达拉里亚诸王的后代（在贺拉斯献给梅塞纳斯的颂诗的开头，曾恭维道："梅塞纳斯！王族的后裔，你是我的守护者、希望和骄傲。"[1]），但当然，攀高附贵是所有时代新贵的常见做法。

梅塞纳斯与奥古斯都一同走过了漫长的旅程：他们一起并肩作战；当奥古斯都出巡行省时，梅塞纳斯坐镇罗马；梅塞纳斯还劝谏奥古斯都的司法和惩戒决策，劝他宽宏大量，奥古斯都也感激这样的进谏。然而，梅塞纳斯的主要工作——工作成就使得他在历史和语言中占有一席之地——是在文化领域。

说是"文化"，其实也可以说是"文化政策"或"宣传"。显而易见，奥古斯都更看重宣传层面。这也正是梅塞纳斯的天才之所在：他没有网罗那些为数众多、汲汲营营的中庸之辈，而是招揽了那些足以担当塑造民族和国家的重任、其作品可在两千年以后仍为人们阅读、研究、模仿和翻译的重量级诗人。梅塞纳斯也没有忽略宣传层面，这个时期的文学被称为罗马文学的"黄金时代"或"奥古斯

梅塞纳斯是古罗马（乃至人类文明）最伟大的两位诗人维吉尔和贺拉斯的亲密朋友和资助者。两人都得到过他的经济帮助，包括丰厚的不动产（贺拉斯就收到一座位于萨比纳地区的庄园作为礼物），两人也都曾应他的邀请在国家的高级官员面前朗诵诗歌。维吉尔未来得及看到自己的杰作《埃涅阿斯纪》出版就不幸去世，这项任务就落在了他的朋友肩上，而他们同属梅塞纳斯的圈子。奥古斯都很有可能对这部史诗并不十分满意——它提到他本人的地方太少，却花了太多篇幅讲述罗马建城之前的神话时代。但毋庸置疑的是，皇帝一直对文学活动抱有热忱，哪怕不总是仁慈的。当年届不惑的贺拉斯决心退休，放弃作诗而专攻哲学时，奥古斯都透过梅塞纳斯表达了他克制但坚决的不悦：诗人不仅应该对缪斯负责，还应该对他要作诗称颂的庇护者负责。贺拉斯闻听，心情沉重，却也不得不重操旧业。

[1] Horace, "Ad Maecenatem."

维吉尔与司历史的缪斯女神克利俄以及司悲剧的缪斯女神墨尔波墨涅
（公元 3 世纪阿非利加行省的马赛克，现存于突尼斯的巴尔杜国家博物馆）

都时代”。奥古斯都想必会感到满意的。

梅塞纳斯得到了埃斯奎利诺山的奥皮奥峰上的一大片土地。一直以来，这片不洁之地是穷人墓地（考古学家就在乔瓦尼·兰萨大道沿路发现了大量坟墓）。贺拉斯甚至写到，在梅塞纳斯大兴土木之前，在附近的城墙边白骨散落，暴露在光天化日之下。梅塞纳斯改善了这个区域，修建了一座公园，自己也住到了这里。夏天，当罗马城天气异常炎热时，奥古斯都本人也会来到这里，住进朋友家。在庄园的某个地方，还会举办著名的诗歌朗诵会——但具体在哪里呢？

1874 年，在对这个地区进行再开发时，建筑师维尔吉尼奥·韦斯皮尼亚尼和卡洛·卢多维科·维斯孔蒂在梅鲁拉纳大道附近发现了一处古罗马建筑，其中有砖砌的鱼骨拼（opus spicatum）地面，还有马赛克墙面，以及位于房子一端的七层半圆形台阶。在台阶上方有假窗，窗内绘制着植物茂盛的花园、喷泉和飞鸟。19 世纪后期，这些壁画还相当生动，但现如今它们已经剥落得看不出什么了。

联想到这个地区与梅塞纳斯的渊源，发现者们认为，这个半圆形建筑是一个小型的报告厅——这位廷臣的客人聆听诗人朗诵和乐师演出的地方。对于这样的报告厅，没有任何文字记载流传下来，但这并不意味着它就不存在。如果你现在去参观这座报告厅，需要记住：整个结构自古代以来经历了多次重建，比如，屋顶就是晚近的东西——原来的早已不见。

梅塞纳斯碉楼在文献中被确切地记载，它是当时埃斯奎利诺山的制高点。贺拉斯称它“高耸入云”，苏维托尼乌斯则说，尼禄正是在这座碉楼上一边欣赏罗马的大火，一边朗诵自己所写的关于特洛伊陷落的诗歌。不幸的是，碉楼没有留下任何遗迹，其具体位置也无从得知。大多数研究者认为，碉楼可能矗立在报告厅对面，即现在布兰卡乔剧院的位置。

梅塞纳斯晚年退出了政坛，归隐到埃斯奎利诺山的庄园。他饱受神经疾病和失眠的折磨，只有听着喷泉的缓缓水声才能入睡。他死后被葬在埃斯奎利诺山。两个月后，贺拉斯也故去——差不多信守了自己在诗中所作出的承诺：不独活于世。

II. 疯狂的尼禄

公元 54 年 10 月 13 日，克劳狄皇帝猝然离世。传言说，他死于食用了妻子阿格里皮娜端来的一盘下了毒的美味牛肝菌。（当克劳狄感到有点不舒服时，一个被收买的医生表面上用羽毛为他催吐，但羽毛已经被抹上了一种更强烈的毒药。至少，塔西佗是这样讲述的。）

皇帝的亲生儿子布里塔尼库斯未满 14 岁，在法律上尚未成年，帝位便落到了克劳狄的继子，阿格里皮娜的亲生儿子之手。他出生时的名字是卢西乌斯·多米提乌斯·阿赫诺巴尔布斯，但史称他尼禄。

著名的“贡扎加浮雕宝石”，收藏于艾尔米塔什博物馆。原来认为它表现的是奥古斯都和利维娅，后来则认为上面是尼禄和阿格里皮娜。浮雕宝石制作于希腊化时期的埃及，但具体时间和所表现人物仍不确定。

在现代读者眼中，尼禄的名字不会引起什么好的联想，它大多与各种恶行恶事联系在一起：尼禄造了一艘会自沉的特殊船只，以便淹死喜欢弄权的母亲，当她奋力爬上岸时，他事先派遣的杀手用匕首结果了她的性命；尼禄进行了一系列毒药实验，以便万无一失地毒死自己的继弟布里塔尼库斯；尼禄将罗马的失火归罪于基督徒，随后将他们做成了火把。这些指控中有许多也许是真实的，但史料显示事情不会那么简单。尼禄死去后，肇始于朱利乌斯·恺撒的朱利亚－克劳狄王朝随之终结。（这也正是一个骇人预言所预告的：“埃涅阿斯之最末子孙，一个弑母者将登上大位。”）新王朝的皇帝必须

尼禄的相貌

“阿赫诺巴尔布斯”(Ahenobarbus)意为“红胡子”。据传说，尼禄的一位远祖一天走在路上，遇到了两位气宇如神的青年。两人让他向人们通报罗马人在雷吉卢斯湖战役中取胜的捷报。为了证明自己的神力，一位青年摸了摸这位亲选的传令官的胡子，将它变成火红色。(这两位青年就是双胞胎卡斯托耳和波卢克斯。)直到尼禄一代，浅色皮肤和浅黄色头发一直是阿赫诺巴尔布斯家族的特征之一。我们现在不清楚这在古罗马人中是否非同寻常。古代作家们通常觉得有必要提一下某某是金黄色头发，但也没有对此表现出更多诧异。现存的壁画和马赛克通常将罗马人刻画为典型的地中海人种：黑发和暗白色皮肤。(有趣的是，这只适用于男性。庞贝的色情壁画看上去常常像在表现跨种族伴侣，这其实只是一种艺术手法：一个正经的男人应该花时间在户外，以免被贴上“招魂巫师”的标签；相反，一个有德行的女人则应该待在家里。这导致了两性不同的审美标准：男人应该是黝黑的，女人却绝不能如此。)

为数不少的尼禄雕像流传了下来，它们都与朱利亚–克劳狄王朝的其他先祖有着明显的相像之处：薄嘴唇、小嘴、短下巴。尼禄还长着一副小胡子，胡子主要长在脖子上。要知道，尼禄在 16 岁时登基，30 岁时就去世了。

努力证明自己政权的合法性，其中一个做法就是抹黑前朝。此外，皇帝与元老院的关系也不总是友好的，尼禄时期的关系就尤其恶劣，塔西佗和卡西乌斯·狄奥（他们记载了尼禄时期的主要情况）却都属于元老阶层并致力于捍卫其意识形态。尼禄死后，东方的希腊等地区先后冒出了好几个“伪尼禄”，表明了这位已故皇帝还颇受欢迎，至少在说希腊语的人当中。

这其实也不奇怪：尼禄似乎鄙弃政治和军事（它们被认为是罗马人唯一值得从事的活动），却热衷于艺术和体育（它们是希腊人传统从事的活动）。早年间，他与导师一起私下从事这些活动，后来他开始在自己的小圈子面前表演，最后，在品尝过成为目光焦点的滋味后，他将自己的个人秀强加于他的子民。他不好游历，但还是去了他所崇敬的希腊，并下令将所有四场泛希腊运动会放到一起举办，因为他想要参加所有这些赛事并取胜。在奥林匹克运动会上，他驾着一辆十驷战车出场。这是一项连技术高超的职业车夫也觉得极其困难的挑战，所以尼禄很快摔落车下。侍从将他搀起来，拍去尘土，重新扶到车上，但他惊魂未定，已经不能再继续比赛了。尽管如此，裁判还是宣布他获胜（不这样，他们还能怎样呢？），他随后以胜利者的姿态赐予整个亚该亚行省（希腊）自由——这个举动没有任何政治意义，却讨得希腊人的欢心。

尼禄好大喜功，这在他的建设和工程项目上也多有体现。比如一条连接奥斯提亚和那不勒斯湾的大运河（这样他可以不出海就乘船从罗马前往意大利最好的海滨度假胜地）——事实上，工程已经开工，尼禄也下令将所有流放者甚至刑事罪犯投入施工，但工程最终未能完成。

不过，尼禄还是实现了他修建一座举世无双的宫殿的梦想。一开始，他只是扩建了帕拉蒂诺山上的宫殿，但出于他放纵不羁的性子，宫殿最终扩张到了广场以东的奥皮奥山。由于这样的横跨，这座宫殿也被称为“过道之宫”（Domus Transitoria）。但后来，大火发生了。

罗马大火

所谓的“罗马大火”，至今还存在很多不明之处。它发生在公元64年7月18日至19日的夜间，从马克西姆竞技场附近的店铺烧起，然后迅速蔓延到附近几个街区。当时的人对于这件事要么只字不提，要么只是简单提及。我们主要是从下一代的历史学家那里了解到大火的惨烈破坏。塔西佗声称，在奥古斯都时代所划分的14个区中，有四个夷为平地，七个严重受损，只有三个幸免于难。但考古学家一直认为这个说法过于夸张。

对于这场大火的主要疑问是：它是偶然发生的（就像1666年的伦敦大火），还是人为的（就像托尔斯泰在《战争与和平》中生动描述的1812年莫斯科大火）？后者的支持者说，当时城里到处有人纵火或妨碍别人救火，并声称是奉命行事。当然，这样的传言很快把纵火的账算到了尼禄头上，还衍生出更多栩栩如生的细节：据称，尼禄派出手下，命令他们佯装醉汉并手持火把；尼禄本人还穿上戏服，登上埃斯奎利诺山上的梅塞纳斯碉楼，一边观看火景，一边朗诵描述特洛伊陷落的诗句（显然是他自己创作的）。然而，塔西佗说，发生大火时，尼禄根本都不在城内，各种史料也没有否认尼禄在灾后采取的大量救助措施，这当中就包括他开放了自己宫殿未被烧毁的部分供无家可归者居住，还自己掏钱赈济灾民。

边看着肆虐的火势、边兴高采烈作戏的疯狂皇帝形象是如此令人印象深刻，以至于历史事实在它面前都无力抗争。英语中甚至有一个表达，“fiddle while Rome burns”（在罗马着大火时拉小提琴），用来表示在危急时刻无所作为或采取不合时宜的行动。这个表达中有一个明显的时代误置：在尼禄之后一千多年，弦乐器才会在欧洲出现。2012年上映的伍迪·艾伦爱情喜剧片的故事发生在罗马，曾经用名《尼禄拉小提琴》，后来才改名为《爱在罗马》。

19世纪的实证历史学家拒绝承认耶稣的历史存在性，并怀疑古代作家少数提到基督徒的地方（塔西佗和苏维托尼乌斯在谈及尼禄时期大火时，小普林尼和约瑟夫在谈及另一个不同话题时）是后世插入的，也就是说，是后世的基督徒抄写员私心掺入的。在布尔加科夫的《大师和玛格丽特》一书开篇，在与诗人伊凡·波内列夫的对话中，米哈伊尔·亚历山德罗维奇·别尔利奥兹就阐述了这一观点。现如今，学者们只对约瑟夫的相关段落（所谓的"Testimonium Flavianum"——"约瑟夫的证言"）的真实性表示怀疑，而其他三位的相关文字轻松通过了所谓"尴尬准则"的检验。尴尬准则大致来说就是：如果某段文字是后来某位基督徒插入的，那么他无疑会在其中说基督徒的好话，哪怕他极力试图模仿古罗马史学家的中立立场。但小普林尼在写到基督徒时带着罗马官僚典型的无所谓态度，塔西佗则是毫不掩饰自己的厌恶，苏维托尼乌斯可能根本指的不是基督（Christos），而是一个叫作"克瑞斯图斯"（Chrestus）的未知犹太教派别的成员。试想一下，这样的文字如果出自一位早期（且无疑非常狂热的）基督徒的笔下，那该需要一种多么难以置信的信仰之跃啊。

尽管如此，尼禄认为还是有必要转移社会上对于自己的不良观感，并指控新兴的基督教社团是可能的纵火者。这一指控的意义怎么说都不为过：它是基督徒第一次出现在正统的历史叙述中。罗马的历史学家对基督徒虽然没有任何好感，但也不认为尼禄的指控有一丝依据，并无一例外地认为：皇帝的计划适得其反，反而提高了基督徒的声誉，为他们增光添彩了。

不管尼禄是否真的故意将罗马付之一炬，但他无疑充分利用了这场大火的后果。看到过道之宫已经没有挽救的余地，尼禄便命令塞维鲁和刻勒耳两位建筑师为自己重新修建一处新住所。这个决定后来被证明是一个重大的政治错误。

金宫

在许多曾经作为帝国政治中心的城市，旅行者常常会发现，郊区往往坐落着一片宫殿和花园，其中有林荫道、喷泉及其他该有的一切。比如，马德里郊外的埃斯科里亚尔修道院、维也纳郊外的美泉宫、巴黎郊外的凡尔赛宫，以及圣彼得堡郊外的好几处景点（沙皇村、巴甫洛夫斯克、奥拉宁鲍姆宫等）。罗马周围也有这样的古迹，比如蒂沃利的哈德良皇帝别墅。但是，即便法国诸国王中最疯狂的人也未曾想过清空半个巴黎给自己在市中心建造宫殿（连同林荫道、喷泉及其他一切）。尼禄却有过这种念头。

当时，罗马人已经多少习惯了皇权的铺张和豪华，但这一次，宫殿的规模和位置激怒了他们。金宫占据了从帕拉蒂诺山到市郊的埃斯奎利诺山和城墙的广阔土地，花园看上去更像野生森林，放养着从异国他乡特地搜罗的异域野兽。在后来修建斗兽场的地方，尼禄挖了一口大水库，周边环绕着生动再现原址的建筑和景观的微缩城市（尼禄的建筑师因而成为当今“世界公园”和“世界之窗”等主题公园的先驱）。通往宫殿入口的三列柱廊足足有三里地长。在宫殿的有些地方，空旷的土地会让人忘记自己其实身处有着百万人口的大城市：视线所及只有辽阔的天空和乡野的山丘，没有喧嚣的闹市。住进这个新住所后，尼禄谦虚地表示，他终于活得像个人了（quasi homo）。

我们已经说过，罗马人的主要活动场所不是在家里，而是在城市的空地、街道和广场上。谁也不喜欢一个公民（哪怕他是皇帝）将这么一大片公共空间据为己有。讽刺性的诗歌开始在民众当中流传，其中一首是这样的：

> 罗马已经变成一座宫殿！公民们，快逃到维爱去，
> 趁着维爱还没有变成那座宫殿的一部分。

尼禄“像个人”的新生活显然也包括不停地大吃大喝。在保存得最完好、今天整个考古区重头戏的所谓“八角厅”，周围的几个小房间被认为是用于进餐的。苏维托尼乌斯写到，主宴会厅会神奇地随着太阳位置的变化而转动，从而保证采光。直到不久前，人们都以为这个餐厅就是指八角厅（没人说得清它是如何转动的或其拱顶是如何转动的），但

苏维托尼乌斯写到，尼禄的宴会厅的屋顶会像天顶那样旋转，里面配备了特殊的管道，可以向下面的客人“天女散花”。尼禄显然非常喜欢这个创意：他就在自己母亲身上使用了两次这样会自行“开口”的装置（但两次都不成功）—— 一次是这个屋顶，另一次则是一艘船。

近来在帕拉蒂诺山上的发现（参见第三章）让考古学家改变了想法。

金宫不是尼禄唯一的城市规划项目。在大火后，他不计成本地重建了罗马的整个中心城区。据传说，某位骑士阶层的人告诉他，可以很轻松地找到迦太基女王狄多埋藏在非洲的不计其数的宝藏，拿它们来补充国库。宝藏终究没有找到，但罗马还是变得更加富丽堂皇。不过，并非所有人都对此感到满意：大火前，人们可以躲进城市的地下室或窄巷中，或多层的因苏拉的阴影中，以避开骄阳；现在，宽阔的空间和宏伟的广场让人们在酷暑中无处遁身。法国建筑师柯布西耶在印度也犯下过类似的错误：重新规划昌迪加尔时，他在住宅与都市设施之间辟出了大量的开阔空间和漫长的道路。

金宫于15世纪末偶然被发现，具体时间和情形一直不甚清楚。通常的说法是，1488年，一位当地居民忽然陷入地下，意外发现身处一间彩饰精美的房间里。听说此事后，意大利的画家蜂拥而至，期望一睹光彩。但在15世纪80年代中期（也很有可能在其早期），一些壁画和绘画中开始出现一些装饰性母题，它们不可能来自其他地方，只可能来自尼禄的宫殿——因而会有对于发现时间的疑问。比如，在卡皮托利诺山上的天主祭坛圣母圣殿中，进门右手第一个小礼拜堂（称为“布法利尼小礼拜堂”）里面有一幅平托瑞丘创作的壁画，表现的是锡耶纳的圣伯尔纳定的生平，它明显体现出对于新发现的艺术风格的了解。事实上，平托瑞丘是最早一批下到金宫地下室的人之一（还有基兰达约和拉斐尔）。他们在暗淡的灯光下研究壁画，并在屋顶上留下自己的签名（艺术史家后来收集整理了这些涂鸦）。

直到庞贝被发现（同样偶然）之前，金宫几乎是了解古罗马绘画的唯一来源。文艺复兴时期的艺术家对于这些神话题材的绘画并不以为意：相较于他们自己的作品，这些绘画是原始的，缺乏透视，示意为主，最要紧的是保存不良。倒是那些装饰性图案立即受到了他们的高度评价。

金宫的古典装饰风格洋溢着丰富的想象力：几何和花卉母题与动物图案自由交织在一起，比如神话中的怪物喀迈拉出没在奇异的灌木林中。这种装饰手法被称为“洞穴画”（grotesque），得名自意大利语的“grotto”（“洞穴”）。但本韦努托·切利尼，一位有着不羁想象力的16世纪金匠，对于这些动物则有着不同看法：“它们的恰当名字是怪物画，而不是洞穴画。”不管怎样，穴怪画装饰变得流行开来。16世纪初，当教宗儒略二世委托布拉曼特设计梵蒂冈的凉廊、委托拉斐尔绘制凉廊的壁画时，年轻的拉斐尔便模仿了尼禄时期的穴怪画。

洞穴画

后来，俄国女皇叶卡捷琳娜二世也委托建筑师在冬宫（现在的艾尔米塔什博物馆）仿建了布拉曼特和拉斐尔的凉廊。不过，这不是这位俄国女皇与金宫之间的唯一关联。1768年，英国建筑师查

为什么是叶卡捷琳娜二世？是这样的，在回到伦敦后，查尔斯·卡梅伦把自己的名声弄坏了（包括以欠债不还为由将自己的父亲送入监狱），因而被迫到国外另谋出路。这时碰巧女皇的代理人在欧洲招募建筑师。两人由此开始了一段美好的友谊：卡梅伦修建了巴甫洛夫斯克的宫殿，在沙皇村修建了著名的卡梅伦长廊，而那里的冷浴场更是向古罗马浴场直接致敬。叶卡捷琳娜也高度评价了卡梅伦的工作；1779年，她在信中写道："我现在雇用了卡梅伦先生，他因一本介绍古代浴场的书而颇有名气。我们正和他一起建造一座下设浴场和拱廊的花园，它将会很漂亮，非常漂亮。"在随后的保罗一世继位后，卡梅伦失宠了（他有着一套疏远朋友并树立敌人的本领）。他平静地度过晚年，并在1812年去世，就在拿破仑入侵前不久。

尔斯·卡梅伦为了写作新书《罗马的浴场》在罗马实地考察，全面调查了他认为是提图斯浴场的地方。他深入地下，研究了（他认为是浴场，但其实是宫殿的）几个房间。其中一个房间尤为有趣，屋顶上有沟槽，还有乐器图案的壁画。"我费了很大劲才进入这个房间，"卡梅伦写道，"我得在墙上打一个洞，让自己攀着绳子下去，再手脚并用地爬过另一堵墙上的一个洞。在房间里面，泥土几乎堆到了屋顶。"

有趣的是，在卡梅伦访问后，这个房间又被遗忘了一个多世纪，直到20世纪才被重新发现。现如今，它是金宫最有名的地方之一："阿喀琉斯在斯库罗斯岛之厅"。

根据老普林尼的说法，为金宫作画的艺术家名为法布卢斯（或法穆卢斯）。他工作时身穿托加（相当于现代人穿着西服作画），还尽量避免自己过于疲劳。不幸的是，由于空气污染和湿气破坏，金宫的壁画一天天剥落，日益接近完全看不出什么东西。即便在努力想象之下，它们的现状也无法给人留下特别深刻的印象。但是，我们不应忘记，今天所见的只是金宫当年壁画中的很小一部分（更别说那些曾经装饰宫殿的宝石、黄金和珍珠）。

过去几十年里，金宫一直处于持续修复状态，几乎不对外开放。如果你有幸进入其中，需要记住一点：那里有超过140个房间都被认为属于尼禄的宫殿。在东区，最有名的房间之一是"奥德修斯和波吕斐摩斯之自然女神庙”，得名自拱顶中央的装饰图案（金宫中房间的屋顶都非常高，有10—11米高）。在这个房间中（它很有可能是一个宴会厅），水从墙上的喷泉喷涌而出，然后流到其他房间的水池中。另一个有名的房间是“鎏金拱顶之厅”。它受到时间的摧残更为严重：带有颜料痕迹的饰面砂浆还能在各处看到，但中央的神话题材绘画已经消失不见，只能通过文艺复兴时期的复制品（现存于埃斯科里亚尔修道院的图书馆）一窥原貌。第119号房间（也就是卡梅伦探索过的那个）被称为“阿喀琉斯在斯库罗斯岛之厅”，里面的彩色壁画和穴怪画（主色调是法布卢斯喜爱的蓝色、赭色和黄色）仍然摄人心魄。最后，八角厅有着古罗马时期最令人印象深刻的混凝土拱顶之一，它屋顶上的巨大洞口可以在卫星照片上清楚看到。

尼禄统治的末期充斥着阴谋、起义，社会很不稳定。在描述尼禄生命的最后时刻时，通常文风干巴巴的苏维托尼乌斯展现出了高度的戏剧表现力：

> （在考虑过自杀的可能性后，）他再次改变了主意，希望找到某个暂避之处，躲藏起来，整理一下思绪。当获释奴隶福恩提出可以前往四里地外、自己在诺门塔纳大道与萨拉里亚大道之间的郊区别墅时，像往常那样光着脚、身穿丘尼卡的尼禄，披上了不显眼的斗篷，蒙住头，用手帕挡在眼睛前面，然后跳上马，

阿喀琉斯的母亲、海洋女神忒提斯知道自己的儿子一旦参加特洛伊战争就注定一死，于是试图帮助他避开这个宿命。（有趣的是，在《伊利亚特》中，阿喀琉斯是唯一一个可以做出一次选择的英雄：他要么做一个庸人而长寿，要么做一个英雄而早逝。其他英雄的命运则多少早已注定。）忒提斯将她的儿子送到了斯库罗斯岛的国王吕科墨得斯那里。当奥德修斯和狄俄墨得斯为了寻找这位躲避命运者而来到斯库罗斯岛时，阿喀琉斯换上女装，混进姑娘群中。机智的奥德修斯很容易地就揪出了男扮女装者（《哈克贝利·费恩历险记》详细介绍了如何使一个乔装的男子露出真面目），于是阿喀琉斯就奔赴了战场。苏维托尼乌斯提到，提比略皇帝喜爱消遣性质的文学游戏，而他感兴趣的一个问题是：阿喀琉斯在斯库罗斯岛时改用了什么样的姑娘名字？

只带了四名随从上路……没过多久，他就因为地震的一次震动和划过正前方的一道闪电而心惊了一下，然后他听到附近军营的士兵们的呼喊——他们在预言他的灭亡以及“反叛将领”加尔巴的胜利。他还听到路上碰到的一个士兵说，“这些人在追尼禄”，另一个人则问道：“城里有尼禄的新消息吗？”然后，他的马因为闻到一具被扔到路上的尸体的味道而受到惊吓，他的脸被暴露出来，一个退伍的禁卫军士兵认出了他并向他致意。当他们来到一条通往别墅的小路时，他们放走了马。尼禄在灌木和荆棘之间跋涉，经过一条穿过一片芦苇的小路来到房子的后墙——整个过程非常艰难，需要将一条袍子扔到地上，好让他踩在上面。在那里，先前提到的那个福恩催促他在一个挖沙形成的坑里藏身一会儿，但他表示自己不会在还活着的时候进入地下。在等待其他人打通一个进入别墅的秘密通道的时候，他从附近的一处水洼用手捧起水喝，并说：“这就是尼禄的蒸馏水！”随后，他的斗篷被荆棘划破了，他摘出断在里面的枝杈，手脚并用地爬过刚挖出来的狭窄通道。进入别墅后，他来到第一个房间就躺倒在床上——床上只有一条普通的褥子，上面临时放上了一件旧斗篷。他又饥又渴，但

“尼禄的蒸馏水”（decocta Neronis）是用雪来冷却烧沸的水，在当时是极其奢侈之物。

尼禄在最终自杀前不断用以鼓励自己的话，“Qualis artifex pereo”，在大多数现代语言中都难以忠实地翻译出来（J.C. 罗尔夫的英译本将它译为，“世界即将失去怎样一位艺术家啊！”）。在其拉丁原文中，动词是第一人称形式，所以它直译过来大概是“怎样一位艺术家啊，我将死去”。

QUALIS ARTIFEX PEREO!

拒绝了递给他的粗面包，只喝了一点温水。[1]

最终，尼禄还是缺乏勇气自己结束性命，所以请求他的私人助理厄帕弗洛狄托斯送自己上路。

“尼禄之死一开始收到了普遍的欢呼雀跃，”塔西佗写道，“但它不仅在城里的元老、民众和士兵之间，也在军团和统帅之间引发了不同的情绪反应，因为帝国的秘密现在昭然若揭，那就是在罗马之外的地方也能造就皇帝。”[2] 这个新发现的秘密使得各军团纷纷拥立自己的统帅为帝，直到其中一位统帅（韦斯巴芗）最终掌控局势，结束了混乱局面。

韦斯巴芗创立的新王朝立即着手消除尼禄的金宫对罗马传统价值造成的伤害。黄金和珍珠被充公，不可计数的雕像被分发给神庙和郊区别墅，野兽则很可能被拍卖给马戏团。诗人马提亚尔这样称颂了新的统治者：

> 罗马终于物归原主！在您的治下，
> 暴君曾经的玩物现在重新属于人民。

浴场

在金宫原来的位置上逐渐发展出一大片浴场区。这里的第一座浴场由韦斯巴芗的儿子提图斯在短时间内建起来（他的统治时间只有两年，从 79 年至 81 年）。他要让浴场赶在斗兽场落成之日投入使用（确实，

[1] Suetonius, *The Lives of the Twelve Caesars*, “The Life of Nero.”
[2] Tacitus, *Histories*, 1.4.

一个人在圆形剧场待了一下午后，迫切需要洗个澡）。这些浴场有可能不是完全新建的，而是改造自尼禄宫殿的浴场（金宫的享受之一就是硫磺温泉）。在浴场废墟上找到的一个巨大花岗岩碗状喷泉眼下就安放在梵蒂冈的贝尔韦代雷庭院。

下一阶段移除尼禄及其宫殿的记忆的工作则要激进得多。考古学家还不确定这具体始于何时——或许仍在弗拉维王朝（包括韦斯巴芗、提图斯和图密善）时期，或许在晚些的图拉真时期。在金宫的基础上建起一个巨大的平台，在那个平台上逐渐发展出一大片浴场区。它们是第一批达到如此规模的罗马浴场。它们坐落在提图斯不起眼的浴场的东北，朝向与奥皮奥山上的其他建筑构成一个大约 45 度的夹角。这么做是为了让浴室（尤其是温度最高的浴室）得到最佳的采光和日光增温效果。这个环保原理也为后来的其他建筑师所借鉴。

我们将在讲到保存得好得多的卡拉卡拉浴场时，再细致介绍浴场及其在古罗马人生活中的重要性。奥皮奥山上的这片帝国时期浴场区一直被称为图拉真浴场，16 世纪时，这个叫法被遗忘，人们开始称之为提图斯浴场。16 世纪时，伟大的建筑师安德烈亚·帕拉第奥对废墟绘制了速写。在帕拉第奥绘制速写时，甚至在后来卡梅伦探索地下房间时，当时的保存状况要比在 19 世纪后期浴场重新恢复图拉真之名时好上太多。所有一切在今天只剩下几个半圆形结构，其中两个分别位于西南（靠近路易吉·克里摩拿街）和东南（靠近塞拉皮斯小街），原本可能是图书馆建筑的一部分：1997 年的一次考古发掘中，在其墙上发现了壁龛——它们可用于存放莎草纸卷和羊皮书。图书馆的一翼距离另一翼非常远，这是常规的罗马建筑做法，当时的图书馆通常成对出现，分别存放希腊语和拉丁语书籍。

在那次发掘中，还有另一个惊人的发现：西南的半圆形结构下方有一条地下通道。它本身没什么特别，也不算什么新发现——19 世纪初，拿破仑军队驻扎罗马时，这条通道被用作制造硝石的场所。但在 1997 年的发掘中，通道中经年的陈土被移除，露出了一道更古老的砖墙——可追溯至弗拉维王朝时期甚至尼禄时期。墙上有一幅表现一座港口城市的壁画，它被称为“画上城市”（città dipinta），是研究古典古代的一份独特资料。首先，古希腊和古罗马的艺术家钟爱在壁画上表现神话、乡村和自然景色，城市题材一般不入他们的法眼；其次，壁画上的城市空无一人，我们从中可以看到带雕塑的柱廊、一座剧场、加固的码头、一尊巨大的金色雕像（“一尊巨像”）——但也仅此而已。所以，这很有可能不单纯是一种艺术创作，而是某座城市的如实表现，类似于一幅地图。（最相似的是在约旦马代巴发现的一幅拜占庭早期的马赛克，它表现的是耶路撒冷的略图。）

那么，壁画上到底是哪座城市？众说纷纭：罗马的港口奥斯提亚？叙利亚的安提阿（现在的土耳其安塔基亚）？高卢的阿瑞拉特（现在的法国阿尔勒）？不列颠的伦狄乌姆（现在的英国伦敦）？我们可能永远不知道答案。

浴场区的东边（在图拉真浴场街的对面）是一处供水系统的遗迹——不是地下的给排水系统，而是大型的蓄水池。为了创造出这样规模的浴场区（图拉真浴场占地约 2.5 公顷）所需的水压，蓄水池须高过地面许多。“七池室”（Sette Sale）正是为此而建。不过，这个名称有点误导：它其实有九个蓄水池室，它们的朝向与图拉真浴场的不一致，长久以来被认为是金宫的一部分，但砖上的题记表明：它们建于图拉真时期。

蓄水池设计展现出来的精湛工艺直至今天仍令人惊叹：墙上供水流通的开口都不在一条直线上，以免换水不充分；砖包混凝土的内壁还敷设了一层防水泥浆；坚实的底层的唯一功能是支撑上层的蓄水池室，后者的蓄水量可达到 800 万升；所有九个蓄水池室有着完全一样的宽度（5.3 米）。

拉奥孔

1506 年 1 月 14 日，农民费利切 · 德 · 弗雷迪斯在埃斯奎利诺山上的自家葡萄园里翻土时，意外地碰上一块接近地面的大理石。

这个消息很快传入教宗耳中，他派教廷建筑师朱利亚诺 · 达 · 桑迦洛到场查看。桑迦洛带着 11 岁的儿子弗朗切斯科（他在 60 年后讲述了这个事件）和年轻的米开朗基罗（他当时总是与桑迦洛混在一起）一同前往。

当整个雕像出土时，人们发现它是一组群雕，表现了一名蓄须成年男子和两名少年被两条巨蛇纠缠在一起。桑迦洛立即说："这是普林尼所描述的拉奥孔。"确实，博学的老普林尼曾提到一尊由来自希腊罗德岛的三位大师所雕刻的拉奥孔雕像，并认为它是视觉艺术的最完美典范。

拉奥孔是特洛伊神话中的人物，但不见于荷马的《伊利亚特》。他登场是在维吉尔《埃涅阿斯纪》的卷二：特洛伊祭司拉奥孔试图提醒他那些被木马诱惑的同胞，要警惕希腊人，即便在他们带来礼物时（timeo Danaos et dona ferentes）。为了排除这个意外妨碍，支持希腊人的雅典娜女神派出两条巨蛇，咬死了拉奥孔和他的两个儿子。

新发现的雕像很快成为广受欢迎的明星。不到 10 年或 15 年时间，拉奥孔的各种石膏、青铜和陶土复制品已经传遍整个意大利。当后来人们对古典时代的兴趣逐渐从古物收集转向严肃的学术研究时（德国学者对此转变居功至伟），拉奥孔再次成为明星：他成为莱辛、歌德、温克尔曼等人作品的主题之一。19 世纪初，雕像被作为拿破仑的战利品短暂送往巴黎，但很快被归还。

当时的发掘状况我们不甚清楚，也不知道弗雷迪斯的葡萄园具体在什么地方，小桑迦洛只是说，"靠近圣母大殿"。老普林尼也帮不上什么忙，他说，拉奥孔摆放在"提图斯皇帝的宫殿里"，这可能指的是金宫（提图斯曾短暂地住在那里），但也可能是别的什么地方。

1506 年发现的群雕缺失了几截胳膊，包括拉奥孔的右臂。米开朗基罗大胆猜测，与巨蛇的殊死搏斗中，拉奥孔挣扎不过，右臂弯曲，被拽向头后。教宗儒略二世安排了一次修复评选，以拉斐尔为评委主席。获胜方案是拉奥孔如英雄般地将手臂高高抬起。在此后数百年间，拉奥孔一直以这个姿态为世人所知。

20 世纪初，考古学家和博物馆长路德维希 · 波拉克在（货真价实的）垃圾堆里找到了一截古代大理石手臂，猜测它可能属于拉奥孔。直到 20 世纪 50 年代，在波拉克丧生于奥斯维辛集中营的多年之后，他的猜测才得到认真检视，并确认这就是那截手臂！它确实如米开朗基罗预料的那样弯曲到头后。手臂复归原位，原来修补的胳膊则被移除，现在这尊“拉奥孔和他的儿子们”被安放在梵蒂冈博物馆的八角庭院。不过，世界各地还有不少基于文艺复兴时期修复的“英雄版”复制品。

《拉奥孔像》（雕塑）

图拉真浴场一直沿用到公元5世纪或6世纪。在古代晚期，一座豪华别墅建在七池室附近；在中世纪，其中一个蓄水池室被用作公墓，后来的发掘工作中出土了超过一千具骷髅。

III. 斗兽场周边

圣克肋孟圣殿

"克肋孟"是罗马教宗的常用称号，到现在为止已经使用了14次。他们中的最后一位是克肋孟十四世，本名乔瓦尼·甘加内利，在1769—1774年间在位。

圣克肋孟（Saint Clement）是继圣保多禄之后不久的罗马主教，也就是说，最早几位教宗之一。最早期的教宗名录一直没有定论，所以不确定克肋孟到底是第二位、第三位，还是第四位教宗。只有一封写给科林斯教会的书信可以确定是他写的，它也是早期基督教著作中一些未被收入《新约》的作品之一。圣克肋孟得到许多基督教会的崇拜，被视为"使徒教父"（即直接受教于基督的使徒的少数早期基督徒）之一。

我们对于圣克肋孟生平的了解，主要依据他去世几个世纪后、不早于4世纪的传说。在那个时期，他被确认为使徒保禄在《斐理伯书》中所提到的"同事"："与克肋孟以及我的其他同事一样，他们的名字已写在生命册上了。"据说，克肋孟组织了一次成功的传教活动，结果触怒了图拉真（这位皇

罗马主教圣克肋孟（东正教圣像画）

帝平素并不以残暴或宗教不宽容而知名）。皇帝将克肋孟流放到荒凉的黑海之滨，送至克森尼索的采石场（靠近现在克里米亚的塞瓦斯托波尔）做苦役。看到这里的犯人们苦于缺水（一个逼真的细节——克里米亚在今天也非常缺水），克肋孟便跪下祈祷，他随之看到山坡上出现了一只羊羔，便来到羊羔曾站立的位置，用镐头发掘，见到了一股甘泉奇迹般地从石头中喷涌而出。见此神迹，犯人们和当地人纷纷皈依基督教；愤

西里尔文字

西里尔字母被用于书写一众斯拉夫语言。大多数人都知道，西里尔字母是俄语所用的文字，但其实它也是乌克兰语、白俄罗斯语、保加利亚语、马其顿语和塞尔维亚语等所用的文字——尽管塞尔维亚语是少数采用两种法定文字书写（西里尔字母和拉丁字母）的语言之一。受到苏联时期的影响，西里尔字母也渗透到亚欧大陆许多非斯拉夫语族的语言，包括马里语、布里亚特语、鞑靼语、哈萨克语等。这套字母以圣西里尔的名字命名，但与直觉印象相反的是，西里尔字母并非西里尔和美多德兄弟发明的文字。他们是希腊人，熟谙自己出生地塞萨洛尼基（历史上曾属于亚历山大大帝的马其顿王国）附近的一种斯拉夫语方言，后来被派往大摩拉维亚公国（位于现在的捷克共和国）传教。来到当地后，他们发

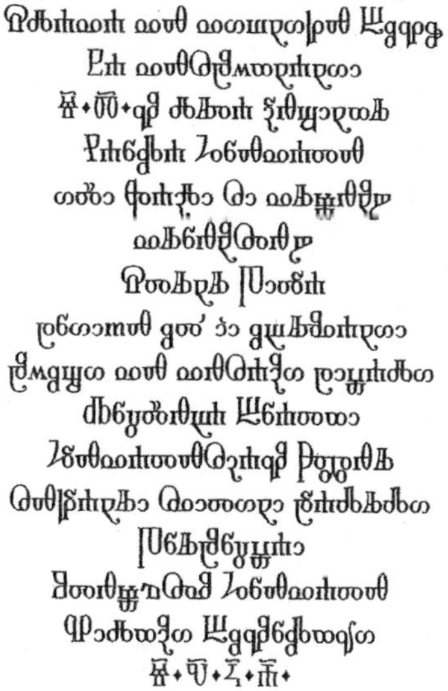

克罗地亚萨格勒布主教座堂中的一篇格拉哥里文题记，它写于 1941 年，内容是纪念克罗地亚人改信基督教 1300 周年。

现自己的传教对象既不会说希腊语，也不会说拉丁语。他们便决定将最重要的基督教典籍翻译成斯拉夫语，并为此发明了一种全新的字母，它被称为格拉哥里文（Glagolitsa），得名自斯拉夫语中的“说话”一词。然而，后来大多数斯拉夫语采用了一种修改后的拉丁字母或一种修改后的希腊字母，后者逐渐演变成为我们今天所知的西里尔字母。格拉哥里字母继续在宗教场合中得到使用，在有些地区（尤其是克罗地亚）一直使用到 19 世纪。

也不同于常见的认知，西里尔字母其实相当简单——与希腊字母和拉丁字母一样，它归根结底起源于腓尼基字母，这种字母在过去三千年里是大多数欧洲文字的起源。

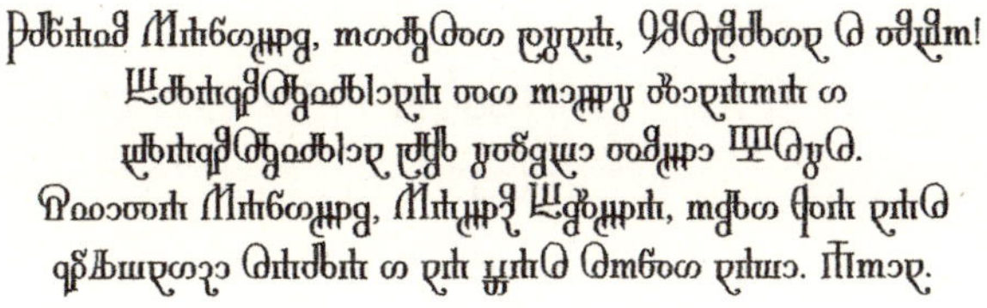

格拉哥里文《圣母经》

怒的当局则判克肋孟死刑，将他绑在一只锚上扔入海中。传说中，这个地方的海面每年都会有一小段时间神奇地退下去，露出那处藏有克肋孟的遗骸的圣地。

这位克莱门斯曾担任执政官（在帝国时期，这已经是一个没有实权的荣誉职位），是图密善皇帝的亲戚。他常常以早期基督教殉道者的形象出现在古代文献中（图密善以“不信神”的罪名将他处死，这可能是指他皈依了犹太教或基督教）。甚至有人曾试图将他认作就是那个圣克肋孟，但这缺乏依据。不过，他很有可能确实与犹太教有关联：在《塔木德》中，他被作为著名的拉比阿基瓦的忠实信徒而有提及。另一个试图调和各方说法的版本是，圣克肋孟出身犹太家庭，本来是一名奴隶，获释后成为执政官克莱门斯。确实，罗马奴隶在获得自由的同时还会得到主人的名字，但不是家族名（在这里就是“克莱门斯”），而是个人名和氏族名；也就是说，获释奴隶会被称为提图斯·弗拉维乌斯，再加上奴隶自己原来的真正名字，而不论它是希腊名字、犹太名字还是其他语言的。

圣克肋孟与斯拉夫世界还有着一个特殊关联：斯拉夫文字的创始人圣西里尔（原名康斯坦丁）重新发现了他的遗骸。西里尔在克里米亚的一处废弃公墓中找到了遗骨，并通过一同下葬的锚确认了遗骨的主人。现在，圣骨就保存在我们这节要讲到的教堂中。自克里米亚返回一年后，圣西里尔在罗马去世，他的哥哥兼同事美多德本想将其遗骨送回老家塞萨洛尼基（位于现在的希腊北部）下葬，但最终还是将它葬在了圣克肋孟教堂。圣西里尔的圣骨在 18 世纪和 19 世纪之交失落，后来在 20 世纪 60 年代找回一部分。教宗若望·保禄二世（他本身是斯拉夫人）曾经前往圣西里尔的安息地，为斯拉夫世界祈祷。

圣克肋孟教堂（更准确地说，圣殿）是一份“重写本”，即是说，不同时期的建筑层层堆叠在一起，却都没有完全毁掉此前一层。最底下一层是罗马共和时期的一座房屋，似乎是在公元 64 年的大火中毁于一旦；其上是一座公元 1 世纪的富人住宅，有着一个很大的正方形庭院，传统认为这处房子属于政治家提图斯·弗拉维乌斯·克莱门斯。

在富人住宅旁边，建有另一座朴实一些的房子，一座因苏拉，它的地下室也在圣克肋孟圣殿下面。2 世纪末 3 世纪初，这个地下室曾是另一个东方教派——密特拉教的信徒集会场所（我们将在第九章讲到这个神秘宗教，这里只需指出，圣克肋孟教堂下面的密特拉神庙是罗马密特拉神庙中最方便进入且保存最好的）。

第一座圣殿至晚从 4 世纪起就矗立在这个地方。1084 年，它遭受入侵的诺曼人劫掠并被焚烧。12 世纪初，人们在它的基础上建成了第二座圣殿，大体上保存至今。遗憾的是，上层圣殿朴素的中世纪风貌被后来教宗克肋孟十一世（他于 1700 年当选教宗并承袭圣克肋孟之名）所添加的华丽鎏金饰面的砂浆破坏了。

不过，下层圣殿的迷人壁画让我们一窥古代晚期和中世纪早期的基督教艺术。在右手侧的耳室中，有一幅表现圣母（它原本刻画的也许是拜占庭查士丁尼一世的妻子狄奥多拉皇后）和圣子的壁画；在中间的教堂前厅，有一些 11 世纪的壁画，其中一幅表现了圣克肋孟在克里米亚创造神迹的场景，另一幅则描绘了圣西里尔的圣骨抵达罗马的场景。

查理二世统治期间，罗马天主教在英国几乎被禁止，国内（包括爱尔兰）的天主教神父大批逃往欧洲大陆。爱尔兰的多明我会教徒在罗马得到庇护，他们从 1677 年起照管圣克肋孟圣殿。19 世纪中期，约瑟夫·马卢利神父对教堂展开了首次全面的考古研究，发现了密特拉神庙等古迹。马卢利神父非常热爱自己的教堂：1848 年，当加里波底的革命军攻入罗马城时，教宗被迫出走，但他仍然留下来守护自己的教堂及其圣物。他于 1873 年写就的著作《教宗和殉教者圣克肋孟，以及他在罗马的圣殿》到今天仍然是一部重要史料。直到 20 世纪 50 年代，多明我会教徒一直更偏好自行在教堂做考古发掘（同时接受意大利青年考古学家的指导）。

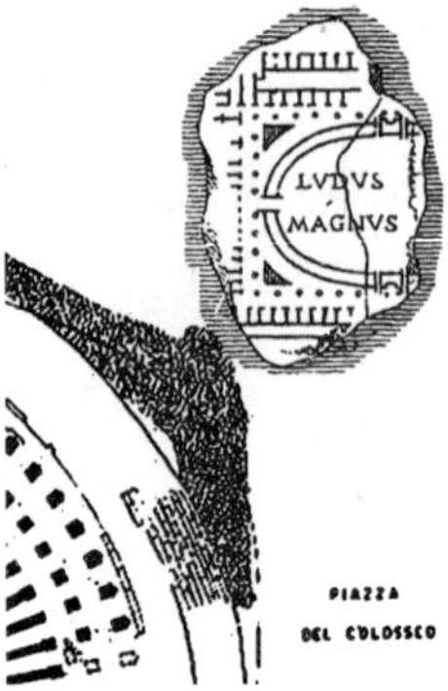

历史学家记载，康茂德曾在斗兽场多次出场决斗，并且稳健地赢得每场竞技（当然，不配合皇帝的兴致可能会招来杀身之祸）。他尤其热衷于斗兽。他招揽最好的教练来训练自己的射箭和投枪技术，并且也不负所望，能够做到一击击毙狮子、鸵鸟、大象及其他异域奇兽。历史学家赫罗狄安声称，在一次表演中，他向一百头狮子投掷了一百枚标枪，结果枪枪命中，无一失手。值得注意的是，康茂德是在一个专门设立的平台上进行表演的，在那里，他得以远离野兽的威胁，从而展现其“技艺而非勇气”。

马格努斯角斗士学校

从拉特朗的圣若望大殿街或拉比卡纳大道，我们可以看到马格努斯角斗士学校（Ludus Magnus）。在雄伟的斗兽场的映衬下，它的遗迹并不那么令人印象深刻，但椭圆形的训练场（一半清晰可见，另一半被掩埋在道路和建筑下面）仍然相当于一个外省的圆形剧场的规模。在训练场四周，环绕着两类废墟：前面是观众席（容纳约三千人），后面是角斗士营房的一个个小间。

历史学家和古罗马爱好者对于雷德利·斯科特 2000 年的电影《角斗士》多有保留（但老实说，我觉得在电影和小说中挑历史错误纯属徒劳无益）。不过，影片中最不可思议的情节之一，即皇帝亲自上场决斗的部分，却基于真实的历史事件。真正的康茂德（公元 180—192 年在位）是在宫殿的浴场中被勒死的，而非在斗兽场中被罗素·克劳刺死，但历史学家也说，在其统治末期，他完全荒废了国事，沉溺于角斗士表演。他甚至表达过搬出宫殿、住进角斗士营房的意愿（也有可能实际这样做了）。马格努斯角斗士学校训练场周边的某个小间或许就接纳过这位半疯皇帝呢。

在斗兽场附近建立角斗士学校的是图密善。他一共建立了四所。马格努斯角斗士学校显然是其中最大的（“Magnus”意为“大”）：一条专门的地下通道与斗兽场相连，让角斗士可以直接从营房动身进场。高卢角斗士学校（Ludus Gallicus）和达契亚角斗士学校（Ludus Dacicus）以角斗士的来源地命名。最后，马图提努斯角斗士学校（Ludus Matutinus），几乎所有资料都说，是一所专门的斗兽训练学校，这个结论基于这样一种事实：斗兽表演大多安排在中午之前，在角斗士表演之前——当然，称这所学校为“早晨的”角斗士学校，也可能出于别的什么理由。

“出汗的墨塔”

在君士坦丁凯旋门北侧，有一处长满草的圆形遗迹。这里原来有一座称为“出汗的墨塔”（Meta Sudans）的喷泉。那么什么是“墨塔”？它为什么又会“出汗”呢?

在拉丁语中，“meta”意为“圆锥形”、“折返点”、“边界”，尤其是竞技场中的圆锥形折返标记——比赛的战车需要绕着这个标识转弯而不能撞上它。斗兽场旁边的这座喷泉形为竞技场中的圆锥形折返标记，并标识了罗马城几个区的边界——在奥古斯都划分的14个区中，有四个（甚至五个）在斗兽场附近交汇。它也许充当了一个实际的折返标记，因为凯旋式游行队伍会在这里拐个弯，然后沿着圣道前往卡皮托利诺山。

现在来说说它为什么“出汗”。在大多数的现代欧洲语言中，“汗”这个字黏糊糊有味道，让

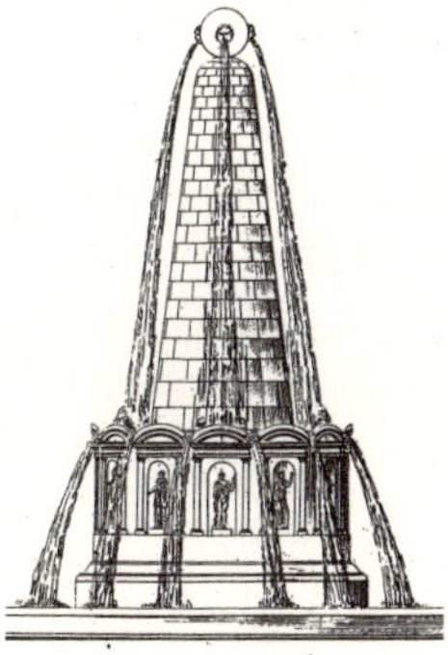

“出汗的墨塔”复原图

圆形遗迹

人感觉不舒服。在拉丁语中，这个词是中性的，可被用于诗意的表达。卡图卢斯便写过，“一棵树皮出汗、结了松果的松树”[1]。如果一口喷泉在“出汗”，这意味着喷泉的水流不是喷涌而出，而是从顶上缓缓流下。“出汗的墨塔”不是特指这座喷泉，而是适用于所有此类喷泉。我们知道，在那不勒斯湾边上的度假胜地巴亚也有一座类似的“墨塔”，而一座稍晚一些的、建于公元 3 世纪的类似喷泉至今仍矗立在阿尔及利亚的贾米拉。

罗马的这座圆锥形喷泉矗立了很长时间。喷泉的喷头和大理石覆面自然早已不见，但直到 20 世纪 30 年代，它的砖包混凝土核心仍然矗立

[1] Catullus, *Poems*, 64.106.

在原地。可惜墨索里尼的城市规划打算在斗兽场附近兴建一个交通环岛，喷泉正好挡道了，它便被移除，其原址被安置了一块纪念牌。20 世纪 80 年代，考古发掘发现了一些地下结构，它们很可能与喷泉的供水有关。20 世纪 90 年代，墨索里尼时代的大转盘被停用，斗兽场的周边都改为步行区，古老喷泉的遗迹到头来也彻底被拆掉了。

尼禄巨像

斗兽场的另一侧，是另一处没有幸存下来的古物的基座，它的大半都被掩埋在帝国广场大道下面。它在 1828 年被发掘出土，一百多年后，墨索里尼在交通重建中清除了它仅存的一点痕迹。那个地方曾经矗立着罗马最大的雕像：尼禄巨像（Colossus of Nero）。

事实上，巨像原本安放在别处，在金宫入口的前面。我们知道，在哈德良统治时期，由于妨碍到维纳斯和罗玛神庙的建设规划，巨像必须被搬离原地。移动的距离不是很远，但鉴于巨像的尺寸和重量，哈德良的工程师们不得不动用了不少于 24 头大象。巨像原本的基座可能仍然隐藏在圣妇方济加圣殿下面。

尼禄巨像由一位名为芝诺多罗斯的雕刻家制作完成。这是个希腊名字，他主要因为高卢的一尊墨丘利巨像而声名鹊起，尼禄听说了那个奇观，诚邀这位崭露头角的匠人前来罗马。

各种古代文献在提及尼禄巨像时多有相互牴牾之处。最细致的记述来自老普林尼，他似乎表明，雕刻家原本依照尼禄的容貌设计了雕像的面部，但它后来被改成“无敌者索尔”的更抽象形象。后世的作家则说，巨像的头部改动了不止一次——从尼禄到太阳神或提图斯皇帝，再到化身为赫拉克勒斯的康茂德，然后又改了回来。芝诺多罗斯也许不是在自己的工作间先组装好巨大的青铜像，而是在现场至下而上一块块浇铸成形的。不管怎样，一位希腊作家认为这是罗德岛太阳神巨像所采用的技术。这也解释了为何动用了“不少于24头大象”——以这种方法现场浇铸的雕像无法被拆解并分块运送。

然而，从芝诺多罗斯抵达罗马到尼禄自杀的四年时间，不足以完成这项浩大的工程。这意味着巨像会在弗拉维王朝时期完成，面部的改动也不是大费周章地改造已有的成品。一个更聪明的推测是：巨像本来是一尊太阳神的形象，它与在世或过世人士的任何相似之处都只是当时之人想象出来的。

尼禄巨像的高度是另一个众说纷纭的疑团。在这一点上，普林尼的文字出现残缺。其他史料给出的数据却相当一致：看上去巨像高约30米（相当于10层楼高），顶上的太阳光芒王冠长6—7米。讽刺诗人马提亚尔在取笑一个有着阿玛宗人体格的女孩时，提到的也许是这尊巨像：

> 你都有资格嘲笑帕拉蒂诺巨像了，
> 克劳狄娅，因为你只比他矮一尺半。[1]

巨像看上去是什么样子的？很不幸，当时还不存在知名景点的模型纪念品行业，至少没有巨像的纪念品流传下来。我们只能透过文字描述来了解古代那些最有气魄的雕像，比如罗德岛太阳神巨像

在很长一段时间里，世界上最高的雕像一直是伏尔加格勒市马马耶夫山上的“祖国母亲在召唤”塑像（高85米）。雕像于1967年完工，是为纪念斯大林格勒战役而设立的。但从20世纪80年代起，更高的雕像陆续在亚洲各个国家出现。截至本书写作时，这项桂冠归属于中国河南省的中原大佛，佛像落成于2008年，身高108米。[1]

[1] 位于印度古吉拉特邦的团结雕像在2018年落成后，以182米的身高成为现在世界上最高的雕像。——译者注

[1] Martial, *Epigrams*, 8.60.

或奥林匹亚宙斯像。尼禄巨像的情况也差不多，说“差不多”，是因为我们还可以在一些钱币上看到它的大体模样。这些直观证据表明，巨像是一个站立的裸体男子，一只手倚靠在一根支撑的圆柱上，另一只手持一个船舵，后者是机运女神福耳图娜的一个象征。

有证据表明尼禄巨像在公元 354 年仍然矗立着。它最终毁于 410 年哥特人阿拉里克率众劫掠罗马期间，还是毁于 5 世纪的多次地震之一，我们不得而知。但到了中世纪，它无疑已被拆解一空，以回收旧金属。

这引出了一个有趣的问题，事关一段名言。它常常被归到 8 世纪的英格兰修道士比德名下，但更有可能的是，其真正作者是某位曾经前往罗马朝圣的盎格鲁 – 撒克逊人（比德似乎从未踏足欧洲大陆）。这段话是这样的：*Quamdiu stabit Colyseus, stabit et Roma; quando cadet Colyseus, cadet Roma; quando cadet Roma, cadet et mundus.* 在《恰尔德·哈洛尔德游记》中，拜伦给出了一个翻译：

> 只要斗兽场屹立不倒，罗马就会屹立不倒；
> 当斗兽场倒下，罗马也会倒下；
> 而当罗马倒下，世界随之倒下。

大多数学者都同意，这段话中的“Colyseus”

指的并不是弗拉维圆形剧场（它在古典古代从来没有被称为“Colosseum”，一次也没有），而是尼禄巨像。当雕像确实倒下时，向来实用主义的罗马人把这个名称转给了离它最近的巨型建筑。尽管如此，在8世纪，当来自英伦的朝圣者举目四望时，他们无疑看不到巨像的影子。因此，或许他们确实意指圆形剧场——如果我们从字面上理解他们的预言，那么整个世界可都应该好好照顾斗兽场了。

在我们终于来到所有罗马古迹中最鼎鼎大名的之前，让我们最后看一下如今离它最近的邻居：君士坦丁凯旋门。它是帝国时期最古怪也最富争议的建筑之一。

君士坦丁凯旋门

首先要说，建筑史家和考古学家迄今仍未就君士坦丁凯旋门的建造时间完全达成一致。这看上去有点奇怪：毕竟在凯旋门两侧拱门的上方分别刻有“VOTIS X—VOTIS XX”和“SIC X—SIC XX”的字样，大意为“纪念十周年宣誓典礼，展望二十周年宣誓典礼”和“纪念十周年，展望二十周年”。315年是君士坦丁即位十周年——306年，在他的父亲君士坦提乌斯一世死后，他父亲的军团在不列颠拥立他为皇帝。（确实，从306年到315年只过去九年时间，但罗马人计算周年是以计算“虚岁”而不是计算“周岁”的方式进行的，因而数字对得上。）

尽管如此，每当君士坦丁凯旋门周围架起脚手架，学者们得以对它展开新的研究时，争议就会重燃。有没有可能是君士坦丁将已有的凯旋门加以重新利用？毕竟他对许多属于前任的装饰性部件采取了“拿来主义”（我们接下来就会看到）。更何况在古典古代的文献中，也没有任何关于君士坦丁凯旋门的记载。有些专家给出了一些不同猜测：它可能建于马可·奥勒留时期，甚至图密善时期。大多数历史学家仍认为它建于君士坦丁时期，但这并非定论。

一个普通人也能够很容易地注意到凯旋门上的浮雕和雕像风格不一致：从最上层非常写实的蛮族形象到两侧拱门上方的程式化浮雕。确实，君士坦丁凯旋门是一个不同时代、不同风格的部件拼凑在一起的大杂烩。“spolia”一词，原本意为“战利品”，从16世纪时起，它也被用来指代那些从原来的建筑上扒下来，然后用到其他地方的结构性或装饰性部件。罗马城到处可见这样的例子，但即便在罗马，君士坦丁凯旋门也可谓独树一帜，确实配得上它的外号“伊索的乌鸦”（《乌鸦喝水》中的乌鸦）。

君士坦丁凯旋门的这个独特之处，使它成为高雅艺术爱好者的攻讦对象。拉斐尔是最早取笑它的人之一，在1519年左右为教宗利奥十世准备的古迹报告中，他写道：

> 长久以来，文学、雕塑、绘画以及几乎所有其他艺术一直在衰落，水准持续降低，直至罗马几位末代皇帝的时候，但建筑仍然遵循优秀的准则，维持着良好的品质，并且建筑物在风格上相对而言没什么变化。在所有各门艺术中，它是最后一个衰落的。这一事实可从许多建筑，尤其是君士坦丁凯旋门身上看出来：其整体结构是好的，其建筑细节也臻于完美，值得称道，但装饰它的雕像在构思和制作上都极其粗糙，缺乏艺术性和良好品位，只有取自图拉真凯旋门和安东尼·皮乌斯凯旋门的那些制作极其精美，风格无可挑剔。

这个“DIY式凯旋门”都由什么拼凑而成？让我们一一道来。在凯旋门最上层的南北两面，分别矗立着四尊蛮族俘虏像——从他们臣服的姿态、怪异的头饰和裤子上可以看出来。这些蛮族像由浅色的意大利大理石制作而成，部分得到了修复，它们是从某座图拉真时期的纪念碑性

年代判断

事实是，几乎无法通过物理学方法确定一件石头或金属制品的年代，艺术史和类型学的方法也无从给出百分百可靠的结论。如果物件由有机材料（比如象牙）制作而成，它可以进行放射性碳测年，但这种方法只能表明大象死于何时，而非象牙制品何时制成，其准确性也不足以判断到具体的朝代或世纪。木料的年轮可以透露它何时被砍伐，但同样，保存良好的木头可以被重复利用。至于石头或金属制品，情况则要更为复杂。比如，在牛津大学阿什莫尔博物馆藏有一枚著名的金戒指，称为“涅斯托尔之戒”，它由知名考古学家阿瑟·埃文斯购入，后者曾长期担任阿什莫尔博物馆馆长。有些学者相信，它是公元前两三千年的米诺斯文明的真品，但也有些人认为，这是后世的赝品。科学检验只能判断，制作戒指所用的黄金是以前工业化方法冶炼的，但以“前工业化方法”冶炼的黄金在（公元后！）19 世纪的黄金制品中也可以找到！

最近，一条消息震惊了全世界的艺术史家：卡皮托利诺博物馆著名的母狼雕像，长久以来被认为是公元前 5 世纪的伊达拉里亚文化产物（除了那对双胞胎，他们是文艺复兴时期添加的），现在被发现其实是晚得多的中世纪作品，可能是 13 世纪的。意大利研究人员相当确信自己的结论（基于复杂的材料分析、模铸技术和光谱学分析而得出），但这个消息还传播不广，大多数旅游指南和博物馆宣传册仍然将母狼雕像列为一件伊达拉里亚真品。

像这样的争议很少能够完全尘埃落定，相信在未来的很长一段时间里许多古代物件仍将笼罩在历史的迷雾里。

君士坦丁凯旋门的北面（19 世纪素描）

建筑上扒下来的，或许是从图拉真广场，刻画的有可能是达契亚人。

最上层东西两面的两幅浮雕和中央拱门内侧的两幅浮雕也属于图拉真时期，表现了几次战役的场面。这四块浮雕尺寸统一，曾是一条称为“图拉真大浮雕”的浮雕带的一部分。这条浮雕带原本可能是用来装饰乌尔皮亚巴西利卡。这些浮雕的核心主题是敌人在罗马铁蹄下遭受灭亡和屈辱。在每一块浮雕中，我们能够看到至少一个蛮族人，他要么倒伏在骑兵的突击下，要么向胜利者卑躬屈膝。我们稍后会看到这些图像如何被用来推进君士坦丁的意识形态宣传。

底下一层有八幅圆形浮雕，南北两面各四幅。当艺术史家在其中辨认出安提诺乌斯（哈德良皇帝的年轻宠臣）和安东尼·皮乌斯（哈德良的继承人）时，他们便认定这些圆形浮雕取自某座未知的哈德良时期的纪念碑性建筑（拉斐尔将它们归到安东尼·皮乌斯时期）。我们在这些浮雕上找不到哈德良本人，因为他的面容已经被重雕成接近君士坦丁的模样。

这些圆形浮雕以一个严格的顺序交替排列：狩猎，献祭；狩猎，献祭。在凯旋门的南面（如果你面对它，斗兽场就在你的右前方），左边的两幅是：皇帝准备外出狩猎，一个侍从（已经没有头）牵着马，另一个（穿得非常少）牵着狗；然后皇帝向森林之神西尔瓦努斯（潘）献祭。如果仔细观看，你会看到树枝上挂着潘的标志性乐器——排笛（又称为潘笛，由不同长度的芦苇编成）。右边的两幅是：皇帝在猎熊（看上去古典时代的熊个头比较小）；然后皇帝向狩猎女神狄阿娜献祭。

凯旋门的北面（这时斗兽场在你的左后方），左边第一幅是生动的打野猪场景（野猪个头很大），旁边是一幅构图安宁和谐的圆形浮雕：向阿波罗献祭。右边第一幅是狩猎狮子的场景，更准确地说，狩猎已经结束，一只精疲力竭的狮子倒在猎人脚下——这是几幅圆形浮雕中唯一一幅除了皇帝的头部，还有别的地方被改动过的；我们很容易注意到，其他圆形浮雕中的所有人物都站在地面上，这里的人物却站在狮子上，后者是在君士坦丁时期重雕而成的。不过，这些面容都是哈德良的亲信：中间靠后的是安东尼·皮乌斯，右边牵着马的是安

斑岩是一种与花岗岩成分相近的火成岩。它在未加工时看上去并不出众，但在抛光后就具有一种高贵的暗红色调。在古罗马时期，唯一已知的斑岩产地在埃及，而这股热潮也是从那里开始的。梵蒂冈博物馆所藏的海伦娜（君士坦丁的母亲）石棺以及君士坦提娅（君士坦丁的女儿）石棺都是由斑岩制成的。另一个著名例子是巴黎荣军院所藏的拿破仑石棺——但它所用的斑岩不是来自埃及，而是来自俄国西北部的卡累利阿地区。

提诺乌斯。右边第二幅是所有人向赫耳库勒斯献祭。请注意最后两幅圆形浮雕的斑岩背景——其他六幅原来也有这样的背景，但这些珍贵石料早已被剥去。

也有一个假说称，这些哈德良时期的圆形浮雕不是取自其他纪念碑性建筑，而是君士坦丁凯旋门原有装饰的一部分，并且整座凯旋门（至少上迄圆形浮雕这一层）实际上是在哈德良时期修建的。

最上层还有八幅浮雕，南北两面各四幅，表现了马可・奥勒留出兵征讨日耳曼部落。它们可能是从两座未保存下来的、由康茂德为父亲所建的凯旋门上取下来的。北面左起第二幅表现了皇帝出征，左起第一幅表现了皇帝得胜回朝。南面右起第一幅表现了出征前的净化仪式，皇帝献上猪、羊和牛等牺牲；右起第二幅表现了皇帝在出征前致词，以鼓舞士气。

南面左边的两幅浮雕表现了皇帝接受敌人首领及其他俘虏的投降。北面右起第一幅表现了皇帝听取蛮族（可从他们的胡子和服饰上看出来）的陈情，主持正义；右起第二幅表现了皇帝向民众分发钱财，体现慷慨。与哈德良时期的圆形浮雕一样，这些浮雕上的皇帝面容也被重雕成君士坦丁的样貌。

最后，我们来看一条君士坦丁时期的长浮雕带，它环绕了整个凯旋门。叙事从西面（这时斗兽场在你的左前方）开始：军队出征，奔赴战场。转到南面（这时斗兽场在你的右前方），左侧是军队攻城（很有可能是维罗纳），右侧则是君士坦丁的人生转折点，米尔维安大桥战役：敌人承受不住攻击，纷纷落入河中，号手吹响了撤退号。转到东面（这时斗兽场在你的右后方），君士坦丁的部队班师回朝。转到北面（这时斗兽场在你的左后方），我们能看到皇帝在回城后的工作：左边是他向民众发表演说，右边是他向民众分发钱财（在这两幅浮雕中，皇帝的脑袋被铲掉了）。凯旋门东西两面的两幅圆形浮雕（分别表现了太阳和月亮）和拱门的三角形拱肩上的装饰性神像，也都属于那个时期。

现藏于卡皮托利诺博物馆保守宫的三幅浮雕可能与这里的八幅原本是一套，它们分别表现了皇帝战胜敌人，回朝后的凯旋式，以及皇帝向卡皮托利诺山上的朱庇特神庙献祭。

看过君士坦丁时期的浮雕带后，我们很难不赞同拉斐尔的说法。相较于早期浮雕的写实主义和精致构图，表现君士坦丁功绩的“连环画”看上去显得比较原始：雕工粗糙，比例失调，缺乏个人特征，马像狗那么大，所有场景都平铺在平面上，没有一点景深或透视。然而，我们也可以换个角度看：确实，这些浮雕里没有古典的造型技巧，但它们有一种专注、一种意识形态、一种预示一个新时代到来的端倪。君士坦丁凯旋门可以说是一座上承古代、下启中世纪的纪念碑。

君士坦丁凯旋门东面的圆形浮雕：太阳神驾着驷马车从东方升起

为了更好地理解为什么君士坦丁时期是一个历史分水岭，我们现在来看一看凯旋门主拱门上方的题记（两面的题记是一样的）：

元老院和罗马人民将此凯旋门献给英白拉多·恺撒·弗拉维乌斯·君士坦丁，最伟大、虔诚和有福的奥古斯都，因为他，出于神圣启示和他的崇高品质，借助他的军队以及正当的武力，将国家从暴君及其爪牙手中解救了出来。

刻在石头上的字眼很少是随意的。借助这些“无声的宣传”，君士坦丁传递了至少三件非常重要的事情：首先，他将自己曾经的共治者、后来的内战敌手马克森提乌斯称为“暴君”，凯旋门上的旧浮雕也已经表明，对待人民公敌要像冬天一样无情——他们基本上就相当于蛮族。其次，君士坦丁标榜自己解救了国家或共和国（res publica），与奥古斯都的说辞如出一辙。最后，也最有意思的一点，他以非常有技巧和谨慎的方式触及了自己取胜的超自然因素。

君士坦丁是否是一位基督徒？他是否接受过洗礼？如果他受过洗，整个仪式是否是正规有效的？——这些问题已经被教会和世俗的历史学家激烈争论了很长时间。有一点很清楚：4 世纪初，任何一位稍有远见的政治家都明白，那个新兴宗教并非一时风潮，已经无法装作它不存在。不像传统的罗马多神教，基督教不会容忍其他宗教存在。但同时，有着近千年历史的多神教传统也无法轻易斥之一旁，毕竟罗马人热爱任何古老的东西。这正是为什么君士坦丁凯旋门上的题记没有说诸如“在诸神护佑下”（diis faventibus）之类的话，而是含混地

312 年 10 月 27 日傍晚，在米尔维安大桥战役的前夕，君士坦丁目睹了一个异象，后来又做了一个梦，得到指示要使用某个特定标志。根据说希腊语的历史学家尤西比乌斯的记载，君士坦丁梦中获得的指示是“ἐν τούτῳ νίκα”，转写为“en toútōi níka”，拉丁文通常翻译成“in hos signo vinces”——“在此徽号下，汝可克敌”。在梵蒂冈宫的所谓“君士坦丁厅”中有一幅大型壁画，它是拉斐尔的学生和合作者在他去世后根据他的草图画出来的。壁画被称为《十字架显圣》，表现的是一个光芒四射的十字架出现在空中，引得君士坦丁及其军队惊愕不已。为了避免疑惑，一道硕大的光芒上还写着那个希腊语的指示。然而，十字架在基督教中的使用是后来才确定的，如果君士坦丁当时确实使用了一个符号来代表这个新宗教，那么它也只可能是基督之名的希腊语写法（Χριστός）的前两个字母组合——☧。

提到“神圣启示”(instinctu divinitatis)。与此同时，在浮雕上，君士坦丁(他的形象是改造了之前皇帝的面容)还是做着诸如向神明献祭等一位罗马统治者常做的事情。我们在凯旋门上看不到任何主教或其他基督教符号——当然，这只是一个时间问题。在某种意义上，君士坦丁凯旋门是古罗马建筑史的尾声。在它之后，一切将不同以往。

IV. 斗兽场

这样说绝非信口胡言，而是说出了实实在在的真相：它在这个时分显得如此古意浓浓，又如此茕茕独立，以至于有一瞬间(实际上就在进入其中的那一刻)，那些进入其中的人仿佛看到，在这座从古代屹立至今的庞然大物当中，有成千上万的热情面孔正望向中央的决斗场，盯着那里卷起的没有语言可以描述的争斗、鲜血和尘土的旋风。它的孤独、它的绝美以及它的荒芜，就好像一阵淡淡的哀伤，在下一刻触动了首次来到这里的人的心弦——或许在他的一生中，从没有哪个景色，尤其是与自己的喜怒哀乐没有直接关联的，会这样触动和笼罩着他。

1846年，查尔斯·狄更斯在《意大利风光》中如此写道。一个半世纪后，我们已经对巨型建筑习以为常，但斗兽场仍然会让我们惊叹不已——或许，这更多的不是来自其规模(这仍然是一个因素)，而是来自那个挥之不去的疑问：“他们当初是如何做到的？”

外墙

想要直观地感知斗兽场的规模和结构，最好绕它走上一圈。你可以从其西侧开始，即君士坦丁凯旋门（以及消失的“出汗的墨塔”和尼禄巨像）所在的那一侧，然后沿着逆时针方向行走。你需要知道，只有你现在正经过的一侧，即北侧，圆形剧场的外墙得以保存下来。仔细观看，你可以看到其最上层，即第四层，有别于下面的三层：它看上去没有那么精致，所用石料的颜色不同，上面也没有拱门，只有相隔出现的窗户（曾经与窗户交替出现的是装饰性的青铜盾牌）。这一层比下面三层建造得稍晚一些。

再来看外墙上的装饰性圆柱，每一层的圆柱各不相同。最底下一层是朴实的托斯卡纳柱式——古罗马时代，它常常与高贵美好的古代联系在一起。往上一层是优雅的爱奥尼克柱式（它们在罗马城并不多见），再往上一层是科林斯柱式。这样一个序列正好与整个建筑的结构相契合。最底下一层的托斯卡纳柱式（类似于希腊建筑的多立克柱式）简单有力，看上去适合承重。爱奥尼克柱式则优雅多于力量，被用来装饰比例最为精致的中间一层。最后，装饰性强的科林斯柱式给第三层平添了一种轻盈之感。从文艺复兴时期起，每当建筑师需要装饰多层的外立面时，他们就会采用斗兽场所用的这个序列。

继续前行，你就会来到外墙的尽头。你不会错过它：这是一面巨大的砖砌扶壁，抵住了斗兽场的外墙，以免它倾颓。扶壁建于1807年，由梵蒂冈出资，是历史上古建筑保护的最早例子之一。

忽略掉扶壁，这里是古代的痕迹保存得最好的地方。入口的编号可以在拱门上方看到（这里是从LI到LIV，即从51到54），在你脚下是一片古代的石板路面，往右看，你会看到巨大的石墩。这样的石墩曾经环绕整个斗兽场，但保存下来的只有这五块，它们的功用还没有完全弄

古典柱式：（由上往下）托斯卡纳和多立克；爱奥尼克和现代爱奥尼克；科林斯和复合柱式（出自狄德罗的《百科全书》）

明白：可能被用来固定在观众席上方拉起遮阳设施的绳子，又或许石墩之间会拉起绳子在斗兽场周边形成一个屏障，用以控制人流。

14 世纪的一场地震后，部分外墙坍塌，散落的石料很快被搬走，用于其他建筑。继续往前走，你会看到原本不应该被看到的东西：圆形剧场的内部，其“截面”。这也是为什么其上没有圆柱或其他东西装饰，上面的无数孔洞原来是金属钉固定石块的地方，中世纪时金属稀缺，钉子都被撬了下来——金属钉的固定功能看似冗余：少了它们，整个结构依然屹立不倒。

回到斗兽场的西侧，我们会看到另一面扶壁，也是建于19世纪（1852年），但规模要小许多。

斗兽场（为方便起见，我们继续使用这个惯称，其实它不只用于“斗兽”）建于公元1世纪70年代末80年代初，即弗拉维王朝统治期间。我们在西侧的入口附近可以看到一块巨大的大理石残块，上面的题记记载了一次5世纪时的修复。不久前，考古学家仔细检视了残块后发现，在这篇题记“底下”实际上有另一篇更早的题记——旧题记原来由青铜字母拼写而成，可以通过固定青铜字母的小孔复原出来，复原后的大意如下：“韦斯巴芗和提图斯皇帝下令利用战利品修建此座新的圆形剧场。”文字顺畅得令人生疑，有些专家仍持保留意见。不过，如果复原后是正确的，它只不过证实了历史学家长久以来的猜测：韦斯巴芗和儿子们利用从耶路撒冷掠夺的大量财富修建了斗兽场。

斗兽场落成、投入使用之时（在提图斯时期），人们举办了前所未有的盛大庆典，包括角斗士表演和斗兽表演（期间多达五千头动物被猎杀），一直为后世津津乐道。由此也引出了斗兽场的一大谜团。

有些古代作家声称，在落成之日，斗兽场内举

我们已经提到过，斗兽场在古代其实从来没有被称为“Colosseum”，一次也没有。它经常被简单地称为“圆形剧场”：尽管在罗马城里还有其他几座小的圆形剧场，但它们都与这座圆形剧场不可同日而语。如果终究需要明确是哪一个，他们就会说“弗拉维圆形剧场”（Amphitheatrum Flavium）。也许，正如通常认为的，“Colosseum”之名是在尼禄巨像（Colossus of Nero）倾倒之后继承过来的。但对此也有另一个版本的说法。奥古斯都时期罗马十四区的第三区，也就是斗兽场所在的区域，是以埃及神明伊西斯和塞拉皮斯之名命名的。可能罗马人当时将这座圆形剧场称为“伊西斯山旁的圆形剧场”（Amphitheatrum ad Collem Isaeum），然后其原始含义被人遗忘而留下一个被误解的名字。

行了模拟海战。卡西乌斯·狄奥写到，提图斯突然下令将决斗场灌满水，让经过训练的马和牛在其中表演，然后让人重演了那场诱发了伯罗奔尼撒战争的、发生在克基拉人与科林斯人之间的海战。许多旅游指南也会告诉你（对细节言之不详），斗兽场可以在转眼间变身为一个大水池。

但这个遗迹保存至今的斗兽场是不可能变身为水池的。今天的参观者可以清楚地看到，在决斗场下面是一系列地下通道（hypogeum）、小房间和升降梯——借助它们，诸如大批狮子凭空出现之类的特效才得以实现。地下通道的建造不晚于图密善时期，它们使得任何灌水方式都成为无用功；此外，即便没有地下通道，鉴于附近克劳狄水道的输水量，大概也要花上一个小时才能把决斗场灌满，这可称不上是“转眼间”。史料中确有记载，有一些地方，比如城外的一处奥古斯都时期的池塘，

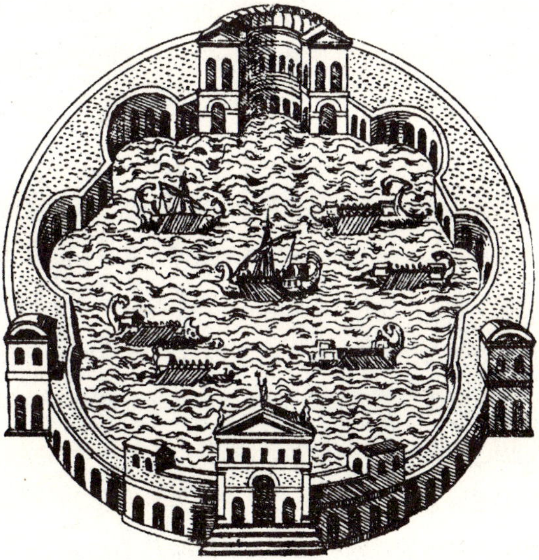

海战表演（16 世纪版画，艾蒂安·迪佩拉克作）

是专门为所谓的“海战表演”（naumachia）而建的，但斗兽场可能并不属于其中之一。卡西乌斯·狄奥，当他在落成庆典的一个世纪后记述该事时，有可能把地点弄混了。

斗兽场为罗马人提供了两大类表演：角斗士表演和斗兽表演。每个大类下面又有很多子类，它们之间的界限是模糊的，但总得来说可以概分为两类不同的表演。

我们先来看一下角斗士表演。

角斗士表演

角斗士表演并非一个原生的罗马习俗，它像其他很多东西一样，也是从邻近部族，很有可能是从伊达拉里亚人那里借鉴的。对待死亡向来慎重其事的伊达拉里亚人会在贵族的葬礼上组织武装格斗，所用的主要武器是短剑（gladius）。这是种形式的献祭：不取血以祭，逝者的亡灵就无法进入死后世界。角斗士表演与追悼死者之间的关联延续了很长时间。公元前65年，朱利乌斯·恺撒向罗马人献上320对全副鎏银青铜铠甲的角斗士（gladiator），引得世人惊叹，当时整个活动旨在纪念他已经过世20年的父亲。

在语言中，我们也可以发现角斗士表演的献祭起源：其他的戏剧和战车表演被称为“ludus”——“游戏、竞技”，角斗士表演（以及由其衍生的斗

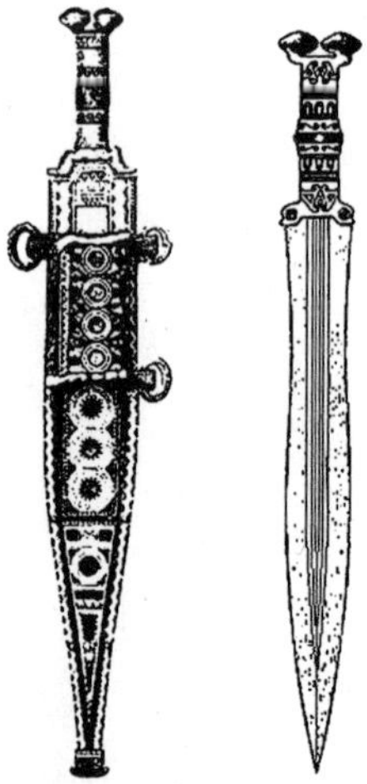

罗马短剑

伊达拉里亚人的葬礼表演（墓室壁画）

兽表演）则被称为“munus”——“义务、责任”。

共和晚期和帝国早期，角斗士表演变成了一门不折不扣的娱乐产业。角斗士在专门建造的营房中居住和接受训练（我们已经见到过其中一处，马格努斯角斗士学校），受到一位经纪人（lanista）的管理。角斗士经纪人不是一份受人尊敬的职业（比拉皮条的好不了多少），但它非常赚钱。技术上来说，只有奴隶可以在决斗场中表演，想要下场的骑士阶层或元老阶层自愿者必须首先正式舍弃自由，但对此的证据多有牴牾，令人困惑。当然，对于皇帝，大家就睁一只眼闭一只眼了。康茂德是最热衷于此的，但他无疑不是孤例，连喜好钻研学问的克劳狄也曾与一头被困于

在2004年的一个广告中，三大女歌手Pink、碧昂丝和小甜甜布兰妮饰演的女角斗士踏入斗兽场，但没有相互搏斗，而是开始合唱《We Will Rock You》，震撼全场，甚至震落了皇帝私存的一柜子百事可乐，并一不小心将皇帝本人甩入场中，扔到狮子面前。这个广告表明，角斗士和斗兽场的符号在将近两千年后依然有其商业价值。

不过，真有过女人上场决斗吗？卡西乌斯·狄奥表示，她们甚至在斗兽场的落成庆典上就有登场（但只是“一些小角色的女人”，他匆忙补充道）。在大英博物馆藏有一幅来自东罗马帝国的浮雕，上面刻画了两位女性角斗士正在进行一场格斗表演。

浅水中的鲸鱼进行过搏斗。

有关角斗士生活的证据严重受限于现有史料的片面性：流传下来的文字记载几乎全部出自上层阶级之手，这使我们得以听说那些皇帝角斗士（确实很惊人，但也只是谈资），还能知道观众的某些感受（古代作家，尤其是基督徒，常常谴责这种残酷的流血行为，却又如施虐者般进行了细致描述）。普通民众的印象主要体现在庞贝的涂鸦中，角斗士自己的声音则只能通过他们的墓碑传递给我们。

有鉴于此，对于诸如角斗士世界的社会和民族构成以及经济状况等吸引人的话题，我们只有零星了解。角斗士大多来自俘虏（最初的时候，不同类型的角斗士分别被冠以不同敌族的名称——萨姆奈人、高卢人、色雷斯人）以及罪犯（他们要么被送上决斗场生死相搏，要么最终丧命野兽口中）。

很难估计这些为金钱、荣誉或肾上腺素冲击而搏命的人的数量。更难估计一位角斗士有多大机会活着走出决斗场。当然，这取决于许多因素：对手、运气，以及观众的情绪——观众可以要求给一位败阵的角斗士最后一击，或留他一命。（观众貌似是通过大拇指的朝向来表达自己的决定，但我们不清楚具体是怎样的。认为拇指朝下表示“结果他”纯粹是一种猜测。）有些决斗会事先约定“至死方休”（sine missione），这意味着组织者准备花大钱：招募和训练新的角斗士是非常昂贵的。根据墓碑的记载，有些角斗士活过了100场甚至更多决斗（当然，如果并非吹嘘的话），这是比较幸运的，不过终究是少数——统计表明，活过 20 场决斗已经是极其幸运了。

角斗士的社会地位低，但还是极受欢迎，很容易成为一时的超级明星和梦中情人。讽刺诗人尤维纳利斯就取笑了一位贵族妇女抛弃身为元老的丈夫，与一位既不年轻也不貌美、在战斗中还破了相的角斗士私奔——只因为“他是一位角斗士”[1]。“这些女人爱的是剑。”诗人故意以弗洛伊德式暗示评论道。

斗兽表演

斗兽表演也随着角斗士表演同时流行起来。在质朴的共和时期，野兽只在春季祈求丰收的节日上才会被使用。谷神节期间，人们将尾巴上绑着火把的狐狸放入马克西姆竞技场中，任其一路狂奔；花神节期间，人们将兔子和鹿也放到马克西姆竞技场中（不是圆形剧场——当时罗马还没有常设的圆形剧场）。

斗兽表演给了活动出资人一个机会，向罗马人展示奇珍异兽并借以提升自己的受欢迎程度。展品可谓琳琅满目，观众可以见到已知世界的几乎所有动物，尤其是异域野兽。这些动物的主要来源地是北非。经年累月，罗马的观众见到了大象、犀牛、

你可能在学术性文献中读到过一场发生在尼禄时期的海豹与北极熊的战斗。海豹还可以获得，但北极熊出现在罗马是值得高度怀疑的，除非它们的活动范围在罗马时代以后急剧缩小。北极熊（*Ursus maritimus*）现在生活于北极圈附近的狭窄区域。罗马人再聪明能干，也很难设想他们与位于欧亚大陆最东端的楚科齐人做买卖。这看上去源自一个误解：卡尔普尔尼乌斯·西库卢斯的一首诗提到了常见的棕熊，它们由于被商人跟海豹放到一起而被后人想象为北极熊。

[1] Juvenal, *Satires*, 6.110.

斗兽（19 世纪版画）

骆驼、长颈鹿、河马、鸵鸟、欧洲野牛、驼鹿、猎豹、所有种类的羚羊，以及当然，无数的狮、虎、熊和野猪。

1850 年，一头幼年河马被送至位于摄政公园的伦敦动物园——这是在罗马时代之后，第一头涉足欧洲的河马。人们带着动物从尼罗河畔到泰晤士河畔的旅途漫长艰辛，耗费不菲，还遇到了各种安全和物流问题（为了在途中给小河马喂奶，甚至得带上一群牛）。当初罗马人如何在更低的技术、导航和动物学知识水平下，经常性地完成这样的壮举，我们不得而知。很有可能，大部分动物都在中途死亡了。罗马的动物表演给外省——尤其是非洲——造成了巨大的生态破坏，有些已经永远无法挽回。

当西塞罗担任奇里乞亚行省（现在的土耳其南部）的总督时，他的亲友凯利乌斯·茹福斯一再请求他送几只黑豹到罗马来。茹福斯刚刚赢得选举，热切地期望举办一场像样的表演。西塞罗则反复推脱：黑豹现在已经非常稀少，剩下的都已经跑到隔壁的卡里亚行省了——最近不是已经给你送过去几只了吗？不管怎样，今天的土耳其已经不见黑豹的踪影——在历史上的卡里亚地区没有，在奇里乞亚也没有。

观众

任何去过大型剧场或体育场的人都知道，要找到自己的座位并没有那么容易：你需要对着票面上的区号和座位号，上下张望，左右顾盼，努力搞清楚楼层、过道和座位的分布，最终你可能还不得不寻求领位员的帮助。建筑师和工程师们则要考虑到更多因素：前后排的观众不能遮挡视线；每排的座位数量既要达到预计的容量要求，也不能设计得太挤；各排之间应该有过道通行；最后，在出现火灾或其他紧急状况时，必须能够在短时间内完成疏散。

斗兽场的设计考虑到了所有这些因素——外加一些现代设计师不会遇到的考量。像今天一样，最靠近决斗场的座位是最体面的，越高越远则观看效果越不佳。现如今，席次的优劣主要体现在票价的高低上。罗马的公共娱乐却通常都免费：费用由官员、出资人或皇帝承担。此外，个人财富与社会地位之间并不是直接对等的（英国人对此深有理解），因此，观众在圆形剧场各层之间的分配是事先安排好的：最靠近决斗场的一层预留给元老们，再上一层留给骑士阶层，再上一层分配给“平民”（那些有权穿着托加但不是贵族的罗马公民），再上一层提供给那些不能或不愿穿着罗马公民正式服装的人，最高一层的站席则挤满了城市无产者、外来者和奴隶。在不同时期，妇女会被禁止或允许进入斗兽场。当她们获准进入时，只能挤到最高最远的这一层。特定职业的人被禁止进入，比如，曾经作为角斗士上过决斗场的人（当然，康茂德和其他皇帝不在其中）。这是否意味着一位退役角斗士就无法观看年轻一代的表演？在理论上，是的，但这一禁令很有可能并没有得到严格推行。

在南北两侧有独立的包厢，分别提供给皇帝和维斯塔祭司使用。（前文提到，女祭司不被视为通常意义上的女性或通常意义上的人，可免除任何世俗的禁令。）这些 VIP 包厢位于南北两侧的中央，有着最好的视野。在北侧还有一个单独的通道，预留给皇帝使用。

岁月的侵蚀让我们有机会一窥斗兽场的内部，看到古罗马人从未见过的东西。我们已经提到过南侧的内墙，但中央的决斗场本身是一个更生动的例子。当然，它当年并不是我们今天看到的这个样子。我们现在看到的（除了东边被盖住的一小块）是供角斗士和野兽出场的地下设施和通道。此外，神话题材的表演也是一项大受欢迎的固定项目：特洛伊的陷落、劫夺欧罗巴、被捆牛角上撞死的狄耳刻、被狮子撕碎的提斯柏等。举办方可以展现出高度的写实主义（也就是说，实际杀死演员），而为了进一步增强效果，适当的布景也不可或缺。配合这些表演的山丘、森林和城市就可以从决斗场底下升起来。

在巨蟒剧团的《布莱恩的一生》中，同名主人公穿行在犹太行省的一座罗马圆形剧场的观众席中，向观众兜售云雀舌头、鹪鹩肝脏、燕雀脑子、美洲豹耳垂和炸狼乳头。这些小吃是生造的（毕竟美洲豹在美洲），但当时无疑会有商贩在表演间歇兜售小吃和饮料。

斗兽场的表演常常会持续几个小时（上午斗兽表演，下午角斗士表演），所以照顾好观众是极其重要的。除了吃喝拉撒，还需要为观众做好防晒工作。因此，圆形剧场可能覆以特制的帆布遮阳篷。为了维护这一装置，来自罗马主要海军基地之一米塞努姆（现在的米塞诺）的一队水手就专门驻守在斗兽场。具有遮阳篷无疑会大大提升任何演出的吸引力：当朱利乌斯·恺撒在（自己资助的）表演期间将广场遮盖起来时，这件事比表演本身更为人所津津乐道。庞贝的一则著名涂鸦，在为一场即将到来的角斗士表演打广告时，就特意提及“会有遮阳篷”（vela erunt）。

基督徒与狮子

在公众的认知中，斗兽场与基督教殉教者紧密关联在一起。圆形剧场也成为无数故事、旅游指南、卡通漫画，以及诸如“狮子队 vs. 基督徒队，5∶0”之类的没品笑话的无声背景。这种关联是如此强大，以至于斗兽场常常被视为一座尼禄时期的建筑（毕竟尼禄被视为基督徒的头号敌人）——尽管尼禄并未见到斗兽场的奠基，更别说其建成了。

不过，也正是这种关联，最终保护了斗兽场免于被彻底夷平。16 世纪时，教宗庇护五世鼓励到访罗马的朝圣者从斗兽场的决斗场中取些沙子，因为这里的土地浸透了殉教者的鲜血。18 世纪中叶，教宗本笃十四世在决斗场中竖立了多副十字架，它们在 19 世纪 70 年代被移除——为了表明教廷对于这座城市的统治终于走到了尽头。在墨索里尼时期，在决斗场的北面重新竖起一副十字架，以显示教廷与法西斯政府结束了敌对关系。这副十字架现在仍然矗立在那里。

然而，根本没有证据表明曾有哪怕一位基督徒在斗兽场的决斗场中殉难。在古罗马时期，确有数次对于基督徒的迫害，但它们很快就都平息了。与广泛流传的认知相反，迫害并非出于宗教原因：罗马当局对于自己的子民信仰何种稀奇古怪的神明其实完全不关心。帝国的团结和顺利运行却有赖于包括宗教习俗的统一。你可以不信仰朱庇特或维纳斯（受过教育的人也确实不太信），但公民在特定场合中不施行习俗要求的特定行为是不可想象的。罗马宗教在这方面确实十分敏感。

信仰严格的一神论、禁止崇拜外来神明的犹太人先前争取到了免除某些罗马宗教仪式的权利，但随着基督教的兴起，犹太人的这种异举开始在帝国内传播开来。更糟的是，不像犹太人，基督徒在吸纳新鲜血液时并不局限于中东地区的人，于是一些本来规规矩矩的贵族，突然以宗教禁忌为由，拒绝施行宗教仪式，并不再承认皇帝的神性。到了这一地步，罗马当局的耐心才终于耗尽。

基督徒常常有意识地选择舍身殉教，甚至热切地拥抱它。早期基督教的殉教者之一，安条克的伊格那丢（在圣像画中被刻画成为狮子所吞噬），便在一封书信中写道："我写信给所有教会，让他们知道，我甘心为上帝赴死，只要你不阻拦我。我请求你，不要不合时宜地对我好。让我成为野兽的食物，因为经由它们，我将来到上帝面前。我是上帝的麦子，我由野兽的牙齿研磨成粉，这样我将被做成纯麦的面包。……愿我从准备吃我的野兽那里得到喜悦。我也祈祷它们干干脆脆地对待我。我甚至会邀请它们干干脆脆地吃掉我，避免由于恐惧而束手束脚，就像它们在面对有些人时所做的。如果它们在没有束缚的时候仍不愿吃我，我会迫使它们。……来吧，火焰、十字架和野兽；来吧，断手断脚和粉身碎骨；来吧，恶魔施加于我的种种痛苦折磨——只要它们能帮助我来到基督面前。”[1]

没有角斗士的斗兽场

基督徒可能在斗兽场中输给了狮子，但他们最终赢得了意识形态战争。公元 325 年，君士坦丁禁止了角斗士决斗。到了 4 世纪末，所有角斗士学校都被关闭，至 5 世纪初，斗兽也被禁止。不过，罗马人在官方禁令之后的很长一段时间里，仍在继续组织和观赏角斗士和斗兽表演。最终，随着皇权衰落、城市衰败，曾经人头攒动的表演也自然消失不见了。1332 年，这个传统得到短暂复兴：斗兽场举办了一场斗牛表演，但这只是一次性事件，此后斗兽场被用作修道院宿舍、工坊、防御设施以及采石场，血腥的娱乐活动再也没有在这里上演了。

在完全废弃、一片荒芜的状态下，斗兽场仍然激荡着人们的想象力。随着时间流逝，罗马人渐渐忘却了这座建筑本来的用途。中世纪时，有一个流行的说法：这是一座献给太阳神或恶魔的神庙（其上原本有一个巨大的青铜圆顶）。设计这座神庙的不是别人，正是诗人维吉尔，他当时被视为一位著名的招魂巫师。另一个说法是，这曾是韦斯巴芗和提图斯皇帝的宫殿（至少猜对了朝代）。

直到文艺复兴时期，人文主义者开始阅读和理解古代文献后，斗兽场才被认定是一个用于表演的圆形剧场。但它与招魂巫师和恶魔的关联仍然深入人心。著名金匠本韦努托·切利尼就在他多有吹嘘的自传中描写了自己两次与某位西西里牧师（兼业余招魂巫师）一道前往斗兽场召

[1] Ignatius of Antioch, “The Epistle to the Romans.”

罗马假日

19 世纪伟大的浪漫主义诗人拜伦，曾短暂地途经罗马，但一位浪漫主义诗人终究不需要太多实物来激发他的想象力：他在自己的诗剧《曼弗雷德》中留下了一段对于斗兽场的描写，并将我们之前引用的那段盎格鲁－撒克逊人朝圣者的预言从拉丁语翻译成了英语。

他的《恰尔德 · 哈洛尔德游记》第 4 章的一行诗句有着一段有趣的后话，与一部奥黛丽 · 赫本饰演一位年轻公主并跟一位美国记者发生一段美丽邂逅的电影有关。电影的片名《罗马假日》取自拜伦的诗句，这一诗节描述的正是一位在斗兽场中奄奄一息的角斗士：

> 他听到了喊声，但他不在意—
> 他的双眼跟他的心已经飘向远方：
> 他想的不是自己失掉的性命或奖金，
> 而是他在多瑙河畔的茅屋，
> 那里有他的年轻蛮族在嬉戏，
> 那里有他们的达契亚母亲—
> 作为她们的孩子，他惨遭屠戮，只为一个罗马假日—
> 想到这些，他鲜血沸腾—难道他就这样死去，
> 无人为自己复仇？站起来！你这个哥特人，抓起你的剑！[1]

接下来再看看马克 · 吐温在 1869 年的成名之作《傻子出国记》中所写的：

---

[1] Lord Byron, “Childe Harold's Pilgrimage,” 4.141.

到目前为止，一切还好。如果有人有权为自己感到自豪和满意，那非我莫属。因为我已经写过斗兽场和角斗士、殉教者和狮子，却一次也没有引用“惨遭屠戮，只为一个罗马假日”。自拜伦首先提出这个说法以来，我是唯一一位能做到这一点的成年白种自由人。

“惨遭屠戮，只为一个罗马假日”这句话在前一百七十八十万次出现在纸上时，听上去还好，但此后它就开始变得令人厌倦。我在所有谈及罗马的书中都能见到它……[1]

现在你对这部电影是不是有了一点新的认识?

[1] Mark Twain, *The Innocents Abroad*, Ch. 27.

唤恶魔的经历。他们的第二次尝试结果证明比他们预期的更为成功，以至于切利尼带去的一位小学徒失声喊道：“整个斗兽场都着火了，大火正向我们扑来。”若不是在场的一个人“被吓得屁滚尿流”而让恶魔闻风而退，事情恐怕会变得不可收拾。在他们落荒逃回家的路上，有个人还不断在说，有两个恶鬼一直连蹦带跳地在他们前面开路，一下窜上房顶，一下跳下地面。

18 世纪和 19 世纪，欧洲出现了大众旅游业的萌芽。当然，以现代标准来看，算不上“大众”，但至少有钱人（尤其是来自北欧和英国的）纷纷前往意大利朝圣。罗马无一例外地成为“壮游”的高潮部分，斗兽场则一直是罗马最知名的景点。也难怪当时的所有名人游客，从歌德到拜伦，都为斗兽场留下了感情真挚的文字，这反过来进一步提升了斗兽场的知名度。

19 世纪的小说中，来自大西洋两岸的作者将斗兽场描绘成了一个适合秘密幽会和月下漫步的浪漫但危险的地方。在斗兽场中，这些角色有可能失去理性、染上“罗马热”（通常意味着疟疾），或者由于在大理石面上坐得过久而感染致命的感冒。

与此同时，斗兽场也得到科学家越来越细致的研究。许多著作就专门研究斗兽场植物志这个出人意料却有料的课题。斗兽场内特殊的小气候支持了一些现在不见于意大利其他地方的植物的繁育。理查德·迪金在《罗马斗兽场植物志》中提出，这些异域植物的种子可能来自曾在决斗场中战斗过的异域野兽（附在它们的毛发上，或藏在它们的肠胃中）。他写道，这些珍贵的植物“构成了一个记忆的连接，在逝去岁月的无尽忧伤中，它们传递给我们一些充满希望和让人安心的讯息：若有人对它们无声的魅力无动于衷，他的心确实是冰冷的。因为尽管口不能言，它们还是向我们展示了那种再生的力量，它将不断腐朽的辉煌的尘土重新

斗兽场内部（18 世纪版画）

激活，为已经衰落的宏大披上了迷人的外形”。[1] 这就是 19 世纪中期的植物学书籍的文风。

到了这个世纪末，尽管有浪漫主义者大声疾呼，圆形剧场中的植物还是被清除了：考古学家认定，它们对古代石头造成了严重威胁。

现如今，被一些身穿仿角斗士服装的懒洋洋的街头艺人所包围，入口处还排着弯弯曲曲的长队，斗兽场已经失去了一些浪漫魅力。尽管如此，它仍然是一个非常强有力的符号，常常被用在电影里以“直接”告诉观众：这里是罗马。而不无悖论地，在每年呼吁废除死刑的活动中，斗兽场，这个曾经血染黄沙的死亡决斗场会被灯光点亮。

[1] Richard Deakin, *Flora of the Colosseum of Rome*, London: Groombridge and Sons, 1855, p. vi.

第七章

罗马的摇篮

台伯河河曲处

台伯河河曲处那一小块古迹密布的区域，或许是罗马古城区里最神秘的部分。有些最古老的神话曾在那里上演。它曾是这座古老城市的商业中心，在中世纪还曾是一个民族隔离的区域。它不那么热门，因而游客不多（就罗马的标准而言），也为那些勇于探索的旅行者提供了一种可与古城亲密接触的难得体验。

> 罗马不就是这样子吗？一位导游、一群博物馆参观者、一辆公交、一座旅馆、一眼铭文和斗兽场。
>
> 但它也是忧伤之地、一间昏暗的酒吧，以及富纳里街边上锁的大门。
>
> ——约瑟夫·布罗茨基，《马泰广场》（1981 年）

犹太区

我们从马泰广场开始游览——不是因为它非常古老（事实上，它不是），纯粹因为它是一个迷人且不寻常的地方：罗马闹市中的一片静土。对于俄罗斯人来说，它更显亲切，因为布罗茨基曾写过它的诗。

广场中央的喷泉叫作“乌龟喷泉”，但原始

北
0
50
100 米
阿波罗神庙
马泰广场
马塞卢斯剧场
马塞卢斯剧场大道
屋大维娅柱廊
法布里奇奥桥
切斯蒂奥桥

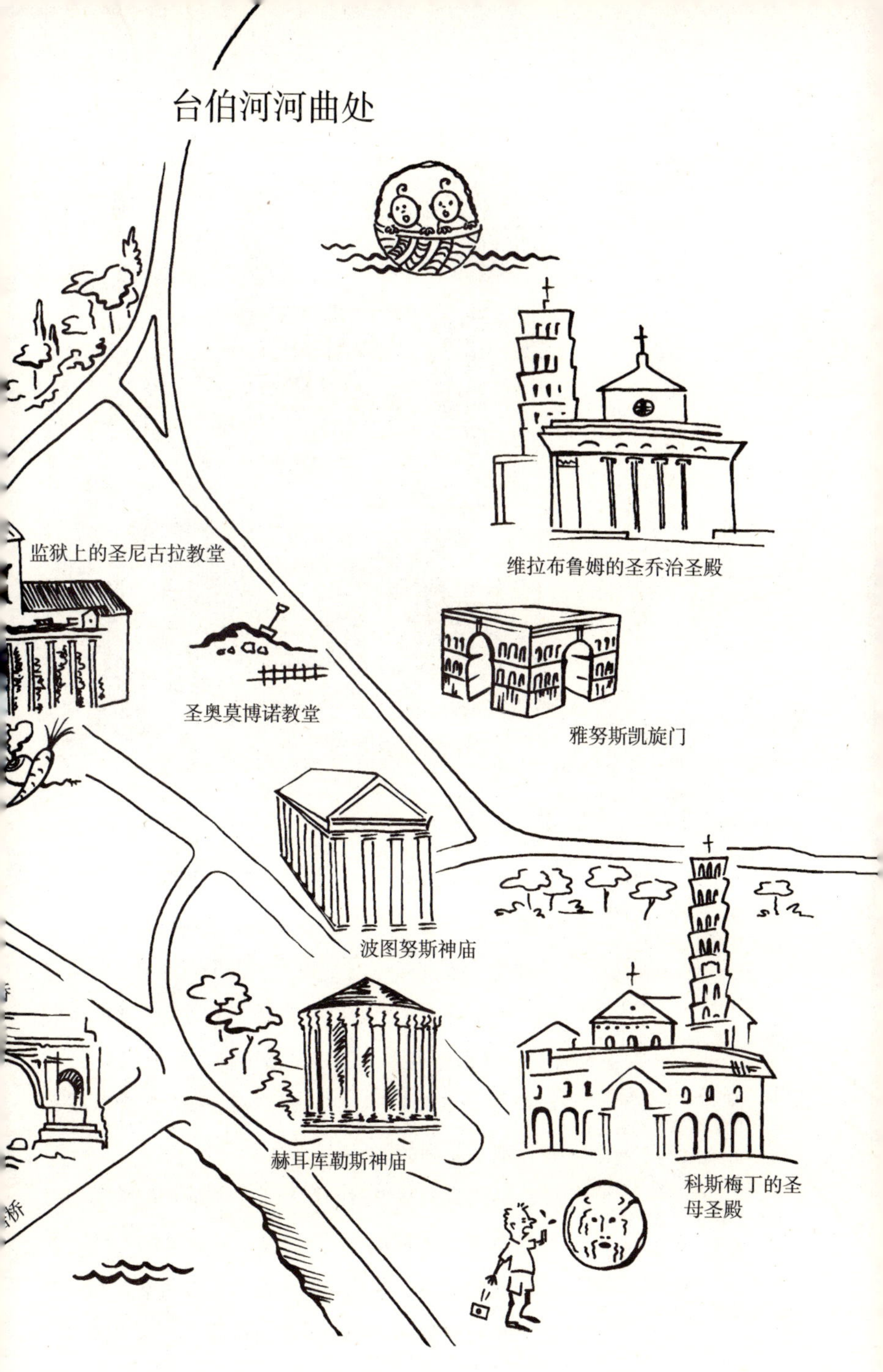
台伯河河曲处
监狱上的圣尼古拉教堂
维拉布鲁姆的圣乔治圣殿
圣奥莫博诺教堂
雅努斯凯旋门
波图努斯神庙
赫耳库勒斯神庙
科斯梅丁的圣
母圣殿

马泰广场（19 世纪素描）

根据罗马当地的传说，穆齐奥·马泰，一位败家子和赌徒，在向一位富有的女孩求婚时，遭到了女方父亲的断然拒绝。为了证明自己的经济条件和心意，马泰一夜之间建起一座喷泉，然后打开窗让未来岳父观看。老丈人对此印象深刻，便同意了这门婚事。为了纪念这次胜利，马泰将观看喷泉的窗户用砖封死了。被封的窗户现在仍然在那里（在喷泉的北面）；至于一夜之间建起一座在艺术和工程上都非常复杂的喷泉是否可能，每个人可以自己判断。

设计安排的是海豚。水流从海豚口中喷出，但由于水压不够，喷得不够远，所以它们被移除了。没有了动物，下方青年的手势（原本手托海豚）就变得有点不知所谓了，所以特意换上了乌龟（它们可能出自 17 世纪雕刻家吉安·洛伦佐·贝尼尼之手）。1979 年，其中一只乌龟被窃，后来所有乌龟就都被换成了复制品。

马泰家族是虔诚的罗马天主教徒，但他们的府邸坐落在犹太区的中心位置。当 16 世纪中期，教宗保禄四世决定将所有罗马犹太人重新安置到这个最不受欢迎的城区（由于靠近台伯河，这个区时常受到洪水的威胁)，并在其周围建立一道围墙时，马泰家族被授予了出入的钥匙。

罗马的犹太隔离政策要比其他西欧城市结束得更晚，一直要等到1870年，教宗对于罗马的统治结束之时。犹太人在罗马也要比在其他欧洲城市生活得更久（至少从公元前1世纪起)，但在古典古代，这个区（名为“弗拉米尼乌斯竞技场”，得名自同名竞技场)与犹太人并没有任何特殊联系。

弗拉米尼乌斯竞技场

一座罗马竞技场（circus)是一个娱乐场所，通常用来进行战车赛。在现代语言中，“circus”一词通常意指另一种形式的娱乐（“马戏团”)。但很有可能“弗拉米尼乌斯竞技场”不是一座“竞技场”(自然也不是“马戏团”)。

首先，古代文献似乎表明弗拉米尼乌斯竞技场占地很大，但在当时，附近的马克西姆竞技场被认为是举办这类活动更适合的场地。其次，这个区域的许多建筑会被称为，比如“一座在弗拉米尼乌斯竞技场的神庙”——不是“在它旁边”，而是“在它里面”。再次，它包含一个市场和众多店铺。最后，罗马人民大会有时会在弗拉米尼乌斯竞技场举办，而罗马人，我们已经提到过，在开会时都站着（除了在元老院)，并且鄙视那些坐在长椅上讨论国家大事的希腊人，觉得他们娇生惯养。

这些牴牾之处将迎刃而解，如果我们假设（有些考古学家便是这样做的)根据这个词（circum)的词源，“弗拉米尼乌斯竞技场”实际上只是环绕着一片城市区域，就像现在许多城市里的环形道路（比如伦敦的皮卡迪利圆环)。毕竟，各种史料从来没有提到过赛道、围栏或其他任何与战车赛有关的东西。有一个记载说，奥古斯都在公元前2年将弗拉米尼乌斯竞技场灌上水，举办了猎杀36只鳄鱼的表演，以庆祝奥古斯都广场的落成。但对此，我们不难想象，这其实是在被环绕的空地（在被称为“竞技场”之前，它曾被称为“弗拉米尼乌斯之地”）的某处挖了一口小的池塘。

这个假说（如果它是真的话）并不意味着“弗拉米尼乌斯竞技场”不可以有围墙环绕。事实上，其围墙一直保存到16世纪，随后马泰家族为了建设府邸而清空了这片土地。

屋大维娅柱廊

在果戈里未完成的中篇小说《罗马》中，主人公“不断在问：‘罗马在哪里？那个辉煌古老的罗马在哪里？’只是慢慢地，随着它开始从狭窄街巷中浮现出来，他们才认出它来——古罗马见于一座暗色的拱门，见于镶嵌在墙上的一块大理石檐口，见于一根斑驳的斑岩圆柱，见于味道浓烈的鱼市中央的一堵山墙。”鱼市中央的这处建筑就是屋大维娅柱廊，曾经是罗马犹太区的地理中心。现在已经没有鱼市，但它曾经存在的证据可见于一旁的鱼市街，以及南面拱门右侧的一篇拉丁语题记：“凡是比这块告示牌长的鱼，其鱼头（含边上的鱼鳍）需要送交市政官员。”

屋大维娅柱廊现在看上去有点惨不忍睹：山墙破破碎碎，圆柱坑坑洼洼，缺失的石制部件只能用砖头补上。它甚至不是柱廊本身，而只是其入口，柱廊并没有保存下来。但想当年，它是罗马最美丽的建筑之一。在柱廊所围成的院子里有两座神庙——天后朱诺神庙和坚守者朱庇特神庙。老普林尼讲了一段有趣的轶事：当搬运工人将神像送入刚建成的神庙时，他们犯了一个错误——将男神像放到了朱诺神庙，把女神像放到了朱庇特神庙。向来信预兆的罗马人决定不做改变，因为神明看上

屋大维娅柱廊（19 世纪初版画，路易吉·罗西尼作）

去已经为自己重新选定了居所。院子里曾有许多作为战利品从希腊获得的骑马像，据说它们由伟大的希腊雕刻家留西波斯所作，塑造的是亚历山大大帝在格拉尼库斯河战役中牺牲的战友，里面还曾有一尊科尔内利娅（格拉古兄弟的母亲）的雕像——它被认为是罗马第一尊表现真实女性（而非女神或神话人物）的雕像，其基座在考古发掘中被发现，现在保存于卡皮托利诺博物馆。

奥维德在诗中多次提到屋大维娅柱廊：在著名的《爱经》（该书是导致他被流放的原因之一）中，他称赞了它的富丽堂皇；在流放期间写成的《哀歌集》中，诗人抱怨道，奥古斯都禁止图书馆员收录他的图

“你将成为真正的马塞卢斯！”

小屋大维娅（罗马时期的浮雕宝石）

此地之前是梅特卢斯柱廊，后来奥古斯都加以复建，将它献给自己的亲姐姐小屋大维娅[1]及其早亡的儿子马塞卢斯。小屋大维娅是罗马历史上最受尊敬、最具影响力的女性之一。她与马克·安东尼的政治联姻给奥古斯都提供了当时亟需的喘息机会。当安东尼拜倒在埃及艳后的石榴裙下，并（再次！）成为奥古斯都的敌人时，小屋大维娅神奇地做到了与自己的丈夫和弟弟同时保持友好关系。她在晚年淡出政治，专注于抚育自己的孩子——不仅是自己的孩子，还有安东尼的遗孤，包括他与克利奥帕特拉的孩子。

维吉尔的一位作传者讲到了一个故事：当诗人在奥古斯都的宫中朗读自己新写的《埃涅阿斯纪》时，他选择了卷六的一个片段，其中讲到了埃涅阿斯游历冥界，见到了众多未来罗马的英雄，包括早亡的小屋大维娅之子马塞卢斯。当诗人朗读到“你将成为真正的马塞卢斯”（tu Marcellus eris）一句时，小屋大维娅晕了过去；醒来后，她下令重赏了维吉尔。

奥古斯都没有儿子，继承人问题对他来说显得特别迫切。这或许是唯一一个他无法处理得顺心如意、最终只能屈从于

[1] 屋大维奥古斯都的第二个姐姐，也是他唯一的同父母的姐姐。——译者注

马库斯·克劳狄乌斯·马塞卢斯

命运（以及他的妻子利维娅）的重大政治问题。这个问题的微妙之处在于，奥古斯都并不是皇帝，无法按照自己的心愿传递自己的权力。他所能做的只是通过自己的权威影响民众和元老院。

马塞卢斯（其父系是一位罗马著名将领的后代，这位祖先曾经夺取“最高战利品”，也正是这位祖先的手下士兵在攻占西西里岛的锡拉库萨时杀死了阿基米德）很小便成为政治游戏中的一枚棋子。他3岁的时候，奥古斯都安排他与庞培之女订婚，以期与他未来的岳父结盟。这段亲事最终未能拉拢这位对手，在庞培战败后，大家便急切地忘掉了此事。当马塞卢斯长到17岁时，奥古斯都将自己唯一的女儿、14岁的朱利娅许配给他。作为一位出身高贵的英俊少年，他很快在民众当中大受欢迎。奥古斯都的密友阿格里帕对马塞卢斯心生嫉妒和不满，但最终没有得到奥古斯都的青睐，只好从罗马出走，前往外省担任总督。马塞卢斯越来越积极地参与公共事务，尽管根据法律和习俗，他还未达到适当的年龄（不过，有奥古斯都自己年少成名的例子在前，这已经不再是一个障碍）。

奥古斯都的王朝梦想最终没有实现。在马塞卢斯得到第一项公职的那一年，他生了病，很快在疗养胜地巴亚去世，时年19岁。

书，他在黑海边新写的作品便无法在帕拉蒂诺山上的藏书室或屋大维娅柱廊内的新图书馆中找到一席之地。

马塞卢斯剧场

老普林尼说，罗马的第一座圆形剧场是由朱利乌斯·恺撒的战友之一盖乌斯·斯克里波尼乌斯·库里奥修建的。当时为了组织葬礼表演以纪念自己的父亲，他修建了两座木结构剧场：当演员和乐师表演时，两座剧场相背而立，半圆形的弧顶靠在一起；而当角斗士表演时，通过复杂的机械装置，两座剧场调转 180 度，拼成了一座圆形剧场。

马塞卢斯剧场是罗马最著名的古迹之一。没有做好功课的游客有时甚至会将它与斗兽场搞混。这也不是完全不合逻辑：跟斗兽场一样，马塞卢斯剧场也分成几层，并且各层不完全一样。遗憾的是，我们不知道第三层看上去是何种样貌，因为它没有保存下来。跟斗兽场一样，马塞卢斯剧场中也有一排排座位，其中一些是专门划分给某些社会团体的。当然，其中进行的表演有所不同，但罗马的娱乐活动是综合性的，相互间必定会有所重合。最后，它是一座圆形剧场（amphitheatre）——也就是说，剧场的两侧都有观众席。

正是朱利乌斯·恺撒第一个想要在此修建一座石结构剧场——以便与庞培的营造一较高下。庞培当时刚建成罗马的第一座常设剧场，也在弗拉米尼乌斯竞技场附近。恺撒未能活着看到这个项目开工，但他已经将土地清空。当时很多人觉得，他在推进此事时的轻慢态度（拆除神庙、焚烧木制神像）是一个不好的兆头。

奥古斯都最终完成了恺撒的未竟工程，并以早逝的外甥之名为这座建筑命名。在剧场的落成庆典上，罗马人第一次见到了活的老虎。

马塞卢斯剧场被用于举办各种比赛、戏剧和音乐演出。后来，韦斯巴芗皇帝对它加以修复，添加了一个新的舞台，并重金奖赏自己喜爱的演员（一位悲剧演员和两位乐师就获得了特别慷慨的奖赏）。

公元370年，当附近的切斯蒂奥桥需要修复时，工人取走了剧场的洞石石块——有可能这时剧场已经不再以最大容量运行了。中世纪的朝圣者很了解这个地方，提到了刻有题记的雕像基座（看上去其上的雕像已经不知所终）。10世纪时，这座建筑被称为“马塞卢斯神庙”。

文艺复兴时期，马塞卢斯剧场被用作防御工事，在其上和周边，先后多个罗马的贵族家族陆续建起了碉楼和堡垒。最迷人的是，它现在仍被作为住宅楼使用。2012年，英国的报纸报道了建在剧场最上层的奥尔西尼宫将作价2600万英镑出售。如果你在晚上路过剧场，看到上面的窗

马塞卢斯剧场复原图

户亮着灯，你就知道这个交易完成了。一处超过两千年历史的建筑还可有博物馆之外的用途，这大概是绝无仅有的吧。

神庙与菜市

马塞卢斯剧场的北面矗立着三根白色圆柱。可以注意一下上面的凹槽：通常这些竖直的凹槽是一样宽窄的，但这里的这些一宽一窄交替出现。这就是医者阿波罗神庙（也称为索西乌斯的阿波罗神庙）所剩下的全部了。

这个地方曾经挤满了中世纪的老房子。1926—1930 年间，经过墨索里尼第一个雄心勃勃的考古和建筑规划"解放"马塞卢斯剧场后，整个区域变得面目一新。在清理剧场周边的过程中，人们发现了一处建筑的台基和其他残块，考证出这是一座阿波罗神庙。1940 年，三根经过修复的圆柱被重新安放到台基上。

阿波罗崇拜不是罗马土生的，还有着悠久的历史。在古罗马，这两个特征没有什么不寻常，但集两者于一身就有点独特了。在传说中的王政时代，这个地方曾有一片圣林献给阿波罗，称为"阿波利那耳"（Apollinar）。

公元前 5 世纪，此地建起了第一座阿波罗神庙，以感谢神明护佑罗马城熬过一次瘟疫（无从判断古代作家指的是何种传染病）。因此，神庙是献

罗马的末代国王高傲者塔奎尼乌斯有一次受到一个噩梦的困扰，便派两个儿子向最受推崇的德尔斐神谕寻求启迪。国王的外甥卢西乌斯·朱尼乌斯·布鲁图斯也随行。布鲁图斯此前一直在装疯卖傻，以避免自己被视为政治上的威胁。当塔奎尼乌斯的两个儿子受到权力欲的驱使，向先知询问谁将统治罗马时，阿波罗神庙的女祭司皮提娅（她也担当阿波罗神谕的传达者）就说：第一个亲吻母亲的人将为王。布鲁图斯是三人中唯一正确解读了神谕的人：一踏出神庙，他就假装不小心摔倒，然后亲吻了大地——一切生灵的母亲。几年后，国王被驱逐，而布鲁图斯成为了新生共和国首任的两位执政官之一。

当然，这只是传说，但确实有可能，阿波罗崇拜早在王政时代就在罗马非常流行（事实上，阿波罗是唯一一个希腊主神，在罗马神话中没有对应的拉丁语名字）。不过，这个崇拜很有可能不是直接从希腊本国引进的，而是经过了伊达拉里亚人或意大利南部的希腊殖民地的中转。

给司治病救人的阿波罗的，所以它被称为“医者阿波罗”（Apollo Medicus）神庙。它的另一个名称，“索西乌斯的阿波罗”（Apollo Sosianus）神庙，得名自盖乌斯·索西乌斯，后者在公元前1世纪对神庙进行了重建和修复，很有可能是在犹太行省的一次军事胜利后。索西乌斯曾在亚克兴海战中与奥古斯都兵戎相见（也正是在这次海战中，奥古斯都认为自己得到了阿波罗的庇护，便在俯视战场的附近山上为阿波罗修建了神庙），但奥古斯都原谅了索西乌斯，并且原谅得十分彻底，在亚克兴海战14年后，甚至委托对方主持筹办自己恢复举办的百年祭典（Ludi saeculares）。拉丁文“saeculum”是指一个人所能活的最长寿命，从90年到110年不等。祭典连续举办三天三夜，以庆祝旧一代结束而新一代开始。

奥古斯都还在帕拉蒂诺山上为这位希腊神明建立了另一座神庙。在此之前，马塞卢斯剧场附近的这座神庙是罗马城里唯一的一座阿波罗神庙。

保存下来的内殿浮雕残块（现藏于蒙泰马丁尼中央博物馆）表现了一个凯旋式的游行队伍。这意味着，这些作品可能完成于奥古斯都时期，因为他在公元前29年举办了一次三重凯旋式，以纪念他的三场胜利。神庙外部则装饰着阿波罗的传统标识——月桂枝叶。

元老院经常在这座神庙里开会。像罗马的其他许多神庙一样，这里也曾经收藏了丰富的艺术品，

尼俄柏的神话凸显了阿波罗及其妹妹阿耳忒弥斯（狄阿娜）的勇猛好斗和有仇必报。尼俄柏是坦塔洛斯之女，一共育有14个孩子，并拒绝庆祝勒托（勒托娜）女神的传统节日，因而勒托只有两个孩子。勒托的孩子，阿波罗和阿耳忒弥斯，决定为母亲复仇，于是用神箭将尼俄柏的孩子们全部射杀。悲痛万分的尼俄柏化为悬崖，不停流出苦涩的泉水。这处悬崖现在还矗立在土耳其的马尼萨省。

古人在说起某人意外死亡时，会说他被阿波罗或阿耳忒弥斯之箭射中了。在罗马国家博物馆的马西莫宫中就藏有一尊传神雕像，表现了尼俄柏的一个女儿被阿耳忒弥斯之箭射中的状态：赤身裸体的姑娘挣扎着扭转身子，徒劳地试图拔出后背致命的箭支。这尊雕像是在埃斯奎利诺山上的花园中找到的。

试图保护女儿免受阿耳忒弥斯之箭的尼俄柏（希腊雕像）

其藏品还有着特定主题：所有雕像和绘画均与阿波罗有某种关联，其中最有名的是一组表现尼俄柏的孩子们的雕像，当时的罗马历史学家也搞不清楚它们是哪位希腊大雕刻家的手笔。

20 世纪 30 年代，在阿波罗神庙的东边出土了另一座神庙的台基——可惜只剩下一些混凝土和凝灰岩的碎块。人们猜测，这有可能是柏洛娜神庙。柏洛娜是地道的罗马女神，在希腊众神中没有直接对应的神明。她象征着战争中的血腥疯狂——不单纯是战争之神，还是屠杀之神。在向柏洛娜献祭时，祭司需要割破自己的胳膊和腿（在古代，这是真做的；后来就变成比划一下样子）。这座神庙由著名的阿庇乌斯·克劳狄乌斯·凯库斯（我们将在第九章讲到他的故事）在一场与伊达拉里亚人和萨莫奈人的战争之前发愿建造。

此后，神庙一直维持着与其奠基者氏族的紧密纽带，与克劳狄氏族有姻亲关系的奥古斯都也对它另眼相看。在整个历史上，柏洛娜神庙也始终保持着与战争的关联。当元老们聚集于此时，常常是为了讨论是否授予获胜统帅一个凯旋式。在神庙前，曾经矗立着一根小的圆柱，它在罗马的军事仪式中扮演着一个特殊角色。

在古代，当罗马打算与某个邻邦开战时，主要负责执行外交事务的特殊祭司团的成员（fetial）就会前往那个城市，依照一定的程式，向对方宣告罗马的主张和条件。如果在 33 天后，事情没有得到和平解决，祭司们就会前往边境处，朝敌方领土掷出一枚标枪，这被视为正式宣战。但在公元前 3 世纪时，潜在敌人的领土距离罗马边境实在太远了，不可能隔海将标枪投掷到西西里或迦太基，所以罗马人命令一名被俘的希腊士兵在柏洛娜神庙附近买下一小块土地，这样它在形式上就是敌方领土了。祭司们便可以朝这一小块土地投掷标枪，也无需担心破坏传统。为了让仪式更庄严，罗马人在这座神庙前竖起了一根宣战圆柱，作为投掷标枪的起点。

沿着马塞卢斯剧场大道往南一点，眼前会出现另一座融合古今的典型罗马建筑。它是监狱上的圣尼古拉教堂。当年，曾有很多希腊人聚居

监狱上的圣尼古拉教堂（18 世纪版画，朱塞佩·瓦西作）

在这个地区，他们便以这位在东正教传统中尤其受欢迎的圣人之名命名了这座教堂。现在为教堂所占据的区域（处在马塞卢斯剧场、卡皮托利诺山、台伯河岸之间）在古代曾经是一个菜市，这一事实可从教堂南边的菜市街看出来。

教堂相当古老——它可能最早建立于6世纪。大部分保存至今的墙体可追溯至10世纪和12世纪。其外立面由贾科莫·德拉·波尔塔在16世纪末建立，其钟楼则是中世纪防御设施的遗留。

公元前90年，朱诺神庙重新加以了净化，原因是当时一位贵族妇女凯西利娅·梅特拉做了一个梦：她梦见朱诺向自己抱怨说，妇女们在里面从事“一个不体面且肮脏的行业”而玷污了神庙，并且一条母狗还带着一窝狗仔在神像脚下安了家。只有在人们诚心祈求并举行净化仪式后，朱诺才愿意回归原位。

罗马的救世者朱诺神庙被认为仅次于拉努维乌姆（位于罗马东南大约30公里）的朱诺神庙。在拉努维乌姆的圣林中，有一处洞穴里住着一条神蛇。在祭祀朱诺的庆典上，一位特别选出来的女孩会带着祭祀面包献给神蛇。如果蛇吃了面包，这会被视为一个好兆头。

这座教堂的不寻常之处一眼就能看出：其墙体中嵌入了古代圆柱，还有两根圆柱孤零零地矗立在教堂与马塞卢斯剧场之间。当年，这里曾经并排坐落着三座可追溯至共和时期的古老神庙，现在人们很难判断它们分别是献给谁的。大多数专家认为，今天教堂北边（你面对其外立面时的右手侧）的雅努斯神庙是三座中最古老的——它建于罗马在公元前260年对迦太基首次取得海战胜利后；南边（你的左侧）的希望女神斯佩斯神庙，也建于第一次布匿战争期间；最后，中间（被圣尼古拉教堂完全压在下面）的救世者朱诺神庙则是三座中最大的。

教堂的钟楼曾是皮耶莱奥尼家族的防御工事的一部分。这个家族是富裕的犹太人，改信了基督教，购入或自建起这个地区最好的房子。马路对面就有他们的另一处房子（建于11世纪，同样有碉楼），两侧是柱廊的废墟（南边的保存较好，但也只剩两道由火山凝灰岩制成的拱门）。

在这三座连在一起的神庙与马塞卢斯剧场之间，当年还曾有另一座神庙——皮厄塔斯神庙。皮厄塔斯（Pietas）是虔诚的化身——前文提过，“pietas”一词的含义比现代语言中的“虔诚”更为宽泛和丰富。这座神庙里安放着罗马的第一尊鎏金雕像，它由政治家阿奇利乌斯·格拉布里奥替自己的父亲所立——父亲当初许愿建造这座神庙，但没有来得及见到它完成。这样的孝行对这座神庙来说再适合不过，因为“pietas”首先要求子女孝顺父母。老普林尼将这座神庙的所在地与一个他认为很好诠释了“pietas”的故事联系了起来。很久以前，这个地方曾是一座监狱（“监狱上的圣尼古拉教堂”可能就试图反映这段记忆；但另一个说法是，它之所以这样得名，是因为其底下的古代遗迹曾被认为是图利安努姆），一位出身卑微的妇女曾被关在里面，准备被活活饿死。这位妇女的女儿（她自己刚成为母亲）每天都来探望她，而狱卒每天都会搜她的身，以免夹带食物入内。最终，女儿被现场逮到用自己的乳汁喂养母亲。狱卒被如此的孝行所感动，释放了她们，并为她们全家安排了终身的公共经济补助。

不知是为了纪念此种善举，还是因为附近就有一个牛市，当年在菜市中曾有一根“牛奶”圆柱。在它旁边则设有一家牛奶房：贫困家庭的子女可以从这里获得免费牛奶。关于这根圆柱，流传下来的

老普林尼的故事已经很惊人，但在古代还有另一个更加骇人的版本，其中入狱的不是母亲，而是父亲（在这个版本中，父女各有名字：父亲叫吉蒙，而女儿叫佩罗）。在文艺复兴和巴洛克时期，这个题材（通常称为“罗马人的善举”）非常流行，尤其是在荷兰和弗兰德斯的画家当中。它让他们有机会利用非常吸睛的画面来表现一个孝亲的主题。鲁本斯曾多次画过这个题材（其中一幅就藏于艾尔米塔什博物馆）。

“罗马人的善举”（16 世纪版画，泽巴尔德 · 贝哈姆作）

信息很少，它很有可能在建造马塞卢斯剧场的时候被清理掉了。

圣奥莫博诺教堂附近的古迹

20世纪30年代，卡皮托利诺山西南麓与台伯河畔之间的广大区域得到了大举改造（属于“解放”马塞卢斯剧场计划的一部分）。墨索里尼规划了一条与河流平行的大道（海洋大道）——像其他新修的直道一样，它也旨在用于阅兵式和集会游行。（这条大道现在分成了两段，南边的路易吉·彼得罗塞利大道和北边的马塞卢斯剧场大道。）这次改造的一个残留痕迹是位于圣尼古拉教堂以南的户籍登记宫（Palazzo dell’Anagrafe），它在清理出的土地上建成，曾是法西斯统治时期罗马市政府的所在地，有着典型的墨索里尼古典主义风格，其外立面的墙上镶嵌着一块大理石碑，下部的题记里仍然有着“MVSSOLINI DVCE”（“领袖墨索里尼”）的字样，上部是母狼浮雕及其他帝国标志物。现在，这里是罗马第一区区政府所在地。

当时还在这个区域规划了其他类似建筑，但在筹建过程中，人们在圣奥莫博诺教堂附近发现了古罗马遗迹——属于罗马城里最古老的遗迹之一。墨索里尼很是推崇古罗马，于是开发项目停工，考古发掘开始。

挖掘过程中，人们很快发现，在教堂下面及其

圣奥莫博诺（也被称为“Saint Homobonus”，得名自“homo bonus”——“好人”）是一位来自克雷莫纳的富有裁缝，以虔诚知名：他从不错过圣餐，将自己的大部分收入分给穷人，对待顾客诚实守信。他在一次弥撒期间去世，倒下时身子还形成十字状。应民众要求，他几乎在死后立即被封圣（12世纪末）。近些年，圣奥莫博诺成为一个广受欢迎的商业吉祥物，尤其是在美国，他的小雕像成为某些商业圈子里的流行礼物。

附近埋藏着两座几乎一模一样的神庙。这里的文化层层层堆叠，上迄公元前7世纪，下至帝国时期，其中最有意思的一层是公元前6世纪，即罗马王政末期。两座神庙分别被认定为玛图塔圣母神庙和福耳图娜神庙，它们都由那位人们知之甚少的国王塞尔维乌斯·图利乌斯所建。

塞尔维乌斯·图利乌斯出身卑微，因而崇拜机运女神福耳图娜看上去符合他的情况。一个传说将他的好运归因于他与女神秘密幽会，说女神穿过一个特别的窗户进入他的卧室。那些喜欢为传说寻找合理解释的学者将这个故事阐释为“与神女交欢”。这样的仪式见于许多古老文化——有时交欢仅仅是象征性的，有时会由女祭司或专门的妓女替代女神。

在福耳图娜神庙里曾有一尊古老的鎏金雕像，它外罩两件真正的托加，被遮蔽得严严实实，谁也无法确定衣服底下到底是谁。人们相信衣服底下是塞尔维乌斯·图利乌斯，至于他为什么要这样子藏起来，大家说法不一。老普林尼声称，雕像上的托加经受住时间（和蛀虫）的考验，历经五百多年而不腐坏。

在发掘过程中，各种发现陆续出土：一篇伊达拉里亚题记（罗马最古老的），以及多尊陶像的残部——其中一组尤其有趣：它表现了赫拉克勒斯（罗马人称为赫拉克勒斯，这可从他身穿的狮子皮上辨认出来）和旁边的战神雅典娜（罗马人称为密

诉诸雅典娜权威的一个有趣例子可见于希罗多德《历史》的第一卷。当僭主佩西司特拉托斯试图重返当初将自己放逐的雅典时，他想出了一个诡计，一个在希罗多德看来“历史上最愚蠢的办法”：“自古以来，希腊人就以其更为聪明和不落蠢笨而有别于异邦人。所以这些人能够设计出这样一个计划愚弄雅典人——这些所有希腊人中最聪明者，这着实奇怪。”[1]这个诡计是这样的：他们在阿提卡的一个村庄里觅得一位个头很高、仪态庄严的年轻女性，将她打扮成雅典娜的模样，然后护送她回到雅典。传令官在前头喊道：“雅典人啊，热情欢迎佩西司特拉托斯吧，雅典娜对他另眼相看，正亲自带着他回到她自己的卫城。”人们信以为真，纷纷上前祭拜，并欢迎佩西司特拉托斯的到来。

[1] Herodotus, Histories, 1.60.3.

涅瓦）。这组雕像现藏于蒙泰马丁尼中央博物馆。它们描绘的也许是一个著名的神话场景：雅典娜向奥林匹亚诸神引荐刚刚死后升天的赫拉克勒斯。有趣之处在于，当时的许多希腊僭主都将自己包装成赫拉克勒斯下凡，并试图说服民众相信雅典娜其实对他们特别眷顾。如果这些陶像不单纯是装饰之用，而是塞尔维乌斯·图利乌斯的意识形态宣传的一部分，这可能就意味着，他在效仿希腊和近东的“君权神授”统治模式，因而“神秘的”东方与“理性的”罗马之间的鸿沟并不像看上去的那么不可跨越。

玛图塔是黎明女神，也是掌管生育的女神。“古人因黎明女神的无私而称她为‘母亲’”，一位古罗马的古物研究者这样写道。公元前2世纪，玛图塔圣母神庙内立起一块彩绘匾额，以纪念执政官提比略·格拉古征服了撒丁岛。除了一篇炫耀武功的题记（“杀死或俘虏超过八万敌军”），匾额上还有一幅撒丁岛地图，上面画着主要战役的场面。

这两座神庙保存下来的东西很少：只有一些台基残迹、一个可能用来安放雕像的圆形石头基座、一个勉强可辨的祭坛以及一些圆柱的碎块。

圣奥莫博诺教堂附近神庙复原图

尽管如此，这里仍然是考古学家的宝藏库。考古挖掘已经陆陆续续持续了将近 80 年，但圣奥莫博诺教堂的周边仍然是罗马最具价值的考古地点之一。

在圣奥莫博诺教堂附近发现的有些残块，明显既不属于玛图塔圣母神庙，也不属于福耳图娜神庙。考古学家推测，它们可能原本属于卡皮托利诺山上的忠诚神庙（就像“pietas”，罗马人对于“fides”一词也有着更为宽泛的理解——它集信仰、忠诚、诚实、信任等意义于一身），只是由于滑坡或其他自然现象而滑落下来。坐落在卡皮托利诺山上的神庙都非常庄严正式，忠诚神庙也不例外。它的墙上嵌着罗马与周边及远方国家签订的条约。军团军人则将证明自己已经光荣退伍的铜牌交给神庙的库房代为妥善保存。

维拉布鲁姆

从圣奥莫博诺教堂继续往南走，走不多远，我们会在左手侧看到一个广场，当中有一座样子古怪的低矮凯旋门和一座中世纪教堂。广场坐落在被称为维拉布鲁姆（Velabrum）的地方的中央，根据传说，这个地方正是罗马的传奇开始书写之处。

人们认为维拉布鲁姆是台伯河将装有罗慕路斯和雷穆斯的篮子冲上河岸的地方，也是母狼发现他们的地方。这个地名一直没有得到令人满意的解释。普鲁塔克认为，由于这一地区经常发洪水，人们经常需要乘坐帆船出行，而“帆”在拉丁语中是“vela”，但语言学家觉得这个解释难以成立。

广场中间的雅努斯凯旋门是罗马唯一幸存下来的一座四面门（tetrapylon）。它现在的名称有可能源自一个误解：在中世纪时，意为“门”或“通道”的“ianua”一词被解读为指代那位神明。一份帝国晚

雅努斯凯旋门（19 世纪初版画，路易吉·罗西尼作）

期的文献曾提到一座“神圣君士坦丁凯旋门”，或许说的就是这处建筑。跟斗兽场一样，它也经受了中世纪金属拾荒者的洗礼：石块之间的窟窿原本是铁钉或青铜钉所在的位置。在宽大的壁龛中曾经安放着雕像。拱门上方的拱心石也上刻神像：北面是密涅瓦，东面是罗玛（罗马城的化身）。凯旋门现在的低矮样子容易让人误解：16—18世纪的图像显示，它顶上其实原本还有另一层精美建筑，但后者在1830年被当作中世纪的加盖而遭到拆除（它很有可能并不是）。13世纪时，这座凯旋门曾被弗兰吉帕内家族用作防御工事，混淆可能就来源于此。

在雅努斯凯旋门的东边是一座中世纪早期教堂，维拉布鲁姆的圣乔治圣殿，其墙上也半嵌着一处罗马古迹。它通常被称为货币兑换商凯旋门（Arcus Argentariorum），但从建筑角度看，它其实不是什么凯旋门。不清楚它是什么更大建筑的一部分，或许它是进入牛市的一个入口。

牛市

牛市（Forum Boarium）北接维拉布鲁姆，西至台伯河，东达马克西姆竞技场。这个名字似乎表明这是一个买卖牲畜的地方，但有些学者还是持怀疑态度——他们认为，更加开阔、更少水患的战神之地更适合进行此类活动。他们还引用奥维德来支持自己的论点：奥维德曾写到，广场得名自一尊来自希腊，安放在维拉布鲁姆附近的青铜公牛像。

然而，这个说法与货币兑换商凯旋门上的长篇题记相左。题记写道，这处建筑由“此地的货币兑换商和牛贩”（argentari et negotiantes boari huius loci）出资兴建，以献给塞维鲁皇帝及其家族。还有一个细节或许可以作为证据：整座凯旋门由大理石构成（很明显这些商人有这个钱），除了下部的凝灰岩。有没有可能下部之所以使用更廉价的石料，并不饰装饰，是因为经常有牛群穿过此门？

凯旋门上的题记和浮雕经过了多次改动，因为在塞维鲁时期，时不时地，这个统治集团有不同成员经受了“除忆诅咒”。这种做法古已有之，并从古埃及一直延续到了现代，它涉及将碍眼的名字从所有官方题记中剔除，并尽可能地抹除这个人的视觉形象。这个家族的一些成员在权力斗争中被杀害，他们的名字也被禁止提及——因此，他们的名字和形象就从凯旋门上消失了。（注意一下题记第五行中单词之间的巨大间距——可真是难为当时的工匠了。）最有意思的浮雕位于“凯旋门”的内侧：左侧是卡拉卡拉皇帝在一个便携式祭坛上进行净化仪式（他身旁是一片空白，那里想必原有一些现已失宠的朝臣的身形）；另一侧则是塞维鲁皇帝和朱利娅·多姆娜皇后在献祭（再一次地，一个身形被铲平了，因而一根祭司权杖看上去像是漂在半空中）。

一个中世纪传说声称，货币兑换商将他们的财富藏在了这座凯旋门里面。对此甚至还有一首打油诗：“Tra la vacca e il toro, troverai un gran tesoro.”——“母牛对公牛，宝藏中间求”（公牛位于凯旋门的左外侧，母牛位于其右内侧）。不过，从来没有人发现过宝藏。

货币兑换商凯旋门的右侧半嵌入圣乔治圣殿钟楼的墙中。这座教堂收罗了各式各样的圆柱以及其他许多古代和基督教早期的物件。圆柱高低不一，可以注意一下建筑师为了保持高度一致而采取的各

圣乔治是一位军官、屠龙英雄和少女救星，也是基督教世界中最受欢迎的行业、国家和城市主保圣人之一。我们很熟悉他在俄罗斯首都市徽上的形象，但除了莫斯科，格鲁吉亚、英格兰、葡萄牙、希腊、立陶宛、热那亚、巴塞罗那、里约热内卢等国家和城市也将圣乔治视为自己的守护者。作为一位来自卡帕多西亚（现在的土耳其中部）的希腊人，他在维拉布鲁姆的希腊化居民中广受欢迎。

从雅努斯凯旋门的门洞望向维拉布鲁姆的圣乔治圣殿和货币兑换商凯旋门（19 世纪素描）

种手段（有些截去一部分，有些沉到地面以下，还有些立在抬高的平台上）。其中有些圆柱，尤其是在进门右手侧的那些，上面还留有古代涂鸦的痕迹。彩绘的天花板可以看到朝着祭坛方向明显收窄——有可能是因为教堂建在一个更早期建筑的基础上，不得不顺势而为。

1993 年 7 月 27 日夜，教堂附近的一枚汽车炸弹几乎完全摧毁了它的门廊。与此同时，另一枚炸弹在拉特朗的圣若望大殿附近爆炸。两座教堂均受损严重。圣乔治圣殿的门廊后来得到细致修复，现在只有教堂内的一个小型图片展能让人回想起那次恐怖袭击。

幸运的是，没有人在罗马的袭击中丧生（但在同一晚，米兰的一枚炸弹造成了五人死亡）。这些袭击接续了两个月前发生在佛罗伦萨的一次炸弹袭击，当时的袭击造成五人死亡、超过四十人受伤，并导致附近的乌菲兹美术馆和农学家学会图书馆严重受损。警方认为这一系列袭击事件是西西里岛黑手党为了反对政府的一项法令而策划的。

在维多利亚时期，英格兰圣公会的许多牧师和教徒开始主张在英国国教中恢复某些罗马天主教的教义和仪式。对此最活跃和最主要的支持者来自所谓的“牛津运动”（因为其核心成员主要是牛津大学的教授）或“册页派”（这场运动的主要思想在 1833—1841 年间陆续发表的《时论册页》中得到阐发）。运动的领袖之一是约翰·亨利·纽曼，一位牛津大学奥里尔学院的老师和圣公会的牧师。他的求道之旅最终让他在 1845 年皈依罗马天主教。在接下来的数十年里，他一直为英国的天主教徒奔走呼吁，但直到 1878 年新教宗利奥十三世即位后，他才得到罗马教廷的正式认可。在众多显要的英国天主教徒的促成下，教宗擢升纽曼为执事级枢机（枢机是天主教会中仅次于教宗的职务，分成三个等级：主教级、司铎级和执事级），尽管他既不是主教，也不居住在罗马。作为枢机，他理应在罗马城里拥有一座名义上由他管辖的教堂，而纽曼被授予了维拉布鲁姆的圣乔治圣殿。教堂内有一块铜牌讲述了这段过往，并强调了他“首先是一位基督徒”（ante omnia Christianus）。他的格言是“心心相谈”（Cor ad cor loquitur）。2010 年，在访问英国时，教宗本笃十六世为纽曼举行了宣福礼。

真言之口

自维拉布鲁姆往河边走，我们就会来到真言之口广场，日本游客的热门景点。在这里，我们会见到两座古代神庙（一座长方形，一座圆形），以及一座历史悠久的基督教堂。

长方形神庙长久以来被称为“阳刚的福耳图娜神庙”。但现在的大部分专家都认为，这是波图努斯神庙。波图努斯（Portunus）在许多功能上与雅努斯类似：他们是大门、边界、过道和渡口之神，他们的象征都是一把钥匙。随着时间推移，他们的职责逐渐区分开来：雅努斯继续负责大门，波图努斯则专门负责通往大海的“大门”——港口（portus）。因此，这样一座神庙建在河畔是再合适不过了。

值得注意的是，这座神庙建立在异常高的台基上。考古挖掘表明，建于此地点的上一座神庙还要抬得更高——竟高出六米！这是一个必要的防洪措施：从古至今，这一街区始终深受洪水困扰。

在建筑学上，波图努斯神庙属于伪周柱式。周柱式的典范是雅典的帕特农神庙：它的四面都被圆柱包围。不过，这里只有前面门廊的圆柱是独立的，后面和两侧的圆柱则一半嵌入墙中，一半露出装样子。位于法国尼姆的方形神庙也是同样的结构，它可能是整个欧洲保持最好的古代神庙。

方形神庙和波图努斯神庙之所以保存良好，是因为它们当初及时被改造为基督教堂。台伯河畔的

圆形神庙和波图努斯神庙（18 世纪版画，朱塞佩·瓦西作）

这座神庙在 9 世纪时与圣母玛利亚联系在一起，后来改奉埃及的圣玛利亚，后者是悔改者的主保圣人，在东方基督教中尤其受欢迎。16 世纪时，教堂被移交给当地的亚美尼亚人社区，并改称为有点拗口的“亚美尼亚人的埃及的圣玛利亚教堂”。20 世纪 30 年代，在墨索里尼的古迹解放运动中，教堂周围的晚期建筑被移除，但教堂内的 9 世纪壁画残部得以保存下来。

在波图努斯神庙的南边是一座小的圆形神庙。长久以来，它被称为“维斯塔神庙”，只因为在过去，所有的圆形神庙都会被自动当成是献给灶神维斯塔的。这个（无疑是错误的）命名现在仍能在一些导游图，甚至一些大众读物中见到。

很难确定地说出这座非常古老的神庙里到底供奉的是什么神明。但在经过多年的研究和争论后，考古学家还是多少达成了一个共识：这是一座赫耳库勒斯神庙。问题是，在牛市附近曾经有两座（如果不是三座

认为这是胜利者赫耳库勒斯神庙的唯一可靠文字证据是18世纪在切利奥山出土的一块灰色火山岩石碑上的题记。其中写到，亚该亚征服者和科林斯毁灭者、执政官卢西乌斯·穆米乌斯修建了胜利者赫耳库勒斯神庙。这个发现误导了许多考古学家：既然石碑是在切利奥山找到的，那么神庙也应该在那附近。但没有证据表明赫耳库勒斯崇拜曾经见于切利奥山（不像在牛市），所以这块石碑在过去两千年里的流传可能相当复杂。

卢西乌斯·穆米乌斯是平民新贵之一。让他永垂史册的凶残战功发生在公元前146年。我们还没有完全搞清楚，为什么他的军队要如此残暴地（即便以古代的标准来说）对待希腊最著名、也最富有的城邦之一——科林斯。所有科林斯男子均被杀害，妇女和儿童被卖身为奴，所有神庙被劫掠一空。经济因素可能是原因之一，穆米乌斯可能执行了元老院的直接命令，以便消灭一个强大的商业竞争者。

科林斯是希腊最文明和美丽的城邦之一，但根据古代历史学家的记载，穆米乌斯似乎并不是很懂希腊艺术。在将一批无价的科林斯雕像送回罗马时，他严厉警告船员说，要是他们将货物弄丢或损坏了，他们必须自己赔偿一模一样的。

的话）赫耳库勒斯神庙。事实上，这整个港口商务区都在这位著名半神的庇护之下。一个假说认为，这座神庙是献给橄榄商赫耳库勒斯的，后者是橄榄和橄榄油商人的守护神。另一个假说则认为这里供奉的是胜利者赫耳库勒斯，这时这位英雄以战士和猎人的形象出现。出于可以理解的谨慎态度，很多旅游指南更喜欢使用一个描述性的称呼："台伯河畔的圆形神庙。"

这座圆形神庙是罗马第一批几乎完全以大理石建成的建筑之一。这些大理石从希腊进口（来自雅典附近的彭特利克大理石），这也支持了与穆米乌斯相关的假说。神庙在建好后不久就进行了首次修复。建造神庙的几乎可以确定是希腊人，在当时，罗马的工程师和工人还根本不怎么会使用大理石。

原始的结构原本有一扇面东的大门和两扇分布两侧的窗户。如果你绕着神庙转一圈，就会发现：并非所有圆柱都一样。圆柱原本有20根，但现在，1根已经不见，还有几根是后来替换的复制品。这些复制品使用的不是希腊大理石，而是意大利大理石（卡拉拉大理石），它们与原物也稍有不同，这明显体现在柱头上。如果你面对入口处，站在两根圆柱之间，那么左起（顺时针方向）第五根圆柱就与两旁的不一样。在抬高的凝

真理之口（19 世纪素描）

灰岩台基中央有一个坑洞，一个所谓的“地窖”（favissa），类似于基督教堂的地下室：一个存放雕像或其他圣物的地方。原来的屋顶没有保留下来，现在的瓦片屋顶是后来添加的。

在广场对面矗立着一座有着高大中世纪钟楼的教堂。这是科斯梅丁的圣母圣殿（Santa Maria in Cosmedin），它里面藏有两件古罗马古物。

其中一件国际知名。这里的广场以它的名字命名，它也出现在不计其数的明信片、旅游指南封面和海报上。它就是“真言之口”。我们在古代文献中找不到“真言之口”的记载，它的盛名要在很大程度上归功于电影《罗马假日》。

格雷戈里·派克假装手被咬掉的一幕其实是一次临场发挥，奥黛丽·赫本事先并不知情，因而她的惊恐和生气反应是真实的。在《牛津罗马考古指南》中，阿曼达·克拉里什写道：“真理之口会咬掉说谎者的手。”其中没有“根据传说”诸如此类，所以别说没警告过你。

这块浮雕无疑属于古罗马时期，它以带暗红色纹路的弗里吉亚大理石制成（在意大利语中，这种混色大理石被称为“pavonazzetto”，得名自“pavone”——孔雀）。它原本也许是一座喷泉或一个装饰性落水口的一部分。我们不确定上面的面孔是谁的。今天的罗马人倾向于认为它是台伯河神，尽管一项最近的研究将它断定为大洋神俄刻阿诺斯（只是它没有俄刻阿诺斯胡子下部的标志性的海豚样形状）。

第二件古物远没有那么知名。它被藏在教堂最不容易到达的地方——地下室，坦白地说，它看上去也貌不惊人。这是一个由凝灰岩石块拼成的巨大平台，它上面可能曾经安放着赫耳库勒斯大祭坛（Ara Maxima）。

在帕拉蒂诺山的那一章，我们已经讲过，从西班牙赶牛回家的赫拉克勒斯与试图偷牛的巨人卡库斯之间的故事。台伯河畔的市场及周边商务区向来受到赫耳库勒斯的庇护，所以在这里安放他的祭坛是顺理成章的。在诗人普洛佩提乌斯的一首诗中，赫耳库勒斯在打败卡库斯后，将神牛从巨人的洞中放出：“去吧，你们！边哞叫，边让这个地方冠上牛之名。有朝一日，你们吃草的地方将成为罗马城著名的市场。”[1]

口干舌燥的赫耳库勒斯听到远处妇女的笑声，原来那里是一处妇女之神的圣林，里面还有一口喷泉。但一位年长的女祭司拦住他的去路并告诉他，这里男人免进。恼怒的赫耳库勒斯发下誓言，等到这里建起他的大祭坛，他将禁止所有女人进入，以报复在他干渴之时，她们不给他水喝。后来人们也确实不允许妇女（以及狗）参加在这个祭坛上举行的仪式。

所有商业活动的第一批成果会被献给赫耳库勒斯大祭坛。整个仪式也不同寻常：首先，出席者是坐着的，而不是站着；其次，他们没有遮掩头部（这是希腊人的习俗，罗马人在献祭或其他仪式上必须用托加罩

[1] Propertius, *Elegies*, 4.9.19–20.

住头）。

科斯梅丁的圣母圣殿（“Cosmedin”一词的意义不是很清楚——或许它源自希腊语的“装饰”，与意为“化妆品”的“cosmetics”一词同源）吸纳了一座公元4世纪的罗马建筑的一部分。进入其中，你不仅会看到原来的一些圆柱，甚至还有古代的墙壁。不过，地上的装饰性地面是中世纪的。这种石嵌地面被称为“科斯马蒂式”，得名自工匠和建筑师世家——科斯马蒂家族。13世纪时，科斯马蒂家族将罗马的很多教堂装饰成了这种风格。

河心岛与桥梁

趁着还没有从河岸走远，让我们到河心岛上走一走。经过科斯梅丁的圣母圣殿以及赫耳库勒斯神庙来到河边，我们会来到帕拉蒂诺桥。这是一座相当新的桥（以罗马的标准来说）——它建于19世纪末。由于一个奇怪的城市规划，桥上的汽车是靠左行驶的，它因而被本地人昵称为“英国桥”。

在桥的右手边，我们可以看到古老的埃米利亚桥的残余。现如今，出于显而易见的原因，它更常被称为“断桥”。这是罗马最古老的石桥，从公元前2世纪起就矗立在这个地方（当然，经过了一次次修复重建）。桥的入口处曾经有一座凯旋门。但在16世纪，桥体的三分之一被洪水冲垮；三个世纪后，残存的桥体几乎被全部拆除，只剩下中央的

在波图努斯神庙的北边（如果你面向台伯河，它在你右手边）有一处12世纪的房屋。当埃米利亚桥还在的时候，这处房屋几乎紧挨它。比起君士坦丁凯旋门，这处房屋也不遑多让，称得上是“伊索的乌鸦”：其外立面装饰着各式各样的残块。长久以来，出于某些还不清楚的原因，它被称为“彼拉多之家”；19世纪时，为了解释正门上方的长篇拉丁语题记（其内容，简而言之，就是人生短暂，终有一死），有些学者就认为它属于14世纪的平民领袖科拉·迪·里恩佐。现如今，它通常被称为“克雷申齐之家”，得名自一个著名的中世纪家族，但这也只是猜测。

桥洞供人怀古。

沿着台伯河的右岸往北行，我们在切斯蒂奥桥向右拐。这座桥在公元前 1 世纪第一次将台伯河的河心岛与右岸连接起来，但我们不知道它得名自鼎鼎大名的塞斯提乌斯氏族的哪一位成员。4 世纪时，这座桥经历了一次大修（正是在那个时候，马塞卢斯剧场的洞石石块被拿来修桥），并以当时的皇帝格拉提安之名重新命名。19 世纪末，在重新修葺河岸的时候，格拉提安桥被发现长度不够。所以人们修建了一座新桥，但建筑师努力保留了中央桥洞的外观，甚至大量使用了老桥的建筑材料。

台伯河的这座河心岛，严格来说，并没有一个名字。它常常被称为“Isola Tiberina”，意为“台伯河的岛”。古罗马人也简单称它为“那座岛”、“两桥之间的”（inter duos pontes）或“埃斯库拉庇乌斯岛”（原因我们稍后会解释）。根据传说，这座岛在罗马人驱逐末代国王后才出现。王室所藏的谷物被发现不能食用（传说没有解释为什么会这样），罗马

河心岛和两座桥（19 世纪素描，英国佚名画家作）

人便将它们扔入河中。时值夏天，台伯河处于枯水期，所以泥沙开始在谷物堆周围淤积，河心岛由此成形。

但当然，河心岛实际上要古老得多。它坐落在河道弯曲、水势较缓的地方，也是天然水道与通往萨宾山区的陆路商道交汇之处，正是这样的优越位置催生了罗马的诞生。

这座岛向来是一个有点遗世独立、不怎么像罗马的地方。一些神秘而古老的神灵在岛上找到了容身之所。其中最早的之一是埃斯库拉庇乌斯（希腊人称之为阿斯克勒庇俄斯）。在公元前 293 年的一次恐怖瘟疫过后，罗马人咨询了西彼拉书，随后派出一个使团，前往希腊的埃皮达鲁斯，后者是阿斯克勒庇俄斯的主要崇拜中心。使团带回了一件奇怪的礼物：一条蛇——医神的圣物。船只停靠在战神之地一侧的河岸，在一个称为纳瓦利亚（Navalia）的军港。蛇从船上溜走，游到岛上，然后不见了踪影。这被认为是一个预兆，所以人们在此建起了埃斯库拉庇乌斯神庙。

迄今还未在岛上找到神庙的踪迹，但考古学家几乎可以肯定，它就坐落在岛上的圣巴尔多禄茂圣殿现在所处的地方，教堂祭坛前的中世纪水井很可能就是埃斯库拉庇乌斯圣泉的直接传承。神庙的柱廊当年也被用作接诊室，在那里找到的相关题记和还愿石碑可以证实这一点。河心岛与城市的其他部分被水隔开，这使得它适合用于隔离病人。它到中世纪时仍然继续接待病人。事实上，那里还有一座自 1548 年起持续运营至今的医院（Ospedale Fatebenefratelli）。

一座又瘦又长的岛屿、左右各直直伸出一座桥梁，这不禁让人联想到一条中流击楫的船只。显然在古代也有人这样想，因为在岛的东南就建有一个洞石船头（很有可能在西北也建有一个船尾）。石船的船头历经沧桑，但还可以勉强辨认出船身上手持蛇杖的埃斯库拉庇乌斯。船头上方则是一个警察局。

我们回程会经过法布里奇奥桥。它是罗马城中唯一一座多少仍以原貌在使用的古罗马石桥。落成题记在两个桥洞两侧的券石上重复了四次。它说，该桥由路政官卢西乌斯·法布里西乌斯（于公元前60年）修建。在面向战神之地一侧的券石上还有一篇字小许多的题记（同样两个桥洞上一样），上面提到，在桥建成40年后，时任执政官检查了桥体状况，并发现一切良好（体检是在一次大洪水后进行的）。

中世纪时，这座桥常被称为“犹太桥”，因其紧邻犹太区；现在，它则常被称为“四面桥”，得名自19世纪安置在桥东头的两尊四面雅努斯像（其实总共有八面），它们如今还在那里。

台伯河上最有名的桥还是它的第一座桥。它被称为“木桩桥”（Pons Sublicius），完全由木头搭成而没有用到一枚钉子，因而很有可能是在拉丁人掌握冶金术之前所造的。它由一个专门的祭司团管理，因而“pontifex”（原意为“造桥者”）一词成为“祭司”，以及后来“主教”的同义词。它现在主要被用于教宗的一个头衔，“Pontifex Maximus”——“最高教长”。

我们不知道这座桥具体是在什么时候被毁的，但至少在帝国晚期，它仍然矗立在距离牛市不远的地方。不过，这座桥上演的最重要历史事件发生在古代，在共和国的早期。在驱逐伊达拉里亚出身的国王后，罗马人与伊达拉里亚人处于不断冲突的状态。有一次，敌人甚至完全占据了台伯河右岸的贾尼科洛山。战士贺拉提乌斯·科克莱斯立即召唤战友拆除木桩桥：一旦伊达拉里亚人跨过河，他们就会像占据贾尼科洛山一样轻松拿下卡皮托利诺山和帕拉蒂诺山。工程师开始干活，贺拉提乌斯则带着两名勇敢的战友立于右岸，准备阻击数千人之众的伊达拉里亚军队。当桥还矗立时，贺拉提乌斯得以站住阵脚：敌人的标枪纷纷被他的大盾牌所拦下，但当桥终于被拆掉时，他便向河流祈祷起来：

“哦，台伯河，父亲之河，

贺拉提乌斯·科克莱斯的背水一战（17 世纪版画）

罗马人都向你祈祷。
一个罗马人的生命，
一个罗马人的武器，
今天交到你的怀抱！”
说着，他还剑入鞘，
身不释甲跃入波涛。[1]

托马斯·巴宾顿·麦考利这样写道。这位维多利亚初期的政治家在将英语确立为印度的官方语言一事上发挥了重要作用，并且他本身也是一位著作丰富的作家。他的《古罗马谣曲集》在当时广受欢迎，连公立学校的学生都了然于胸。贺拉提乌斯·科克莱斯的故事（这是他对于李维的记载的诗化复述）一直是其中最常被引用的部分，尤其是贺拉提乌斯超级爱国的发言：

勇敢的贺拉提乌斯，
守门队长出声发言：
“世人终有一死。
为了他的祖先之灵，
为了他的诸神之庙，
不惧以卵击石而死，
还有什么有甚于此？”

在2013年的好莱坞电影《遗落战境》中，汤姆·克鲁斯饰演的男主角就在图书馆的废墟中找到了一本《古罗马谣曲集》，并在他的最后

[1] Thomas Babbington Macaulay, *Lays of Ancient Rome*, “Horatius.”

一战中引述了贺拉提乌斯·科克莱斯的名言。

至于古代作家，他们对于贺拉提乌斯的命运各有说法。波里比阿说，他溺水而亡；哈利卡纳苏斯的狄奥尼西奥斯说，他幸免于难；对此给出了最细致描述的李维则说，他确实游到岸边，活了下来，然后得到了丰厚的奖励，包括他在一天时间里用犁翻过的所有土地，以及一尊竖立在集议场上的他的雕像。不过，李维也语带怀疑地补充道，他的英勇“注定要在后世中赢得更多声望，如果不是信任的话”。[1]

马克西姆竞技场

马克西姆竞技场没有保存下任何建筑，事实上连废墟也不怎么多。尽管如此，它仍然是人气最旺的罗马景点之一：人们躺在草坪上，在那里遛狗、跑步，有时还组织音乐会、集会或展会。（有一次，在核实长在那里的孤零零一棵树时，我震惊地看到在一些新的卫星照片上，场地里到处是帐篷和直升机。）

帕拉蒂诺山与阿文蒂诺山之间的山谷是举办体育活动的理想之选。第一个将这片山谷用于这个目的的是罗慕路斯本人，当时他邀请周边城邦的居民到新建的罗马来做客，名义上是为了参观建筑和观看比赛，实际上则是为了让罗马的亡命徒趁机劫掠妇女。“当表演时间到，人们全神贯注于比赛时，预定的袭击开始了。信号一响，罗马青年狼奔豕突，各自抢走新娘。”李维这样写道。[2] 老塔奎尼乌斯在此地修建了一个常设竞技场，而此后的统治者们从未停止对它的增修、扩建、改造或火灾后重建。同斗兽场一样，马克西姆竞技场也将观众席分成不同区域，分给不

[1] Livy, *History of Rome*, 2.10.
[2] Livy, *History of Rome*, 1.9.

同身份的人（元老、骑士等）。但不同于斗兽场，竞技场中没有性别隔离：女人与男人坐在一起。奥维德抓住了这个机会，在《爱经》中解释了如何在如此理想的条件下追求女孩子：温柔地给她献上一个坐垫，勇敢地阻止后排的粗鲁男子用膝盖顶她的后背，或细心地为她拭去衣物上的灰尘（不论是真有其事，还是装模作样）。尽忙着这些事，我们的花花公子根本无心注意下面的比赛场：奥维德对于实际的竞技场表演几乎只字未提。

全盛之时的竞技场壮观异常。老普林尼就认为它是罗马最美的三大建筑之一。在朱利乌斯·恺撒时期，中央的比赛场四周挖了一圈壕沟；在奥古斯都时期，比赛场中央竖起了一座红色花岗岩的埃及方尖碑（现在则安放在人民广场）；在尼禄时期，比赛场四周设置了一圈木栅栏，木头上则套着可以自由转动的象牙。这是一个安全措施：即便狮子或老虎将注意力转向了观众，它们也会因“手脚滑”而跑不出来。看台上有一个特意抬高的神台（pulvinar），供神明的画像在那里“观看”比赛，皇帝有时也会在那里观赛。不过，如果皇帝没有心情与自己的子民一同晒太阳，他也可以从自己的宫殿透过窗户惬意地观看表演：帕拉蒂诺山的山坡自然延伸下去就是竞技场的北侧看台。最后，比赛场的东边还建起了一座三门洞的凯旋门，以纪念韦斯巴芗和提图斯在犹太行省所取得的胜利（注意不要与现在位于圣道上的提图斯凯旋门相混淆）。

很难说马克西姆竞技场可以容纳多少观众。老普林尼说最高可达 25 万人，这意味着一场盛大赛事可以吸引四分之一的全城人口。

在大体上天下无事的安东尼·皮乌斯时期，在马克西姆竞技场发生了有记载的最重大的体育伤亡事故：看台坍塌导致 1112 人罹难。（作为比较：第二惨重的体育伤亡事故——1918 年的香港跑马地马场大火，导致超过 600 人遇害；而俄罗斯历史上最恐怖的体育惨剧——1982 年的莫斯科惨案，则导致 67 人死亡。）

马克西姆竞技场的最后一场比赛在550年，也就是哥特国王托提拉统治罗马期间举办。也正是在6世纪，人们开始从竞技场的建筑上劫掠建筑材料。这个过程如此彻底，以至于几乎没有东西幸存下来。

在竞技场举办的表演多种多样，包括体育竞技、模拟海战、斗兽、模拟战役、“特洛伊运动会”（有点类似于花式骑术比赛，只不过骑马的是未到服役年龄的男孩；这个传统据说可追溯至特洛伊时期）。有时（尤其在斗兽场建成之前），还会有角斗士表演。不过，竞技场的主要娱乐项目，也可以说它的存在意义，还是战车赛。

很久以前，在荷马史诗所描写的英雄时代，战车是所向披靡的武器，就仿佛青铜时代的坦克。但它们早已退出战争舞台，而对于生活只需要“面包和竞技场表演”（借用讽刺诗人尤维纳利斯不留情面的说法）的罗马人来说，战车主要是跟娱乐联系在一起的。

比赛开始前，所有选手会列队巡游，接受观众检阅，这个仪式被称为“pompa”（这是诸如“pomp and circumstance”等说法的出处，比如大家熟悉的《威风堂堂进行曲》）。然后，战车各自进入西侧的起跑闸门（carcer）后面，等候出发。每个起跑门的位置经过特别安排，使得每位选手到起跑线的距离是一样的。每辆战车的套马数量从两匹到十匹不等（你应该还记得，尼禄曾试图在奥林匹克运动会上驾驭十匹马），但最常见的是四匹马。主持比赛的官员通过放开手中的白手帕（mappa）示意比赛开始，然后起跑闸门打开，战车疾驰而出。

赛道既不是圆形的，也不是椭圆形的。如果我们真要找一个现代世界的类比，那么它更像一枚一头是方形、另一头是圆形的曲别针。比赛场的中央以隔离带（spina）横向隔开。在隔离带的两端，上面各矗立三根圆锥形柱子（meta），作为折返标记。车手需要尽快通过这个发卡弯，而越靠近隔离带和圆锥柱，所经过的距离就越短，取胜的机会会提高，但撞上障碍物的风险也会加大。

竞技场表演

CECILIANVS·FICET.
NTARAÇVS

除了方尖塔，隔离带上还安放着许多雕像，而它们除了装饰功能，还起到了记录比赛进程的作用。它们包括七个石蛋和七只青铜海豚。当所有战车跑完一圈后，工作人员就会搬走一个蛋和一只海豚。

选择这些形象是有意义的。石蛋象征着驯马能手卡斯托耳和波卢克斯从中诞生的蛋。这种不寻常的生产方式源自于他们的“禽类”父亲——传说宙斯曾化身为一只天鹅，与勒达幽会。后来勒达产下两个蛋，其中一个由宙斯受精，另一个则由她的凡人丈夫廷达瑞俄斯受精。宙斯之子女是波吕丢刻斯（罗马神话中称为波卢克斯）和海伦（日后引发特洛伊战争的最美女人），廷达瑞俄斯之子女则是卡斯托耳和克吕泰涅斯特拉（日后的阿伽门农之妻）：所以这里其实是四胞胎。当卡斯托耳在一次战斗中战死后，波吕丢刻斯不愿独活，但求一死，宙斯便把他们化为一个星座——双子座。

海豚则是海神波塞冬的圣物，而波塞冬也是养马业的守护神。

一场战车赛通常跑七圈，方向总是逆时针的。最多可能有 12 辆战车一起比赛，但不是每一辆都能抵达终点。车手可能会对战车失去控制，撞上隔离带或圆锥柱，或更精彩地，（有意或无意地）撞上其他战车。这些紧张刺激的事故无疑是比赛最吸引人的地方之一。罗马人将这样的撞车称为“naufragio”——“沉船”。车手会将缰绳缠绕在身体和手臂上，这样他就可以利用全身力气控制缰绳，但这也意味着，一旦发生撞车，他幸存下来的可能性微乎其微。尽管每位车手都随身携带一把匕首，以便在发生意外时割断缰绳，但他们通常都来不及做。车手的寿命因而可能相当短暂。

不过，就像在今天，成功的车手会成为公众的宠儿。车手通常出身奴隶或获释奴隶，但在即便短短几场胜利之后，他们就能攒到足够赎身并退役的财富。可没有人选择功成身退：虚荣心和肾上腺素让他们欲罢不能。许多车手甚至取得了上百场胜利。马提亚尔就为这样一位英雄虚构了一篇墓志铭：

> 这里埋着斯克耳普斯，
> 喧闹竞技场的光荣，罗马所热爱但短命的宠儿。
> 天妒英才，他只计算我的胜场而非年数，
> 因而相信我已老迈，
> 所以在我二十六岁时将我带走。[1]

不只是成功的车手有粉丝，资深的赛马也可以享受相应的荣耀。当时最好的马场在北非、伊比利亚半岛，人们使用专门的船只将马匹运送到罗马。马养到三岁才会被送去参赛。当一匹公马（比赛很少使用母马）达到一定服务年限后，它就可以荣誉退役，自由过活。但这很有可能难得一见。一部古代兽医学著作就提到了赛马可能遭遇的许多麻烦，包括被鞭打（来自主人或其他车手）、被缰绳勒得过紧而弄伤舌头、被车轮和车轴弄伤等。最内道（左侧）的马匹还需要掌握一项特殊技能：为了完美过弯，它需要几乎原地踏步，以便配合其他三位队友画出一道弧线。因此，在表现胜利者的马赛克和壁画上所标的名字，除了车手的，很有可能属于最内道的赛马。

但单是车手之间的竞争还不足以将比赛氛围推高到我们从现存记录中斑斑可见的狂热程度。更重要的推力来自战车竞技的团体战性质。一个战队被称为“factio”——与表示共和时期的政治派别、党派的用词相同。当时有四个战队：白队、红队、蓝队和绿队。后来的基督徒作家在猛烈抨击异教徒罪恶的娱乐方式的过程中也透露了许多有趣的技术细节。比如，这些颜色象征一年四季（红色的夏天、蓝色的秋天等）。在图密

[1] Martial, *Epigrams*, 10.53.

善时期，紫队和金队也加入进来，但它们存在的时间不长。

所有时代的体育迷都是相似的。那些觉得这些人不可理喻的人也是如此。2世纪初，小普林尼就在一封给友人的信中这样写道（注意其中的“看过一次就够”理由）：

> 普林尼向卡尔维苏斯问好。
>
> 近来，我都在一片最令人享受的恬静中埋首于我的书板和图书。你可能会问：“在这个城市里，你如何能做到这一点？”战车赛正在进行，我对这类表演却一点兴趣都没有。没有新意，没有变化，没有什么是看过一次还不够的。这不免让我更加纳闷，成千上万的人竟会像孩子般热衷于一次又一次地观看马奔跑和车手弓身在战车上。如果他们关注的是马的速度或车手的技艺，这还有点合理理由，但实际情况是，他们的热情和支持针对的是队服的颜色，而要是在比赛中途，颜色调换了，群众的热情和支持也会随之转移，瞬间抛弃之前几圈自己一直注视的、反复呐喊其名字的车手和马匹。这种立足于这些最廉价队服之上的权威是如此深入人心，不只是在平民当中，也在部分有身份的人当中。当我想到这些人如此毫不厌倦地观看这些毫无意义、冗长乏味的比赛时，我不由有点庆幸自己没有陷入如此低级的享受，而我也感到由衷的欢喜，在其他人都在浪费时间于最无聊的事情时，我得以享受文学的愉悦。再见！[1]

体育竞技注定会导致时不时的冲突、斗殴和流血。拜占庭人也继承

[1] Pliny the Younger, *Complete Letters*, 9.6.

了罗马人对于赛车的热情，并且有过之而无不及。532 年，君士坦丁堡体育迷的狂热情绪引发了一次起义，导致半座城被焚毁，而查士丁尼一世皇帝差点被推翻。

有意思的是，对于某个战队的忠诚（最受欢迎的是蓝队和绿队）是其粉丝一生的坚持，而非车手的。他们的墓志铭及其他证据表明，很多车手在其职业生涯的不同阶段曾为不同战队效力，有些甚至四队都待过。另一方面，战队粉丝则为后世留下了诸如这样的诅咒铅板："我命令你，某个遭逢厄运之人的恶灵，而不论你是谁，束缚住我下面告诉你名字的马匹的手脚。红队的西尔瓦努斯、塞瓦托耳、卢厄斯……蓝队的伊姆弥涅斯、狄格努斯、利诺恩……让它们不能得胜，绑住它们的脚步、挡住它们的去路，使得明天早上在体育场，它们无法奔跑，甚至无法慢慢走。让它们摔倒，连同它们的车手——忒勒斯福汝斯之子欧普瑞佩斯、格恩提乌斯、斐利克斯和'不屈者'狄奥尼西奥斯……将他们拽出战车，扔到地上，在赛道上被拖着走，尤其是经过弯道时，让他们跟马匹一样受重伤。急急如律令。"[1]

随着罗马帝国日薄西山，马克西姆竞技场慢慢被人遗忘，消失在尘土和中世纪建筑之下。不过，即便在最后一辆战车奔驰在赛道上的千年之后，在 16 世纪的一幅素描中，我们可以看到很多拱门和墙壁还都安在，虽然上面已经长出了草木。19 世纪中期，一家英国和意大利的合资公司在竞技场所在的山谷中建立了一座天然气工厂，它在此后超过 50 年时间里继续毒害着空气和景色。到了 20 世纪 30 年代，所有的晚期建筑都被拆掉，马克西姆竞技场变成了昔日辉煌时代的一个惨淡却不失威严的影子。

[1] Fik Meijer, *Chariot Racing in the Roman Empire*, trans. by Liz Waters, Baltimore, MD.: The Johns Hopkins University Press, 2010.

《宾虚》

1880 年，美国退伍将领卢 · 华莱士出版了一部小说，讲述了一名犹太贵族的生活因与基督和早期基督徒的接触而发生了彻底改变。小说题为《宾虚：一个基督的故事》。华莱士在图书馆泡了好几年时间，试图收集古罗马时期在犹太行省的日常生活的所有可能细节：人们所穿的衣物、当地的动植物、建筑和建造技法等。评论家对《宾虚》一直不以为然，但小说取得了巨大的商业成功。它很快取代斯托夫人的《汤姆叔叔的小屋》而占据畅销书榜榜首，并一直是美国第一畅销书（除《圣经》外），直到《飘》面世。《宾虚》的成功使得美国的信教民众改变了对于过往被认为是无信仰的小说写作的看法，而这意味着华莱士在美国文学史上并不是一个无关紧要的角色。但或许他在电影史上有着更为重要的地位。在 1959 年的同名改编电影中，宾虚与自己的童年伙伴、现在的复仇对象米撒拉进行战车赛的场景已经成为一个传奇。

鲜为人知的是，在查尔顿 · 赫斯顿主演的这部影片（它囊括了 11 项奥斯卡奖，从破产边缘挽救了米高梅公司，并重新激起了电影观众对于古罗马古装史诗片的热情）之前，在 1925 年已经有一部由杰出演员拉蒙 · 诺瓦罗主演的同名默片。战车赛也是这一版的关键部分。它缺乏宾虚驾驭他的战车不可思议地跃过其他战车残骸的场面，但它的镜头运用和紧张感的创造或许比后来的著名翻拍片更为强烈。在准备过程中，工作人员不得不重新研发古罗马的赛车技术，毕竟在现代体育中没有任何类似的项目。这两部《宾虚》的拍摄是所谓“实用考古学”的重大成就。

但这还不是最早的。在电影刚发明不久的 1907 年就出现了一部时长 15 分钟的《宾虚》，而它里面也有一场战车赛！驾驭着原来用于拉水的老马的消防员饰演车手，而新泽西州的一处海滩则被用来替代耶路撒冷的竞技场。

尽管古装史诗片后来逐渐没落，但各种尝试从未停止。一部新的 3D 版《宾虚》便在 2016 年上映。影片由光影魔法师提莫·贝克曼贝托夫执导，由杰克·休斯顿主演，并且摩根·弗里曼也在里面出演了一个重要的配角。尽管影片在票房上遭受惨败，甚至未能收回成本，但将近十分钟的赛车场景（与前两部中的时长相当）还是效果惊人：导演成功地让观众感到他们正在驾驭战车。

第八章

战神之地

方尖碑与陵墓

古罗马广场、帕拉蒂诺山、卡皮托利诺山、斗兽场——这些地方处处散发着古老的气息，遍地是历史和传说，因而也挤满了游客。而当来自各国的游客和大嗓门的导游散去后，这些地方却不免陷入沉寂。

与之相反，战神之地则充满了鲜活的生活气息。窄巷中的咖啡馆一大早便开门营业，一位证券交易员停下自行车，站在柜台边（站着用餐，价格会便宜一些）匆匆吞下一杯滚烫的意式浓缩咖啡，然后继续骑行，赶往他上班的地方——位于哈德良神庙的办公室。在鲜花广场上，商贩已经开始摆摊，正将新鲜草莓和西红柿摆上货架。凌晨五点，特雷维喷泉旁人迹寥寥，只有一位摆弄大相机和三脚架的外国摄影师，以及一位拿着活页本和一盒蜡笔的年轻姑娘。垃圾清扫车行驶在万神庙前的广场上，清扫着昨晚的政治集会留下的满地传单。

所以，大多数在罗马拍电影的导演，在向古罗马广场和斗兽场表面致意一下后，更喜欢将最重要的场景安排在战神之地的某些地方，想必并非只是巧合。

战神之地

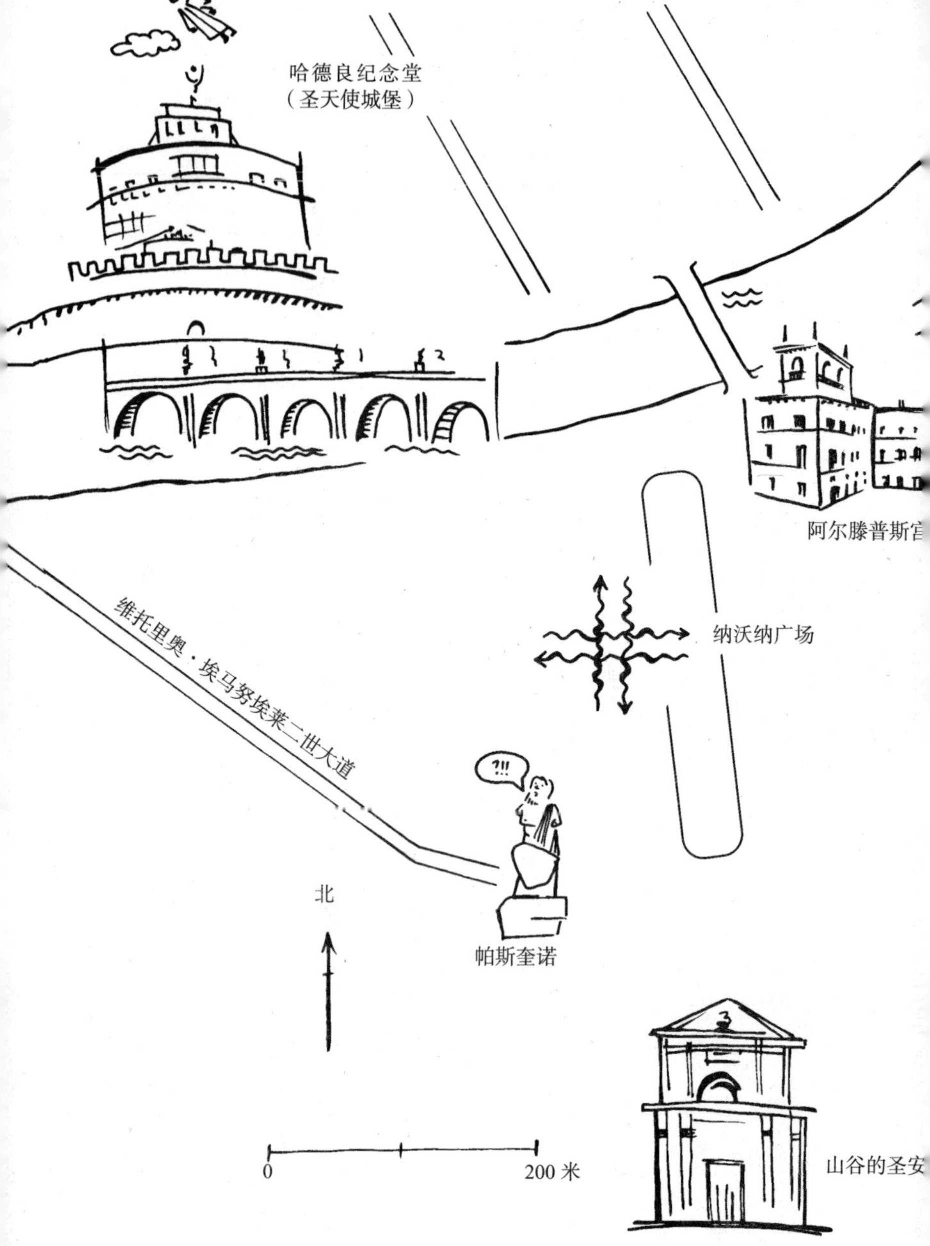

哈德良纪念堂
（圣天使城堡）
阿尔滕普斯宫
纳沃纳广场
维托里奥·埃马努埃莱二世大道
?!!
帕斯奎诺
北
0
200 米
山谷的圣安

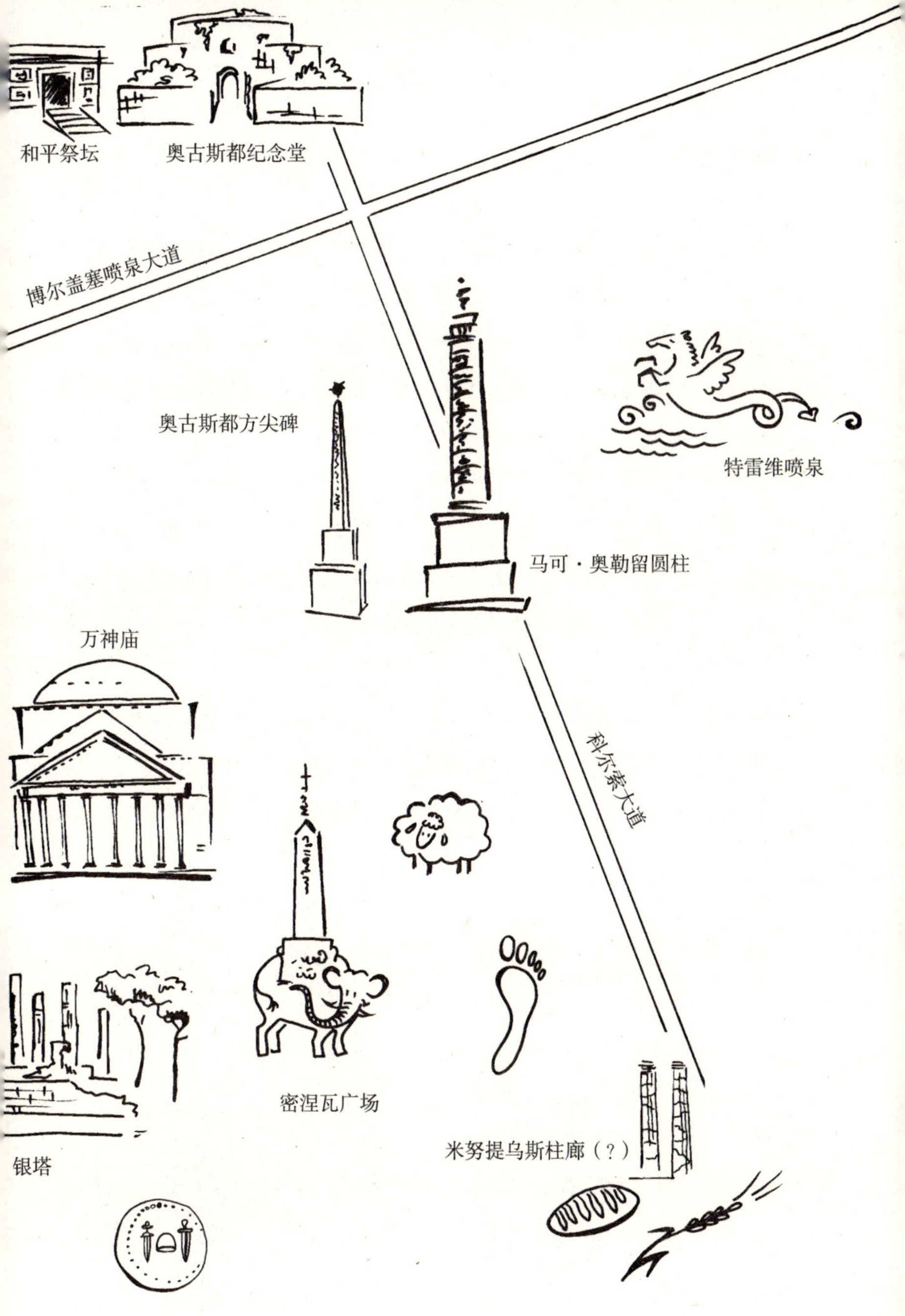
和平祭坛
奥古斯都纪念堂
博尔盖塞喷泉大道
奥古斯都方尖碑
特雷维喷泉
马可·奥勒留圆柱
万神庙
科尔索大道
密涅瓦广场
银塔
米努提乌斯柱廊（？）

战神之地

古典时代的罗马城规模浩大，比中世纪或文艺复兴时期的罗马城要大得多。而随着帝国的收缩，人口剧减，人们也开始逐渐搬离传统的聚居区和废弃的宫殿，聚居在台伯河弯角处的一个三角形区域，这片区域便是战神之地的大致范围——之所以说“大致”，是因为人们对于战神之地的确切边界，一直没有达成共识。

曾在奥古斯都时期的罗马待过很长一段时间的希腊学者斯特拉波，在其巨著《地理学》中，描述了整个当时已知的世界。然而奇怪的是，他对于当时的世界之都只安排了短短几段文字，却对战神之地，一个在当时绝非最重要或最繁华的地段，毫不吝惜笔墨。

> 实际上，庞培、神圣的恺撒、奥古斯都及其儿子、朋友、妻子和姊妹，在营造的热情以及所花的费用上超过了所有其他人。这些建筑大多位于战神之地，因而除了自然美景之外，它因这些人的远见而得到了进一步添彩。确实，战神之地的面积惊人之开阔，因为它提供了足够空间，可同时且不受干扰地进行不只是战车赛及其他每一项马术练习，还有大家为锻炼身体而从事的打球、滚铁圈和摔跤。并且战神之地四处点缀着各种艺术品，而四季常青的地面，以及矗立河边的山丘的山顶，映入眼帘就仿佛一幅舞台背景画——所有这些，我可以说，构成了一道让人不忍错目的美景。[1]

斯特拉波接下去细致描述了奥古斯都墓，然后一句话带过古罗马广场、帕拉蒂诺山和卡皮托利诺山，最后以一句话作结：“以上就是

[1] Strabo, *Geography*, 5.3.8.

罗马。”

据传说（这是讲述罗马的早期历史时必不可少的开头），战神之地原本属于罗马末代王室——塔奎尼乌斯家族。在塔奎尼乌斯家族被驱逐出城后，他们的私人领地被充公，而他们的库存谷物则出于某种原因（正如我们在上一章中讲到的那样）被抛进了台伯河里。

战神之地上的第一座（并且在很长时间里也是唯一一座）公共建筑叫作“人民之家”（Villa Publica）。由于它没有留下任何遗迹，所以很难还原其具体样貌，但钱币上以及塞维鲁大理石平面图上的一些图像表明，它可能是一座两层建筑，外面围着一大圈围墙。在共和时期，这一建筑被用于人口登记和募兵。

也正是在这里，数千名萨莫奈人战俘被苏拉下令处决。苏拉本人当时正在柏洛娜神庙主持一次元老院会议，当痛苦的叫喊和呻吟从人民之家传来，苏拉冷冷地对起了鸡皮疙瘩的显要们说：“让我们继续议程吧，尊敬的元老们，这不过是一小撮叛乱分子被我下令处决了。”

我们的漫步将从战神之地的南部，也就是靠近牛市的一侧开始（牛市有时也被视为战神之地的一部分），起点是维托里奥·埃马努埃莱二世大道与暗店街之间的区域。在这个区域的西侧，在银塔街与有轨电车来来往往的佛罗里达街之间，坐落着罗马最古老的考古区之一。

银塔街（Via di Torre Argentina）这个名字与阿根廷这个国家没有任何关系，而是来源于附近的苏达里奥街上一座房子的碉楼；这座房子由15世纪的约翰·布尔夏德所建。布尔夏德曾担任教宗礼仪长，历经四任教宗，并主持了一系列重要的典礼，其中便包括1501年那场臭名昭著的“栗子宴”。

布尔夏德来自斯特拉斯堡，后者长久以来是一个罗马据点，在拉丁语中被称为阿根托拉图姆（Argentoratum），因而他也被称为阿根提努斯（Argentinus）。

现在矗立在考古区东南角的那座碉楼并不是阿根提纳碉楼，而是所谓的帕比托碉楼（Torre del Papito，意为“小教宗”）。这一名称据说来自12世纪的对立教宗[1]克雷二世，以其身材矮小而得名。

银塔广场的神庙

20世纪20年代时这里曾进行过一次道路拓宽工程，同时也旨在为未来的开发项目平整土地。但在施工过程中，发掘到了古代建筑。开发项目于是彻底胎死腹中——墨索里尼对于这个意外发现惊喜不已，据说甚至还放话，要是谁坚持开发这块地，他就毙了谁。不幸的是，当时的发掘工作进行得匆忙而草率；即便借助日新月异的现代考古技术，许多问题仍然悬而未决。其中的主要问题是，无法可靠地确定挤在这一小块地方上的几座神庙的身份。即便是喜好小题大做的旅游指南，也只能使用学术著作给出的最朴实的名字：神庙A、B、C和D。

神庙A（位于最左边，如果你站在银塔街上，面向考古区）比其他

[1] 在罗马天主教会中，对立教宗（antipope），或称敌对教皇、伪教宗、反教皇，指经由存在争议的教宗选举而得到教宗名誉的人。一些自称教宗的少数派教会领导也被称为对立教宗。

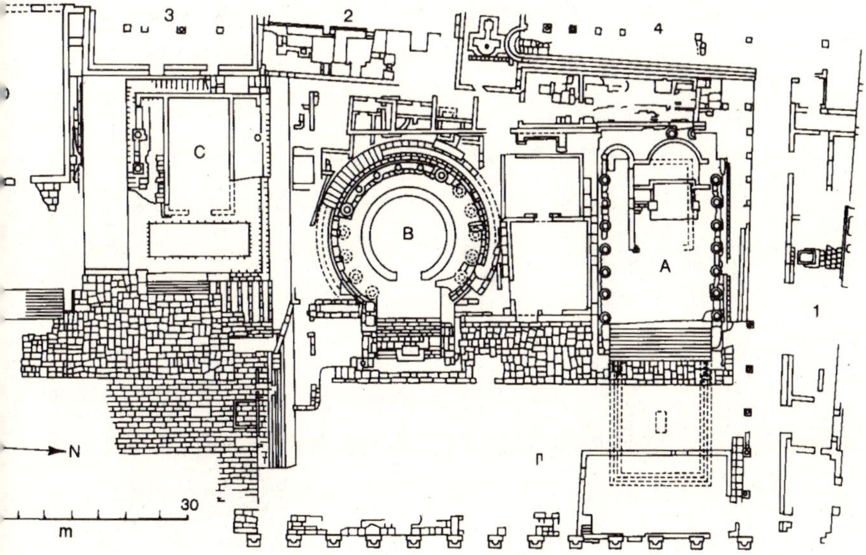

银塔广场的神庙位置示意图

几座保存得略微好些，因为它曾在 12 世纪时被改造为切萨里尼的圣尼古拉教堂（原来则叫“烧石灰匠的圣尼古拉教堂”）。它可能的一个身份是朱图耳娜神庙。如果这个判断是正确的，那么它将是罗马城最早的一座朱图耳娜神庙（位于古罗马广场上的那座朱图耳娜神庙是后来建造的，我们在第一章中曾提到过），由海军将领盖乌斯·卢塔提乌斯·卡图卢斯在第一次布匿战争中一场决定性胜利后发愿修建。

圆形的神庙 B 是四座神庙中建造时间最晚的，也是唯一一座能较为可信地确定身份的神庙。它很有可能是今日之福耳图娜神庙，建造者是昆图斯·卢塔提乌斯·卡图卢斯，即上文提到的盖乌斯的后代，同时也是那位在卡皮托利诺山上大兴土木的昆图斯（参见第五章）的父亲。今日之福耳图娜是机运女神的一个化身，控制着每一天的福祸凶吉。而卡图卢斯对福耳图娜的感激，来自于公元前101年维尔塞莱之战的胜利。在这场战役中，罗马人以少胜多，击溃了入侵的日耳曼部落辛布里人。不幸的是，对外敌的胜利并没有终结内斗，反而更加火上浇油：另一位将领马略跳出来与卡图卢斯争功，而卡图卢斯则得到马略的对手苏拉的支持。几年以后，罗马燃起战火，揭开了绵延近百年的内战序幕。机运女神也很快便弃卡图卢斯及其同党而去。在马略（暂时）取得胜利后，卡图卢斯被以多种罪名起诉，而他也知道自己不会得到公正的审判，于是选择自尽。

在这座神庙附近找到了一尊巨大神像的残块——一个头部、一只手和一只脚，它们现在陈列在蒙泰马丁尼中央博物馆。头部的耳朵上有耳洞，看来是用来悬挂相应尺寸的贵重耳坠的。老普林尼还告诉我们，福耳图娜神庙的柱廊里摆放着许多希腊雕像，包括七位少年和一位老者，神庙里面则有三尊伟大的雕刻家菲狄亚斯所作的雕像。

神庙C非常古老，可追溯至公元前3世纪。它原本矗立在一个有着二十级台阶的台基上（这也让我们再次意识到，千百年来，文化地层已经抬高了多少）。神庙前的洞石祭坛下面压着另一座更古老的祭坛，而根据后者的题记，此祭坛是由某位奥卢斯·波斯图米乌斯·阿尔比努斯，奥卢斯之子，奥卢斯之孙，依照某某法律设立的。而在历史记载中，当时（包含前后半个世纪）有好几个波斯图米乌斯·阿尔比努斯，我们无法确定究竟哪一位才是这座祭坛的设立者。

神庙C供奉的可能是春和花之女神斐罗尼亚。随着其原来的信众获得罗马公民权（根据不同文献，他们要么是伊达拉里亚人，要么是萨宾人），这位意大利神明得以进入罗马万神殿。她与农业生产有关，并被认为是奴隶，尤其是获释奴隶的守护神。李维就曾写道，在汉尼拔战争期间，面对纷呈叠现的各种预兆——从确实凶险的（“在普赖涅斯忒，天上落下炙热的石头；在阿耳皮，盾牌出现在天上，而太阳看上去在与月亮搏斗；在卡佩纳，白天升起了两个月亮”）到纯粹好笑的（“一只母鸡变成了公鸡，而一只公鸡变成了母鸡”），祭司告诫人们要向各自的“集体”守护神献祭，甚至获释的女奴隶“也要各尽其力捐钱，向斐罗尼亚献祭”。[1]

位于最右边的神庙D是其中最大的一座，但它差不多已被掩埋在佛罗里达街的街面下。它历经多次重建，但即便是其最古老的台基也是由混凝土制成的，这意味着它不太可能早于公元前2世纪（在此之前，混凝土很少被用于罗马建筑）。与这个区域的其他许多建筑一样，神庙D在公元80年前后，遭遇了一次大火，之后进行了重建。在学术著作中，这座神庙常常与一些不怎么为人所知的神明联系在一起，比如持枪者朱诺、雷神朱庇特、自然诸女神以及海上之拉瑞斯（后者我们稍后会讲到）。

如果你站在圆形神庙的正前方，并探头往下看，就会看到罗马历史上影响最深远的事件之一——朱利乌斯·恺撒遇刺的发生地。

恺撒是在以自己的仇敌庞培之名命名的柱廊里遇刺的，仿佛是一个命运的反讽。当初正是庞培建造了罗马的第一座石结构剧场以及与之相连的、宽阔的遮阳柱廊。他后来败给恺撒，并在逃往埃及寻求庇护时惨遭出卖和杀害。不过，等到那个名垂史册的三月的月中日来临时，庞培柱廊早已成为罗马居民散步的一个好去处，尤其受青年人的喜爱。许多罗马诗人的诗句就暗示了那里是城内最好的艳遇场所之一。马提亚尔则从另一个角度提供了证据：

> 为什么他不在庞培柱廊的阴凉下闲逛，
>
> 也不踏入伊西斯女儿们的门庭？

[1] Livy, *History of Rome*, 22.1.

因为他不想被诱惑。[1]

和罗马的许多公共建筑一样，庞培柱廊也有一些用于元老院开会的特殊房间（被称为“庞培会堂”）。当广场的元老院会堂不可用时（参见第一章），它们就可以派上用场。

对于恺撒遇刺的经过，人们已经写过很多，说过很多，再次复述这个故事似乎已无必要。尽管历代作家为这位独裁官之死增添了不少细节，但整个事件单从大致经过来看便已极富戏剧性，充满了超自然元素：很早以前就开始流传有关三月月中日的警告；遇刺前夜的不祥征兆；恺撒的妻子做的那个噩梦——他本想留在家里，但被一个阴谋者劝出了门；会前，他接到一张示警字条，却把它收了起来准备稍后再读；阴谋者们借口把马克·安东尼挡在场外，因为安东尼不只是恺撒的朋友和支持者，而且身体强壮，可能会坏了他们的好事；他们将恺撒引到庞培柱廊里的一个房间并聚拢在他身边，假装向他陈情，然后发起袭击，刺了他二十余刀（意识到反抗是徒劳的，恺撒用托加罩住头，以示听凭发落）；这位独裁官躺在血泊中，倒在一尊庞培像的脚下。苏维托尼乌斯还为我们保留下了有记载的第一份法医报告：只有一处伤口致命，主要器官未见损害，死者死于失血过多。

恺撒生前的最后一句话（“布鲁图斯，你也在内吗？”）也因莎士比亚而得以不朽。在剧中，恺撒是以拉丁语说出这句话的，仿佛好莱坞电影中的俄罗斯黑帮分子，有时会突兀地从带口音的英语切换到带口音的俄语。苏维托尼乌斯转述了一个说法，称恺撒在死前用希腊语说了一句，“孩子，你也在内吗？”——与认为布鲁图斯是恺撒的私生子的流言相契合——但他自己认为这只是一个浪漫的杜撰，他相信恺撒在遇袭过程中

[1] Martial, *Epigrams*, 11.47.

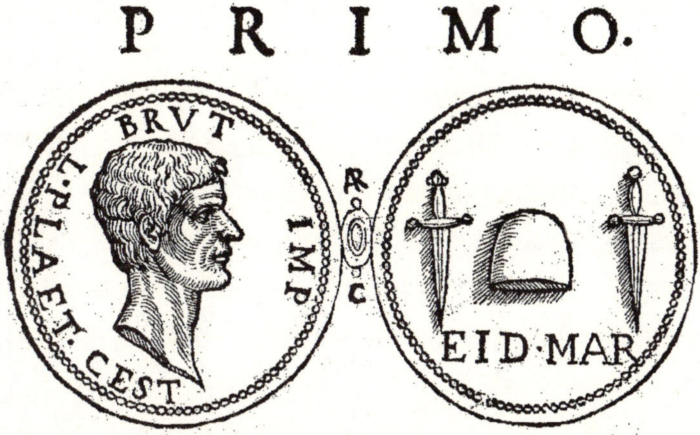

阴谋者发行的一种钱币。一面是布鲁图斯像，另一面是匕首、弗里吉亚帽（也叫“自由之帽”，由获释奴隶佩戴），以及“三月中”的题记（17 世纪素描）

未发一言。

但这些“解放者”（阴谋者们这样称呼自己，以标榜自己是反对帝制，保护共和）错误判断了民众的情绪。群情激愤的民众将发生血案的房间付之一炬（不过是在移走那尊庞培像之后）。后来，在奥古斯都时期，这个地方作为“受诅咒之地”（locus sceleratus）被围墙包围起来，附近还建了一座公共厕所。公厕的遗迹现在还能看到，就位于恺撒遇刺处的右侧。

在米兰附近的、巴洛克风格的阿尔科纳蒂别墅珍藏着一尊庞培像。这是一尊理想化的裸体像，被认为正是那尊见证了恺撒遇刺的庞培像。不过，罗马人更愿意相信，雕像从未离开永恒之城，现在正矗立在意大利国务委员会所在的斯帕达宫，而米兰人得到的只是一件复制品。

庞培剧场

庞培柱廊只是另一处更加宏伟的建筑的附属建筑。那是一座由庞培在战神之地上建立的剧场，它是罗马第一座常设剧场，并且就规模而言从未被超越。基督徒作家德尔图良写到，当时的罗马人对剧场心存疑虑：认为剧场可能腐化人心，是希腊式的靡靡之音，是一种为主办人歌功颂德的、道德上存疑的东西。为了破除为自己邀名的嫌疑，庞培将剧场与一座征服者维纳斯的神庙（或根据其他文献，一座胜利女神庙）结合在

庞培剧场剖面图

了一起：剧场的座席同时也是通往神庙的台阶 。这种做法在东方的希腊早已有之，只不过他们通常将神庙建在山顶，而在山坡上凿出台阶兼座席。或许是因为无法将这种做法照搬到地势低矮的台伯河谷地，又或者可能是因为已经没有必要再装出虔诚的样子，但不管怎样，后来的两座石结构剧场（马塞卢斯剧场和巴尔布斯剧场）都不再假装自己是神庙。

在准备新剧场的题记的时候，庞培遇到了一个有趣的语言学问题：他难以决定该怎样描述自己曾经三度担任执政官的伟业，是“consul tertio”，还是“consul tertium”（大意是“第三次任执政官”，还是“三任执政官”）？专家们（一如既往地）给出了相互矛盾的建议，庞培于是向西塞罗征询意见。谨慎的西塞罗不愿冒犯任何一位专家，就给出了一个聪明的折中——使用缩略的“consul tert”。讲述这个故事的奥卢斯·革利乌斯（他则是从西塞罗的秘书提洛那里听说的）继续写道，最终的写法还要更为简单——“consul III”。

为了庆祝剧场落成，庞培组织了盛大庆典，包括一场大规模的骑象战。观众们确实印象深刻，但他们都将同情给予了这些英勇战斗的高贵动物，而非折磨它们的人类。

现如今，地面上已经看不到剧场的任何痕迹，但附近房屋的地下室里倒还有不少：毕竟整个街区都建立在原来的观众席和舞台的地基上。在天堂广场的科斯坦扎餐厅以及巨蛇广场的达·潘克拉齐奥餐厅里可以看到混凝土拱顶和凝灰岩贴面的墙壁。剧场观众席的圆弧形状则可以从银塔广场西面（在山谷的圣安德肋圣殿与鲜花广场之间）的街道和广场的走势，以及奥尔西尼－皮奥－里盖蒂宫在彩绘洞室街上的外立面看出来。这座曾经长期被废弃的巴洛克风格建筑现在是华盛顿大学罗马校区的一处校舍。

剧场的这些地下遗迹很有可能是在奥古斯都时期重建的。这次大规模重建甚至在这位皇帝本就简短的自传中都占据了一席之地：“卡皮托利诺山和庞培剧场，我都耗费巨资加以重建而没有留下任何写有我名字的题记。”[1]后来在提比略、尼禄、塞维鲁等时期，剧场也多有增修，直到 5 世纪时，剧场和柱廊毁于一次地震。

巴尔布斯剧场

战神之地可谓是古罗马当之无愧的剧场区——城中仅有的三座常设剧场都位于此地或据此不远。我们已经在上一章介绍过马塞卢斯剧场，在上一节中介绍过庞培剧场，现在只剩下最小的巴尔布斯剧场。

卢西乌斯·科尔内利乌斯·巴尔布斯（史称小巴尔布斯，以区别于他的叔叔老巴尔布斯）出身自西班牙的伽得斯（现在的加的斯）。他在内战期间曾为朱利乌斯·恺撒效力；在此之后，他的名字不见于史籍，直到几十年后，在奥古斯都统治晚期，他担任阿非利加行省的代执政官时才再次出现。在任上，他击败了来自撒哈拉的加拉曼特人而被授予一次凯旋式。这次凯旋式本身没什么特别，但它碰巧创造了一个“第一”和一个“最后”。巴尔布斯是第一个出生时不是罗马居民的凯旋将军，也是最后一个不是皇室成员的凯旋将军。在他之后，这个为军事将领和心怀政治抱负的人所看重的传统变成了一种皇家特权。

巴尔布斯剧场在公元前 13 年落成，恰巧赶上奥古斯都返回罗马，他刚结束了一次对帝国西部行省的时间漫长的远征。巴尔布斯抓住这个巧合，趁机暗示新剧场的落成是为了恭迎圣驾还朝，或者说皇帝选择此时还朝是为了赶上开业，为新剧场增光。但不巧此时台伯河又不合时宜地发起了大水，贵宾们只得乘船莅临剧场。

巴尔布斯剧场是三个剧场中最小的，但也是最高级的。连它的装修

[1] Augustus, “The Deeds of the Divine Augustus,” 20.

也要比其他两座更豪华。老普林尼就提到，巴尔布斯剧场的四根条纹大理石圆柱，质地仿佛玛瑙，被人们誉为奇观。

长久以来，对于巴尔布斯剧场的位置，人们只知道个大概，但最终，新发现的塞维鲁大理石平面图残块和考古发掘给出了明确答案。剧场本身被压在现代建筑下面（和战神之地的其他许多古代遗迹一样），但其四面柱廊的一小部分已经得到发掘，并对公众开放。这个四面柱廊建在舞台背后，供观众在里面休息、交谈，抑或等待某个无聊节目过去，其间或许还会用些点心。这个“巴尔布斯地下室”（Crypta Balbi）现在是罗马国家博物馆的一个分馆，而它也是罗马诸多博物馆中少有的、注重展示古代建筑在千百年间的复杂经历的博物馆之一。剧场和地下室上方累积着众多文化层，而博物馆耐心地尝试对它们加以区分和解释。

柱廊的半圆形壁龛在哈德良时期被改造为一个奢华的大型厕所，可供 40 人同时如厕。公元 2 世纪时，这样的设施在帝国遍地开花（在罗马，除了巴尔布斯剧场，庞培柱廊、恺撒广场以及帕拉蒂诺山上的宫殿中也能找到它们的身影）：在当时，罗马的精英阶层流行一边清理肠道，一边讨论哲学、健康和消化等问题。

从 16 世纪起，剧场所在街区成为罗马庞大的波兰人社区的中心，因为圣达尼老教堂也坐落在这条暗店街上，而圣达尼老是波兰主要的主保圣人。

教堂旁边的波兰人街通往马尔加纳广场和马尔加纳街。广场闹中取静，景致优美，周围环绕着 16 世纪和 17 世纪的建筑。广场边上的马尔加纳街 40A 号的墙体中，嵌着一截帝国晚期的爱奥尼克式圆柱，圆柱不远处的大门门框则由三段精致的古代檐部残块构成。在 12 世纪，这样利用古代遗存（而不是将它们煅烧成石灰）成为一个身份体面的标志，尤其是在受过教育的房屋主人当中。

在博物馆的几乎正对面，隔着暗店街，一座身份未知的神庙的两根圆柱耸立在标准的“考古区域”护栏背后。这座神庙发现于20世纪30年代晚期（一如既往，是在修建新房子挖地基的时候被发现，而新房子最终没有建成），圆柱则在1954年被修复。塞维鲁大理石平面图让我们对这座神庙有了一个大致概念：它规模庞大，是周柱式的（四周有圆柱环绕），其内殿有一座内部柱廊以及一个巨大基座（上面可能或站或坐一尊神像）。并且神庙周围或许还有一座宏大的柱廊。一些考古学家认为，那是米努提乌斯柱廊，由曾在公元前110年担任执政官的马库斯·米努提乌斯·茹福斯所建。似乎后来人们在这座神庙旁边又建了另一座柱廊，因为从某个时间点开始，古代文献中出现了两座米努提乌斯柱廊：“老的”米努提乌斯柱廊和“谷物的”米努提乌斯柱廊。

那么后者又是做什么用的呢？不用说，罗马人不只需要竞技场表演，还需要面包。而向公民供应口粮长久以来被视为国家的责任，罗马人也是第一个引入了最低生活保障的“福利国家”。法律要求政府向其公民免费或以远低于市价的价格提供一定量的粮食。这些“谷物法”很快摧毁了意大利的农业：罗马公民不再自己种植粮食作物，而只从行省进口粮食。有些皇帝试图纠正这个做法，但无一例外都以徒劳告终。

不要以为粮食只配给罗马最穷困的人，那些被称为“proletariat”（来源于拉丁文“proles”，意为“后代”，即只生孩子而对国家做不出其他贡献的人）的群体。基本的统计数据表明，情况并非如此。奥古斯都写到，在他治下，有超过20万人获取口粮，而其他一些文献给出的数目还要更高。有一度，除了元老们，所有人都有权领取口粮。还有一个专门的政府机构负责以罗马人的冷酷而高效分配口粮：每位公民都有一份“配给卡”（当然，不是纸质的，而是陶质的），凭着它定时、定点领取定量的粮食。看来米努提乌斯柱廊正是这样一个领取地点。它里面开设有很多“窗口”，而每位领取者一生都固定在同一个窗口。对于这个做法的一个证据是现藏于大英博物馆（G70房间）的一具石棺上的题记：

“盖乌斯·塞尔吉乌斯·阿尔西姆斯，盖乌斯之子，卒于三岁三个月零三天。他于每月 10 日在第 39 号窗口领取口粮。”

如果“巴尔布斯地下室”对面的神庙确实坐落在米努提乌斯柱廊里面，那么它很有可能就是海上之拉瑞斯神庙。它是在公元前 190 年，罗马人与安条克三世进行海战的时候，由副执政官卢西乌斯·埃米利乌斯·雷吉卢斯发愿建造的。不过，有些考古学家认为米努提乌斯柱廊围绕的是银塔广场上的考古区，因而海上之拉瑞斯神庙应为四座神庙中的一座（有可能是神庙 D）。

拉瑞斯是住家的守护神，因而海上之拉瑞斯相应地守护着水手们的住家——船舶。因此，一位海军将领在海战期间向这些神灵许愿是自然而然的，更何况罗马人此次面对的是一位强劲敌手——塞琉古国王安条克三世。塞琉古帝国是一个强大的东方帝国，由亚历山大大帝的部将所建立。在海上之拉瑞斯神庙的柱廊里有一面纪念牌，上面的颂诗讲述了无敌的塞琉古舰队如何在“安条克国王、他的军队、马匹和大象的眼前”被击溃。

老实说，安条克三世不能说自己没有得到过警告。在多次败给罗马人后，汉尼拔流亡来到东方各国，当时安条克三世便将他奉为上宾。有一次，安条克三世向他的贵宾展示了他的雄壮军容：步兵手持闪亮的盾牌，战马头配金色的马具，大象身披华丽的护甲。“你觉得，”国王问汉尼拔，“这支军队对付罗马人够不够？”“我想可以，”汉尼拔答道，“尽管罗马人的胃口是极大的。”

万神庙

从银塔广场或“巴尔布斯地下室”一直往北走，便来到了万神庙。

万神庙（Pantheon）是古代世界最著名的建筑之一，或许只有帕特农神庙和斗兽场可以与之匹敌。米开朗基罗称它的设计“出自天使之手，而非人力可为”，对万神庙的命运发挥过重要影响的教宗乌尔巴诺八世也称它为“这个世界上最有名的建筑”（edificium toto terrarum orbe celeberrimum）。除此之外，万神庙以良好的状态保存至今，而这是斗兽场或帕特农神庙无法企及的。历任教宗重建了门廊的屋顶，并修复了门廊东侧的三根圆柱。门廊上原来的青铜瓦片则被掠走，并被替换为铅瓦片——除此之外再无大的改动。甚至其内部装饰也没有多少变化（当然，不包括后来才添加的绘画和名人墓）。世界上没有一座古代建筑能比万神庙更加原汁原味。

历史充满了悖论，万神庙也未能免俗。如今我们可以观察这座建筑，可以触摸到它的古老石块，并利用最先进的现代技术对它们加以研究，但同时我们却对它最初的用途和功能几乎一无所知。古代作家只留下了少得可怜的信息。我们甚至不知道“Pantheon”这个名字的具体含义。当然，它的词源是明确的，它由两个分别表示“所有”和“神”的希腊语词根构成，但至于它究竟表示的是“所有神的神庙”，还是“众神之神的神庙”，我们就无从得知了。历史学家卡西乌斯·狄奥是少数几位提到过万神庙的古代作家，而他认为，这个名字来自于神庙的圆顶，因为它看上去像天穹。

狄奥很有可能说错了，并且他的错还不仅限于此。他将万神庙的建造归功于奥古斯都的左右手阿格里帕。确实，在万神庙的门廊上有一行由巨大的字母拼写而成的题记：M·AGRIPPA·L·F·COS·TERTIVM·FECIT（“马库斯·阿格里帕，卢西乌斯之子，在第三次担任执政官时建造”）。青铜字母是在19世纪末由时任教育部长圭多·巴切利提议修复的，但即便是在那之前，这一题记也能通过原本用以固定字母的小孔轻松辨认出来。

然而，眼见不一定为实。1892 年，罗马法兰西学院的考古学家乔治·谢达纳发现，万神庙所用的砖块大多是在公元 120—125 年间烧制的。而那时阿格里帕已经去世一百年了。

古罗马的砖块是以一种工业化的流程大规模制造的。在最后的烧制之前，泥胚会盖上生产者的印戳，有时还带有日期。（罗马的纪年法以历年的执政官为基础。当然，还有其他更通行的纪年方法，比如从罗马建城时算起，但就像希腊人的奥林匹克运动会纪年法，它更多的是一种学术上的噱头，在日常生活或政府记录中从来不会用到。）这种物勒工名的制度让我们得以判断许多古罗马建筑的建造时间。就万神庙而言，谢达纳所研究的大多数砖块是在昆图斯·阿耳提库琉斯·佩提努斯和卢西乌斯·维努琉斯·阿普罗尼亚努斯担任执政官时烧制的，也就是说公元 123 年。

这意味着万神庙是在哈德良时期修建的。众所周知，哈德良从来不会给自己所做的重建工程加上自己的名字（除了神圣的图拉真神庙），而是会保留原来的题记。阿格里帕的万神庙看上去毁于公元 80 年的一次火灾，然后在图密善时期得以重建，后来又毁于一次雷击，再后来才以现在的模样保存至今。之前的两个版本连地基都没有保存下来。

万神庙是一座非同寻常的建筑。 我们很难判断它在多大程度上保留了其前身的特征。一些古代文献中提到，阿格里帕本想在神庙中摆放一尊奥古斯都的雕像，但奥古斯都出于谦逊（或虚伪）拒绝了这一殊荣，最终，阿格里帕在神庙中摆放了一尊朱利乌斯·恺撒的雕像，而在门廊下摆放了一尊奥古斯都像（以及一尊他自己的雕像）。老普林尼说，门廊下还有一尊维纳斯像，雕像所佩戴的耳坠，是将克利奥帕特拉的一枚珍珠耳坠一分为二制作而成的，在圆柱之间（或“在圆柱上”，老普林尼的原话晦涩不明）则矗立着一根根由希腊工匠制作的、世界上最美丽的女人像柱。

克利奥帕特拉的另一枚珍珠耳坠去哪了？它成了传说中史上最昂贵的一道菜的一部分。当克利奥帕特拉与马克·安东尼打赌谁的酒宴更奢华时，她声称自己一个人就可以吃下一顿价值天文数字的饭。说完，她从耳上摘下一枚价值连城的珍珠耳坠，将它扔到一碗醋中，等到珍珠化完后，便在目瞪口呆的宾客面前将醋吞了下去。

这个故事不是非常可信——即便在浓酸中，珍珠也不容易溶解，而喝浓酸自然是不安全的。另一方面，珍珠易碎，如果将它研磨成粉，再混合某种比醋好喝的东西，喝起来就容易多了。这也正是托马斯·格雷欣爵士，那位英国商人兼银行家在伊丽莎白一世的宴会上所做过的。但克利奥帕特拉的传说仍然在各种绘画和诗歌中得到广泛传播。

哈德良时期的万神庙由清晰可分的两部分构成：门廊与带圆顶的圆柱体建筑（圆形大厅）。它们坐落在同一块不高的地基上（不到 1 米高），但两者的组合其实并不自然。传统的神庙建筑结构（门廊）与一个带圆顶的圆形混凝土建筑拼凑到了一起，而后者原本是用于浴场和宫殿的建筑结构。

门廊与圆形大厅之间的张力也明显体现在设计上。从侧面观察，可以看到这两部分通过某种过渡结构相衔接，而它上面有两个檐部：较高的檐部与圆形大厅上一个类似的檐部相接，较低的檐部却未与门廊上的檐部相接，两者之间存在一个高度差。这种尴尬的组合可能是运输问题导致的——有可能门廊原本的设计高度要更高，但由于所需的圆柱没有运到（途中遗失或受损），工人只好使用手头较矮的圆柱。毕竟在古罗马时期，大多数门廊圆柱所用的石英闪长岩都开采自埃及东部的一座采石场，而将巨大的石料从那里运到战神之地是一件非常复杂且昂贵的事情。

在古代，万神庙所处的环境与今天的完全不同。它的入口朝向正北，面对着一个巨大的三角形广场，而广场几乎一直延伸到抹大拉的圣玛利亚教堂所在的位置。在两侧和后方，圆形大厅为紧邻的建筑（朱利亚投票处和尼普顿巴西利卡）所包围。门廊东侧三根圆柱的颜色差异并非一开始就是这样的。在中世纪时，经过几次地震的摧残后，门廊的这一部分严重受损，然后在17世纪时，受损的圆柱被替换为粉色的阿斯旺花岗岩圆柱（角上的一根取自哈德良在甘多尔福堡的别墅，其余两根则取自附近的浴场）。门廊上方的山墙现在已经空空如也，只剩下一个个小孔，它原本应该装饰着浮雕之类的装饰物；根据小孔的位置推断，装饰物有可能是鹰和花环，朱庇特的象征。圆形大厅的混凝土外表面则原本以砂浆饰面，以营造出大理石般的效果。

圆顶在内侧很有可能也有装饰。其层层缩进的方形凹格不仅是为了美观，也是为了减轻自身重量。为了强化结构并减轻圆顶的重量，古人

万神庙的内部（19世纪素描）

还使用了很多巧妙的技术。混凝土的厚度是自下而上不断缩减的：在下部，厚度将近6米半；在上部，则只有1米多一点。顶上的圆孔（所谓的“眼”）也减轻了结构的负重。最后，混凝土本身的密度也在自下而上不断减小：在圆顶的上部，混凝土所用的骨料是密度最小的浮石。

这些巧思创造了一个真正的建筑奇迹。万神庙的圆顶直到今天仍是世界上最大的无钢筋混凝土圆顶。整个建筑的完美比例使得内部能够刚好容纳一个球体：从圆眼到地面高43.3米，恰好与圆柱体状主体建筑的直径相同。此外，地面下的排水系统能够轻松应付透过圆眼落下的雨水。当罗马难得下雪的时候，雪花在照进圆顶的亮光中飘飘扬扬，世间美景，莫过于此。

圆形大厅下部的厚重墙体上，交替嵌着梯形壁龛和半圆形壁龛。它们总共有七个（一个神奇数字），入口则占据了第八个壁龛的位置（入口正对的壁龛也是几个当中最深的）。万神庙的青铜大门是古代物件，不过它们不太可能是哈德良时期的原物，因为你可以看到，在大门上方有一道装饰性的护栏——这说明原来的大门必定要高大很多。不管怎样，这对大门是罗马城里仍在使用的三对古代大门之一（其余两对分别位于古罗马广场的“罗慕路斯神庙”以及拉特朗的圣若望大殿）。门槛处的地面由黑色的非洲大理石铺成，其他地面则由花岗岩、斑岩以及其他各色石料铺就。

关于万神庙在古代的用途我们所知不多。古老的阿尔瓦兄弟会（这些祭司负责祈求粮食丰收）曾在这里聚会。哈德良本人曾在这里主持诉讼。公元399年，霍诺留皇帝（或他的谋臣，因为此时霍诺留才15岁）下令禁止在万神殿举办异教仪式。这座建筑原本可能就此荒废，慢慢遭受自然的和人为的破坏，但所幸一次偶然事件改变了它的命运。在短暂访问罗马期间，拜占庭皇帝福卡斯（古罗马广场上有一根圆柱正是以他的名字命名）将万神庙捐献给了教宗波尼法爵四世。公元609年，这位教宗将万神庙改造为教堂，献给圣母和所有的殉教者，并将来自早期基督教地下墓地的圣骨转移到了这里。不过，罗马人很少用教堂的正式名称来称呼它，而是通常将其称为“圆形大厅的圣母教堂”。不同于其他一些由于被改造为基督教堂而得以保存下来的古代建筑，万神庙后来并没有从教堂被改造为博物馆。

在变身为一座基督教堂后不久，万神庙就失去了门廊屋顶上的青铜瓦片。它们原本计划被送往君士坦丁堡，但货物中途在西西里岛被撒拉森人（以海盗为业的穆斯林）劫持，并被送往亚历山大港熔掉。8 世纪初，教宗额我略三世用铅瓦片覆盖了屋顶，这些瓦片后来经过多次翻修，大体上得以保存到现在。13 世纪晚期，过渡结构上面又加盖了一座小钟塔。

在文艺复兴时期，人们重新燃起了对于古代遗迹的兴趣。万神庙于是被发掘现场所包围——当然，这些发掘远远达不到现代的考古标准。教宗恩仁四世下令清理了门廊周边的瓦砾和商摊，其间发掘出了一辆青铜驷马车，但后来不知所踪。其他发现还包括一具红色的斑岩石棺（后来被用作教宗克肋孟十二世的骨灰棺，至今仍放置在拉特朗的圣若望大殿），以及一对灰色的斑岩石狮（它被教宗西斯笃五世用以装饰圣伯尔纳铎广场上的费利切水道喷泉）。16 世纪晚期，教宗额我略十三世对万神庙前面的广场进行了重新规划，大致形成了我们今天所见的样子，包括中央的喷泉（但不包括上面的埃及方尖碑，后者是在 18 世纪初添建上去的）。

对万神庙的面貌干涉最大的或许当属教宗乌尔巴诺八世（本名马费奥·巴尔贝里尼，1623—1644 年间在位）。首先，他将整个建筑内部幸存的所有古代青铜饰品一扫而空，将它们制成大炮，用以护卫梵蒂冈的圣天使城堡。这个出人意料的举动引起了罗马人的愤慨，也催生了历史上最有名的帕斯奎诺式讽刺诗：“蛮族人都没做的，巴尔贝里尼做

会说话的雕像

帕斯奎诺式讽刺诗（pasquinade）是指一种贴在雕像上，借着雕像之口针砭时弊的讽刺性表达，常常写成韵文。第一尊会说话的雕像是所谓的帕斯奎诺（Pasquino）。16 世纪时，某位红衣主教为这尊位于纳沃纳广场附近的古代雕像穿上了托加，并在衣物上饰以短诗。至于这种做法是如何出现的，以及为什么叫这个名字，大家众说纷纭。一个说法是，曾经有一位名叫帕斯奎诺的裁缝住在这个街区，而他的裁缝铺成了人们聚会聊天、自由交流的地方。在帕斯奎诺去世后，人们失去了一个表达自己意见的场所，于是他们在一尊雕像上书写讽刺话语，并将之称为帕斯奎诺，以纪念那位过世的自由思想家。还有说法称，帕斯奎诺不是一位裁缝，而是一位理发师（或一位老师），并且他也不是什么言论自由的支持者，他只是长得像那尊雕像（但鉴于雕像的保存状况，这种说法似乎难以让人相信）。无论怎样，这种做法流行开来，其他会说话的雕像也陆续出现，有些还与帕斯奎诺展开了友好的辩论。以下六尊雕像尤为健谈。

帕斯奎诺

◇ 帕斯奎诺：一组希腊化时期群雕的一部分，所表现的可能是特洛伊战争中，墨涅拉俄斯扶着帕特罗克洛斯尸体的一幕。它现在位于纳沃纳广场西边不远的帕斯奎诺广场，并且直到今天仍然“说”个不停——大多是关于社会和政治问题的长篇大论。

◇ 马尔福里奥：一尊巨大的河神像，曾经矗立在（或者准确地说，斜倚在）古罗马广场的图利安努姆附近，后来挪

马尔福里奥

到卡皮托利诺广场。它现在位于新宫的庭院里，因而已经不再说话。

◇ 路易吉修道院长：一尊罗马晚期的身穿托加的无名男子像，因与一名当地神父相像而得名。它现在位于维多尼广场上，站在山谷的圣安德肋圣殿墙边。其头部多次丢失，现在的头部由混凝土制成。

◇ 卢克雷齐娅夫人：一尊罗马晚期的大型半身像，表现的可能是女神伊西斯、伊西斯女祭司或者福斯蒂娜皇后。她现在位于圣马尔谷广场（不是在威尼斯的那个，但它确实相当靠近卡皮托利诺山脚下的威尼斯广场）。

◇ 巴布伊诺（“狒狒”）：一尊斜倚的西勒努斯（狄俄尼索斯的老师）像，保存不良，因样貌丑陋而被称为“狒狒”。它现在位于奢侈品店林立的狒狒街（旧称保禄街）上，靠近希腊人的圣亚纳大削教堂。直到不久前，它还在说话，但后来当局觉得涂鸦与高档商店不搭，因而将它们移除。

◇ 法基诺（“水夫”）：一尊不是来自古代，而是来自16世纪的水夫半身浮雕像（有些人声称它是米开朗基罗的作品）。它现在位于科尔索大道上，靠近拉塔街上的圣母教堂。

路易吉修道院长

卢克雷齐娅夫人

巴布伊诺

法基诺

万神庙与贝尼尼的双子塔（19 世纪素描）

了。”（其拉丁语原文显得更加工整：“Quod non fecerunt barbari fecerunt Barberini.”）为了挽回颜面，乌尔巴诺八世声称，这些青铜也将被用于宗教用途（制作圣伯多禄大殿圣坛上方的天盖），但设计天盖的贝尼尼从未见到这些来自万神庙的青铜，因为它们都被拿去造炮了。然而，这个谎言还是被写进了拉丁语题记，雕刻在大理石碑上，放置在万神庙入口两侧。题记中，乌尔巴诺八世还宣扬了自己对于这座“当初由不信正教的、奥古斯都女婿阿格里帕献给朱庇特及其他伪神”的万神庙的其他改造。其中之一便是拆除中世纪的小钟塔，代之以两座类似的小钟塔 。它们也由贝尼尼设计，但事实证明它们与整体格局并不相称，看起来极其突兀，因而很快获得了“驴耳朵”的外号，最终在 19 世纪晚期被拆除。

万神庙在文艺复兴时期开始被作为陵墓使用（除开原有的殉教者圣骨）。其中最著名的入葬者是拉斐尔（进门左手侧的第二座小礼拜堂）。他的拉丁语墓志铭后来被亚历山大·蒲柏重新利用，用来描述戈弗雷·内勒爵士（这位出生于德国、后定居伦敦的肖像画家为 17 世纪晚期的许多杰出人物，

苏联先贤祠的设计方案之一（A. 弗拉索夫，1954 年）

罗马万神庙在两个方面对西方文化产生了重要影响。首先，“Pantheon”一词在欧洲语言中的含义发生了改变：从“所有神的神庙”变成了“伟人的长眠地”。法国人对此起到了推动作用：在法国大革命后，当局将仿照罗马万神庙建成的圣女日南斐法大教堂改造成了安葬法兰西优秀儿女的先贤祠。这里是伏尔泰、卢梭、雨果、大仲马、居里夫妇以及其他很多杰出人士的安息处（有些墓只葬有包含死者心脏的骨灰瓮，而至少有一个墓，也就是荷兰出生的海军上将扬·威廉·德·温特的墓只葬有躯体而没有心脏，后者葬在了他的故乡）。一个更晚近的例子是位于葡萄牙里斯本的国家先贤祠，它在 1966 年才最终落成。这里长眠着一些最伟大的葡萄牙人，包括“航海者”恩里克王子、诗人路易斯·德·卡蒙斯、航海家达伽马等。在 1953 年斯大林去世后，当局计划建立一座苏联先贤祠，并将列宁和斯大林的遗体放进去，但这个计划终究没有实现。

第二个方面的影响体现在建筑上，并且同样影响深远。自文艺复兴时期以降，很多建筑师都在努力理解万神庙不同寻常的结构，并尝试再现这样的恢弘建筑。根据瓦萨里的记载，米开朗基罗设计圣伯多禄大殿的基本思路就是将万神庙的圆顶安放在马克森提乌斯巴西利卡的拱顶上。安德烈亚·帕拉弟奥也在位于意大利北部威尼托的巴尔巴罗别墅，仿照万神庙的设计建造了一座小教堂（Tempietto Barbaro）。其他模仿了万神庙的著名建筑还包括伦敦大英博物馆的阅览室、波士顿麻省理工学院的基利安大厅、华盛顿哥伦比亚特区的杰斐逊纪念堂等。

包括洛克和牛顿等绘制过肖像画）：

> 活着时，大自然担心他可能胜过自己的作品；
>
> 死去后，则担心她自己也可能死去。

不过，约翰逊博士对此并不是特别印象深刻："不只是借用了拉斐尔的墓志铭，而且句子显得非常生硬。"[1]

除了画家和雕刻家，万神庙也是短命的意大利王国的王室墓地。包括意大利统一后的第一任国王维托里奥·埃马努埃莱二世，以及他的儿子翁贝托一世及其妻子萨伏依的玛格丽塔，都长眠在这里。

从 15 世纪起，万神庙开始被装饰以一些绘画，其中最值得关注的是据传由美洛佐·达·弗利所作的《天使报喜》。

万神庙周边

紧贴在万神庙圆形大厅后面的围墙，属于另一座哈德良时期的建筑。这座建筑的前身也是由阿格里帕建造的。大理石檐壁上保存良好的浮雕（海豚、贝壳和三叉戟）表明，这就是卡西乌斯·狄奥所提到的尼普顿巴西利卡，是阿格里帕为了庆祝他所指

---

[1] Samuel Johnson, *Lives of the Poets*, "Pope."

挥的多场海战的胜利（包括让奥古斯都成为无可争议的世界主宰的亚克兴海战）而建造的。在巴西利卡内部，除了海洋主题，原本还有表现阿耳戈诸英雄远征的绘画。

尼普顿巴西利卡紧贴在万神庙的南边，而万神庙的东边则紧挨着另一座建筑：朱利亚投票处。按照如今我们所熟知的帕金森定律，一家公司在陷于即将倒闭的困境时仍会忙于给自己建造一座完美的总部大楼——这对于政府来说也同样成立。罗马共和国的覆亡没有一个具体的时间点，但毫无疑问，朱利乌斯·恺撒的政治生涯大致贯穿了从共和制到帝制的整个转变阶段。同时恺撒也花了大量金钱和精力来修建和修复共和制度的标志性建筑，比如元老院会堂和投票处。

恺撒对于民主程序是持怀疑态度的。“他与人民就选举达成了如下默契，”苏维托尼乌斯写道，“除了执政官，一半的高级官员人选由人民推举产生，另一半则由他个人推荐。他会写如下所述的简短便条，向各个部族宣布他的人选：‘独裁官恺撒致某某部族，我谨向你们推荐某某人，盼你们通过投票让他担任某某职务。’”[1]不过，恺撒及其继任者——至少在一段时期之内——还是小心保留着共和制的门面。恺撒生前没有看到投票处揭幕，但奥古斯都完成了他的未竟之业，并举办了盛大的落成仪式。最终是奥古斯都的继任者提比略彻底抛弃了人民直选制度，将所有选举改为由元老院进行，而此时的元老院已经对皇帝构不成任何威胁了。

投票处被用于户外宴会、角斗士表演、戏剧演出，甚至可能还会模拟海战。克劳狄皇帝在他的一次登基周年纪念之际，在那里举办了一场称为“小食篮”（sportula）的角斗士表演。这场表演的规模并不大。克劳狄解释说，自己提供的娱乐实在寒酸，不成敬意，就像传统上主人给

[1] Suetonius, *The Lives of the Twelve Caesars*, “The Life of Julius Caesar.”

密涅瓦广场

客人提供的小食篮一样。

在万神庙圆形大厅和尼普顿巴西利卡围墙的东南方，就是密涅瓦广场。它得名自一座规模不大地位却极其重要的神庙：密涅瓦神庙上的圣母圣殿。不过，人们很可能赋予了教堂一个错误的名字：在战神之地某处确实曾有一座密涅瓦神庙，但教堂所在的这个位置，却很有可能曾是一处献给伊西斯和塞拉皮斯的神庙区。

密涅瓦神庙上的圣母圣殿被认为是罗马城里唯一一座哥特式教堂。它以几具棺木知名，包括五位罗马教宗的、画家安杰利科修士的，以及锡耶纳的圣女加大利纳的身体的——在罗马天主教传统中，遗体的各部分常常被分开埋葬；这位圣女的头部被保存在锡耶纳。教堂中还有几幅很有名的艺术品，包括米开朗基罗的雕像《基督扛着十字架》以及贝诺佐·戈佐利的绘画《圣母子赐福》。教堂的外立面上镶嵌着记载过去洪水水位的石碑，但它们中的许多似乎在历次修复过程中经过挪动，所以不好表面视之。

伊西斯是一位埃及女神，但正如我们已经多次看到的那样，罗马人很容易接纳外来神明，将之纳入自己的神系。在奥古斯都时期，伊西斯崇拜和埃及热在罗马蔚为流行（这仿佛是20世纪20年代，图坦卡蒙墓的发现掀起的国际性埃及热的前期预演）。在这个区域还发现了一对埃及方尖碑，它们当初可能是用来点缀神庙的入口的。其中一座现在被安放在万神庙前的喷泉上，另一座则被安放在密涅瓦广场的大象雕像背上。

大象雕像（被罗马人亲切地称为“密涅瓦的鸡”）是在17世纪根据贝尼尼的一幅草图制作的。而将大象和方尖碑组合在一起的创意则可能来自一部1499年出版的罗曼史，称为《波利菲卢斯的梦》（*Hypnerotomachia Poliphili*）。故事讲述了主人公穿越一系列奇幻梦境去追求自己爱人的故事，书中有一幅插图表现了一只大象被一座方尖碑所贯穿的场景。

大象很为古罗马人所熟悉，无论是作为战争工具（由皮洛士首创，后由汉尼拔发扬光大），还是用于斗兽娱乐。根据历史学家的记载（尽管作者都是在事件发生数百年之后才记录下此事），恺撒和克劳狄皇帝都曾在入侵不列颠的战事中使用过大象（或至少用过一只大象），尽管恺撒的入侵最终失败，而克劳狄的入侵取得了成功、奠定了此后350年间罗马在不列颠的统治。在西罗马帝国覆灭后，欧洲与非洲（或印度）的商路严重受阻；到了中世纪时，在欧洲已经很难见到活的大象。少数成功被运抵宫廷或教廷的大象，也会由于不适应气候和照料不良而很快

大象和方尖碑（1840 年版画，多梅尼科 · 阿米奇作）

死去。9世纪时，一只由哈里发哈伦·拉希德赠送的、名叫阿布阿巴斯的大象，曾在查理曼的宫廷中存活数年时间。六个世纪后，一只名为汉诺的白象被葡萄牙国王曼努埃尔一世送给了教宗利奥十世。汉诺很快成为教宗的心爱之物，而在白象生病并不治身亡时（很有可能是因为治疗不当），利奥十世一直陪伴在它身边，直到最后一刻。他将它安葬在梵蒂冈贝尔韦代雷庭院的下面，并写了一篇长长的墓志铭追忆高贵的汉诺。拉斐尔为象冢绘制了一幅壁画，不过壁画并没有保存下来，只留下了一幅粗略的复制品。根据图画中的样子，可以断定汉诺是一只亚洲象。

判断贝尼尼所画的大象的种属则要更为困难。贝尼尼可能亲眼见过活的大象：在他生前，有不少大象被送往欧洲的各个国家，意大利也在其中。然而，密涅瓦广场上的大象在解剖结构上远非无懈可击：象鼻太长，后腿有着像马一样的跗关节（其实大象的前后腿都有着向前弯曲的膝关节）。

至于方尖碑，是在新的纪念碑建成前夕才由多明我会的修道士在附近某处发现的。无法确定其原本的安放位置。这座方尖碑以罗马的标准而言比较矮小（高只有五米多一点），并且时间也相对晚近：它上面有一篇阿普里斯法老（公元前6世纪末在位，在《圣经》中被称为曷斐辣或合弗拉）的题记。教宗亚历山大七世（原名法比奥·基吉，大象的鞍毯上可以看到其家族的家徽—— 一颗星照耀六座山）下令让自己的埃及专家、来自德国的耶稣会士阿塔纳修斯·基歇尔去解读方尖碑上的文字，并为新的纪念碑创作一篇恰当的题记。基歇尔充满热情地展开工作，甚至写了一部研究密涅瓦方尖碑的专著。在其专著中，他以大胆假设的方式阐释了这些象形文字。不幸的是，和当时其他对于埃及文字的“象征性”阐释一样，他的解读也是无本之木。直到19世纪20年代，法国人让-弗朗索瓦·商博良（在其英国竞争者托马斯·杨的帮助下）才取得突破，解开了这种古文字的奥秘。

破解埃及象形文字的关键是罗塞塔石碑，它由18世纪末拿破仑在远征埃及的过程中发现。石碑上刻有一份用三种不同文字对照写成的法老托勒密五世诏书。英国物理学家托马斯·杨首先认出了其中的“托勒密”一词，商博良则在1922年最终完成了罗塞塔石碑碑文的翻译。在此之前，象形文字对于文艺复兴时期和巴洛克时期的建筑师、画家和教宗来说是一种充满吸引力的神秘语言，具有深刻的含义，但又像是一幅幅看不懂的图画。

不过，基歇尔的这篇题记还算言之有物：

> 埃及的学问以图形刻在这座方尖碑上，并由动物中最强大的大象所扛起，这或许可以作为一个例子，向世人昭示智慧的重量需要心智力量来支撑。

从密涅瓦广场往东，穿过一条名字充满诗意的街巷（大理石足部街），来到圣斯德望教堂街的路口，你会不出所料看到一个孤零零的大理石足部残块。从凉鞋的样式判断，这是一只男人的脚——或许其主人就是伊西斯的丈夫塞拉皮斯。

纳沃纳广场

在万神庙和密涅瓦广场的西边坐落着罗马最美丽的广场之一，纳沃纳广场。它的形状不同寻常：又扁又长，几乎跟马克西姆竞技场一样。这是因为那里曾有一条跑道，即所谓的“图密善体育场”。

我们已经了解古罗马人的三种娱乐项目及其相应的场地：剧场里的音乐和戏剧演出、圆形剧场里的角斗和斗兽表演，以及竞技场里的战车赛。图密善体育场则是用于第四种娱乐项目，大致相当于现在的田径比赛。此类比赛（径赛、摔跤、掷铁饼等）是希腊的运动会，比如奥林匹克运动会的主要项目。然而，在运动和娱乐领域，罗马与希腊之间的相互交流进行得并不顺利。角斗表演没有在东方的希腊真正生根发芽，而全裸青年的田径比赛也在西方的罗马没有激起多少兴趣。

不同娱乐项目之间的界限并不明确，而娱乐场地也常常被用于原本目的之外的用途。设计容量三万人的图密善体育场也不例外。公元217年，在一场剧烈的雷暴中，一道闪电击中斗兽场，导致它同时陷入水和火的考验中。斗兽场的上层和大部分地下设施严重受损——严重到在此后数十年间斗兽场一直处于维修状态，角斗表演只能挪到图密善体育场举办。

时常激情澎湃的地方，自然也会吸引各种利用过剩的荷尔蒙牟利的生意。在罗马主要的竞技赛场，比如马克西姆竞技场和斗兽场周围，聚集了大量妓院。有一次，以行为怪诞知名的埃拉伽巴路斯皇帝“将来自竞技场、剧场、体育场及其他娱乐场所的所有妓女召集到一处公共建筑里，然后像对士兵训话一般对她们发表了一场演说，称呼她们为‘战友’，并讨论了各种类型的体位和放荡”。[1] 公元4世纪初，这里见证了古老的罗马声色与初生的（因而也特别狂热的）基督教贞节观之间一次戏剧性的碰撞。

罗马的城市长官塞姆普罗尼乌斯决定促成自己儿子与一位名叫依搦斯的女孩之间的婚事。但依搦斯成长于一个基督教家庭，等到十二三岁的适婚年龄时，她已经决意终生侍奉基督，因而拒绝了这门婚事。塞姆普罗尼乌斯利用自己的职权将依搦斯定罪，将她送入体育场附近的一家妓院（毕竟将处女处死在当时是一个禁忌）。但没有一个客人对一个处女感兴趣，而当某个色鬼想对她动手动脚时，那人立即眼瞎了。愤怒的

[1] *Historia Augusta*, “The Life of Elagabalus,” 26.3.

塞姆普罗尼乌斯于是不顾古老的禁忌，命令一个士兵去处死依搦斯。基督徒诗人普鲁登提乌斯所描述的依搦斯见到行刑者时的狂喜，正是当时宗教文本中常见的“殉教者的情色”的一个典型例子：

> 当依搦斯看到那位长官怒气冲冲，拔剑出鞘，她不禁喜形于色：“比起一个香气袭人、弱不禁风的少年，一个饱受相思之苦的多情人向我倾述衷肠，我更加欢喜见到一个持剑之人，一个粗鲁凶恶的蛮族人的到来。前者会破坏我的贞洁和我的灵魂，后者则是让我欢喜的爱人。对于他的大胆求爱，我将迎身上前，不会逃避他的热切心意。对于他的无情之剑，我将高兴地敞开胸怀，让它深深穿透我的心。这样我就将成为基督的新娘，脱离这个世界的黑暗而进入光明世界。”[1]

17 世纪中期，教宗依诺增爵十世所属的潘非利家族在罗马的圣依搦斯的殉教之处建起了一座教堂。它被称为阿戈涅的圣依搦斯教堂，其外立面是由一位巴洛克建筑大师，弗朗切斯科·普罗密尼设计的。在教堂的地下存有一处罗马住宅的遗迹，并且教堂的一个小礼拜堂里供奉着圣依搦斯的头骨（其余的圣骨则保存在另一座献给她的教堂——城外的圣依搦斯教堂里）。

在古代，图密善体育场通常被简单称为“stadium”，后者源自希腊语“stadion”，意为长度为 600 希腊尺的跑道。由于存在不同尺寸的希腊尺，不同的跑道也长度不一，但典型的奥林匹克运动会跑道长 176 米。纳沃纳广场的跑道要长一些，但也没有长太多。

---

[1] *The Poems of Prudentius*, trans. by Sister M. Clement Eagan, Washington, D.C.: The Catholic University of America Press, 1962, p. 277.

阿戈涅的圣依搦斯教堂（St. Agnes in Agone）中的“Agone”源自另一个希腊语“agon”，意为体育比赛和观看比赛的观众。（图密善体育场因而也被称为“Circus Agonalis”。）英语中的“agony”（“痛苦”）一词也来源于此（在希腊语中，它原指为赢得比赛而进行的争夺）。“in Agone”的说法可能在口语中逐渐退化为“Navona”。但其原始形式还是得以保留在教堂以及广场北边的阿戈纳尔街（Via Agonale）的名称中。

沿着阿戈纳尔街往北走，然后在路口左转，你就会在一座现代建筑的底层看到一个拱门以及它里面的一大片建筑废墟——正是这些地下结构在当年撑起了那座现已不见的体育场。它们是在广场北边的施工过程中被发现的。20 世纪 30 年代末，墨索里尼原本计划将广场北边的一大片街区全部清空，以便从广场就能一览台伯河的风景，所幸这个计划最终没有实现，不然我们今天就只能从历史中追忆阿尔滕普斯宫了。这座建筑现在是罗马国家博物馆的一个分馆，陈列着一些罕见的古代雕像。它们的罕见之处部分在于，不同于现代博物馆注重最大限度地呈现文物的真实样貌，阿尔滕普斯宫所展出的卢多维西珍藏反映了一种更古老的取向，即力图修复或补全文物中遗失或破损的部分。

纳沃纳广场的中央是著名的四河喷泉，另一件贝尼尼的作品。在罗马的诸多喷泉中，它的受欢迎程度仅次于特雷维喷泉。传说有心人士将贝尼尼排除在了喷泉设计的竞赛之外，但他的朋友们最终设法将他的设计原型呈给了委托方教宗依诺增爵十世。教宗一见之下就立即取消了竞赛，采用了贝尼尼的设计。

喷泉上的河神雕像分别代表着四大洲的四条大河：非洲的尼罗河、亚洲的恒河、欧洲的多瑙河和南美洲的拉普拉塔河（在当时，北美洲还处在罗马天主教的势力范围之外，而大洋洲和南极洲则根本还未被欧洲人发现）。一个广为流传的罗马民间故事说，拉普拉塔河的河神之所以做出以手遮挡的姿态，是因为他害怕圣依搦斯教堂的外立面会倒下来砸

四河喷泉（19 世纪素描）

到自己。这被认为是贝尼尼在嘲笑他的老对手弗朗切斯科·普罗密尼。这个故事听上去像真的，但实际上，在喷泉完工数年之后，普罗密尼才着手建造教堂的外立面。

喷泉的中央也有一座方尖碑。它与广场或体育场并无关联，而与图密善关系密切。它原本被用来装饰阿庇亚大道附近的马克森提乌斯竞技场；而在此之前，它可能矗立在别的地方——比如图密善在埃斯奎利诺山上修建的弗拉维氏族神庙里。建造它的石匠（可能在阿斯旺）对古代埃及文字掌握不精，很有可能是为了庆祝图密善登基而建的（他的名字，以及已经封神的前代皇帝的名字——韦斯巴芗和提图斯，以象形文字刻在方尖碑上）。

奥古斯都

战神之地北部的区域与罗马第一位皇帝奥古斯都的名字密切相关。

这位奥古斯都是谁？为什么他被视为罗马第一位皇帝？这些问题很简单，却并不容易回答。

当阴谋者（或者说“解放者”，他们更喜欢这样自称）在筹划刺杀朱利乌斯·恺撒时，他们并不希望自己以挑起新一轮内战的恶名被载入史册。他们想让自己被视为效仿古希腊传统而吊民伐罪、扫除僭主的人。因此，他们没有斩草除根，没有去清除或控制恺撒的那些亲密战友，比如马克·安东尼等人。至于恺撒的族人，年轻的盖乌斯·屋大维，他们可能根本不记得这个人。

但很快，原本保存在维斯塔祭司那里的恺撒遗嘱被公开宣读了。除了各种取悦人民的举动（发钱给每位罗马居民，并将私人花园捐给公众），恺撒还在遗嘱中宣布将自己的甥孙屋大维作为第一继承人。这实际上是一次死后收养（尽管从现实来讲，你无法被一个死人所收养）。这位年轻人所继承的名字，或许比恺撒留下的大笔财富（这还要在债主和其他继承人之间划分）更重要。而与这个名字联系在一起的是另一项至关重要的资产：恺撒麾下军团的效忠。

宣读遗嘱时，屋大维只有 19 岁，正在亚得里亚海边的伊利里亚城市阿波罗尼亚（现阿尔巴尼亚的波扬村附近）研究希腊学问。听到消息后，他不顾母亲和继父（他的生父去世已久）的建议，立即返回意大利，准

奥古斯都如何变成“奥古斯都”？

事实上，这个人的名字在其漫长的一生中几经变换，而历史学家长久以来对他的命名逻辑一直多有疑惑。他的父亲出身于一个受人尊重但一直没有出现什么大人物的骑士阶层氏族（屋大维氏族），后来因为在商业、军事和政治上的成功而跻身元老阶层。这个男孩出生时的名字是盖乌斯·屋大维·图里努斯（他的父亲曾在大希腊城市图里伊成功镇压过一次奴隶起义，这个家族名很可能便来源于此）。在成为恺撒的养子后，他完全继承了恺撒的名字：盖乌斯·朱利乌斯·恺撒。通常情况下，被收养的罗马人会保留自己原来的氏族名，将之作为家族名或至少作为附加名，比如，埃米利乌斯·保卢斯的儿子在做了西庇阿家族的养子后，就改叫普布利乌斯·科尔内利乌斯·西庇阿·埃米利安努斯（史称小西庇阿）。

按照这个逻辑，这位被收养的年轻人应该改叫盖乌斯·朱利乌斯·恺撒·屋大维安努斯。他很有可能正是这样做的；然而，他从来没有使用过那个附加名，并且也有可能不喜欢其他人用这个名字称呼他。“屋大维安努斯”会让世人意识到这位世界主宰出身于一个并不高贵的家族，而他与恺撒的关系也并不是一种直接的血缘关系。公元前 27 年，当这位时年 35 岁的统治者作势计划退出政坛时，元老院给他献上了“奥古斯都”（Augustus）和“第一公民”（Princeps）的称号。“奥古斯都”一词意为“神圣的、高贵的”，源自拉丁语“augere”（意为“增加、扩大”），因而更多地带有宗教意味，而非政治意味。而此时奥古斯都已经彻底搞定所有内部敌人，因而他可能是寄望于通过变换名字，来凸显一个繁荣和平的新时代的到来。

“Princeps”一词意为首席元老（princeps Senatus），传统上是指最资深元老，负责宣布会期开始。在不那么狭义的语境中，它也可以被授给那些做出过突出贡献的政治家或军事将领。现在它则成为一个人的专属，以凸显奥古斯都的权力的非正式性：“我在影响力上超乎所有人，但我并不拥有比每个高级职务上的其他同事更大的权力。”[1] 换句话说，奥古斯都希望将自己的权力来源包装成一种自己与罗马人民之间的非正式契约。

这无疑是改变罗马国家政体的关键一步。苏联历史学家谢尔盖·利沃维奇·乌琴科就敏锐地注意到，它是“建立在政治伪善基础上的一个例子，并且是历史上的第一个”。它名义上是“重新恢复的共和制”(res publica restituta)，尽管它既不是重新恢复的（因为它从未被推翻），也称不上是共和制。奥古斯都声称，他不享有任何不合古代传统的高级职务，而从技术上说，事实几近如此（但并非完全如此：比如，他在 19 岁时以兵临城下的方式取得了他的第一个执政官职位，打破了所有习俗和传统）。尽管如此，自王政时代以后，还没有哪位罗马统治者同时且不可撤销地集如此多的权力于一身。但他的权威既非来自于他的执政官权力（他在某个时期以后已经大体让出了这个权力），亦非来自于独裁官的大权，抑或来自于他永久的保民官权力，甚至也不是来自于赋予了他极大军事权力的代执政官的权力。严格来说，他对于权力的掌控方式没有一个明确说法——这也是为什么他在自传中使用了诸如“影响力”之类的含糊字眼。接掌这个不稳定的权力体系的继任者表现良莠不齐：奥古斯都的首位继任者提比略做得相当不错，而后来的一些，比如卡利古拉或尼禄，就没有那么幸运了。

[1] Augustus, “The Deeds of the Divine Augustus,” 34.

所谓的普里马波特的奥古斯都像，一尊高两米的大理石像，1863 年在罗马北郊普里马波特的利维娅郊区别墅的发掘中发现。它很有可能曾经有鲜艳的彩绘，现藏于梵蒂冈博物馆的新翼馆（Braccio Nuovo）。

备接受这个名字以及它所代表的一切。

然后，一件奇怪的事情发生了：一个没有任何政治纽带，也没有任何军事或政治历练的毛头小伙，仅仅凭借他的新名字和他的勃勃雄心，就成为最高层政治游戏的一名合法玩家。他与养父的战友马克·安东尼和马可·雷必达结成了同盟，形成了所谓的“后三巨头”。但和上一次三巨头结盟一样（由上一代的朱利乌斯·恺撒、庞培和克拉苏结成），同盟只维持了很短时间。雷必达很快出局，只保留了大祭司这一点缀性职务，同时屋大维与安东尼展开了一系列军事对抗，间以不平静的停战期。大结局在公元前 31 年上演：未来的奥古斯都指挥的西方军队在亚克兴海战中战胜了安东尼率领的东方军队。从军事角度看，这不是安东尼的决定性失利，但它对敌军的士气造成了致命一击：安东尼的盟友纷纷离开；不久后，安东尼和克利奥帕特拉双双自尽。

和平祭坛

公元前 13 年 7 月 4 日，奥古斯都结束了对西班牙和高卢的远征，返回罗马（我们应该还记得，巴尔布斯就是想趁着这个时机，将自己剧场的开业与皇帝的回銮扯上关系）。这场耗时三年的远征成功地恢复了罗马在当地的统治。而皇帝能够远离统治中心如此之久，单从这一点就可以看出，他对于新的统治体系的掌握有多么稳固。闻听圣驾的动向，好事者们纷纷开始张罗，并提议在帝国的心脏——即广场上修建一座祭坛以纪念此事。

出乎这些马屁精的意料，奥古斯都不事张扬地趁夜进入城中，并否定了他们提议的修建祭坛的地点。相反，他将它安排到了战神之地的最北边——也正是在此处，他将建起一系列纪念其统治的纪念碑（包括他将来的陵墓以及一座纪念他埃及之役胜利的方尖碑，我们很快将讲到它们），而祭坛也将成为整个园区的枢纽。

其象征意义是明显的：祭坛被称为“奥古斯都和平祭坛”（Ara Pacis Augustae），“奥古斯都”与“和平”从此在罗马人心中成了同义词。

拉丁语“pax”原意为“合同、合约、协议”，但由于罗马人所签的大部分国际协议都是和约（并且常常是偏向罗马人的要求），所以它慢慢拥有“和平”之意。在奥古斯都之后的时期，这个词的含义进一步扩展，也指代罗马所统治的整个世界。“Pax Romana”（或“Pax Augusta”）及其近现代传承，“Pax Britannica”和“Pax Americana”，都具有这样的双重含义。

奥古斯都的新纪念园区是一个大胆的城市开发项目，但它刚好坐落在台伯河冲积平原的中央。在西罗马帝国消亡后，和平祭坛就慢慢被掩埋在层层泥沙之下。到了中世纪时，它已彻底被人们遗忘。

战神之地原本是一片远离市中心的军事化郊区，但在中世纪时，随着原来的市中心被废弃，这里成了新的中心地带。一座献给罗马城的主保圣人圣老楞佐的教堂，早在 4 世纪初就出现在和平祭坛地界的旁边，人们如今确信，在这次建设过程中，祭坛上的一些浮雕可能被剥走或遭到了破坏。13 世纪时，一位英国枢机在祭坛上面建起了一座宫殿。在接下来的几个世纪里，这座宫殿在一家又一家的罗马贵族家族之间倒手，并一次又一次地更名——它因而也被称为“帕佩雷蒂宫”（得名自教宗西斯笃五世的家族）、“阿尔马贾宫”或“菲亚诺宫”。

这座宫殿位于卢西娜的圣老楞佐圣殿的东边，面临科尔索大道（旧称拉塔街）。“菲亚诺宫”是其最通行的名字，得名自教宗亚历山大八世的一个亲戚。另一位教宗亚历山大七世则为了拓宽拉塔街，将贴着宫殿而建的一座跨街凯旋门拆除了。我们已经不清楚，这座凯旋门是古代建筑，还是在中世纪时用古代石料和浮雕组装起来的。从凯旋门上拆下来的安东尼王朝时期的浮雕现藏于卡皮托利诺山上的保守宫。在凯旋门被拆除的 17 世纪，它被称为“葡萄牙凯旋门”（Arco di Portogallo）。这可能是因为在当时，宫殿隔壁是葡萄牙大使的官邸，也可能得名自一位枢机的名字，后者曾经在凯旋门上修建了一座过街天桥。

从 16 世纪起，在这座宫殿的地下陆续发现了一些带浮雕的石板残块。这些残块有些陈列在宫殿的庭院中，有些后来被出售给佛罗伦萨的美第奇家族，并最终流入乌菲兹美术馆。有些则被美第奇家族用以装点自己在罗马的别墅（罗马法兰西学院所在地），镶到了别墅的墙上。还有一块现藏于梵蒂冈博物馆，另有一块藏于卢浮宫。附近的一座耶稣会教堂里，一块带浮雕装饰花纹的石板面朝下躺着，这块石板曾被用作一位牧师的墓碑，长达几个世纪。

然后在19世纪80年代，一位年轻的德国古典学家弗里德里希·冯·杜恩发表了一系列论文，认为这些主题各异的浮雕残块——一队罗马的献祭队伍、一个关于丰裕的寓言以及其他主题的浮雕——原本都是属于同一座奥古斯都时期的重要纪念碑，有可能是和平祭坛。

20世纪初，人们第一次尝试发掘祭坛。但很快人们就意识到，发掘工作会威胁到工人和宫殿，因而开始没几个月就被叫停了。尽管如此，这次发掘还是出土了许多残块，并首次考察了祭坛的某些部分。

随着墨索里尼开始掌权，发掘工作被重新提上日程。毕竟这位法西斯头目将自己视为奥古斯都再世和新罗马帝国的开创者，因而对任何与罗马帝国有关的东西都推崇有加。而1938年9月的奥古斯都诞辰两千年纪念，正适合通过一次大规模的考古发掘来重申这样的传承。

舆论准备提前几年就开始了。《纽约时报》在1933年以热情的笔触写道："意大利人从来没有像今天这样清楚地意识到自己是古罗马人的后代。法西斯主义思想革命的成果之一……正是重新唤起了意大利人的民族自豪感。"

与此同时，现实问题仍然存在，单靠政治意志（即便有重金的加持）无法解决它们。在战神之地，许多建筑都是在打桩的地基上建造的。而菲亚诺宫地基的一些桩体恰好立在祭坛上面，移掉它们会导致整栋建筑倒塌。

负责此次发掘的考古学家朱塞佩·莫雷蒂想出了一个绕过难题的办法，试图利用临时搭设的支架撑起祭坛所在的宫殿一角。但为了搬移祭坛，必须抽干整个区域的地下水，而人们发现单用水泵抽水完全是白费工夫，需要用堤坝阻断地下水的涌入。但在一个人群拥挤的住宅区的街面下，在有着两千年历史的文化层的地层中，建起这样一个混凝土结构几乎毫无可能。

莫雷蒂的工程师想出了另一个巧妙的解决方案——将祭坛周围充满

地下水的土壤冻结起来。为此，他们在周围挖出一圈地沟，放入55根钢管，然后灌入压缩的二氧化碳。通过以冰筑坝，他们成功挡住了地下水，并将祭坛安全地搬移出来。墨索里尼政府从乌菲兹美术馆将缺失的浮雕调拨了过来，并为无法获得的残块（比如收藏在卢浮宫的）制作了石膏复制品。

祭坛被重新安置在一个新的地点——奥古斯都墓旁边的台伯河畔，一片专门为此腾空和“解放”出来的空地上。建筑师维托里奥·莫尔普戈按照当时典型的法西斯建筑风格设计了新的奥古斯都皇帝广场，并为祭坛设计了一个单独的展厅。

到了20世纪末，展厅已经残破不堪。于是在1995年的达沃斯世界经济论坛上，罗马市长邀请美国建筑师理查德·迈耶为和平祭坛设计一个新的展厅。迈耶的方案体现了他标志性的极简主义风格：一个白色的方形结构，主体由玻璃和开放空间构成。但意大利人对此出离愤怒：老城区在墨索里尼之后的首个重大项目竟如此私相授受，竟然还给了一个外国人，看看他创造出来的丑陋玩意儿！后来的历届意大利政府对于这个项目态度摇摆不定，但经过如此多的波折之后，新博物馆最终还是得以在2006年向公众开放。

在奥古斯都时期，和平祭坛是一个向和平女神帕克斯献祭的祭坛，并且一直在实际使用着——古罗马诗人奥维德就曾生动地描述：“白色的牺牲滚落下来，鲜血浸透了它的额头。”祭坛外墙长边上那些著名的浮雕装饰，所表现的很有可能就是参加献祭的贵族。当然，献祭队伍的形象是经过美化的——男性身材高大，神态庄严；女性则样貌秀丽，形态优美。带领那些祭司（可从罩住头部的托加上辨认出来）的是奥古斯都本人。他在浮雕上的形象遭到了损坏，因为菲亚诺宫的重量刚好集中在了这个位置，但那的确是他——通过他的发型和嘴角的标志性凹陷很容易就能辨识出来。

和平祭坛（由古列尔莫·加蒂复原，取自朱塞佩·莫雷蒂所著的《和平祭坛》，1948 年）

浮雕上还刻画了许多历史人物，包括奥古斯都的左右手阿格里帕、他的“文化部长”梅塞纳斯、他的妻子利维娅以及他的女儿朱利娅。他的姐姐屋大维娅以手抵嘴，示意孩子们不要喧哗。小孩的形象在祭坛的浮雕上到处可见——这在当时的罗马肖像画中还是一个新鲜的细节。当然，人们对此众说纷纭。但有一件事是确定的——雕刻家必定是以一种让奥古斯都感到满意的方式来表现这些社会精英中的精英。

罗马艺术当时的那种典型的写实气息也在这些浮雕上清晰可见。屋大维娅的举动并不突兀：孩子们（或许还有些大人）正在喧闹，破坏了这个场合的庄严肃穆。相对的另一面浮雕，生活气息则更加明显：一个

和平祭坛南侧浮雕的想象复原图（17 世纪版画，彼得罗·圣巴尔托利绘）

大概五岁的孩子伸手仰头，想要父亲抱抱。（也有观点认为，他可能不是一个罗马孩子，而是一个来自被征服国度的幼年质子。）

祭坛外墙的短边上则装饰着神话题材的浮雕。其中保存最好的一幅（经过文艺复兴时期工匠的大量修复）表现的是一位妇女手搂两个胖乎乎的小孩，在她身边还有两位寓意为气和水的女性。但我们却不是很确定她的寓意什么——她可能代表大地（忒卢斯）、罗马（罗玛）或和平（帕克斯）。在相对的另一面，是一位长着络腮胡的男人在献祭一头猪。他可能是埃涅阿斯，罗马人的始祖和奥古斯都的神话祖先，或者努玛·彭庇利乌斯，几乎所有罗马宗教的奠基者。

外墙短边上的另外两幅浮雕保存得不好，对它们所做的复原都是猜测性的。入口的左侧是战神马耳斯，很有可能还有罗慕路斯、雷穆斯以及抚育他们的母狼。另一侧是一位女神（罗马的化身？）端坐在一堆战利品上。

环绕外墙下部的装饰性花纹充满了让人意想不到的细节。仔细观察，你可以在老鼠簕茎叶和天鹅纹章（它是奥古斯都的守护神阿波罗的圣物）之间找到青蛙、蜥蜴、虫子、蝴蝶和蝎子等。

与华丽的外墙装饰形成鲜明对比的是，里面的祭坛本身朴实无华。正如我们上文所提到的那样，这是一个供实际使用的祭坛，因而它上面有用于排水的水槽和血槽。祭坛顶上的两侧有小幅的装饰性浮雕，表现的是健壮的年轻人驱赶牛羊来献祭——有人拉牛角，有人拽着牛尾往前赶。

方尖碑

在奥古斯都和平祭坛旁边，曾经矗立着一座独特的纪念碑——一座表现古罗马思想的敏锐，表现那种所谓的“古老睿智”的纪念碑。正是从奥古斯都时期开始，罗马出现了来自埃及的方尖碑。当时埃及被纳入罗马统治范围之内（还有专门为此铸造的硬币，上面绘有鳄鱼图案和题字“被征服的埃及”，“Aegyptus Capta”）。这种醒目的提示强调着统治者的强大和智慧。最早运到罗马的一座方尖碑被安放在战神之地。它同时还作为日晷，发挥着巨大的计时器和日历的功能。秋分是奥古斯都的生日，在这一天，方尖碑的阴影（为了更显眼，方尖碑的尖上有一个铜球）会指向和平祭坛，像是在提示人们，皇帝是“为和平而生”。

根据老普林尼的考证，这座日晷短短 50 年后就坏了。老普林尼在解释这件令人沮丧的事情时，提出了两种假设：要么是天体运动和地球转动变混乱了；要么是方尖碑由于自身重量塌陷，与刻度盘解体了。

方尖碑又矗立了很多个世纪，但后来还是倒塌了，分裂成了几部分。16 世纪时，这座方尖碑被再次发现，但没有被挖掘出来。教宗本笃十四

蒙特奇多里奥广场（18 世纪末版画，多梅尼克·普隆蒂作）

世在 18 世纪中期再次注意到它，但直到 1792 年，庇护六世才将其复建起来。修复材料取自于半损毁的安东尼乌斯·皮乌斯皇帝时期的圆柱。方尖碑被重新安放在另一个地方——蒙特奇多里奥广场上一座巴洛克风格宫殿前面，这座宫殿是现在意大利议会开会的地点。在方尖碑底座的南北两面上，可以看到古罗马时期的铭文，上书：恺撒皇帝奥古斯都、大主教（这一职务在铭文中另起一行标示，应该是另有特殊含义）以此太阳方尖碑纪念埃及回归罗马人民的统治。（曾经安放在马克西姆竞技场的另一座同样的方尖碑上也标有同样的铭文。如今这座方尖碑矗立在波波罗广场中央。这两座方尖碑都是在奥古斯都时期从埃及的赫利奥波利斯运来的，这座城市盛产方尖碑和塔楼）。上述两位教宗都将自己修复方尖碑的功绩以拉丁文铭文标示了出来（本笃十四世标在了议会大楼外墙上，庇护六世标在了方尖碑的底座上）。

20世纪70年代，德国考古学家埃德蒙德·布赫涅尔产生了一个想法，他认为：只要确定了奥古斯都方尖碑此前的位置以及天体运行规律（这一规律并不像老普林尼所认为的那样会随意变化），就能计算出刻度盘以及上面标示的月份和十二星座的位置，并可以尝试将它发掘出来。但在战神之地进行考古通常都会遇到一个困难：任何发掘工作都不得不在城市建筑中间进行。布赫涅尔得到了在战神马耳斯路的一处房屋地下室进行施工的许可。很快在地下六米深的地方，他带着无以言表的喜悦触碰到了凝灰岩地板和铜字母“A”。按照他的测算，这里应该是方尖碑日晷中处女座的位置。

但是“处女”（拉丁文为“virgo”）一词中哪里有字母“A”？解开谜题的方法很简单：几乎所有与智慧、哲学，特别是天体学和天文学有关的东西，首先是用希腊语进行讨论和记录的，而在希腊语中，处女座叫作“帕特诺斯”（雅典的“处女”神庙，“帕特农”神庙也是同一词根）。布赫涅尔从这个词中发现了字母“A”。布赫涅尔的发现堪称“分析性”考古学最杰出的成就之一，依据这种方法，学者可以对已有资料进行逻辑性分析，以确定在哪里进行发掘。

自1982年布赫涅尔发表自己的研究结果后，他的假说不止一次遭到批评，有的批评基于老普林尼的话语，有的基于考古文献。还有一个反对意见认为，如果当时建的是一个如此巨大的日晷，那么从地面是无法看清的。但此前我们已经看到过不少罗马古迹，他们的装饰物和浮雕明显不是供人类观看的，想一想图拉真圆柱就明白了。所以对于这一反对意见，恐怕不必太过认真，特别是再考虑到，其实只要登上周围的山丘，刻度盘便一览无遗了。

奥古斯都纪念堂

奥古斯都时期的建筑中最为大肆宣传的是他的陵寝。地理学家斯特拉波在这里耗费了比其他罗马古迹加在一起还要多的笔墨，也就毫不奇怪了。在彻底战胜安东尼后，奥古斯都立即着手修建陵寝，也正是在这一时期，他从“屋大维”变成了“奥古斯都”。这座陵寝有一个含义颇丰的名称：“纪念堂”。这一名称透着东方君主无限权力的意味，还能从中感受到亚历山大大帝的伟岸。能够获得奥古斯都如此程度的崇敬，除朱利乌斯·恺撒之外，便只有亚历山大大帝了。

奥古斯都将自己的纪念堂安置在河岸高处，它的外形既让人想起东方陵寝的奢华，又让人想起古老墓葬的朴素，正如那些如今依然能在特洛伊周边谷地见到的古墓一样。纪念堂的直接样板是伊达拉里亚墓葬。建筑的混凝土核心部分仿若由小房间和过道组成的迷宫，中间的位置应该是摆放奥古斯都骨灰盒的地方。混凝土上贴着白色的石头，可能是凝灰岩或大理石。纪念堂的上面几层没有保存下来，所以很难描述它的外形是什么样子。对此主要有两种说法：外观如同某些东方纪念堂一样呈台阶状升高；或是像古代墓葬那样，外观堆积成山丘

“纪念堂”一词源于小亚细亚君主摩索拉斯的名字。摩索拉斯于公元前4世纪执政，并为自己和家人在哈利卡纳苏斯市修建了纪念陵墓（今土耳其度假城市博德鲁姆）。虽然古迹只剩下平平无奇的废墟，但它所在的位置是明确的。这座纪念堂的一些雕像在19世纪被运到英国，现陈列于大英博物馆。哈利卡纳苏斯纪念堂是古代七大奇迹之一。另一座著名的纪念堂位于尼罗河三角洲。亚历山大大帝在巴比伦去世后，国王的一位将领托勒密将盛殓亚历山大大帝遗体的石棺偷运至埃及，并为其在埃及建造了奢华的陵寝。朱利乌斯·恺撒和奥古斯都都曾前往拜谒这位曾经的世界征服者。奥古斯都故意拒绝了参观埃及君主托勒密家族的陵寝，他说：“我是来看望国王的，而不是来看死尸的。”触摸统帅的遗体时，他无意间碰掉了遗体的鼻尖。大约在5世纪时，伴随着基督教时代的开始，亚历山大大帝陵寝在文学作品中再未被提及，曾经保存在那里的木乃伊、书籍和宝藏的命运也再无人知晓。

奥古斯都纪念堂（16 世纪版画，艾蒂安·迪佩拉克作）

状，顶部建有柱廊。纪念堂四周环绕着常青树木幼林，顶部立有奥古斯都大型铜像。在纪念堂北面，奥古斯都设立了一片宽阔的花园，这是一片公共区域，对所有人都开放。

奥古斯都比自己的大部分战友和亲属活得时间都长，因此他的纪念堂在他去世之前很早就开始作为陵寝了。第一个葬在那里的人是奥古斯都的侄子马塞卢斯，我们在上一章讲到过他。在他之后，奥古斯都的亲密朋友和老战友阿格里帕、姐姐屋大维娅、前妻儿子德鲁苏斯、孙子盖乌斯和卢西乌斯也陆续葬在了这里。公元 14 年时，轮到了奥古斯都本人。

奥古斯都在坎帕尼亚的诺拉市（距离那不勒斯不远），自己血亲的

奥古斯都纪念堂（17 世纪末复原图，彼得·先科作）

房子中去世（“在祖辈出生和死去的床上去世”）。他活到了将近76岁，算是高寿，但在古罗马时代也算不上有多么罕见。不过，奥古斯都政治生涯的特殊性并不在于其结束得有多晚，而在于开始得有多早。按照共和时期的制度，男人只有在年满45岁后才可竞选执政官，而屋大维在19岁时就以任何一位执政官做梦都想不到的方式主宰了国家命运。屋大维以不同的方式控制这个国家长达56年，在他执政末期，国家中几乎已没有人还清楚记得奥古斯都时代之前的事情。

历史学家称，奥古斯都在平静中去世：他要来镜子，整理了一下掉下来的假牙，随后问到，他这场人生喜剧演得好不好。他还引用了两句希腊短诗：“如果我们演得好就请鼓鼓掌，并且祝愿我们一路平安。”他在对妻子利维娅说了几句温存的话语后咽了气。

皇帝最后一次从诺拉回到罗马的行程用了几天时间。为了避开灼热的阳光，人们在夜间运送遗体，白天将遗体安放在邻近城市的巴西利卡或主要神庙中。神庙本是不允许死人进入的，对奥古斯都的网开一面说明了很多问题。元老们争先恐后、想方设法地把葬礼安排得尽量隆重，以让这位统治者永垂不朽。有些人建议穿过凯旋门将遗体运入城中，这是只有得胜将领才能享受的待遇；还有一些人提议搬来元老院会堂的胜利女神像，请她为送葬车队领头，并且请体面家庭的男孩女孩们来演唱送葬歌曲；还有人建议在葬礼日禁止佩戴金饰品，而要换成铁饰品；又有人建议将早已以奥古斯都的名字命名的八月改回老名称，而将九月改为奥古斯都的名字，因为奥古斯都是在九月出生，八月去世的。

人们在权衡轻重后，最终以合适又不过分的隆重气氛举办了葬礼。死者亲属宣读了悼词，遗体在距离纪念堂不远的篝火上进行火化。

奥古斯都在遗嘱中禁止将他的女儿朱利娅和外孙女小朱利娅葬在纪念堂（两人曾对统治者家族的名誉造成了不小的伤害，都被奥古斯都发

圣奥古斯都事迹

奥古斯都纪念堂入口前矗立着两座不同寻常的埃及方尖碑，上面都没有雕刻象形文字。两座碑都保存了下来，一座如今矗立于圣母玛利亚大教堂门前广场，另一座则位于埃斯奎利诺山丘总统宫前面。

入口处还有两座更有意思的铜柱。柱子上刻有奥古斯都的简历，这位首席元老在简历中讲述了自己的人生道路，历数了他所做的贡献、为人民所谋的福祉以及因此赢得的尊敬。

铜柱自然没有保存到今日。奥古斯都去世后立即被奉为神，帝国各地为他建起了皇帝神庙，这位统治者的简历也被添加进神庙的装饰中。小亚细亚行省的加拉太安吉拉市也建了一座皇帝神庙。在这座神庙的墙壁上，镌刻着奥古斯都简历的精确副本，而且不仅以拉丁文书就，还带有希腊文译文。

在小亚细亚变成土耳其后很长一段时期里，欧洲人再无法接近这片土地上丰富的古希腊罗马文明宝藏。直到 16 世纪，神圣罗马帝国派去拜见苏丹苏雷曼大帝的使团成员，法

埃斯奎利诺山方尖碑

兰德斯外交官和学者欧吉尔·冯·布斯别克在当地发现了神庙。在神庙中，布斯别克发现了古罗马学者曾提到的奥古斯都简历铭牌，并制作了第一份复制品。布斯别克和之后的研究人员在当地都遇到了一个严重的困难：神庙周围早已满是土耳其村庄，铭文被房屋墙壁遮挡了。

直到 19 世纪末，人们才得以制作出安吉拉神庙铭文的完整摹塑品（在小亚细亚又发现了另外几座存有这一铭文的奥古斯都神庙，但安吉拉铭文的保存情况比其他神庙好得多）。1883 年，伟大的德国历史学家特奥多尔·蒙森发表了一篇文章，将这一文献称为“拉丁语铭文女王”——这一评价可谓实至名归。蒙森是迄今为止唯一一位凭借文献著作获得诺贝尔文学奖的人。

奥古斯都简历此后被称为《圣奥古斯都事迹》（*Res Gestae Divi Augusti*），或是《安吉拉纪念物》（*Monumentum Ancyranum*）。这一纪念物的宣传属性要远远超过其历史属性：奥古斯都在其中细心地避免提及参与内战，避免提及对手塞克斯图斯·庞培、马克·安东尼，以及杀害朱利乌斯·恺撒的凶手等人，甚至完全不提他们的名字。此外，他还玩弄词句，试图将他所建立的政治制度描绘为洋溢着最高统治者威望的共和制，而不是披着共和外衣的专制制度。

发现铭文的神庙依然矗立在原处。安吉拉市现称安卡拉，是土耳其首都。罗马和平祭坛外围的墙壁上（由莫尔普尔戈修建）也镌刻着《圣奥古斯都事迹》。在将莫尔普尔戈展厅替换为梅尔的设计方案时，刻有铭文的墙壁得以保留在原地。

配到了遥远的海岛）。纪念堂中后来又葬入了被奥古斯都收为养孙的侄子日耳曼尼库斯（朱利亚－克劳狄王朝的又一位命中注定当不了皇帝之人）、皇帝的遗孀利维娅、提比略和另外几人。最后一位葬在奥古斯都纪念堂的是涅尔瓦皇帝。

中世纪的传说称，奥古斯都告诉自远方来到罗马的所有客人，要他们带来一捧故乡的土留在纪念堂，让帝国各地的人都记住他。在随后的很多个世纪中，奥古斯都纪念堂都与这座城市同在，而且这个纪念地与奥古斯都的名字也从未分开过，对于罗马来说，这一点极为重要，且非同寻常。

12 世纪，颇具影响力的科隆纳家族将纪念堂纳入自家防御设施（这是很多古罗马遗迹不可避免的命运）。1354 年，科拉·迪·恩佐的遗体在纪念堂的屋顶上被焚化。16 世纪，这处遗迹被红衣主教弗朗西斯科·索德里尼买下。他将古迹改为露天博物馆，并在其中建造了花园，花园中摆放着大量古罗马雕像。18 世纪，这座建筑中甚至建起了斗牛比赛用的竞技场。1909 年，纪念堂被改建为音乐厅，并被命名为“奥古斯都音乐厅”。

1934 年 10 月 22 日，墨索里尼手持斧头站在索德里尼大街一座楼的楼顶上，亲自宣布要对纪念堂周边的文艺复兴晚期街区进行清理。清理工作结束于奥古斯都二千年诞辰纪念日前夕，奥古斯都皇帝广场新房屋的门脸上以拉丁文标写着以下内容：

“法西斯”一词为意大利语，发源于拉丁语的“fasces”。“法西斯”是指插着斧头的束棒。当年护送罗马高级官员的保镖、侍从、武官便携带着这种武器。官员的级别越高，随从武官也就越多。
墨索里尼时期将“法西斯纪元”的开始用拉丁语称为“a fascibus restitutis”（“法西斯复国之始”）。如今在帝国广场大道附近的帝王纪念碑上，依然可以读到这样的铭文。

在将皇帝纪念堂从数个世纪的遮蔽中清理出来，将和平祭坛散落的遗迹收集到一起后，元首墨索里尼于 1940 年，法西斯纪元 18 年，下令清理这片仍弥漫着奥古斯都气息的地区，清除狭窄的老街，并将美丽的大街、房屋楼宇装饰一新，使其符合当今风尚。

遗憾的是，在将奥古斯都纪念堂从音乐厅和其他晚期建筑中“解放”出来后，它也并没有变为一处供人观赏的古迹。它仍被丑陋的围墙遮挡着，无法参观，甚至无法从外面看清楚它。

哈德良纪念堂

罗马城右岸地区古罗马遗迹不多，其中最重要的一个是哈德良纪念堂，也就是圣天使城堡，它在罗马最受欢迎景点中应该名列前茅。由于奥古斯都纪念堂已没有更多地方可用于墓葬，哈德良皇帝在距离老纪念堂 1 公里多的地方开工建设新的陵寝。正如所有“明君”都会做的那样，哈德良出于对伟大前辈的尊重，没有让新陵寝的规模超过奥古斯都纪念堂。

哈德良纪念陵寝的外观与罗马阿庇亚大道上大量的传统古墓相似，我们会在下一章对这些古墓进行介绍。但哈德良陵寝在规模和装修的丰富程度上要远远超过这些古墓。这座建筑物的台基上贴满了白色的意大利大理石，更高处还有一条雕有牛头和花环的饰带（在圣天使城堡博物馆可以看到饰带残块）。朝向台伯河的入口处，两侧的大理石板上镌刻着所有入葬者的姓名。

在大约 80 年的时间里，皇帝家族的成员被陆续安葬到这座陵寝里。217 年，在接下来三世纪的暴风骤雨即将来临之际，这里迎来了最后一名入葬者——卡拉卡拉皇帝。

圣天使城堡和桥（18 世纪版画）

由于战略位置重要，哈德良纪念堂很快就被改建为防御工事。一开始它被添建到了一段罗马城墙中（奥勒留城墙），之后又在 537 年哥特人围城之际被作为主要防御工事——罗马人从纪念堂上面向侵略者投掷铜像和大理石雕像，还包括骑马像。后来在几个世纪之中，纪念堂又作为教宗的要塞，为守卫梵蒂冈服务了数个世纪的时间（万神庙的铜瓦片也被熔铸成防御这座要塞的大炮）。13 世纪时，城堡与梵蒂冈之间建起了一道带顶的通道，被称为梵蒂冈通道（在丹 · 布朗的小说《天使与魔鬼》中，这条通道和真实存在的暗道发挥了重要作用）。直到20世纪初，城堡的军事使命才宣告完结。

哈德良纪念堂现在的名字得名于590年。当时发生了席卷罗马的瘟疫，教宗额我略一世看到，天使长米迦勒在纪念堂屋顶上将剑收回了剑鞘。教宗由此明白，灾难过去了。自那时起，纪念堂的外装饰和周围的街区发生了巨大变化。城堡的外观现在看上去几乎与古罗马时期毫无相似之处：圆形建筑的地上部分、壕沟、堡垒之间的间壁，还有城堡本身都是13至14世纪所建，甚至内部装潢都没有逃过教宗时期的建筑师和修复师之手。但纪念堂的混凝土台基和一圈内墙则确实是古罗马时期的，只是几百年来人们在它们上面又建了很多新建筑。

通往城堡的引桥也遭遇了几乎同样的命运。桥本是与纪念堂同时修建的，当时称为"埃利乌斯桥"（哈德良皇帝的全名为：普布利乌斯·埃利乌斯·哈德良）。这座桥自诞生起经历过不计其数的复建和装饰工程，我们只约略提一下它动荡一生中的三个事件：1450年的纪念日，大群朝觐者涌来。桥体承受不住负重，部分护墙坍塌，带走了很多条生命。在此后的修复和扩建工程中，古罗马时期的围栏和建在桥上的凯旋门被拆除。17世纪60年代，这座桥上（此时已采用城堡名，称为"圣天使桥"）添加了10座贝尼尼设计的天使像。这些雕像的名字都很怪异："持钉子的天使"、"持铭牌的天使"、"持海绵的天使"……。到了19世纪末，台伯河河岸的整修工程，使得工程师们不得不对这座桥进行了彻底的复建，现在只有中央三个桥孔是古罗马时期留下来的。

哈德良神庙

在战神之地上，还有几条街道和小广场的名字保留着对哈德良和他那个时代的记忆。首先当然是彼得拉广场上的圣哈德良神庙

彼得拉广场（18世纪版画）

（Hadrianeum），它距离奥古斯都方尖碑所在的蒙特奇多里奥广场很近。哈德良神庙是如今仍在使用的为数不多的几座古罗马时期建筑之一，尽管它的功能已截然不同。神庙留下了11根由整块普罗科尼亚大理石制作的大型圆柱，柱子上带有这种石材标志性的纵向灰色纹路。原有的石柱应该更多，仅在这一侧就可能有13或15根，神庙正对着如今科尔索大道的方向。楣线下面的部分得以保存了下来，但上面的部分为晚期复建，差别很明显。从栅栏后面的庙墙附近可以看出，火山岩制作的台基沉降得很厉害，足足有 5 米，台基上曾经贴着白色大理石。这里的地下部分让人不禁再一次想起，战神之地的文化层自古罗马时期开始便不断增长。

神庙没有任何铭牌（此前长期被当作尼普顿巴西利卡），但它曾与这一区域其他哈德良时期的建筑被一同提及。建立这座神庙的不是哈德良本人，而是他的养子安东尼乌斯·皮乌斯。凝灰岩材质的墙壁上有着大量孔洞，这些孔洞并不是战火造成的（虽然看上去的印象是如此），而是此前为固定装饰性大理石板而留下的痕迹。

17 世纪，著名建筑师多米尼克·方丹纳在神庙的剩余部分上加盖了教宗海关大楼。19 世纪末，这座巴洛克风格的建筑又经历了大量的简化，此前罗马交易所已搬入楼中。世界电影史上最著名的镜头之一：米开朗基罗·安东尼奥尼的影片《月蚀》（1962 年）中的哀悼场面，就是在这座交易所里拍摄的。不久前，全意大利的股票交易业务进行了重组，现在在哈德良神庙中办公的是工商会。在宫殿内部可以看到带有拱形屋顶的内室。

著名意大利考古学家费利佩·科阿莱里写到，哈德良可能是历史上唯一一位将岳母奉为神灵的男人。确实有说法称，哈德良以自己妻子维比娅·萨比娜母亲马提吉雅的名字命名了这座神庙。在圣伊戈纳提教堂附近，人们找到了一段标有“马提吉雅神庙”标记的输水管道，也就是说，这座神庙应该

斯巴德罗兰德大街的名字翻译过来是“罗兰德之剑大街”。人们也如此称呼这段圆柱，准确地说，是称呼圆柱上的裂缝。不知何故，罗马人将这裂缝与卡尔大帝的追随者罗兰德的名字联系在了一起。罗兰德在生前的最后一战中，不愿将杜兰德尔之剑留给敌人，试图毁掉它，却未能成功。在这根圆柱上，浅绿色大理石块的裂缝仿佛是利剑留下的痕迹。

就在卡普拉尼卡广场附近的某个地方。嵌在广场 76 号楼中的两根圆柱，还有一段发现于斯巴德罗兰德大街的圆柱，都有可能曾属于这座没有保存下来的神庙。若果真如此，根据圆柱尺寸判断，哈德良为岳母修建的可能是一座相当大的神庙。

马可 · 奥勒留圆柱

卡普拉尼卡广场，奥古斯都方尖碑所在的广场，还有找到和平祭坛的菲亚诺宫所在的区被称为“圆柱区”。这个区得名于矗立在圆柱广场上的圆柱。圆柱建立于公元 2 世纪末，是为纪念马可 · 奥勒留皇帝战胜北方蛮族而建。

毫无疑问，马可 · 奥勒留圆柱效仿了图拉真圆柱，但艺术史学家们还是不懈地强调两者之间的差别。它们的相似之处有：都是以巨型的卡拉拉大理石圆柱砌成；两座圆柱上都有描绘两场战役中罗马军队与蛮族之间的战斗场面的浮雕带；两根圆柱内部都建有螺旋楼梯，开有狭窄小窗用以照明；两根圆柱上都曾安放着相应皇帝的铜像，16 世纪末教宗西斯笃五世又在两根柱子上安放了圣徒雕像·在图拉真圆柱上安放了圣彼得像，在马可 · 奥勒留柱上安放了圣保禄像；在马可 · 奥勒留柱上，与它所效仿的样板一样，第一场和第二场战役中间由持盾牌的胜利女神像隔开（从科尔索大道方向看，第十层螺旋处）；两根柱子都在漫长的历史中受到不同程度的损伤，但马可 · 奥勒留柱受损更加严重：它曾遭受过雷击，曾因地震受损，而且由于金属钉早已丢失，“圆柱体”间已出现错位，导致有些地方的图案已无法对应。

以上就是两根圆柱的所有相似之处，接下来我们再看一看它们的差别。技术上的差别是：马可 · 奥勒留柱上的浮雕位置要比图拉真圆柱上

圆柱广场（18 世纪版画）

的高很多。艺术上的差别是：奥勒留柱上的形象更加死板，人物头部过大，与身体的比例不相称。最后也是最主要的差别，在于题材方面的差异：马可·奥勒留柱所表现的战争场面要残酷血腥得多。在图拉真浮雕上，最主要的题材是工程：建造跨多瑙河大桥，建造防御工事，搭建军营。而奥勒留柱上只有两幅工程场面的浮雕，更多则是战斗场面。在图拉真圆柱虽然将蛮族达契亚人表现得较为弱小，但还称得上是像样的敌手；而在奥勒留柱上，日耳曼人和萨尔马特人则几乎完全没有反抗的意思：他们四散奔逃，因恐惧缩成一团，被砍去脑袋（有一个这样的画面，应是皇帝亲自下令所为）。在图拉真圆柱上几乎没有针对普通居民的暴力场面，但在奥勒留柱上有不少这样的画面：罗马士兵拽着头发拉走蛮族妇女，从女人怀抱中夺走孩子，纵火焚烧村庄。在图拉真圆柱上，长卷画幅的结尾处是一头安静吃草的鹿，而在马可·奥勒留圆柱上，虽然同样以一头四蹄动物结束，但比例不匀称，外形怪异，以至于无法认出是什么动物。

浪漫的艺术学家一直试图以两位皇帝的性格差异来解释美学上的差别，但无法令人完全信服。毕竟，马可·奥勒留是唯一一位为后人留下了希腊文哲学巨著的罗马君主。西方通常将这部著作称为《沉思录》，俄罗斯习惯将其译为《一本写给自己的书》，这是后期抄写者自行加注的希腊文副标题（有时也译为《思考集》）。通过这些相当难懂的字句，可以勾勒出一位斯多葛派哲学家皇帝的肖像，凡事都要考虑是否违背道德准则。

但到公元 2 世纪末时，罗马帝国已经不再像百年前那样诸事顺遂。自汉尼拔之后，蛮族首次威胁到意大利本土。由图拉真扩大，并由哈德良稳固住的边界开始渐渐崩塌。好几种瘟疫在整个帝国同时肆虐，造成的危害几乎可与十四世纪中叶的“黑死病”相提并论——“黑死病”在北欧几乎夺去了一半人口的性命。道路，海路，转运站点，军营——四通八达的交通体系原本是罗马人的骄傲，但在面对复杂的传染病时，不仅起不到遏制瘟疫的作用，反而是助纣为虐。总体来说，那是个严酷的时代。马可·奥勒留尽管从事哲学工作，而且为人还算宽容，但执政的大部分时间还是耗费在了远征中。一位传记学家在提到皇帝的胸怀时写到，没有一位元老由于他的直接命令而受到处罚。这一赞美之词听上去令人生疑。

在解释浮雕的血腥与皇帝性格之间的矛盾时，研究者推测，圆柱是在马可·奥勒留去世后，由他的儿子康茂德建造的。但康茂德同样有一副无可怀疑的好心肠。当时的情况就是如此：在一段公元 193 年的铭文上（此时不仅马可·奥勒留已故，康茂德也去世了），一位皇帝的获释奴隶自豪地通报，他被任命为圆柱的看守人，并因此获准在纪念碑旁边的公有土地上建设一栋小房子。看来需要从其他角度看这个问题，通过订购人的个性来评判艺术品的特点是个非常浪漫的想法，但不是总能获得成果。

马可·奥勒留柱上的浮雕代表着从古典风格到罗马晚期风格的转折，此时距离中世纪的严格教规只剩下了最后一步。进入中世纪后，在象征主义和宗教虔诚面前，现实主义和解剖学都要退避三舍。

关于古罗马时期这根圆柱周围曾有过什么建筑，我们毫无头绪。在它后面，可能是圣马可·奥勒留和夫人福斯蒂娜神庙（福斯蒂娜一直追随丈夫参加军事行动，因此被士兵称为“军营之母”——“Mater castrorum”，行军途中死于卡帕多西亚）。在圆柱广场的魏金德宫下面发现的大理石屋顶有可能就是这座神庙的屋顶。

在文艺复兴时期之前，奥勒留柱的底座部分沉降到了地下。在把底座清理干净后，人们将上面的浮雕清除掉，刻上了有关教宗西斯笃五世时期修复工作的铭文。还有部分底座像以前一样隐没在地下，再往下应该是通往底座的石阶，从古罗马时期以后就再没有人见过这些台阶。

距离这个古迹很近的地方还有一根圆柱，圆柱的主题是纪念安东尼乌斯·皮乌斯的升天，也就是被神化的场面。不同于图拉真圆柱和马可·奥勒留柱，这根柱子上没有浮雕，只有简单的花岗岩柱体，底座是弯弯曲曲的轮廓，顶部立有皇帝像。18 世纪之前，这座圆柱的底座深深陷入地下，仅有部分圆柱高于路面。在施工过程中，底座被挖出并计划修复，但没有来得及实施。圆柱因火灾受损，被用作修复奥古斯都方尖碑的建材，这是人们对它仅存的记忆。

松果庭院（19世纪图画）

这座圆柱的底座令公众印象深刻。底座的一面刻着题词，另两面是动感十足的画面——罗马骑士们正在围着火葬篝火绕圈（这种仪式称为“decursio”）。底座的第四面上是皇帝灵魂升上天空的场景，地面上一个别有寓意的人物在看着他。地上的人怀中搂着奥古斯都方尖碑，象征的可能是战神之地。

这个底座曾有一段时间被摆放在蒙特奇多里奥广场上奥古斯都方尖碑旁，而后被送入了梵蒂冈博物馆。它在松果庭院中曾长时间占据着最醒目的位置，后被摆放到梵蒂冈画廊的入口处。

在梵蒂冈使徒宫中的松果庭院中，保存着几件著名的古代艺术品。首先当然是巨大的铜松果（pigna）。松果雕塑曾经用于装饰战神之地上伊西斯神庙附近的喷泉，罗马万神庙所在的那片不大的正方形区域因它直至今日都被称为“松果区”。在被纳入使徒宫之前，松果雕塑曾在老圣彼得大殿前摆放过一段时间，但丁就是在那里看到了它（“他的脸又宽又长，就像罗马彼得神庙前的松果”）。

还有一件艺术品是孔雀，它曾被摆放在哈德良纪念堂的入口前，此处的为复制品，真品保存在梵蒂冈博物馆里。

另一件艺术品是狮子。保存在这里的是这件埃及雕塑的原品，而复制品则位于距离戴克里先浴场不远处的快乐之水喷泉。

维尔戈水道

战神之地的大部分喷泉都与维尔戈水道相连。这是为数不多的几条整个中世纪时期都在使用的水道之一。在文艺复兴时期之前，这条水道已几近淤积。15 世纪时，教宗尼古拉五世决定恢复使用这条水道，他没有费多大力气就完成了施工。水道是阿格里帕为保障万神庙不远处的浴场供水，于公元前 19 年修建的。据传说，一位年轻姑娘曾指引阿格里帕的士兵们找到了水源，水道也因此以这位姑娘的名字命名。水道总长度为 20 公里，自起点至终点的落差仅为 4 米，这证明了古罗马工程师不可思议的精湛技艺。大部分水道处于地下。可以看到一座支撑水道的拱门，它比现在的地平面低很多，就在纳扎连诺大街 14 号楼院中的围栏后。拱门以凝灰岩制作，有意模仿出粗糙的风格——这是克劳狄皇帝时期典型的风格。从罗马最著名的喷泉——特雷维喷泉喷涌而出的水流，可以看出维尔戈水道的工作效率。特雷维喷泉正面右侧的浮雕上，雕刻着阿格里帕的士兵，还有那位向他们指明水源的姑娘。

维尔戈水道在西班牙台阶附近的一处储水池

第九章

澡堂与墓穴

切利奥山与阿庇亚大道

公元48年，克劳狄皇帝在元老院发表了一次演讲。他在演讲中建议，吸收来自遥远的，所谓“头发乱蓬蓬”的高卢贵族进入元老院。随即展开的激烈争论似曾相识，与如今对类似议题的讨论差不多，许多元老纷纷指责：“难道我们自己就没有合适人选了吗”“他们可是和我们打过仗的”“他们最擅长得寸进尺”等等，几近于肥皂剧的情节。

针对这些说法，克劳狄反驳说，斯巴达和雅典就是由于自我封闭才没落的，而罗马的奠基人罗慕路斯的做法正好相反，他将战败民族接纳进了和睦的罗马大家庭。当年意大利人也曾不能担任最高职位，此前拉丁人也是如此，再往前的一段时期，平民也曾不能担任最高职位。因此来说，元老们，我们现在所墨守的成规，就是当初的离经叛道。

克劳狄对他所提的法案是有个人感情因素的：他出生于高卢城市卢格杜努姆（今里昂），是首位出生于意大利之外的皇帝。他最终还是说服了元老们，法案通过了。

但我们的兴趣不在这里，更让我们感兴趣的是皇帝在演讲中所提到的历史话题。

克劳狄能够登基可以说是出于偶然：他从未追逐过权力。在严酷的

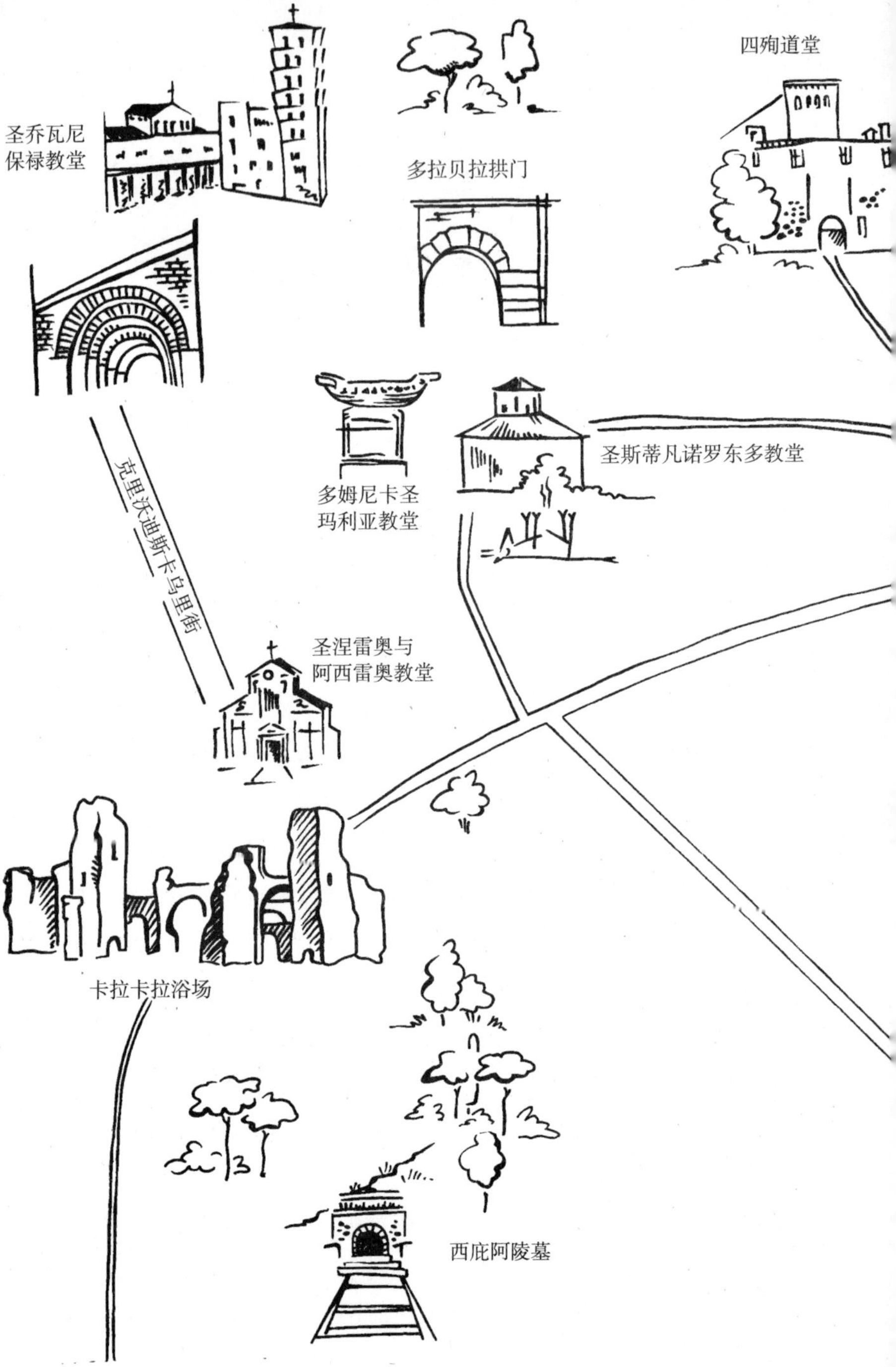
圣乔瓦尼
保禄教堂
多拉贝拉拱门
四殉道堂
克里沃迪斯卡乌里街
多姆尼卡圣
玛利亚教堂
圣斯蒂凡诺罗东多教堂
圣涅雷奥与
阿西雷奥教堂
卡拉卡拉浴场
西庇阿陵墓

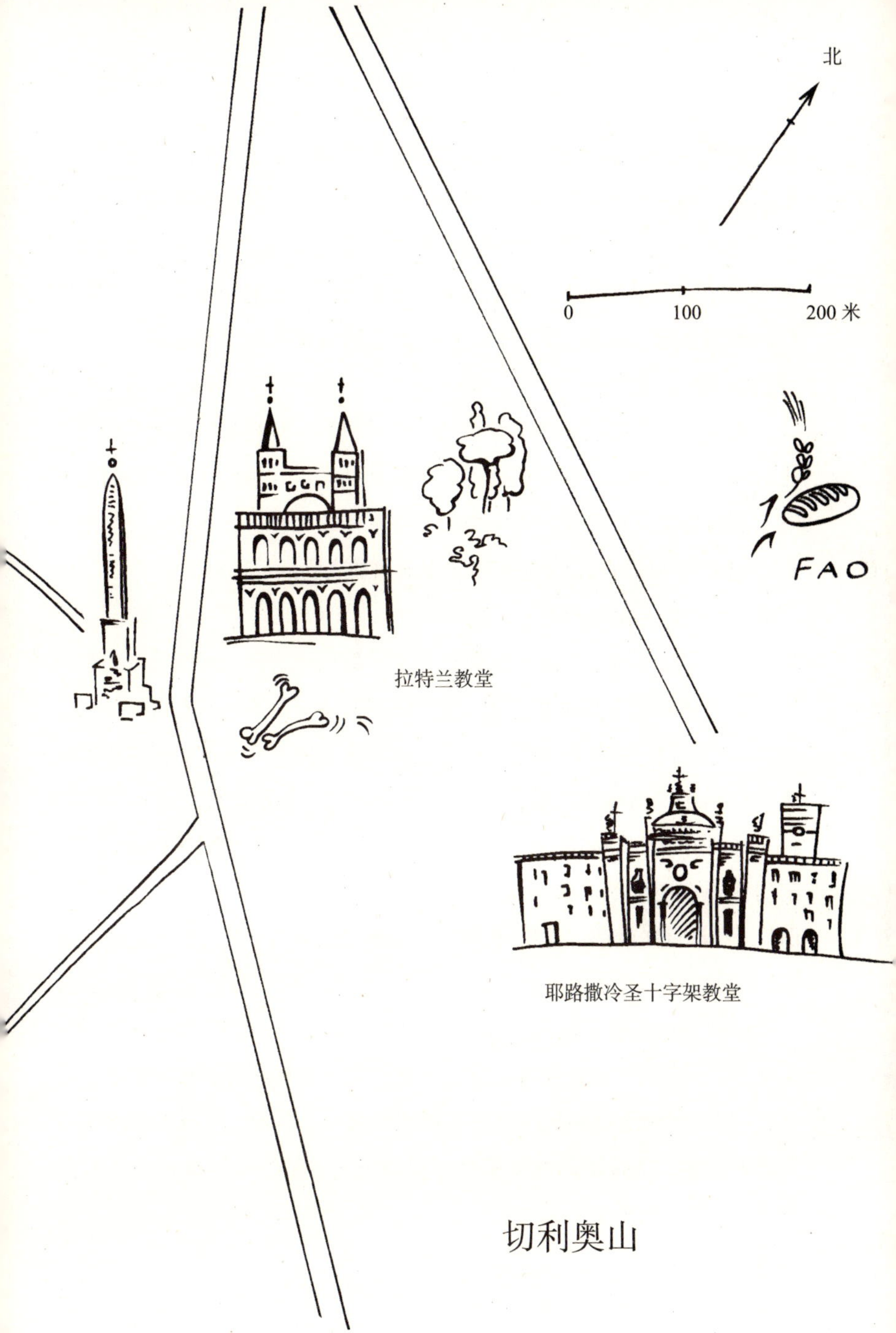
北
0
100
200 米
FAO
拉特兰教堂
耶路撒冷圣十字架教堂
切利奥山

提比略和半疯的盖乌斯（卡利古拉）统治时期，为了不成为宫廷倾轧的牺牲品，他故意装疯卖傻。当卡利古拉最终成为阴谋的牺牲品后，一位军官偶然在宫殿一间屋子的窗帘后发现了瑟瑟发抖的克劳狄，就把他拉到了军营，近卫军随后宣布他为新任首席元老。元老们生了一段时间的气，随后想通了：相比其前任，一个意志薄弱而又糊里糊涂的君主，对他们来说要方便得多。

克劳狄的白痴名声还来自于他的学术研究。年轻时，他就接受了历史学家李维的建议，醉心钻研古老手稿和档案，并用拉丁文和希腊文撰写了大量历史研究著作，其中包括多卷本的迦太基历史和伊达拉里亚历史。他是罗马最后几位通晓伊达拉里亚语的人之一。正是这些研究工作，使他能够在元老院的演讲中引经据典。

讲到罗马七王，不禁又使我们想起了那位迷一样的塞维鲁·图利乌斯。他出身卑微，但在古罗马机构和体制的建立上留下了重重一笔。根据其对伊达拉里亚文献的研究，克劳狄声称塞尔维乌斯·图利乌斯其实是一位叫作“马斯塔尔纳”的伊达拉里亚人，是伊达拉里亚首领西利阿·维别纳的忠实伙伴。二人由于局势所迫背井离乡。西利阿来到罗马，定居在现在还以他的名字命名的切利奥山（此前叫作“奎尔克维图兰山”，翻译过来就是“橡树林山”）。马斯塔尔纳改了罗马名字并成为国王，为所在国带来了更大的利益。

切利奥山占据了罗马东南部，更准确地说，是占据了老塞尔维乌斯城墙内的部分（无论战神之地，还是梵蒂冈和其他右岸地区都不在其中）。切利奥山的西侧从斗兽场延伸到卡利古拉浴场，东部则隐没在马焦雷门附近。连接山的两侧的是一条以历史上最好学的皇帝命名的街道——克劳狄大街。

迷一样的马斯塔尔纳

克劳狄在元老院的演讲可以在几部文献中看到，在一些类似会议速记的铜牌上也有记载。在铜牌上，就连元老不满地喊叫“快讲正事！”都记录在列。铜牌安放于卢格杜努姆所谓的“三位高卢人”之一的巴西利卡中，可能是高卢贵族对听证结果满意而为。16 世纪，这些铜牌在耕地时被偶然寻获，现在陈列于里昂的罗马高卢博物馆。

19 世纪中叶，武尔奇古城附近的伊达拉里亚富人公墓中的发现，为克劳狄讲述的故事提供了证明。在一座以发现者名字命名，叫“弗朗索瓦墓”的墓穴中，画着两幅壁画，分别为神话题材和历史题材。神话题材的画取材自《伊利亚特》中的情节，描绘的是在帕特洛克罗斯篝火上火葬特洛伊俘虏的仪式。历史题材的壁画中，一群全副武装的士兵正在向意外遭遇到的敌人发起进攻。画家在这场遭遇战的参战者的上方标注了名字，获胜一方中有凯勒·维比纳斯（西利阿·维别纳）和马斯塔尔纳（塞尔维乌斯·图利乌斯），失败一方中有克涅维·塔尔户尼斯·卢马赫（可能是罗马人格涅乌斯·塔奎尼乌斯）。遗憾的是，弗朗索瓦墓壁画如今保存在罗马的一座宫殿中，而这座宫殿属于贵族家族托洛尼亚，不仅是公众，就连研究人员都无法进入。不过，不久前，武尔奇开始播放墓葬的 3D 演示。

传统的罗马史料研究学认为，塞尔维乌斯·图利乌斯虽然出身较低，但至少是拉丁裔。他应该是考尼库隆生人，曾在家中接待罗马国王老塔奎尼乌斯。克劳狄的假说来源是，老塔奎尼乌斯有一个伊达拉里亚侍从兼军事顾问马斯塔尔纳，他后来在族人的帮助下推翻了主人，并用“塞尔维乌斯·图利乌斯”的名字在罗马当上了国王。现代历史学家的观点在这两种说法之间摇摆不定。

克劳狄水道和罗马的水道

克劳狄发起的城市建设项目（按照苏维托尼乌斯的话来说，是“与其说是数量众多，不如说是意义重大且必不可少的项目”）或多或少都与水有关：他修建了输水管道、源自富齐诺湖的地下引水渠和位于奥斯提亚的新港口。

在罗马，即便是夏天，也不用在出门时带上从超市中买的矿泉水。这在欧洲其他任何首都城市都无法做到。因为在罗马，隔上几步就会有个水龙头，流出来的平稳水流既凉爽又干净新鲜。当然用这些水龙头喝水还是需要掌握些技巧。

古罗马时期，有超过十条水道为这座城市供水，其中便包括克劳狄水道，它同时也是其中最大的一条。“只要细心计算一下这条水道向城市的供水量，就不得不承认，全世界再没有比它更值得赞赏的了，”老普林尼写道，“城市中有如此之多的浴池、水池、房屋、人工渠、花园和郊外别墅，再去数一数，水道一路上修建了多少穿过山丘、越过谷地的拱门。”

在提到“水道”一词时，大部分人眼前都会浮现出高悬于空中的大型石制或砖制拱门。但这种印象并不准确。罗马的水道在大多路段都是贴地面而建或是建在地下。仅仅是在需要设立浮雕的地方，才会建造拱门式水道（浮雕有时会结合纪念性或宣传性内容）。

罗马的水道是真正的工程奇迹。它们唯一的技术准则是坡度：水道的起点（水源）应高于终点；水的整个再分配过程完全依靠重力完成。当然，为了水流不致过急，水道全程都要保持

克劳狄水道（Aqua Claudia）起自罗马以东60公里处，有几段是令人印象深刻的拱门式水道。在距离罗马10公里处，修建有一处储水池，与罗马最重要的道路拉丁大道（Via Latina）相邻。罗马的很多水道都配备了储水池，水体在经过储水池由多层格子组成的复杂系统过滤后，沙子和其他杂质将被留在池底。在流经储水池后，克劳狄水道与阿尼欧水道（Anio Novus）交汇，两条水道在空中拱桥上交叠。由于越接近城市，地势越低，拱桥因此越修越高。在阿庇亚大道考古区，克劳狄水道在南侧风光的映衬下显得更加动人。这片区域被称为“水道公园”（Parco degli Aquedotti）。意大利著名电影城“奇尼奇塔”距离这里仅一步之遥，因此克劳狄水道的画面经常出现在历史题材和电影镜头中。其中最为经典的可能要数费里尼拍摄的《甜蜜生活》开场的几个镜头：一架直升机在运送巨大的耶

一定坡度。珠宝般精确的施工效果令人惊叹。例如，高卢城市涅玛斯（尼姆）的罗马水道总长50公里，自始至终的落差仅为17米，这意味着坡度只有2%！尼姆水道有一小段是以石头拱门架设的，被称为加尔桥。它是法国最著名的景点之一，也被联合国教科文组织列入世界遗产。以前人们认为，这条水道是阿格里帕时期建设的，但不久前的研究将建设时间推迟到公元1世纪中叶，即克劳狄统治时期。

罗马坎帕尼亚的水道（19世纪图画）

稣像，倒霉的马塞卢斯带着一群记者坐在另一架直升机上，背景就是宏大的克劳狄水道废墟和意大利五针松。

马焦雷广场

还有一个适合观赏克劳狄水道的地方，那就是马焦雷广场。切利奥山的东侧支脉在这里隐没不见。如今这里仍然是几条交通干线的交汇点，但其繁杂程度已与古罗马时期不可同日而语。两条重要的道路在这里分道扬镳，一条是自罗马去往东南方向的拉比卡纳大道，另一条是去往东方的普莱奈斯提纳大道（这两条大道依然沿用着其古老的名称）；此外，还有 6 条水道在这里交汇！我们现在所能看到的水道，和在水道公园中看到的一样，只有克劳狄水道和阿尼欧水道，不过是古代盛况的一点点残余。从拱桥侧面可以清楚看到铺设水渠的孔道。人们在公元 3 世纪建设奥勒留城墙时，将拱桥改建成了大门，一开始叫作“普莱奈斯提纳门”（Porta Praenestina），后来改为意大利语名字，意思为“大门”（Porta Maggiore），这个称呼一直沿用至今。

垒砌大门所用的凝灰岩板看上去很粗糙，似乎未经加工。但这是人为的效果。我们此前已经了解到，克劳狄是古老素朴主义的拥趸，因此他统治时期的建筑都带有古旧感。稍晚我们还会再次遇到这种艺术风格的古迹。

克劳狄在生活的各个方面都表现出对古旧感的青睐，马焦雷广场的正面便是又一个例证。在铭文的第一行，皇帝被称为“提比略·克劳狄，德鲁修斯之子，恺撒，奥古斯都，日耳曼尼库斯……”（ti. Clavdivs drvsi f. caisar avgvstvs germanicvs）。注意其中“恺撒”一词的写法。在标准拉丁文中这个词的写法是不一样的，应为“Caesar”，而克劳狄所使用的是更加古老的写法。但这也能帮助我们了解早期的拉丁语发音，这个词

马焦雷大门和尤里萨西斯之墓（版画，1830 年）

在写法上是明确的。它本是皇帝的名字，此后成为一项称号，古代的发音类似于“恺撒儿”，而不是中世纪惯于念作的“切撒儿”，更不是现在意大利语发音中的“切撒列”。

有意思的是，马焦雷广场其他铭牌上的文字表明，克劳狄水道后来的运转有些不正常。仅仅 20 年之后的韦斯巴芗时期，人们便不得不对水道进行了完工后的首次维修；此后又过了 10 年，在提图斯时代又再次维修。而且在最后一块铭牌上（在最下方），提图斯声称，他修复了由于老旧（！）而损毁的水道（a solo vetustate dilapsae essent）。

在继续前往切利奥山观察克劳狄水道之前，我们在马焦雷广场再稍稍暂留一会儿。克劳狄拱门后面，紧挨水道坐落着古罗马最怪异，也最

克劳狄的三个字母

克劳狄的语法实验并不仅限于此。他在拉丁字母表中引入了 3 个新字母，这几个字母都是为了消除一些书写中模棱两可的现象。例如，大写的拉丁字母“V”在铭文中有时作为辅音字母（v），有时作为元音（u）。如此一来，有些词，比如“voluit”（“想”）和“volvit”（“转动”）在传统拉丁文铭文中的写法就会重复：“volvit”。克劳狄建议引入字母，将倒过来的“F”，替代作为辅音时的“V”。

在一块克劳狄时期宣布扩大试用范围的牌子上，我们可以看到这个字母的实用范例。这块牌子位于战神之地佩列戈里诺大街 145 号房子的墙上。牌子上最后一句话是：“现扩大试用范围并加以标记”（“FINIBVS POMERIVM AMPLIAℲIT TERMINAℲITQVE”）。这段铭文中便使用了克劳狄独创的字母。

克劳狄创造的其他两个字母也是为了与模棱两可做斗争。他建议以一个像是倒转过来的“C”字母替代类似“celebs”和“anceps”等词汇的后缀，两种后缀的发音一样。另外还引入了一个类似去掉左半边的“十”字的字母，用在语法中有时写作“u”，有时写作“i”的地方（*monumentum* 和 *monimentum*）。

在克劳狄去世后，他的新创造很快就没有人使用了。直到 17 世纪，人们才彻底区分开字母“V”和“U”，在某些学术刊物上（例如《牛津拉丁文词典》）至今仍将所有小写“u”和“v”都写作“u”，读起来非常不方便。

有魅力的古迹之一——面包师尤里萨西斯之墓。

1837 年，教宗额我略十六世决定将这座拱门从古罗马晚期和中世纪加盖的建筑中解放出来。在一座拆除的塔楼下面，发现了一块此前未被发现的墓碑。墓碑的混凝土实心外墙面贴着凝灰岩，保存下来的每一面上都可以读到同样的铭文：

> "EST HOC MONIMENTUM MARCEI VERGILEI EURYSACIS PISTORIS REDEMPTORIS APPARET"

除了最后一个词，整段铭文意思十分明确："此为面包师兼供货商马可·维尔吉利乌斯·尤里萨西斯之墓。"但最后一个词"apparet"却让人有些迷惑，特别是整段文字以这个词结尾，便更让人难以理解。语言学家至今仍就此争论不休。有一种推测称，这是动词"apparere"，意为"引人注目"，在此处的意思差不多是"那你之前是怎么想的？"

与棺木一同出土的还有男人和女人形象的浮雕、做成面包篮外观的骨灰盒，以及另一块刻有铭文的板子，上书："我的夫人阿提斯提娅曾是位美丽的女士，现在除了这个面包篮中的物品，她什么都没有留下。"看起来，这位尤里萨西斯是个特立独行之人。浮雕和铭牌保存在卡皮托利诺博物馆，"面包篮"却令人遗憾地遗失了。

从面包师的希腊文家族名（尤里萨西斯），以及作为一名自由身的罗马人，他的墓碑上却缺失的父亲和爷爷名来判断，他应该是个获释奴隶。在科学著作中，这一注解（很难否定的）长期影响了人们对尤里萨西斯墓穴的解读。从墓穴配置可以看出其难言高雅的品位，以及对罗马传统价值观（比如做事应当适度并有条不紊等）的背离。佩特洛尼乌斯·阿尔比特尔的著名小说《萨蒂利孔》中，粗俗的暴发户特里马尔齐奥对自己墓穴的描绘，简直可以作为面包师之墓的最佳注解：

当然要摆上我的雕像。就让我的狗趴在我的脚下，再加上花环，有香味的那种……再来一段铭文：这块墓碑不传后人。要是可以，就再画上一个宴会厅，好让大家都来吃饭，我请客。你觉得写上这样的铭文怎么样：盖乌斯·庞培·特里马尔齐奥·梅塞纳斯扬努斯长眠于此。罗马的任何职务他都能信手拈来，只是他不愿意而已。他白手起家成为富翁，一生中从来不听任何哲学家的话。

尤里萨西斯之墓（复原图）

不过，我们也可以用一种同情的眼光去看待尤里萨西斯之墓。从中可以看出罗马的社会活跃程度。这是一个人生（与死）的故事，他在共和制难以为继的时期，通过自己的劳动和双手得到了财富、社会认可和敬重。他忘我地陶醉于自己的手艺。棺木上部的一圈浮雕描绘了制作面包的各个步骤：先是工人搬运粮食，装入大型量器，称重，转给批发采购商；接着是磨面（拉磨的是相当模糊不清的驴），筛净面粉；最后把面揉匀（又需要牲口推动），擀面，放入炉中烤。整个棺木活像一座面包作坊：棺材下部是竖立的管状物，可能是储存粮食的塔楼；还有横着的管子，暂时找不到合理的解释，可能是描绘擀面杖（或者按照一个极端的说法，是一根嵌入棺材的真擀面杖）。

从马焦雷广场沿奥勒留城墙一直向南走，就会

营地式圆形剧场（16 世纪版画，艾蒂安·迪佩拉克作）

到达耶路撒冷圣十字架教堂。在教堂旁边紧靠着一片大型的古罗马废墟，普通旅游者无法进入这个地方（通常只能从外面看一看）。这片废墟就是所谓的营地式圆形剧场（Amphitheatrum castrense），以及君士坦丁皇帝母亲圣埃莱娜的私人宫殿。

圆形剧场完全由混凝土和砖头制成，几乎没有石材贴面，如今残留的只有最底下的一层。人们在将这座建筑添建进奥勒留城墙时，用砖砌死了所有的拱门。圆形剧场在行政上隶属于旁边的教堂，外人无法进入，但从卫星图片上可以看出，古老城墙之内设有一处花园。

根据传说，耶路撒冷圣十字架教堂建于公元 4 世纪初，建在埃莱娜宫殿的一处房屋旁边，这处房屋中保存着所谓的“复活节圣物”。圣物是埃莱娜在出游圣地时运回来的，包括：十字架上以三种文字记录的一段铭文（“拿细耳人耶稣，犹太王”）、用来折磨基督的荆冠上的两根荆棘、一段钉子、耶稣被钉死的十字架上的三小段木头、“明理的强盗”（在耶稣旁边受刑之人，后被认作圣人）受刑的一大段十字架、（爱怀疑的）托马斯的食指遗骨（他就是用这根指头触碰了复活后的基督身上的伤口）、耶稣被鞭打时靠着的圆柱的碎片，等等。另外，关于教堂的名字，也不应理解为“位于耶路撒冷的十字架教堂”，而应是“保存着部分圣十字架的耶路撒冷教堂”。埃莱娜将耶路撒冷的泥土运回了罗马，并铺在教堂的地板上，这样教堂就真正变成了“耶路撒冷教堂”。

在《大师与玛格丽特》一书的开头，沃兰德告诉贝尔廖兹和贝兹多姆内，他是世界上唯一一位研究魔法师热贝尔·奥勒利安库斯手稿的专家，因此被请到莫斯科来。热贝尔·奥勒利安库斯（或称奥里亚克巴尔力）即为罗马教宗西尔维斯特二世，是第一位坐到圣彼得宝座上的法国人。据传说，耶路撒冷圣十字架教堂是他的凶地。曾有预言称，他在耶路撒冷做完弥撒后就会死去。热贝尔·奥勒利安库斯记住了这话，一直没有去圣地。但他有一次在罗马圣十字架教堂做完礼拜后忽感不适，当人们告知他教堂的全名时，一切都为时已晚。

拉特兰教堂

从圣十字架教堂沿卡斯特伦斯大街向西走，就会到达西尔维斯特二世遗骨长眠之地——然而只是其暂时的长眠之地。

为什么只是暂时的？西尔维斯特二世葬于拉特兰圣约翰教堂，墓上镌刻着一篇拙劣的拉丁文墓志铭，开头是这样写的：“Iste locus mundi Silvestri membra sepulti venturo Domino conferet ad sonitum”（“这里长眠着西尔维斯特的遗骨，当出现基督显圣的召唤，他就会再次站起”）。换句话说就是，当基督在末日审判的号角声中降临时，西尔维斯特就会复活。但民间传说按照自己的方式把这些话曲解为：即将到来的基督可以理解为新任教宗，而发出的声音是遗骨的喀喀声。进一步又传说：在下一位教宗死前，西尔维斯特二世的墓中会发出响声。

拉特兰教堂（包括圣殿、洗礼池和宫殿）如今所在的位置当年曾经是拉特兰家族的庄园。对这个家族我们所知不多，只知道卢西乌斯·塞克斯图斯·拉特兰在公元前4世纪可能是第一位平民阶层出身的执政官。公元2世纪末，皇帝塞普提米乌斯·塞维鲁在这里建立了骑兵团营地（Castra Nova equitum singularium）。骑兵团负责在皇帝家族成员出城或是驻扎在行省时为其提供护卫。又过了一百多年，这个骑兵团在一场内讧中支持了失败的一方，即皇帝马克先提乌斯。米尔维奥大桥战役之后，胜利者君士坦丁立即解散了骑兵团，并将他们的军营和旁边原属于自己妻子（已被他处决）的宫殿转交给基督教团。

这是基督教历史上的一个重要事件。不久前还被迫害、被鄙视的近东新宗教追随者，不仅得到了整个官方机构的正式支持，还在永恒之城的体面地段（虽然在市郊）落了脚。直至今日，拉特兰圣约翰教堂在基督教（至少是天主教）教堂中依然享有特殊地位。这座教堂直到现在都是罗马城的主教堂（而不是圣伯多禄大殿），也是罗马教宗（就是教宗）教团所在地。教堂入口处的拉丁语铭文宣示着这座教堂的特殊地位："至圣拉特兰教堂，罗马城和世界所有教堂之母，首要教堂"（Sacrosancta Lateranensis ecclesia omnium enat et orbis ecclesiarum mater et caput）。

但普通罗马基督徒还是无法发自内心地爱上拉特兰教堂，因为在整个中世纪，设在这座教堂中的教宗政权中心与基督徒自发组织的公社对抗不断。公社主要扎根在城墙之外的地下避难所，以及建在著名圣徒受难地的教堂里（梵蒂冈是其中之一）。14世纪初，教宗宫廷临时离开罗马并落户于法国的阿维尼翁，拉特兰宫殿及周边建筑自此走向没落。天主教主教团自此再未回到拉特兰，离开阿维尼翁后罗马教廷先是在泛台伯河区（泛台伯河圣玛利亚教堂）落脚，又到了埃斯奎利诺山（马焦雷圣玛利亚教堂)，最终扎根在梵蒂冈山丘上。

拉特兰教堂重新成为全世界天主教徒关注的焦点是在 1929 年，意大利王国(由总理墨索里尼代表)与圣座在拉特兰宫签署条约时。这份条约解决了所谓的“罗马问题”，并将(正式获得独立国家地位的)教宗宫廷与意大利国家之间的关系固定下来。除了一些微小的改动，拉特兰条约执行至今。此外，拉特兰圣约翰教堂虽不在梵蒂冈领土范围内，而是位于意大利共和国领土上，却拥有特殊地位，属于圣座财产。

自法王亨利四世时期(16 世纪末)起，法国国王开始庇护这所教堂并获得了“ex officio”(意即“首位且唯一的法政牧师”)之称，这个荣誉称号后来由法王移交给第五共和国国家元首。

作为基督教圣地，拉特兰教堂有很多古罗马时期的纪念物和战利品(spolia)。它东侧主入口的铜门是从古罗马广场的元老院会堂拆移过来的(位列罗马三扇尚可使用的古罗马时期大门之一)。支撑着管风琴的两根黄色大理石圆柱，其中一根是从君士坦丁凯旋门拆过来的。还有，在柱廊下面立着皇帝着军装的巨型大理石像。石像曾被认为是君士坦丁，但实际上是他的儿子君士坦提乌斯二世。实际上，拉特兰教堂附近所有的皇帝像都曾被认为是君士坦丁，著名的马可·奥勒留骑马像(也曾被认为是君士坦丁)在落户卡皮托利诺山之前曾长期摆放在这里。

修建于 5 世纪的圣乔瓦尼洗礼池，或称拉特兰洗礼池，在很长一段时间里是罗马唯一一座该类型的建筑。据说君士坦丁皇帝曾在这里受洗，但这一传说除了明显的年代不符之外，也缺乏其他依据支

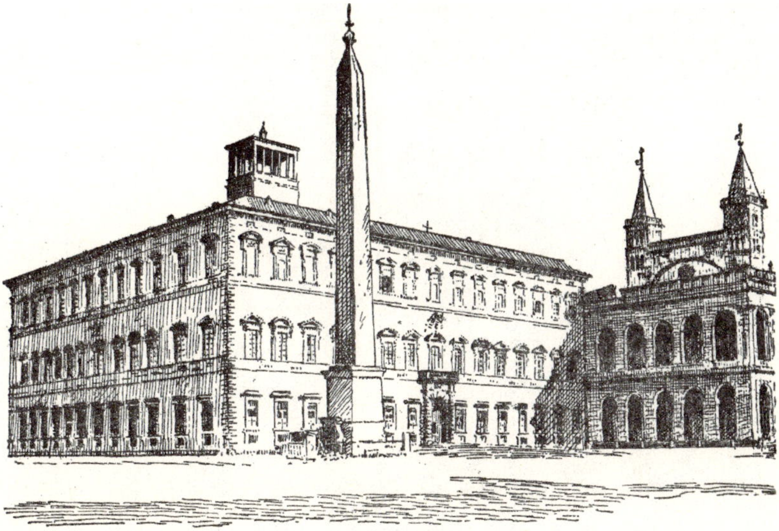
拉特兰宫、方尖碑与圣殿

撑。君士坦丁是否曾受洗，暂时还是未解之谜，即使他真的受洗过，那也很可能是在东方。

自 5 世纪以来，洗礼池也经历了多次修复和复建，但它的总体结构和斑岩圆柱都是原装的。建筑内部装饰着大量圆柱、浮雕、饰带以及古罗马时期的马赛克。建筑下面是一所古代住房的地基，在这座住房建于公元 1 世纪的地基上还曾建过小型浴室群。（教宗大学入口处的）带有砖头拱门的低矮长条建筑就是这些浴室的遗迹。

广场另一面的老拉特兰宫里，有一段所谓的“圣阶梯”（Scala Santa）。据传说，这段阶梯来自耶路撒冷的庞提乌斯·皮拉图斯宫。基督曾站在这段台阶上与罗马总督谈话（“要称呼罗马总督为大人。不要说多余的话。好好站着。听明白我的话了吗？还是需要再敲打敲打你？”）。依然是那位不知疲倦的埃莱娜将台阶连同其他圣物一起运回了

圣阶梯（19世纪图画）

罗马。双膝着地爬上圣阶梯是一种忏悔的形式，藉此可以赎去原罪（赦罪符）。狄更斯在复活节前的周五看到这一景象后，感到不满："这是对人毫无意义、毫无道理地贬低。"但这一传统仍然保留至今。

还有一处古迹位于拉特兰圣乔瓦尼广场，那便是全罗马乃至全世界最大的方尖碑。它是罗马城中最古老的方尖碑之一（始建于公元前15世纪，第十八王朝法老图特摩斯三世时期）。君士坦丁大帝曾试图将它运出埃及（应该不是要运到罗马，而是君士坦丁堡），但只来得及将它从卡尔纳克神庙运到亚历山大港。在君士坦丁去世一段时间后，他的儿子君士坦提乌斯对此事表现出了兴趣。在当时，将方尖碑运送到罗马的船舶无论在尺寸上，还是吃水量上都是举世无双的。这个世界奇迹被运送到了马克西姆竞技场，此后经多方努力终于将它竖立了起来。中世纪时，方尖碑倒塌并摔成了三部分，此后长时间消失在人们的视线中。直到15世纪，教宗西尔维斯特五世将它挖出来并在如今的位置重建了起来。

让我们重新回到克劳狄水道。它的市内部分长度约2公里，于尼禄时期完工，常被称为“尼禄拱桥”（Arcus Neroniani）。水道在马焦雷广场的位置进入城内，沿斯塔提里大街延伸至沃尔孔斯卡娅别墅，然后消失在一座座现代建筑中，一直到圣斯特法诺罗东德大街才再次出现：首先出现的是街道左边的一长段（北侧），而后是稍短一段在街右边（南侧）。

历朝历代的历史学家都不吝于对尼禄落井下石，认为这位皇帝几乎一无是处。单单一个关于他在马尔奇乌斯水道源头洗浴的故事就说明了一切（这一行为不仅从卫生角度为人诟病，从道德角度也令人怀疑。塔西佗认为，尼禄正是因这件事惹怒了天神）。但即使是不喜欢他的人也不得不承认，尼禄在那场著名的大火后做了很多事情，将城市整饬一新。其中包括，他命令制定更加严格的建筑标准并禁止从水道中非法取水（经常有人在水道看管不严的地方私自接引水流）。

尼禄的建设项目当然不只是为了民众福利，也是为了满足他的好大喜功。如果需要实例来证明这并非子虚乌有的抹黑，只需要到克劳狄大街上看看：街西侧的山丘上，有一处庞大的喷泉废墟，被称为“尼禄水神庙”（我们曾在介绍斗兽场周边古迹的章节讲解过水神庙与普通喷泉的区别）。这座水神庙的性质与帕拉蒂诺山的尼禄宫喷泉一样，也属于装饰性喷泉，只是规模大了12倍。很难描述它的外观是什么样的，但也不难想象，水神庙想必装饰着各色大理石和最精致的希腊雕塑。新修复的水道足以为庞大的梯形瀑布供应足够的水量。在历经弗拉维王朝对尼禄个人崇拜的坚决清除后，这座喷泉连同整个金宫群一起走向了没落。此后，水神庙四周开始修建房屋，不久便被彻底忘却。直到19世纪在修建

沃尔孔斯卡娅别墅

意大利语“别墅”一词不仅指郊外的建筑本身，也包括它的附属区域。与俄语中的“庄园”或“领地”相当，这两个词汇与俄罗斯贵族生活和19世纪的俄国文学作品紧密相连。现代俄语中已较少使用这两个词，尽管迎接它们回归的客观条件似乎已经具备。意大利语“别墅”一词发源于拉丁语，在索博列夫斯基制定的老旧但无可替代的拉丁语语法中，曾引用过西塞罗的一句话：“ultra [eam] villam est villula sordida”，翻译过来的意思是“在那片庄园后面还有一片脏乎乎的小庄园”。19世纪30年代，这片带有一段古罗马拱桥的土地被俄罗斯女大公吉娜伊达·沃尔孔斯卡娅收购（她在罗马市中心还有一栋房子——挨着特雷维喷泉的波利宫）。沃尔孔斯卡娅身边永远不缺热闹的上流社会生活，当时这不仅限于攀比游艇售价、钻石和手提包。维亚泽姆斯基、茹科夫斯基、丘特切夫、屠格涅夫、密兹凯维奇等，都曾是沃尔孔斯卡娅在莫斯科特维尔大街上的沙龙（现在是叶尼塞美食店）的常客。普希金曾给她写信说：“我的诗歌与美丽之神啊，你用温柔的小手拿着灵感的神奇手杖，在你若有所思的额头上，在你头戴的双层花冠上，闪耀着天才的光芒。”沃尔孔斯卡娅曾赠给德米特里·韦涅维季诺夫一枚古罗马戒指，这枚戒指是在赫库兰尼姆考古发掘中出土的，诗人立下遗嘱将戒指与自己葬在一起。苏联时期，戒指被开棺掘了出来并陈列在莫斯科文学博物馆。

19世纪20年代末，沃尔孔斯卡娅作为一名新皈依的天主教徒，以及数名十二月党人夫妇的朋友（十二月党人谢尔盖·沃尔孔斯基是她的小叔子），开始不便在俄罗斯居住，因而到意大利定居。她在罗马的庄园成为侨民生活的中心：在尼禄拱桥的阴影下，果戈里为《死魂灵》打腹稿；卡尔·布留洛夫为女主人画像；作家沃尔特·斯科特、费尼莫尔·库柏、作曲家葛塔诺·多尼采蒂都常来做客。

在其后近百年的时间里，别墅一直都是沃尔孔斯卡娅后代的私产，直到1922年被出售给德国政府。德国在第二次世界大战中战败后，别墅转由盟军联合指挥部和意大利政府控制。1946 年，位于托洛尼亚大街的英国大使馆被犹太复国主义极端组织“伊尔贡”炸毁后，意大利政府将沃尔孔斯卡娅别墅交与英国人使用。英国人至今还在使用这栋别墅，只不过不是作为大使馆，而是作为大使及其他高级外交官的官邸。

女大公吉娜伊达·亚历山德罗夫娜·沃尔孔斯卡娅（肖像画，卡尔·布留洛夫作）

新街道时，巨型混凝土块才重新显露出来。

尼禄水神庙的一端一直延伸到切利奥山和埃斯奎利诺山之间的小山谷，另一端则抵着一座广场。广场上有克劳狄水道的市内储水池，还有人们在克劳狄去世后为这位升天的皇帝所修建的神庙。这项工作由克劳狄的遗孀阿格里皮娜负责，据说就是她为了将尼禄——自己第一次婚姻所生的儿子扶上帝位而毒死了丈夫。但尼禄上台后，不仅处理掉了自己的母亲，还致力于消除自己前任的影响，将刚刚建好地基的神庙拆除了。韦斯巴芗在消除尼禄影响的过程中，将神庙及其周边区域又重建了起来。坐落于切利奥山最高点的克劳狄神庙，曾是这一部分罗马城区的主建筑。遗憾的是，除了巨大平台的某些部分，这座神庙没有留下任何东西。这部分平台也大多隐藏在基督苦难僧团花园的地下，这片花园如今归圣约翰保禄教堂旁边的修道院所有。小广场北侧有座教堂，平台的边角部分就连建在教堂的钟楼中。可以看出，这片平台（显然也包括整座神庙）遵循了学者皇帝喜爱的粗糙古朴风格。

那些引得当代旅游者惊叹连连的辉煌建筑的遗迹，在当年可能根本无法引起人们的注意。耶路撒冷著名的西墙（所谓的“哭墙”）并不像大多数人以为的那样，是所罗门神殿的一部分，而是希律大帝于公元前19年所建的第二圣殿平台的支撑墙。圣殿建成后不到一百年，就在罗马平定犹太行省的行动中被韦斯巴芗和提图斯的士兵们捣毁，而原址之上也再未能建起新的圣殿。

切利蒙塔纳广场与克里沃迪斯卡乌里街

切利奥山的几条主要街道交汇于切利蒙塔纳广场，克劳狄与尼禄水道的支线也延伸至此处。古罗马时期，这座广场是个热闹的所在，是进入“老城区”之前的交叉路口。通往市内的城墙大门被称为

“多拉贝雷与西拉纳大门”，始建于共和时期。它不仅是通往城里的入口，同时也是水道的支架（在广场另一面可以看到其他支撑水道的建筑废墟）。来自克劳狄泉眼的水流从这里沿着四通八达的水道被输送到罗马几个地区，包括：埃斯奎利诺山地区、帕拉蒂诺山地区（那里的主要用户曾是尼禄的金宫，在它被清除后是替代它的弗拉维皇宫）、阿文蒂诺山地区，甚至是河对岸的泛台伯河区。延伸至帕拉蒂诺山的几段水道迄今还装点着罗马的中心城区，但市中心的其他水道都未能保存下来。克劳狄水道供应的水质量上乘（人们认为只有古代的马尔奇乌斯水道的水质能够与之媲美）。皇帝亚历山大·塞维鲁只有在喝上半升清凉爽口的克劳狄水道的水之后，才会开始吃饭。

切利蒙塔纳广场通往马克西姆竞技场的小街，是古老的切利奥山上最有意思的地方之一。这条街上高度浓缩了古罗马和中世纪历史，有时甚至是二者交叉在一起的历史。这条街有两个名字：靠近切利蒙塔纳广场的一段叫作圣保禄克列斯塔街，靠近马克西姆竞技场的一段叫作克里沃迪斯卡乌里街——这是拉丁语街名“Clivus Scauri”的意大利语叫法，意为“斯卡乌里巷”。

我们可以从圣斯蒂凡诺罗东多教堂开始这段不长的步行。圣斯蒂凡诺在基督教圣人中占有特殊地位——他是首位殉教者。一个国家首位为信仰殉难的圣人，才能被尊为“首位殉教者”。（俄罗斯的

“圣保禄·克列斯塔”，意大利语称为“圣保禄·德拉克罗切”，是18世纪意大利神秘主义者。年轻时坚持祈祷，随即决定将一生献给基督。保禄学说的中心是：基督所受苦难即是上帝对人类之爱的主要表现。他所创立的新僧团人数增长不快，因为对成员守戒的严格要求与当时社会的蓬勃发展格格不入。但保禄对此并不在意。到他去世时，僧团修道院（僧团内部称为“避难所”）已发展到了13家，包括1家女子修道院。19世纪中叶，保禄·克列斯塔被尊为圣徒。

首位殉教者是瓦兰人费奥多尔与约翰父子，他们于10世纪末被基辅的多神教徒杀害）。圣斯蒂凡诺是历史上第一位殉教的基督徒，在基督受难后不久（据估测为公元34至35年），他被犹太宗教法庭以亵渎神明罪处死，他的受刑（被石头砸死）被记录到新约的《使徒行传》中。有意思的是，不遗余力地迫害斯蒂凡诺和他的同事们的，正是来自大数城的扫禄——也就是日后的使徒、世界基督教主要的思想家保禄。圣斯蒂凡诺遗骨长眠在罗马，但不知为什么没有安葬在这座教堂，而是葬在了圣老楞佐富奥丽勒穆拉教堂。

15世纪，教宗尼古拉五世将圣斯蒂凡诺教堂转交给当时已走向没落的保禄僧团，他们是唯一由匈牙利人建立的天主教僧团。从那时起，教堂就成为罗马匈牙利人同乡会的非正式中心，教堂还将圣伊施特凡一世认作为护佑神。伊施特凡（为匈牙利语，就是希腊语的“斯蒂凡诺”或俄语的“斯捷潘”。希腊语的意思为“花环”）是10世纪与11世纪之交引领匈牙利受洗的国王。

圣斯蒂凡诺罗东多教堂是罗马最古老的基督教堂之一。虽然在一千五百年间它的内外装修经历了多次改动，但5世纪的总体布局得以保留下来。这个布局很不一般：其中结合了环形结构和等边形的“希腊式”十字架结构。环形外墙后面是两圈内部支撑结构。十字架结构的顶端从圆顶下部延展出去，直到12世纪和15世纪教堂改建时都清晰可见。建筑师的设计

拉丁语罕见的词汇“scaurus”（斯卡乌里）表示“腿脚有毛病的人”（“瘸子”或是“痛风”、“浮肿”）。这个词成为贵族家族埃米利乌斯的家族名。这个家族的一个代表马可·埃米利乌斯·斯卡乌里是共和时期著名的政治家（他的儿子以严酷镇压犹太行省骚乱闻名，爱好收藏石雕）。通往切利奥山的街道有可能从古罗马时期开始就以这个家族某人的名字命名，尽管直到中世纪才有相关记载。20世纪，虽然相关考古信息少得可怜，但圣保禄克列斯塔街的一部分街道还是改名为斯卡乌里街。如果没有搞错的话，这应该是罗马经历二千年时光仍保留着最初名字的三条街道之一。

克劳狄水道废墟，圣斯蒂凡诺罗东多教堂（右侧），福尔米斯圣托马索教堂以及多姆尼卡圣玛利亚教堂（左侧）。（18 世纪版画，朱塞佩·瓦西作）

灵感显然来自东方教堂，比如耶路撒冷圣墓教堂。

在文艺复兴时期，人们认为圣斯蒂凡诺教堂是建在某个古罗马建筑物地基之上的，有可能是法乌努斯神庙（有些人甚至认为，教堂建筑本身就是法乌努斯神庙，当然这是臆测，任何古罗马文献中都没有提到过这座神庙），或是尼禄时期的食品市场（macellum）。20 世纪 70 年代的考古发现表明，这座神庙是从零开始建造的，在地下找到的唯一东西是密特拉神庙的遗迹，这座神庙存在了 200 年左右的时间，而后被用砖砌死了，估计与基督教快速传播有关。曾被封存在地下的圣坛、雕像和一些还带

密特拉教

“密特拉神庙”（拉丁语为“mithraeum”）一词，指的是这个神秘教派追随者进行祭礼的场所。在罗马帝国，密特拉教兴盛于公元1世纪至4世纪（与基督教的传播同步）。不同于基督教徒，密特拉教徒没有留下任何经书或释义，考古学家和语言学家只能通过各种间接资料（包括基督教对它的指摘在内）复原其细节。密特拉神庙中存有大量的神像。神像（包括浮雕，有时是壁画）最主要的主题是杀牛，戴着弗里吉亚帽子、英雄模样的杀牛人应该就是所有成员所膜拜的密特拉。其他浮雕和雕像表现了在被杀的公牛之上举办的盛大饮宴，以及密特拉从石头中的诞生，此外还有密特拉的两名仆从，以及一个人身狮面的神秘人物。

对密特拉的崇拜（还有对基督的崇拜）应该是来自东方，但能否将它与印度或伊朗的密特拉教等同起来，还是说仅仅恰巧同名而已，目前仍无法得出确切结论。

密特拉教徒在地下圣殿集会。我们无从得知他们在那里进行的是什么样的仪式，只知道他们会吃很多肉和水果之类的东西。这一宗教在军人中最为流行（罗马帝国边远地区的军营中曾有很多密特拉教徒）。并且按照教规，妇女不能参加圣礼。其组织结构也是半军事化的，等级森严，严格分为七个等级（乌鸦、新郎、士兵、狮子、波斯人、太阳同行者和父亲）。

随着基督教作为罗马帝国官方宗教的地位日益稳固，密特拉教开始转入地下（它实际上一直都在地下活动），而后完全衰落。密特拉教在外省比在首都更为流行，有几座古罗马时期的密特拉神庙得以保存下来，其中便包括圣斯蒂凡诺罗东多教堂下面的这一座。密特拉神庙中最有名，同时也最方便参观的一座位于圣克肋孟教堂的地下。另外，在巴尔贝里尼宫，阿文蒂诺山圣普利斯卡教堂的下面，在卡拉卡拉浴池以及马克西姆竞技场附近还有另外几座密特拉神庙。在意大利之外，德国有很多密特拉神庙，法国也有几座。此外，在伦敦还有一座罗马密特拉神庙，位于沃尔布鲁克区，距离圣保禄教堂一步之遥。

有色彩和镶金的浮雕现存于罗马国家博物馆。

16 世纪，教宗额我略十三世为圣斯蒂凡诺教堂定制了壁画，壁画上绘有基督教殉教者的日常生活以及（主要是）受难的情景。19 世纪，这些壁画经历了现实风格主义的修复，查尔斯·狄更斯对修复后的壁画印象深刻，他写道：

> San Stefano Rotondo（圣斯蒂凡诺罗东多教堂）位于罗马郊外，是一座保留了原始风貌，表面覆盖着霉菌的古老拱顶教堂。相比于别的教堂，它给我留下的印象更加深刻，主要便是由于这座教堂中的壁画。这些壁画描绘了早期基督教圣徒所受的苦难，一个人就是晚饭生吃了一整头猪，梦中也不会梦见如此恐怖而血腥的屠杀场面。壁画上，白发老人被扔进水里煮、被放在火上烤、被串在铁叉子上烤。肉被一点点切开，烤焦后割下来喂野兽和狗。还有将人活埋，绑在马尾上撕裂成几部分，或用斧子剁成几块的场景。对妇女则是用铁钳夹胸部，割去舌头，拧断耳朵，打碎颌骨。这些人的躯体被摊开在行刑架上，他们的皮被剥下，缠在柱子上，或是揉成一团放进火里烧掉。以上这些在壁画所描绘的内容中还不算是最吓人的。

圣斯蒂凡诺教堂的西侧与一片小广场相连，广场对面还有一座古老的教堂：多姆尼卡圣玛利亚教堂。这座教堂建于 7 世纪到 8 世纪之间，位于此前古罗马消防队兵营的位置（在奥古斯都将罗马分为 14 个区后，每 2 个区配备一个消防队，切利奥山是其中一支消防队的驻扎地）。教堂的名字尽管看上去像拉丁语词汇：“dominus”（“上帝”）和“enators”（“复活”），但无法确定其来源。这座教堂还有一个非正式的名字：纳维切拉圣玛利亚教堂。“纳维切拉”是意大利语，意为“小船”，它指

“小船”喷泉（19 世纪图画）

的是一座相当大的（4.5 米）的船形雕像喷泉。如今广场上的那座喷泉是 16 世纪的复制品，古罗马时期所建的原件可能是船员们在某次船舶倾覆获救后献上的还愿礼，早已不知所踪。

在多拉贝雷拱门后面，向左拐一个大弯后，就可以看到藏身于此的一座罕见的古罗马教堂。教堂的前脸隐没在深处，很不容易察觉。这座教堂叫作福尔米斯圣托马索教堂，是在 8 世纪初由三位一体僧团（祭拜三位一体神）改建的。教堂藏在克劳狄和尼禄水道废墟的后面，这一特点在其名称中也有所体现（拉丁语“ forma”一词在后期也开始表示“水道”的意思）。从多拉贝雷拱门前面的开放空间，看到的不是这座教堂的前脸，而是它下属的医院。医院大门上方有一片中世纪的马赛克，描绘的是基督正在拯救两名奴隶，一个白人一个黑人（从扔在地上的链子可以看出他们的奴隶身份）。（哪怕仅是理论上）新约基督教将犹太人等同于希腊人，这一点众所周知。但这幅马赛克的种族思想远远超越了时代：直到五百多年后，才有开明的欧美人开始发表反对奴隶贸易的演说。

位于马克西姆竞技场、卡拉卡拉浴场和斗兽场之间的大片空间为马泰别墅所占据。别墅的名字已经表明，它属于马泰家族，我们已经介绍过这个家族在台伯河沿岸地区的事业。20 世纪 20 年代，意大利政府购得这片土地，将其作为公园向公众开放（公园主要入口位于多姆尼卡圣玛利亚教堂附近），

“还愿礼”一词发源于拉丁语“votum”（“誓愿”），是一种向神献祭的仪式。在古希腊和古罗马，这种仪式的祭礼通常是雕像、护身符或图画，人们在许愿或是愿望实现的时候将祭礼留在神庙或神殿里。献给阿斯克勒庇俄斯和其他与治病有关的神的祭礼最有意思，常常是祭拜人许愿治疗的器官模型。从模型给人的印象来说，古人对解剖学的了解水平高得令人吃惊。

三位一体僧团正确的政治态度主要表现在对待基督教徒奴隶上。在十字军东征时期，正如战争中时常发生的那样，出现了大量被作为奴隶使用的战俘。三位一体僧团号召（通过付赎金）赎回在异教徒手中充当奴隶的基督教国家战俘。

如今这座别墅常被简称为“切利奥山别墅”。别墅里有一个有意思的物件：小型埃及方尖碑（为了掩饰个体的微小，人们把它安装在了一座花岗岩石柱上）。这是一座拉美西斯二世时代制作的方尖碑，本来陈列在战神之地的伊西斯神庙。14 世纪，它又被挪到了卡皮托利诺山的台阶上。有传闻称，小方尖碑顶部的铜球中装着奥古斯都皇帝的骨灰（还有传说称，圣伯多禄大殿前面的梵蒂冈方尖碑顶部的球里，装着朱利乌斯·恺撒的骨灰。建筑师多梅尼克·方坦纳曾经特意将球摘下来，对其内部研究，但除了陈年灰尘，什么都没发现）。

还有一个传说似乎更加可信。据说，在马泰花园中竖立方尖碑时，一部分支撑结构坍塌了，压住了一名工人的手。人们被迫在现场切除了他的上肢，这个不幸之人的胳膊直到现在还留在地基下面。

在克罗切圣保禄街转入克里沃斯卡乌里街的地方，有七座拱形支架密集地穿过大街。支架大部分建于中世纪（只有最后一个可能建于古罗马时期），支架的作用是支撑圣约翰保禄教堂的南墙。这面墙同时也是建于公元 3 世纪面向着这条街的房屋正面的一部分。圣约翰保禄教堂有着丰富的历史背景，与古罗马时期的联系十分紧密，但目前仍未完全理清。

圣乔瓦尼保禄教堂

圣乔瓦尼保禄教堂入口处的一块牌子上标着：纽约大主教弗朗西斯·斯佩尔曼是这座教

圣乔瓦尼保禄教堂（Santi Giovanni e Paolo）的

圣乔瓦尼保禄教堂（18 世纪版画，朱塞佩·瓦西作）

名字不是为了纪念同名的使徒，而是为了纪念传说中在尤利安努斯迫害基督徒时期在此地殉难的教徒。我们对尤利安努斯时期所知甚少，只知道他的外号叫作“背教者”（公元 4 世纪），他发起了多神教的短期复兴，但并不嗜血好杀，平定了帝国东部的几个行省。4 世纪末，此地的基督徒元老帕马西乌斯在家中开设了基督教堂（提醒一下，这种住家教堂称为“titulus”）。在蛮族入侵罗马时，这座教堂历经数次破坏。公元 12 世纪，教宗帕斯加尔

堂的红衣主教。拉丁语铭文可以让我们了解到，纽约城用拉丁语是怎么书写的：“Novum Eboracum”（形容词为“novoeboracensis”）。这样称呼它的原因在于“老”约克城是一个最古老的城市之一，是在古罗马军事重镇伊博拉堪（Eboracum）的基础上发展而来的。

二世和哈德良四世（哈德良四世俗称尼古拉斯·布莱克斯皮尔，直到现在依然是唯一一位占据过教宗宝座的英国人）对这座教堂的改造，大体确定了其现在的外观，内有修道院和钟楼。如今这座教堂仍与盎格鲁撒克逊人保持着联系，它是纽约大主教的主教教堂。

教堂的钟楼是直接在克劳狄神庙的支撑墙上建造的，表面装饰着瓷盘（不久前原件被送入博物馆，墙上的瓷盘换成了复制品）。这些盘子的来历出人意料，它们制作于西班牙——当时那里是穆斯林国家，所以上面绘有不少古兰经语句。在中世纪，这种多元文化主义当然不是有意为之的，只是因为在罗马很少有人懂得阿拉伯组合字，更不要说认出经文来。

几年前，圣乔瓦尼保禄教堂的地下考古发现开始对公众开放。博物馆的名字叫作“罗马切利奥山房屋博物馆”（Case romane del Celio）。博物馆的规模出人意料地大，展览着基督教住家教堂、中世纪教堂的相关情况，以及它们的发展史和修复过程。但其中最有意思的展品是教堂下面的古罗马房屋中的大量神秘壁画。

在所谓的“天才厅”里，墙壁上画满了长着翅膀、手持花环的快活小人和胖乎乎的爱神厄洛斯，他们正在众多飞鸟围绕下采摘葡萄。“祷告厅”的壁画描绘的是一个张开双臂的人，类似庞贝和金宫的怪诞风格。艺术学家通常很喜欢发表一些夸张的结论，因而一般将这个人物断定为罗马早期（不晚于3世纪）传播基督教的房屋业主。一个较小的“忏悔室”应为晚期建筑，很有可能曾有基督教画家在这里工作过。这间屋子的壁画上描绘了未留胡须的基督和两个跪在他脚边叩首的人，另一面墙上描绘了3名殉教者受难的场景（2名男子和1名女子，相传是克里斯平、克里斯皮安和别涅蒂克塔，都是“背教者”尤利安努斯时期的牺牲者）。三个人眼睛上都绑着布条，手被捆在背后。这幅壁画被认为是历史上第一幅描绘基督徒殉教场面的绘画。

在所谓的“水神庙”（房间中曾有喷泉）中，有一幅最有意思也最不好理解的图画。在图画的中心是一个裸体妇女，她或是在水中饮宴，或是与其他两个人一同乘船，船周围是几个在玩闹的厄洛斯。我们对古罗马图画的了解几乎仅限于文字描述（除了庞贝壁画，但数量不多），这幅海面背景的图画是了解古罗马绘画的重要资料。对这幅画的解读有很多，其中较为流行的说法有两种。一种说法是，中间的女人（有些像《草地上的早餐》中的女士）是普罗塞尔皮娜，她正随着春天从地下王国回到地面。另一种说法是，这是维纳斯，航海者的守护神。

在教堂对面，克里沃斯卡乌里街的另一侧，可以看到半圆屋顶的遗迹。这曾是一所罗马晚期房屋的大宴会厅，但在6世纪时，教宗阿加佩图斯一世仿照古希腊罗马多神教时期的图书馆的样式，将它改建为首座基督教大型图书馆。我们在本书第一章提到过的艾因西德伦导游手册中，记载着图书馆入口处的铭文：

> 为了解上帝法则的神秘知识，
> 这里端坐着大批热情奋发之人，
> 遵阿加佩图斯之命，为这些充满智慧的书籍
> 找到了新的高雅场所。

稍晚些时候，教宗额我略一世（人称大额我略）在这里建起了教堂和修道院。正是在他的努力之下，罗马变为基督教在西方的主要堡垒，直到19世纪一直都是教宗城邦国家。阿加佩图斯图书馆后面的大片空间，被名为圣额我略的教堂和毗邻的钟楼所占据。现在的教堂建立于12世纪，但在17世纪至18世纪从里到外经历了彻底的改造。院子如今成了一座不大的博物馆（切利奥山古董博物馆），里面展出着从切利奥山和埃斯

阿文蒂诺山

在有些设想带着读者进行时空穿梭旅行的导游书中（例如“如何用 5 塞斯特斯在古罗马过上一天”），阿文蒂诺山毫无疑问会至少占据一整个章节。遗憾的是，现在这一片有着两个小山包的丘陵上已找不到任何古罗马的遗迹。（当然，罗马人口中的山丘是个假定的理解，如今大多数历史学家和考古学家将马尔莫拉塔大街以西的地区称为“特斯塔奇奥区”，并且不认为它是阿文蒂诺山的一部分。）从远古时期开始，阿文蒂诺山便名声不佳，常常与非官方、对抗国家制度、不安分联系在一起。这一名声最初来自罗慕路斯和雷穆斯为新城市的归属打赌时，在阿文蒂诺山观察飞鸟的雷穆斯，输给了在帕拉蒂诺山观鸟的罗慕路斯。国王塞尔维乌斯・图利乌斯延续传统，在阿文蒂诺山上建了一座狄阿娜神庙。狄阿娜是奴隶和普通人的护佑神，罗马的平民们（当时毫无权力）衷心爱戴这位女神。共和早期，罗马的平民们数次举行“意大利式罢工”，一直闹到了法律范围内的极限。他们不仅停止了工作，还带上一家老少和全部家当从罗马搬到了附近的山丘，威胁要完全搬走并自己建立国家。除了政治威胁，这个举动还有着惊人的经济背景——由于平民是城市居民劳动力的主要来源，他们离开后城市日常生活陷入了全面崩溃。市场上没有人卖东西，没有人扫大街，没有人运送商品，没有人打铁，没有人缝补衣服，也没有人烤面包（设想一下，在莫斯科或任何一座欧洲城市突然没有了外来务工人员会是什么样子）。

虽然不是所有撤离罗马的人都把阿文蒂诺山作为根据地，但正是在公元前 449 年撤离至阿文蒂诺山的举动，成为平民权力斗争的转折点：罗马政权第一次发布了书面法律（所谓的“十二铜表法”），昭告天下并涉及每一位公民。此前的法庭是像宗教仪式一样私下做出决定的，判决结果常常是谁越老实、越穷，就对谁越为不利，此后的体系便完全不同了。

公元前 2 世纪，阿文蒂诺山的反对派再次名声大噪——保民官盖乌斯・格拉古的支持者预感到要失败，徒劳地试图隐匿在这里的狄阿娜神庙中。

阿文蒂诺山风景，19世纪图画。山顶可见普里奥拉托圣玛利亚教堂，这是乔瓦尼·巴蒂斯塔·皮拉内西唯一曾参与建造的大型建筑物。皮拉内西葬于此教堂内。

1923年，社会党退出意大利议会，以此表达对于领袖被法西斯暴徒暗杀的抗议。这一举动被称为“新阿文蒂诺山撤离行动”，尽管它在地理上与阿文蒂诺山没有丝毫联系。遗憾的是，社会党人的行动最终还是徒劳无功，议会的反对派彻底消失，墨索里尼把控了更多的权力。时至今日，意大利政治语言中，依然会用“阿文蒂诺”（Aventino）一词来表达少数派的抵制行动。阿文蒂诺山本身也发生了翻天覆地的变化：从一个平民无产者聚居的地区，变为奢华别墅和昂贵酒店林立的安静富人区。

奎利诺山发掘出的考古成果。

从风景如画的克里沃斯卡乌里街走到圣额我略大街，便来到一个集中了很多历史名称、历史时期和历史意义的地点，这种地方也只有在罗马才会有。这里的右侧是斗兽场，面对着帕拉蒂诺山，靠左一点是马克西姆竞技场，马克西姆竞技场左侧是阿文蒂诺山，背后是卡佩纳门，再远处是卡拉卡拉浴场。

卡拉卡拉浴场

在马克西姆竞技场东南端附近（这是马克西姆竞技场唯一保存部分古迹的地方），沿圣额我略大街向下走，会来到一片名为卡佩纳门广场的地方。卡佩纳门几乎是塞尔维乌斯城墙所有大门里最重要的一座，阿庇亚大道从这里出发，罗马城的里程也从这里开始计算。19 世纪 60 年代，在这片广场上发现了一座石垛的残迹，但现在已经看不到了。广场上最显眼的建筑是联合国粮食农业组织大楼（Food and Agriculture Organization，它的标识是简笔画的麦穗，拉丁语的口号是“fiat panis”，意思是“面包会有的”）。这是一座法西斯时期的经典建筑，曾短暂属于意大利东非事务部，胸怀帝国野心的墨索里尼政府当时企图将埃塞俄比亚和索马里变为自己的殖民地。1937 年，这座楼前安放了一座纪念方尖碑，它是作为战利品从埃塞俄比亚城市阿克苏姆运来的。（方尖碑是指带有锐利顶端的柱子，而石碑则是表面较为平坦的石板，顶部多种多样。阿克苏姆方尖碑实际上更类似于一块很长的石碑。）方尖碑在粮农组织大楼前矗立了将近 60 年的时间，之后意大利政府将它归还给了埃塞俄比亚。归还的过程耗时多年，即使已经被分割成三段，这一巨型方尖碑运输起来也丝毫不比在帝国时期更轻松。埃塞俄比亚为此还特意对阿克苏姆机场的起落跑道进行了改造，以使其能够起降“安 -124”大型运输

卡拉卡拉浴场（18 世纪版画）

机，只有这种机型能够将方尖碑运回去。在两个国家的仓库各躺了几年后，方尖碑终于在 2008 年被安放回了它最初的位置。

帝国时期，过了卡佩纳门之后依然是城区，阿庇亚大道在这个地方比较窄（约 4 米宽），并且当年这里无疑是热闹非凡的（现在的林荫道——卡拉卡拉浴场路是 20 世纪 30 年代铺设的）。从这条路进城后，首先映入眼帘的便是帕拉蒂诺山坡上七节楼的巨大墙壁，立刻就能够感受到帝国的宏大气象。不过自公元 3 世纪初开始，从其他方向进城的人，便也能感受到帝国的伟大了：卡拉卡拉皇帝在塞尔维乌斯城墙后面建造了规模庞大的浴室群，成为阿庇亚大道沿线最宏大的纪念物。

任何其他景点，即使是斗兽场，都无法表现罗马皇帝们普遍患有的好大喜功症。罗马帝国时期，浴池被大规模地修建起来，但其中的阿格里帕浴场几乎已片瓦不存，图拉真浴场的废墟分散在大公园的各处，已经很难想象它们曾是一个整体，而在戴克里先浴场遗迹之上，又建起了众多罗马文明的后续建筑，从博物馆到安杰丽圣玛利亚教堂。卡拉卡拉浴场不仅保存状况最好，还得到了一块博物馆用地，中间没有任何其他建筑物，访客可以毫无障碍地感受古罗马的宏大。这里所指的宏大主要指其规模带给人的感受。

我们也就是在不久前才达到罗马人所习以为常的卫生水准——而且还不是每个方面都达到了这个水平。然而古代的罗马人并没有因此浪费：一部农业论著中，便建议地主每周安排雇农洗浴不要超过一次。最初罗马人大多在自己家里洗澡，到了共和晚期，公共澡堂开始大规模流行开来。这一新生事物首先适合无法在家中洗澡的穷人，但随后很快便在社会各阶层流行开来。苏维托尼乌斯讲到，奥古斯都的母亲阿提娅是位典型的上流社会女士，传说其与阿波罗交欢，身体上留下了蛇形标记，因此不再去公共浴室（由此可见，她此前一直是去公共浴室沐浴的）。

帝国时期，澡堂除了显而易见的卫生功能，还成为某种形式的俱乐部。有空的人可以来这里待上一整天，可以在这里做体操、聊天、读书（澡堂常常附设图书馆），甚至可以在这里吃饭。去澡堂要遵循一定的程序。来的人首先要在入口付费（价格纯粹是象征性的，任何一个穷人都付得起；并且孩子和外国人免费），然后脱衣服。衣服可以留给服务员（一对夫妇保存至今的墓志铭上写到，丈夫曾在卡拉卡拉浴场当更衣室服务员）。此后客人要做做操，就是现在健身房中称为“有氧运动”的那种，罗马人已经提前通过实验找到了现代人使用的方法。在浴室中做完操，罗马人会玩玩球。在接受水疗之前，要好好出出汗。随后客人会缓慢通过一连串温度不同的房间：先是温暖的，再是最热的，随后又是温暖的，然后是寒冷的。每个房间中都会有一个相应温度的水池。在这几个流程中（不清楚具体是哪一个，不同的浴场情况不同，或是由客人的喜好决定）客人会进行洗浴，还会用特制的刷子细致地刮去身上的汗液和脏泥。随后就可以擦干身体，擦上油和香料，和朋友聊天，然后穿上从家中带来的干净衣服打道回府。

对于不同收入的人来说，洗浴的各个程序也不尽相同，有钱人会带着奴隶去浴场（甚至是一堆随行人员）。有一天，哈德良皇帝去洗浴时看到，一个退役军人正在往圆柱上蹭，因为他没有奴隶，也就没有人帮他用刷子搓背。受到感动的皇帝让自己的奴隶去帮助士兵。第二天皇帝再去浴场时发现，有一大群穷人都在夸张地蹭柱子，显然是想引起奥古斯都的注意。“你们现在有这么多人，”皇帝说，“为什么不互相帮助一下呢？”

浴池在拉丁语中有两种表述方式：“balneum”（复数为“balnea”，由这个词发展而来的包括“浴疗学”和俄语的“澡堂”），以及“thermae”，它是由希腊语的“温暖”一词发展而来（“热的”、“温度计”都是同一词根）。第一个词所表示的可能是私人房屋中的小浴室，第二个词则表示专门的公共建筑，但后来两个词往往作为同义词使用。现代人已经把古罗马的一切都理想化了。实际上，父亲带着成年儿子或是岳父带着女婿去浴场洗澡，在当时同样会被认为是不体面的，更谈不上男女混浴的情况。只是人们后来忘却了这些礼仪，尽管不同时期的皇帝多次试图禁止男女混浴（看来是徒劳的）。

一位朱利亚－克劳狄时期皇帝的获释奴隶，可能是由于认为洗浴非常重要，在自己的墓志铭上留下了两行短诗，从中可以看出洗浴在罗马人的意识中占有多么重要的地位：

> 浴室、葡萄酒和维纳斯正在摧毁我们的躯体，
> 但真正的生活恰恰是：浴室、维纳斯和葡萄酒。

并不是所有人都如此尊重洗浴。哲学家、道德家塞涅卡在《道德书简》中写道：

> 我快要死了，做学问太需要一个安静的环境了！现在从四面八方包围我的是各种嗓音的喊叫声，谁让我住在浴场楼上呢。想象一下各式各样的声音同时传来，甚至让你痛恨自己的耳朵。大力士们正在训练，用手臂向上推起铅锤，当他们使劲或是做出使劲的样子时，我都能听到他们的呻吟声；当他们控制呼吸时，呼气声就像哨声一样刺耳。又来了个闲人，在擦抹浴油，我能听到手掌在他后背上拍打的声音。用平掌或是空心掌拍打，发出的声音也会不同。要是来个玩球的，再开始数着拍子，那就一切都完了。其中还夹杂着吵嘴的、抓到小偷的、喜欢在浴池中发出点什么声响的，还要加上带着巨响在浴池中摔倒的。这些人发出的声音好歹还算自然，更过分的是那拔自己腋毛的人，为了引起别人注意从喉头发出特别刺耳的尖叫声，他只有在去拔别人的腋毛让别人叫唤时自己才会住嘴。此外，还有卖馅饼的、卖香肠的、卖甜品和各式菜肴的商贩，都在用力叫卖商品。

帝国时期修建的诸多浴场可以说是工程学上的奇迹。首先，需要持续、大量地供水（卡拉卡拉浴场的蓄水池可容纳超过八百万升的水）。

其次，规模庞大的建筑尺寸极其惊人的拱顶，需要精湛的技艺——对建筑材料，特别是混凝土的巧妙运用。第三，浴室需要加热设施。古罗马人为此设计出了一套精巧的系统：在地板下面铺设管道，通过管道输送经火加热的热风。这种技艺的发明人是一位叫谢尔吉·奥拉塔的精明商人，他所做的另一件闻名的事，就是首先在那不勒斯湾人工养殖牡蛎。在建设浴场时，罗马人最早运用了生态节能手段：建筑物的朝向使得浴室能够尽可能长时间地接受阳光照射，以加热需要温水和热水的房间。据估算，为建设卡拉卡拉浴场，9 千人共同劳作了 5 年的时间。浴场的中心建筑直到安东尼乌斯王朝卡拉卡拉皇帝统治时期才完工（约公元 216 年），这座浴场也因此得名。旧拉丁语称为“thermae antoninianae”（安东尼乌斯浴场），而更常用的称呼则是“卡拉卡拉浴场”。

从现在的卡拉卡拉浴场，可以很容易推断出罗马时期普通浴场的规模，但里面的设施就很难判断了。现在残留在原址上的已只剩混凝土架构，表面贴着砖头，还有一些圆柱碎片，以及已看不出原来是什么的马赛克残片。与罗马大多数水道一样，为浴场供水的水道（从克劳狄水道分离出来的支线）毁于 6 世纪哥特蛮族围困罗马期间。大约 7 世纪前后，在浴场东部建起了一座公墓，这在多神教习俗中是耸人听闻的亵渎神灵，但当时已经是基督教说了算。公墓可能属于当地的一座教堂（圣涅雷奥与阿西雷奥教堂，位于浴场主入口对面，是一座非常古老的基督教堂）。中世纪时，浴场的建筑物逐渐被拆为建筑材料。16 世纪教宗保禄三世统治时期，浴场迎来了最为严重的一次损坏，保禄三世从那里运走了几乎所有剩余的圆柱和大型雕像。这些宝贝都被用于装饰战神之地上的法尔内塞宫，早在保禄三世还是红衣主教时，这座宫殿就已开工建设，而保禄三世在登上教宗宝座后又扩大了它的规模。工程由教宗的主建筑师小安东尼奥·桑伽罗开工建设，在他去世后由米开朗基罗接任。

法尔内塞宫杰作

法尔内塞宫位于法尔内塞广场，与鲜花广场近在咫尺。宫殿的上层部分有着砖头砌成的奇异菱形装饰，每个菱形都不尽相同。在最有罗马味的意大利歌剧——普契尼的《托斯卡》中，女主角就是在这座宫中杀死恶棍斯卡皮亚的（杰拉尔德·达雷尔在其著作《我的家人和其他动物》一书中，对歌剧的最后一幕进行了讽刺性的描写，讲述她的情人、男主人公卡瓦拉多西被枪毙后，女主角随后也在圣天使城堡自杀）。如今法国大使馆的办公地移至法尔内塞宫，在墨索里尼统治时期，这座宫殿被意大利政府出租，为期 99 年。租约要到 2035 年才到期，并且根据协议，宫殿每个月的租金仅为 1 欧元。保禄三世和其他艺术爱好者从卡拉卡拉浴场运出的艺术品散落到了意大利各地。仅法尔内塞广场就有两座巨大的花岗岩浴池，被设计师吉罗拉莫·拉伊纳尔迪改建成了喷泉（一家旅游网站提醒说，那些总担心是不是忘了关家里的水龙头的敏感旅行者，最好不要去看这座喷泉）。奢华的中世纪教堂——泛台伯河圣玛利亚教堂中有 8 根爱奥尼克式圆柱，上面雕刻着伊西斯、塞拉皮斯和哈波克拉提斯的形象，他们都是希腊罗马统治下埃及的神灵（哈波克拉提斯是希腊人从埃及的荷鲁斯神改编而来的，他是静默之神，典型形象是做出“嘘”的手势）。这几根圆柱原本属于卡拉卡拉浴场图书馆。比萨大教堂得到了来自浴场体操房的圆柱，上面刻画着朱庇特的象征：雄鹰和闪电。梵蒂冈博物馆得到的则是浴场体操房的一块马赛克（其实是两块拼接的），上面描绘着几个模样吓人的田径运动员，还有一位平和的蓄须男子，可能是裁判或教练。

体操房中央曾经陈列着一座著名的雕像——两名少年将一名妇女绑到硕大的牛角上。这座雕像所描绘的应该是双胞胎兄弟仄忒斯和安菲翁，对王后狄耳刻进行惩罚的故事（事情的起因是：狄耳刻让两名少年将女仆安提俄珀绑到皇家牛群中最大的一头牛的牛角上。然而抚养仄忒斯和安菲翁的牧羊人早已告诉他们，安提俄珀就是他们的母亲。狄耳刻随后得到了应有的严厉惩罚。）据老普林尼讲，这尊雕像是来自罗多斯岛的雕刻家两兄弟用巨型的大理石石块雕刻而成的，在罗马其最初的收藏者是阿奇尼乌斯·波利俄努斯——诗人维吉尔和贺拉斯的朋友。法尔内塞公牛是流传至今最大的一件古罗马雕塑。文艺复兴时期经历了一次较大规模的修复，大量的版画、图画和照片使得这尊雕像成为人尽皆知的造型艺术品。在尼·阿·昆的《古希腊传说与神话》一书中（这本书可以说是青年古罗马爱好者的必读作品），对它也有介绍。在一系列王朝联姻后，法尔内塞雕像成为那不勒斯波旁家族的财产（对庞贝和赫尔库拉努姆的系统性发掘也是由这一家族发起的）。法尔内塞公牛，以及同样著名的法尔内塞赫拉克勒斯雕像（也是来自卡拉卡拉浴场）现存于那不勒斯国家考古博物馆，全世界首屈一指的古罗马艺术收藏地。

法尔内塞赫拉克勒斯像

戴克里先浴场

卡拉卡拉浴场为城市南部地区提供服务，图拉真浴场则主要服务于中部地区，但一直以来，罗马人口密集的北部地区却缺少一座大型浴场设施。这一问题在4世纪初时得到了解决，那个时候帝国在长期的混乱之后重获稳定。新浴场以秩序的建立者、皇帝戴克里先的名字命名，通过4块浴场门口的铭牌碎片拼凑出来的铭文证实了这一点。图拉真浴场与卡拉卡拉浴场保存下来的遗迹迄今仍以原貌矗立在考古区中央，但戴克里先浴场的命运则是另一番景象：它的残迹已与周围的城市景观融为一体。戴克里先浴场的规模和卡拉卡拉浴场一样庞大，因此遗迹之间有时相距很远。新时代的建筑师们在古迹上修建新建筑时会尽量尊重古代经典，比如共和广场周边19世纪的建筑，其前脸都是模仿浴场门厅的样式。浴场的核心洗浴区曾经历过一次剧烈的改建，那里的建筑原本是统一与轴线呈一定夹角，以接受更多光照。包括冷水浴室和游泳池在内的设施，被86岁的米开朗基罗改建成了安杰利圣玛利亚教堂，教堂直至今日还矗立在这个地方（18世纪时它又被调转90度，并改为晚期巴洛克风格的装修）。变为基督教堂并没有影响到这座建筑的宏伟规模，如今这座教堂已和万神庙一起，被视为原汁原味的古罗马建筑。戴克里先浴场的其他遗迹散落在整个街区。共和广场两侧矗立着两座保存状况良好的圆形建筑，其中一座是浴池路的圣贝尔纳多教堂，另一座建筑如今则成了一家餐厅。在切尔纳娅路与帕里支路之间，还有一座带混凝土圆顶的八角形大厅，它也是浴池的一部分。此前这里曾是天文馆，现在是罗马国家博物馆分馆。罗马国家博物馆的主馆（马西莫宫）位于五百人广场，那里直到19世纪末仍然能够看到马尔奇乌斯水道大型蓄水池遗迹，浴场用水便是由这条水道提供的。

浴场博物馆的入口位于广场另一侧，博物馆里保存着丰富的古罗马铭牌藏品，从博物馆入口到特尔米尼火车站（火车站的名字据说也与浴场有关）之间有一段古罗马城墙。这

戴克里先浴场

段城墙与浴场毫无关联——城墙要古老得多，建于共和时期。如果从外侧（马尔萨拉路或是火车站某个餐厅中）眺望城墙，就可以看到墙上类似于希腊字母的标记，这些标记是采石场刻到建造城墙的火山岩石块上的。学者们根据这些标记推断，这段墙是由来自意大利南部或西西里岛的希腊务工人员建设的。

参观卡拉卡拉浴场时，我们不仅要关注博物馆的中心区域，其附属区域也相当值得一看。附属区域主要位于南面（与入口相对的一面）。规模宏大的浴场大堂两侧，分别是半圆屋顶的废墟（还可以清楚地分辨出来），两侧对称分布着两座估计是图书馆的建筑（古罗马的图书馆为了保存希腊文和拉丁文图书经常是成双成对的）。这里还有一座沿着格维多波切利大街建的像体育场一样的椭圆形建筑，它将巨大的储水池挡得严严实实，从外面完全无法看到。罗马现存最大的密特拉神庙，其出土地大致位于椭圆形建筑半圆大堂起始的地方（如果面向入口处）。

浴场核心建筑的墙壁保存状况相当好，考古学家可以安心地复原一个个功能各不相同的组成部分。这里还能看到一座半圆形建筑物的废墟，那是朝向南面的高温浴室（caldarium），浴场中温度最高的浴室。这个浴室两侧应该还分布着其他类似于土耳其浴的高温房间。在高温浴室后面是温室（tepidarium），一个气温温和的厅堂。再向前就是浴池的中央大厅，其豪华程度令客人眼花缭乱。在中央大厅的两侧，客人可以在对称分布的两个体操房里进行锻炼。入口处还有几个更衣间，更衣间之间是一个大游泳池（enators）。每位使用浴池设备的客人都要自负责任，古代作家曾多次提醒滥用热水的危害。一座保存至今的 8 岁男孩的墓碑上说，他就是在卡拉卡拉浴场的游泳池里淹死的。

自 20 世纪 30 年代起，卡拉卡拉浴场开始举办罗马夏季歌剧节。在威尔第和普契尼的音乐声中，浴场废墟不再仅仅是建筑残骸和砖墙，而是变为一片大背景。1990 年 7 月，这里举办了首次——按照行家的说法也是最好的一次“三大男高音”（普拉西多·多明戈、何塞·卡雷拉斯和卢恰诺·帕瓦罗蒂）音乐会。约 8 亿人观看了现场直播，演唱会录音创下了古典音乐专辑销量的吉尼斯世界纪录。

圣塞巴斯蒂安门与奥勒留城墙

以卡拉卡拉浴场为界，阿庇亚大道再往下被称为圣塞巴斯蒂安门大街。这里距离老城墙（塞尔维乌斯城墙）和新城墙（奥勒留城墙）都不远——这两座城墙我们都曾反复提到，我们可以在圣塞巴斯蒂安门附近好好了解一下这两道墙。这里的城楼有一家专题介绍古罗马城墙历史的博物馆。

公元前 4 世纪末，塞尔维乌斯城墙建成之后，城市继续飞速发展。罗马人在自己的地盘上越来越自信，他们已经征服了周边所有的部落，然后几乎是整个世界（一直到罗马人所能认知的范围）。甚至连汉尼拔带着队伍在意大利境内四处转战时（有一次还直接逼近到了罗马城墙边上，但不知为何却调头走了），罗马人依然没有修建新的防御工事。这种情况持续了很长时间——超过五百年。此后当公元 3 世纪的危机到来时人们才明白，他们的边防军人不仅无法抵御蛮族的侵袭，还会时不时加入强取豪夺的队伍。敌人在几百年后重新出现在了意大利境内。奥勒留皇帝动员所有资源，在最短时间内（一共用了几年时间）将城市的新边界通通用城墙围了起来（工程完工时，奥勒留已经死于愚蠢的宫廷政变）。

工程能够进行得如此之快，也要归功于建设者将原有建筑物纳入防御工事，马焦雷门附近的克劳狄水道、营地式圆形剧场、塞斯提乌斯金字塔（后来还有哈德良纪念堂）都被纳入了防御工事。此后城墙得到了多次加固，马克先提乌斯皇帝对它进行了二次加高，公元 5 世纪初的霍诺留皇帝又对城墙和城门进行了大修。

奥勒留城墙的防御力不算高，古罗马晚期和中世纪的多次蛮族侵袭证明了这一点。阿庇亚大道城门的城砖上有一段希腊文铭文，颂扬圣科能和圣乔治以及上帝帮助罗马人在 403 年打败哥特人。但胜利的喜悦没

西庇阿陵墓

卡拉卡拉浴场与圣塞巴斯蒂安门之间有一处考古地十分有趣，它经历了 20 年的闭门修复，直到 2012 年初才重新对公众开放。它就是西庇阿陵墓。西庇阿家族源于古老的贵族宗族科尔内利乌斯一族，为罗马输送了大量国务活动家、执政官、元老、将领和征服者。但其中最著名的两位——战胜汉尼拔的西庇阿·阿非利加乌斯，以及战胜安条克二世的西庇阿·亚细亚乌斯都没有葬在这里。他们的墓穴在坎帕尼亚大区利特纽斯小镇的家族别墅，但现在已不知所踪。数个世纪中，西庇阿很多族人都将这里作为最后的归宿，保存至今的还有 8 座石棺（陵墓中是复制品，原件现藏于梵蒂冈博物馆）。考古学家根据陵墓中壁龛的布置和通道情况推断，这里应该共有约 30 座墓葬（不仅仅是家族墓葬，深受西庇阿一族喜爱的诗人恩尼乌斯也葬在这里）。其中最早的石棺属于卢西乌斯·科尔内利乌斯·西庇阿·巴尔巴图斯（拉丁语“barbatus”——“巴尔巴图斯”表示“长大胡子的”），他曾于公元前 298 年当选执政官。这座石棺装饰华美，是典型的意大利南部希腊殖民地风格，墓志铭上的诗文颂扬了墓穴主人的体态、仕途和征战经历。这块墓志铭虽然是二百年后由他的后人补上的，但依然是现存最古老的拉丁文字之 。

罗马人通常会将死者火化，但土葬的情况也很常见。古老的《十二铜表法》中提到了两个习俗：“不能在城中埋葬逝者，也不能在城中火化逝者。”不经火化而埋葬被视作一种更加古老的习俗，经常会有穷人由于没有买火葬篝火的钱而这样做，而一些显贵家庭也会为了强调自己家族的古老传承而这样做。包括西庇阿家族在内的科尔内利乌斯氏族都习惯不火化逝者。家族中第一个违反传统的人是独裁官卢西乌斯·科尔内利乌斯·苏拉，他由于树敌过多，担心政治对手会侮辱他的遗体而选择了火化。

西庇阿陵墓很早便十分有名了。在西塞罗的论著《图斯库兰讨论集》中，他谈到对死亡的蔑视（谈话者平静的对话中透露出作者对死亡的极度恐惧）。他在举例中提到了几座名人墓：“难道你看到卡佩纳门之外的卡拉蒂诺、西庇阿、塞尔维乌斯和梅特卢斯墓穴，就会觉得这些逝者是不幸的吗？”新纪元到来之前，西庇阿家族的传承中断了。氏族的另一支系科尔内利乌斯·灵图拉担负起了照顾陵寝的责任，但到 3 世纪时，陵墓还是被遗忘并荒废了，此后在这个地方建起了一座三层的房子。这片土地的主人在 16 世纪初发现了陵墓，但很快又将其遗忘了将近二百年，直到 20 世纪 20 年代它才最终成为考古地。

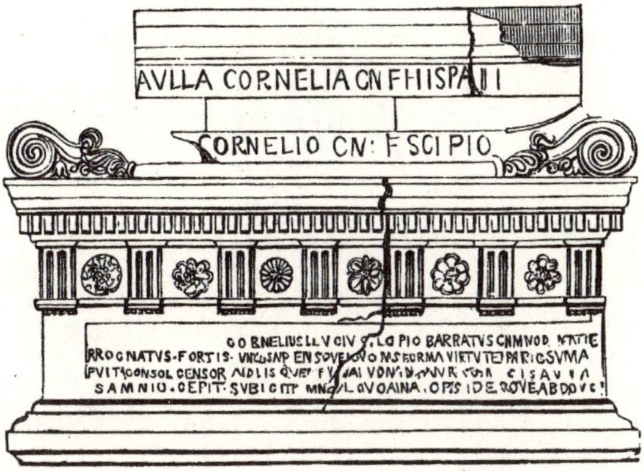

卢西乌斯·科尔内利乌斯·西庇阿·巴尔巴图斯棺椁

哥特人与哥特式

哥特人是东日耳曼部落，据中世纪可信度存疑的文献记载，其发祥地为斯堪的纳维亚。在不太平的公元 3 世纪，蛮族部落大规模迁徙，罗马第一次与哥特人发生了接触。这次迁徙规模巨大，移民潮直抵黑海北岸地区，直到 16 世纪时克里米亚依然有讲哥特语的村落（顺便说一句，这也是那位在土耳其发现奥古斯都遗嘱的弗兰德外交官布斯别克所提供的

圣塞巴斯蒂安门（18 世纪版画，朱塞佩 · 瓦西作）

材料）。5 至 6 世纪，哥特人分裂为两个部落：东哥特人与西哥特人。两个部落都在短时间内从分裂的帝国捞到了一些油水。我们刚刚提到了东哥特人，而西哥特人在如今法国的位置建立了王国，但很快被另一支日耳曼部落法兰克人挤出了领地。西哥特人出走到西班牙，直到阿拉伯人到来之前一直统治着那里。

建筑范畴的哥特风格完全是出于误会被取了这个名字。中世纪时，这种风格被称为“法国式”（opus francigenum）。“哥特式”的术语是意大利文艺复兴时期的艺术家们给这种风格取的一个带有鄙视意味的外号（指“蛮族的”）。这个骂人的词汇被牢记下来并丧失了它的贬义内涵——这在历史上其实屡见不鲜。

此外，从 18、19 世纪开始，英语词汇“哥特的”（Gothic）就用于表示“恐怖、不文明、放荡不羁”。诞生于 18 世纪中叶的一种英国文学类型因而被称为“哥特小说”（创始人为小说《奥特朗图堡》的作者，作家贺瑞斯·华尔波尔），这种类型的文学通过讲述恐怖故事让人产生愉悦的惊吓感。如今哥特式文学已经成了“恐怖小说”的代名词，这种 18 世纪哥特文学及其产生的亚文化由此获得了“哥特”的名头。如此一来，几乎所有我们熟悉的此类词汇，像“哥特人”、“哥特风格”、“哥特式”，还有新词“哥特类型的”，都与历史上的哥特人没有任何关系。

地下墓穴

阿庇亚门改名为圣塞巴斯蒂安门是为了纪念一处重要的基督教圣地——城外的圣塞巴斯蒂安教堂（“城外”一词用于地处奥勒留城墙之外的罗马教堂）。这座修建于 4 世纪的教堂（现在的建筑主要是 18 世纪改建的产物）距离阿庇亚大道 2.5 公里，也被称为“地下墓穴圣塞巴斯蒂安教堂”（ad catacumbas）。“地下墓穴”这个词汇来自两个希腊语词汇：“空地”和“附近”。这里的地面上曾经有一个采石场留下的大坑。后来“地下墓穴”一词开始被用来称呼所有基督教堂的秘密地下坟场。

圣卡利斯特地下墓穴壁画

圣塞巴斯蒂安是戴克里先时期执政官卫队的一位军官，这支卫队是护卫皇帝的精英部队。戴克里先是为数不多的几位真正迫害基督徒的罗马皇帝之一，他此前并不知道这位下属的宗教倾向，得知以后勃然大怒，下令将其处死。据传说，塞巴斯蒂安是被用箭射死的，他殉教的场景成为曼特尼亚、提香等意大利文艺复兴时期画家所喜爱的题材。这座教堂于 9 世纪以塞巴斯蒂安的名字命名，此前它被称为“使徒圣堂”(Basilica apostolorum)，因为在这里的地下墓穴中据传曾保存过使徒彼得和保禄的遗骸。

要想详细讲述地下墓穴和罗马其他基督教早期古迹，可能需要整整一本书。这些墓穴和古迹在阿庇亚大道沿线上特别多。一出奥勒留城墙，立即就能看到棕榈树圣玛利亚教堂，使它出名的是“君往何处”的典故。没有被收录进《新约》的《彼得事迹》中讲到，为逃避尼禄时期对基督徒的迫害，使徒彼得被迫流亡，在这里遇到了基督并问他：“君往何处? ”(拉丁语为“Domine, quo vadis?”)，基督回答他：“我去罗马，让他们将我再次钉死。”(“Eo Romam iterum crucifigi.”)彼得于是在羞愧之下返回罗马，接受了在倒十字架上的殉教之死。(《彼得事迹》最初以希腊文书就，耶稣与圣徒的对话使用的是阿拉米语，流传至今的只有拉丁文版本。)《彼得事迹》虽然不在教规之内，但在基督教社会中流传甚广，而其中的著名语句(我们更为熟悉的斯拉夫教堂用语：“君往何处? ”)更是成为波兰作家亨利克·显克维支历史小说和好莱坞电影的名字。

圣塞巴斯蒂安教堂旁边是圣卡利斯特地下墓穴，里面有极其值得一看的基督教石棺，石棺上装饰着富有寓意的图案。这里曾经有一座所谓的“教宗密室”，2 世纪至 4 世纪的罗马主教的遗骸都安葬在这里。随着不准在罗马城中安葬逝者的禁忌逐渐淡化，教宗的遗骸也逐渐被转移到城内的教堂。旁边相邻的是圣多米提拉地下墓穴(这是唯一一座旅游者可以看到实际墓葬的地下墓穴)，还有安葬罗马犹太人的所谓“犹太地下墓穴”。

能持续多长时间：476 年，哥特首领奥多亚塞废黜了罗马末代皇帝；6 世纪时，意大利半岛、西西里岛和大部分的巴尔干半岛都被纳入定都在拉韦纳的哥特王国囊中。6 世纪开始，东罗马帝国（拜占庭）加入到争夺意大利的斗争中来。在一连串激烈的战斗和对罗马的长期围困后（最激烈的战斗发生在奥勒留城墙附近，在圣天使城堡下面），哥特人最终被击退，但战争也耗尽了拜占庭的资源并摧毁了意大利北部，与古罗马时期相比，其文明程度一下倒退了几个世纪。

阿庇亚门，也就是圣塞巴斯蒂安门，基本保留着霍诺留时代修复后的样貌。距离大门 20 米远的路上，矗立着一座拱门，通常被称为“德鲁修斯拱门”，尽管它与皇帝克劳狄的父亲德鲁修斯一点关系也没有。为卡拉卡拉浴场供水的克劳狄水道，有一条支线在这里与阿庇亚大道交汇。在墙壁博物馆（Museo delle mura）中，可以看到大量用古罗马晚期的砖头堆砌成的装饰图案，基督教象征符号（十字架与基督的合体字）在其中占据了重要的地位。1942 至 1943 年间，大门内部成了法西斯党书记埃托雷·穆蒂的办公室，此前在大门内部是黑白色马赛克地板和螺旋梯。在博物馆门口买完门票后，你可以沿围墙向西走（进行一下所谓的“漫游”passegiata），在这里可以俯瞰花园和地板，它们还保留着中世纪的样子。这条路线的总长度将近 400 米，但受修复工作影响，实际能够走多远就不一定了。

阿庇亚大道

阿庇亚大道从罗马一直延伸到东南部普利亚大区的布林迪西乌姆（现布林迪西）。这是罗马人建设的第一条大道。诗人斯塔奇乌斯写道：“阿庇亚大道被称为道路中的王后（‘Appia longarum teritur regina viarum’）”。

古罗马时期的道路（现在的道路很大程度上也是）承担着两项主要

职能：通商和战争需要。公元前 4 世纪末，道路对于罗马人来说更重要的职能是战争需求，因为当时意大利各部落仍在为到底由谁当家做主而纷争不休，因而与罗马为争夺亚平宁半岛霸权进行了无休无止的战争。在这种情况下，哪个国家会获得巨大的优势？自然是能够更快速地将军队从一处转移到另一处的国家，同时它需要建立临时或常设的补给站，使各地的军营保持战备状态。这个国家就是罗马，罗马能够取得这种优势，很大程度上得益于军事工程师的技能，他们建立了覆盖全意大利以及此后帝国新征服的领土的道路体系。

罗马人很少会将逝者葬在城中。道路两侧因而成为当时墓地最自然的选址，特别是大城市周边的道路。这一方面方便拜谒祭祀，另一方面墓地也会带给路人更多的遐想。古罗马贵族墓志铭的常见体裁是与读者的对话形式（“过路之人，停留一下！过路之人，停留一下！”）。罗马的墓志铭也常会与后代进行对话，结尾处写上：“我就说这些，现在你可以走了。”

罗马很少有像阿庇亚大道这样容易让人陷入怀古情怀的地方。当然，在这里怀古要有 4 个附加条件。首先，现代工程师开辟了一条与阿庇亚大道平行的新道，它的名字也是这样叫的：新阿庇亚大道。这是一条普通的道路，没什么值得看的。我们要看的是老阿庇亚大道。其次，阿庇亚大道最初的两三公里几乎无法步行，是车辆通行路段（车很多），没有任何人行通道。只有从圣塞巴斯蒂安教堂或凯西利亚·梅特拉纪念堂开始，才可以有漫步的感觉。第三，穿越时空的感觉很容易被大量喧闹的游客打断。最后要考虑到，阿庇亚大道是一片考古区（尽管区域中的交通迄今也未终止），在区域内经常进行各种工作，有时很大一片区域都会被临时关闭。这种情况下，唯一的选择是沿着平行的道路绕过去。

在距阿庇亚大道 2 公里多的地方，差不多在圣塞巴斯蒂安教堂对面，

马克先提乌斯别墅

阿庇乌斯·克劳狄乌斯

自罗马到卡普亚的道路——阿庇亚大道中最早也是最重要的一段道路，由元老阿庇乌斯·克劳狄乌斯·凯库斯建立。他经常被称为古罗马历史中的第一人。在他之前当然有过不少的英雄、国王和将领，但都是半人半神，有时完全是神话传说人物。而阿庇乌斯·克劳狄乌斯在历史上确有其人，这一点是无可置疑的。

阿庇乌斯是一位个性鲜明、行事果断的政治家。传说中对他既有褒扬，也有指摘。有悖于古老传统，他在还没有当过执政官时就当上了审查官。他在审查官任上向元老院输送了大量低阶层代表，甚至包括获释奴隶的子女，因而获得了大批热情支持者，以及态度同样鲜明的反对者。与他一同做审查工作的同事们纷纷提交辞呈，以示对阿庇乌斯政策的抗议。同事们期望阿庇乌斯为了面子也随后辞职，但他们都错了。阿庇乌斯在审查官任上工作了 5 年时间，而通常任期为一年半，他在任上修建了罗马第一条水道和第一条真正的大道。两项工程他都以自己的名字命名："Aqua Appia"，"Via Appia"。阿庇乌斯度过了长寿而丰富多彩的一生，经历了罗马国务活动家能够担任的几乎所有职位：执政官、独裁官、"摄政王"，等等。

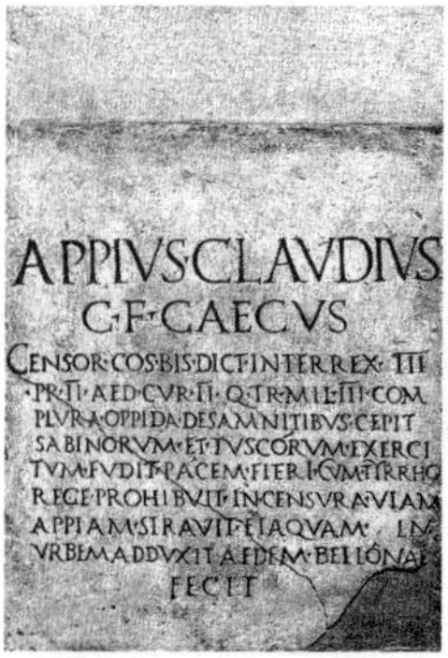

刻有阿庇乌斯·克劳狄乌斯介绍的碑文

家族名“凯库斯”意思为“盲人”(拉丁文为“caecus”),对于道路和水道的建设者阿庇乌斯来说，这显然名不副实。他直到年老后眼睛才失明，但在后代的记忆中他更多是以老者的形象出现。当时罗马在希腊的大陆部分第一次遇到了敌手：伊庇鲁斯(位于巴尔干半岛西岸的国家)国王皮洛士。皮洛士依仗希腊在意大利的殖民地，也就是所谓“大希腊”的支持，威胁到了罗马的地缘利益。国王特使基涅乌斯为签订和平协议来到罗马。罗马元老们对身怀马其顿战争技能的皮洛士和他的战象心怀忌惮，因而倾向于接受条件签约。这时，老态龙钟、双目失明的阿庇乌斯坐着担架来到元老院。“元老们，幸好我眼睛瞎了，”老者说道，“也就看不到这耻辱了。罗马什么时候与一个还未将军队撤出意大利的敌人谈过判？你们简直都疯掉了！”羞愧不已的元老们没有签订和平协议。基涅乌斯两手空空地回去向皮洛士报告说，他觉得元老院就像是一群国王在开会，而罗马人就像一条多头巨蛇，砍去一颗头还会再长出两个头来。皮洛士后来取得了几次对罗马军队的胜利，但这几次胜利很可能都是皮洛士自吹自擂的，最终还是罗马人获得了战略优势。阿庇乌斯·克劳狄乌斯在元老院的讲话被记录下来并长期在学校中进行研习，是拉丁文最早的散文体文章。文章中流传下来的语句是：“每个人都是自己命运的锤炼者。”(“quisque faber suae fortunae.”)

阿庇乌斯的功勋将当时还不太出众的克劳狄家族推到政治舞台的前沿，使其直到朱利亚－克劳狄皇帝朝代都保持了辉煌，包括提比略、卡利古拉、克劳狄和尼禄，都出自这一家族。

上部分
圣塞巴斯蒂安门
圣卡利斯特地下墓穴
马克先提乌斯别墅
凯西利亚·梅特拉
纪念堂

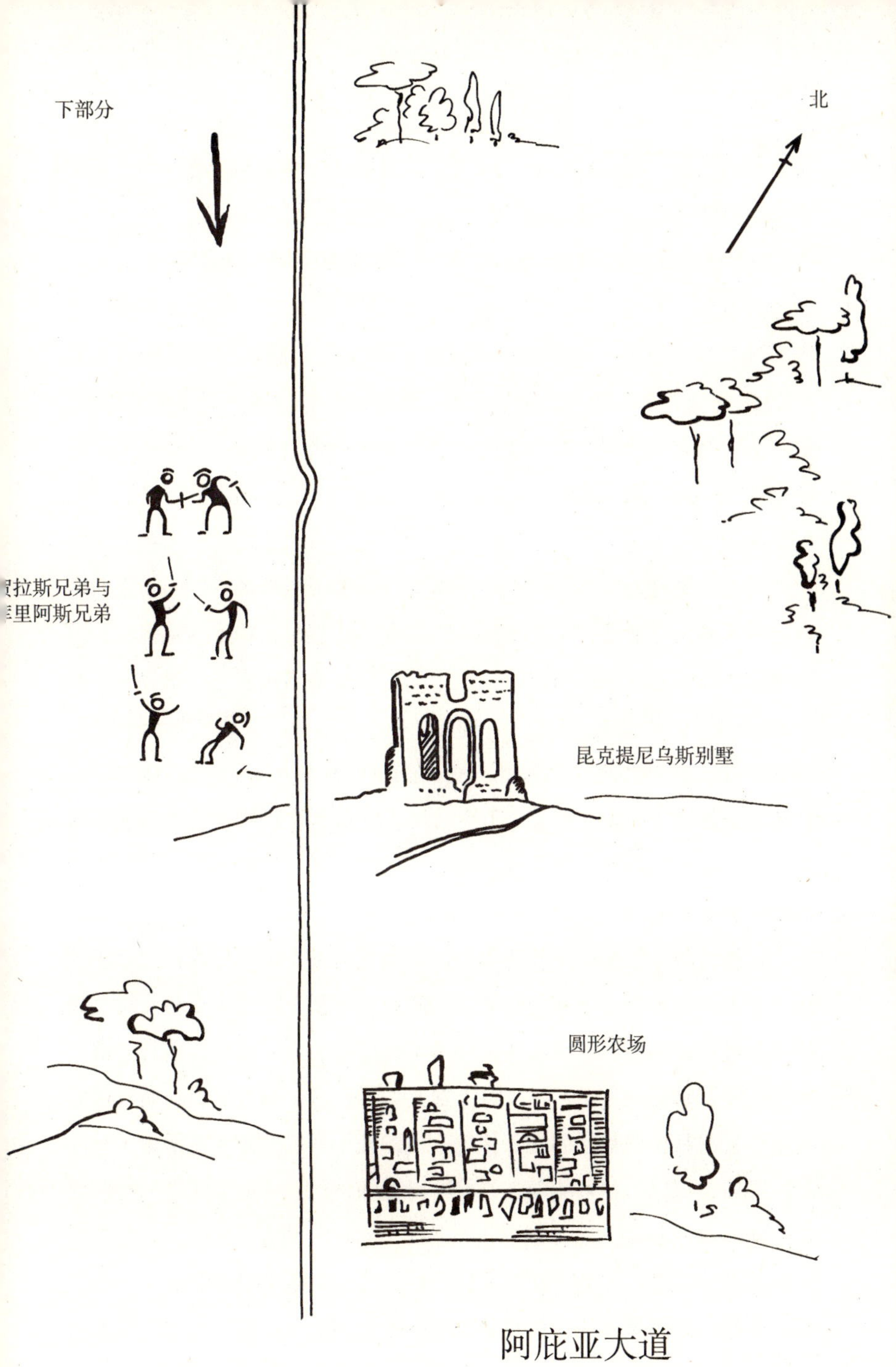

下部分
北
拉斯兄弟与
里阿斯兄弟
昆克提尼乌斯别墅
圆形农场
阿庇亚大道

是大片的马克先提乌斯别墅。19 世纪初，考古学家安东尼奥·尼比确定了这片别墅的主人，此前人们曾认为这里是卡拉卡拉的庄园。

马克先提乌斯皇帝的政治生涯很难说是成功的，我们曾在古罗马广场的章节（由他开始建设的庞大圣殿）进行过介绍，并在斗兽场的章节提到过他（更胜一筹的对手君士坦丁在凯旋门的题词中称他为“暴君”）。马克先提乌斯作为皇室后裔，先是在选择继承人时被前辈忽视，此后他避开众人独居到此，住到了阿庇亚大道旁的领地。他在这里为自己建立了一座宫殿（宫殿几乎完全被植物覆盖），不知为何还建了一座竞技场。

马克先提乌斯竞技场的规模仅次于马克西姆竞技场，但与马克西姆竞技场不同，它的保存状况不错。它现在的样貌很大程度上是修复技师的功劳，但保存下来的可供修复使用的材料也确实很多。这里保存下来了 12 个战车出发前的“围栏”，边上还有 2 座塔楼，以及混凝土的墙壁、圆柱碎片、裁判和皇帝的包厢。赛马跑道的护栏（spina）也清晰可见，护栏的长度为 296 米，整整 1 千罗马尺。1648 年，图密善方尖碑被从这里转运到纳沃纳广场（此前方尖碑是如何抵达马克先提乌斯别墅，目前仍无从推测）。

很难猜测，在这样一处并不合适的地点为谁、出于什么目的修建这样一所大型体育娱乐设施。在文献记载中几乎没有马克先提乌斯竞技场曾举办过比赛的记录。美国考古学家不久前的考古发现使人们有理由认为，这座别墅并未完工，从未有人在其中居住过。马克先提乌斯有可能是想恢复跑马比赛最初的丧葬传统，他的儿子罗慕路斯 4 岁早夭，马克先提乌斯希望以一切可能的方式保存对他的记忆。这些方式之一可能就是修建一座竞技场。竞技场靠近东侧（“围栏”附近）的地方，矗立着罗慕路斯纪念堂。这是一座巨大的圆形陵墓，陵墓上可能有过一个类似万神庙那样的圆顶。从纪念堂中壁槽的数量判断，这座纪念堂不仅是为

希罗德·阿提库斯

希罗德·阿提库斯是一个个性十分鲜明的人。他是雅典老一代的贵族，从雅典奠基人忒修斯到宙斯，他几乎将希腊历史和神话中的所有英雄，都归入了自己的家族历史中。在他的时代（公元 2 世纪），希腊已只能自豪于往日的辉煌，所有政治资源都已落入罗马人手中。阿提库斯家族适应了这种形势，从他的先辈开始，就已成为罗马克劳狄家族的养子（希罗德的全名是：卢西乌斯·韦布利乌斯·西帕赫·提比略·克劳狄·阿提库斯·希罗德），他的父亲是享有执政官名头的罗马元老。希罗德本人在获得了巨额遗产后，沉迷于历史研究和演讲术，并成为了所谓“第二诡辩术”的主要代表之一（遗憾的是，他的言论没有流传下来）。他有时住在雅典，有时住在罗马。他与老乡的关系较为复杂，但由于他为故乡城市建造了大量建筑，雅典人还是对他予以积极评价（有些建筑保存至今，包括在雅典卫城山坡上著名的阿提库斯石头剧场）。

希罗德迎娶了罗马贵族女子阿斯帕西亚·阿尼亚·雷吉拉，她是好几位罗马皇帝和皇后的亲戚。他们是理想的一对：两个人都很有钱、独立并且受过良好教育，还都喜欢资助慈善事业。他们结婚时，雷吉拉 14 岁，希罗德却已年过四十。他们共同生活了约 20 年的时间，养育了几个孩子。在这段时间中，希罗德担任过几位皇子的导师（包括未来的皇帝马可·奥勒留和卢西乌斯·维尔乌斯），并曾担任执政官（安东尼·皮乌斯皇帝为感谢他对皇子教育有方，授予了他这一职务）。公元 160 年，雷吉拉猝然长逝。有恶语传言称，她死于暴躁的丈夫之手（被掐死），死者的兄弟甚至将希罗德告上法庭，但皇帝插手平息了此事。

为了反击散布谣言者，希罗德在阿庇亚大道 2 公里多的地方修建了一座巨大的庄园献给雷吉拉（不是献给“已故的”或“奉为神灵的”，而是曾经活着的雷吉拉）。希罗德在风烛残年又爱上了一个名叫波利德维科的少年，在少年也早早逝去后，希罗德为他举办了体育赛事，在雅典为他竖立雕像，随后他自己也怀着悲痛撒手西去。

小罗慕路斯设计，也是为整个皇室家庭准备的。

在纪念堂旁边保存下来一座更加古老的墓葬遗迹，是建在正方形台基上的圆柱体建筑。16 世纪开始，人们没有任何理由地（除了《图斯库兰对话集》中提到过的只言片语）开始称它为“塞尔维乌斯陵寝”。中世纪时，陵寝中建起了将大理石煅烧为石灰的炉子。陵寝内部是十字形状的墓室，墓室周边是环形走廊。这是朱利亚－克劳狄王朝纪念堂的典型设计（例如奥古斯都纪念堂）。陵寝参观者需沿走廊走两圈：通过入口后向一个方向走一圈，然后再转另一圈到达出口。这种方式通常用来祭奠显要的逝者，包括将领和前执政官。

从这片别墅区找到的铭牌和雕像碎片推断，这个地方或是邻近的地区曾是百万富翁希罗德·阿提库斯的领地。

凯西利亚·梅特拉纪念堂

在阿庇亚大道第三座里程碑附近，矗立着这条路上最著名的陵寝：凯西利亚·梅特拉纪念堂。这座建筑同罗慕路斯纪念堂一样，是建在正方形台基上的圆柱体建筑。纪念堂的顶部是带有“克里姆林宫围墙锯齿”形状的砖墙，是在中世纪时由凯塔尼家族加盖的，它们按照当时流行的做法，将罗马古建筑变为自己领地边界的城堡。而在古罗马时代，这座陵寝的顶部很可能只是简单的圆锥形。

纪念堂的外侧曾贴着凝灰岩石板，台基部分的石板没有保存下来，在圆柱体建筑上保存了一部分。墙体厚度达十米之多，墙里面是狭窄的（与墙本身相比）竖井，向上逐渐收窄。墓室并不在竖井底部，而是在侧面独立走廊的尽头。16 世纪，在距离纪念堂不远的地方找到了一口不大的石棺，不知疲倦的教宗保禄三世法尔内塞将它运回了自己在罗马的宫殿（石棺如今仍放在那里）。考古学家尼比倾向于认为这是希罗德·阿

凯西利亚·梅特拉纪念堂（19 世纪图画）

提库斯妻子雷吉拉的棺椁。

这座纪念堂的四周是一条装饰浮雕，上面雕刻有花环和牛头。人们认为，正是出于这个原因老百姓开始称呼纪念堂和它的周边地区为“牛头”（Capo di Bove）。然而还有一种说法也很有说服力：附近建筑物上的凯塔尼家族徽章中也有牛头图案。

纪念堂内部有一所不大的博物馆，里面收藏着阿庇亚大道沿线各个墓葬的浮雕和雕像。博物馆最有趣的一点在于可以登上陵寝顶部，俯瞰四周的景致（在允许的情况下）。

我们对古罗马这些最著名、也保存得最好的古迹所知甚少。凯西利亚·梅特拉纪念堂所有的信息都标注在建筑物的墙上，建筑物面向道路一侧有一条饰带，中间被装饰浮雕隔开，浮雕下面写着："caeciliae q. cretici f. metellae crassi"（"凯西利亚·梅特拉，科文图斯·梅特尔·克里特之女，克拉苏之妻"）。问题在于，几乎所有凯西利亚·梅特拉家族的女子都叫这个名字（罗马女人没有本名）。这个显要富有的家族在共和时期诞生了很多官员、将领和政治家。"克里特"一词为确定其身份提供了关键证据：这样的绰号一般被授予征服新行省的将领。罗马与克里特岛的冲突发生于公元前1世纪，当时克里特人对罗马人在东方最凶恶的敌人米特拉达梯提供帮助，而且还为地中海海盗提供避难所，这些海盗曾一度断绝罗马军队和商务的海上通道。梅特尔成功击溃克里特军队，并将克里特岛变为罗马行省。墓中这位凯西利亚的丈夫，很可能不是战胜斯巴达克斯的著名将领、罗马首富马库斯·李锡尼·克拉苏，而是他的儿子或孙子。然而导游手册的作者们直到19世纪都在希求这就是那位"主要的"克拉苏，因为这样更浪漫些。

这就是那座发黑变得模糊的堡垒。
部分城堡已摇摇欲坠，
自古以来它曾给与敌人抗击，
它的前脸弯曲似马蹄铁，
挂着一串已长了20个世纪的常春藤，
就像永恒的花环将城堡掩映。
在那残酷的年代这常春藤是什么样子？
又掩映着什么东西？

过去的旅行者对凯西利亚·梅特拉纪念堂及其周边如画景色都给予高度评价。拜伦在《恰尔德·哈洛尔德游记》一书中用了好几个章节的动情诗篇来描写这个地方，而画家约翰·蒂施拜因在自己最著名的一幅画作中，描绘了身处意大利植物和废墟之中的年轻歌德，背景中在薄雾里依稀可见的就是凯西利亚·梅特拉塔楼。

道路在第五个里程碑处稍向左转。这里有四

座相距不远的堆积冢墓（面向罗马方向，冢墓都在道路的右侧）。据传说，古代时克勒利亚壕沟在阿庇亚大道4公里多的地方穿行而过。这条壕沟是阿尔巴隆加国王克勒利亚挖掘的防御工事，贺拉斯兄弟与库里阿斯兄弟之间著名的打斗就发生在这里。

传说这一事件发生在远古时代——公元前7世纪初。阿尔巴隆加（从此处开始请在每处表述前加上“传说中”）是罗马的宗主国，也是罗慕路斯和雷穆斯出生的地方。罗马快速成长，很快就与阿尔巴隆加体量相当。由此产生了一个问题：谁来主宰拉丁姆地区。此时双方争夺的还是很小的一片区域：从罗马到阿尔巴隆加的距离不超过20至25公里。

在军队备战时（阿尔巴隆加一方由国王克勒利亚率领，罗马一方由国王图利乌斯·克斯提留率领），阿尔巴隆加人向罗马派来了特使。“听着，”使臣说，“如果我们打一场血流成河的战争，无论结局如何，我们两国的实力都会受到损害。别忘了周边敌人在窥视着我们，伊达拉里亚人早就在觊觎我们的土地。我们也许可以试试按照先辈的做法换种方式解决问题？”罗马人想到，阿尔巴隆加人归根结底是他们的亲戚（还是真正的近亲），说同一种语言，拜同样的神，而伊达拉里亚人则是一股危险而异己的力量。人们最后决定：每方派出勇士通过搏斗解决争端，战败一方的城市就听命于获胜者

这地下是否埋藏过宝藏？
不，往事告诉我们，
这里埋葬的是一位女士。
你的墓穴为何是一座宫殿般的堡垒？
你曾是什么人，曾经过得怎么样，曾经爱过谁？
他是国王还是什么人，是不是罗马人？
你有没有为他生几个漂亮的女儿，
或是一位力大无穷的领袖或英雄。
是你的孩子？你又是如何死去？
是不是在宠爱中逝去？
相信是的！
你的墓穴可不是为小人物准备，
在这墓穴中，已逝去的你，
将获得永生。[1]

[1] Lord Byron, *Childe Harold's Pilgrimage*.

的城市。双方军队各派出了3名兄弟：阿尔巴隆加人派出的是库里阿斯兄弟，罗马派出的是贺拉斯兄弟（然而有些历史学家认为正好相反）。搏斗在克勒利亚壕沟附近展开，很快两个贺拉斯兄弟就倒了下去，但库里阿斯三兄弟也受了不同程度的伤，而剩下的一个贺拉斯则毫发未损。于是贺拉斯采取了一个战术：他开始奔跑，但并不用全力，这样库里阿斯兄弟由于受伤程度不同就无法同时追上他，而后他再各个击破。一切如他所料。本已失去胜利指望的罗马人兴奋地欢迎他们的民族英雄。只有贺拉斯的姐姐高兴不起来，她在哀悼她的未婚夫——死去的阿尔巴隆加人之一。获胜的贺拉斯被这种不爱国的举动激怒，刺死了自己的姐姐。

传统上人们将这里的冢墓称为贺拉斯与库里阿斯墓。李维称，罗马兄弟在靠近阿尔巴隆加的地方安葬，而阿尔巴隆加人正相反，葬在靠近罗马的地方，每个人分别葬在了各自被杀的地方。此外他还写到，在他的年代（奥古斯都时期）还可以看到五位兄弟的墓。但这些古罗马英雄的墓葬建筑使用的材料，是公元前7世纪罗马人不可能获得的。不过也不能排除，它是奥古斯都时代"复古式"修复的建筑。

昆克提尼乌斯别墅

走过贺拉斯冢墓后，立即就可以看到路对面的另一片巨大的庄园。这就是昆克提尼乌斯别墅。

昆克提尼乌斯兄弟（一位叫塞克斯图斯·昆克提尼乌斯·马克西姆斯，另一位叫塞克斯图斯·昆克提尼乌斯·康迪安努斯。请注意，两位兄弟一出生就被起了同一个本名）生活在公元2世纪，在众人眼中他们英俊聪明，有教养且富有，还有其他很多优点。兄弟俩常常搭档做事情，简直是完美的一对兄弟。他们也是同时担任执政官职务的。在"贤君"

昆克提尼乌斯别墅（19 世纪图画）

统治时期，兄弟俩过得闲适而平静。但随着马可·奥勒留去世，贤君的统治走到尽头，怪异的康茂德坐到了皇帝宝座上。

卡西乌斯·狄奥讲述了昆克提尼乌斯兄弟的结局：康茂德觊觎兄弟俩的巨额财产，于是下令处死他们并没收财产。一生从未分开过的兄弟俩一同遇难。但暴君觉得这还不够，他要清除掉兄弟俩的全家。塞克斯图斯·马克西姆斯有一个儿子，也叫塞克斯图斯。在听说他被宣布不受法律保护后，小塞克斯图斯逃到了叙利亚。他口含兔子血并故意从马上跌落，然后呕吐起来，围观的人以为这是他自己的血，觉得他快要死了。少年被抬到房子里后，在亲信奴隶的帮助下逃跑，而后帮助他的人在火葬篝火上烧了一只羊。但这个计谋还是被泄露了出去，小昆克提尼乌斯开始遭到围捕。每天都有人提着人头来找康茂德说，这就是昆克提尼乌斯的头。昆克提尼乌斯一家的朋友也都遭到镇压，因为他们被怀疑藏匿逃犯或给他提供帮助。最终是否抓到了小昆克提尼乌斯，不得而知。但在康茂德于罗马暴毙之后，出现了一位自称是塞克斯图斯·昆克提尼乌斯的人，并要求归还巨额的家族财产。然而当人们向他询问关于希腊政治的问题时，他连问题都听不懂，而昆克提尼乌斯本应对此了如指掌，冒名顶替的人因此露了馅。

昆克提尼乌斯兄弟有可能已提前预感到了自己的死亡，至少是有人向他们说出了预言。奇里乞亚行省有一位预言家，他的预言方式与众不同——通过梦谶预言并把梦境画下来。昆克提尼乌斯得到的牌子上画着一个正欲掐死一条蛇的男孩。这是赫拉克勒斯神话中的一个著名场景——赫拉克勒斯在他还是小孩的时候，掐死了天后赫拉派来谋害他的蛇。康茂德认为自己是赫拉克勒斯的化身（卡皮托利诺博物馆的一尊著名的半身像，把康茂德描绘成了这位英雄的形象，手持棒子和狮子皮），而兄弟二人也是被勒死的，可能这才是预言的真正含义。

兄弟俩的领地转归皇室所有，2 个世纪后庄园走向了衰落。在昆克提尼乌斯持有时，这座庄园以奢华和便利令人惊叹。阿庇亚大道上曾有过一座大喷泉（现在还可以看到它的遗迹），疲惫的路人可以在这里喝口水并送上对主人的赞美。有一条单独的水道向庄园的浴池供水。庄园里还有私人竞技场。

1485 年，人们在庄园里偶然发现了一尊石棺。石棺打开后，出乎所有人意料的是，里面是一具保存完好的女性遗体，身穿华丽服装，头发挽成发髻（当时人们的书信中称，就像匈牙利人的发髻），戴着很多金饰品。饰品很快被一抢而空，石棺和木乃伊此后被摆放在卡皮托利诺山的保守宫展出。人们认为，她是西塞罗的女儿图里奥拉，她去世时十分年轻，父亲深深悲痛于她的早夭。这种身份认定当然有随意之嫌。但昆克提尼乌斯庄园的位置却是确切无疑的，因为铅制输水管道的地基上刻有庄园的名字。

后来的几个世纪里，昆克提尼乌斯庄园被几易其手，精明的投机商还在那里大肆挖掘，将寻获的艺术品卖给出价高的人。昆克提尼乌斯别墅的雕像和其他艺术品现在陈放在梵蒂冈博物馆、卢浮宫和慕尼黑古代雕塑展览馆。

这座庄园面积巨大，周边村庄的人称它为“老罗马”（Roma vecchia），因为其面积巨大，几乎相当于一座城市。20世纪时，庄园曾一度被荒废，渐渐损毁。1985年，意大利政府购买下它并改建为博物馆。现在昆克提尼乌斯别墅的区域依然在进行着考古挖掘，不是所有废墟都可以参观。这是相当大、也相当空旷的一片地，可以在古老的砖墙下坐看飞机在邻近的钱皮诺机场起起落落。

在走过昆克提尼乌斯别墅之后，阿庇亚大道沿线的墓葬逐渐减少，这些朴素的墓穴中长眠的主要是共和时期的罗马人。在第六根里程碑附近，矗立着阿庇亚大道上最大的圆形纪念堂。它被称为“圆形农场”（Casal Rotondo）。这个称呼是将不同的概念混合在了一起，在古迹之上确实曾有过一座农场，但并不是圆形的，只有纪念堂本身是圆形的。这有可能是奥古斯都时期的古迹，但无从得知里面埋葬的是什么人。19世纪，考古学家及建筑师路易治·卡宁纳根据铭牌碎片推断，这是奥古斯都时期的将领和作家梅萨拉·科尔文之墓，他是传说中匈牙利国王的先祖，但这只是一种猜想。

在圆形纪念堂旁边的路上，还能看到一些与卡宁纳有关的东西，一

圆形农场（19 世纪图画）

面大型砖墙上安放着大理石雕像的残迹和一些建筑部件。这些东西令人想起，正是在卡宁纳的努力之下，阿庇亚大道于19世纪中叶被设立为考古区。

圆形纪念堂通常被认为是游客在阿庇亚大道上可以到达的最远端，再向前墓葬就不多了，并且也疏于管理。我们也就在这里止步吧。

第十章

大海与陆地

奥斯提亚与蒂沃利

所有大城市都有一些共同点，但罗马作为古代文明中心城市还是有一些独特之处。按照现代标准衡量，古罗马最大的一些城市也不算大，但重要的是，它们都与周边的地域保持了紧密的联系。城市与乡村之间的界限不是很清晰，有时几乎感觉不到。而其中只有罗马得以发展到现代大都市的规模，人口达到百万并且可以不事生产。当然也不是完全不事生产，城市中至少还有手工业者、面包师和裁缝。但罗马人的福利供应确实不是源自自己的城市。当时帝国的经济已达到高度的全球化，而世界历史上直到20世纪末才再次达到如此水平。一位美国古典语言学家莱昂涅尔·凯逊对此做了生动描述："一个普通罗马人吃的面包是用北非埃及小麦烤制的，吃的鱼是在直布罗陀海峡附近捕获并风干的。在做饭时，他会使用北非产橄榄油、青豆和在西班牙锻造的铜锅。用来吃饭的盘子是在法国烧制的，还喝着西班牙或是法国葡萄酒……富有的罗马人穿的是米利都的羊毛或是埃及亚麻布料，他的妻子穿戴中国丝绸，用印度宝石和南阿拉伯化妆品装扮自己。他住的房子里，墙壁上贴着小亚细亚彩色大理石板，家具是印度黑木或柚木制作的，镶嵌着非洲象牙。"

自亚历山大大帝时期开始，古罗马开始渐渐向这种情形转变，此时

埃帕嘉特与埃帕弗洛吉
广场
特利纳克里亚浴池
带有希腊式餐厅的房
战车夫之家
孔雀酒

奥斯提亚
公司广场
涅普顿浴池
车夫浴池
东西大街
胜利广场
BE
福尔纳图斯酒吧
北
0
100 米

那些小城邦国家被庞大的多民族帝国替代。国界无休无止地扩大，社会也变得愈发复杂而恐怖。此前战士只会在农闲时出征，战争也基本只是发生在邻近的城市之间，所争的也不过是一些鸡毛蒜皮的小事。而现在君主完全可以因自己的一些奇思怪想，便将部队投放到遥远的异乡。农民的收入也不再取决于他的劳作和天气（或是说神灵的意志），按照加斯帕罗夫的说法，而是取决于“世界经济的神秘波动”。

罗马人对这一进程的态度是矛盾的。一方面，他们自豪于帝国的伟大，自豪于它的军队、道路、行政管理和舰队。另一方面，他们又怀念古时的朴素，怀念那个年代。当元老们前去拜访罗马最早期居民之一，辛辛纳图斯，通知他当选独裁官的消息时，辛辛纳图斯正在田间干农活。这种矛盾的态度各有一个象征物：大海与土地。

大海象征着贸易、遥远的国家、异域的商品、开放的世界。而土地象征着和平的生活、回归本源、守旧的价值观。距离罗马最近的海在奥斯提亚，这座城市曾在几个世纪里一直是罗马的海上门户。而哈德良皇帝在提布尔（现蒂沃利）梦幻般的别墅，更是淋漓尽致地体现出罗马富人对郊外生活的向往。

I. 奥斯提亚

庞培与海盗

公元前 68 年，发生了一次意外事件。此前主要猖獗于东方的海盗袭击了奥斯提亚，烧毁了相当大的一部分罗马舰队和城市，抢劫了商船和货场，令罗马人惊悸不已。海盗们早就在威胁海上贸易，但谁也没料到他们竟敢侵袭意大利，还是距离罗马一步之遥的战略要塞。

普鲁塔克讲述了此次事件的缘起和后果。据他讲，海盗们有此胆量是出于两个原因：一是罗马人已经进行了数十年的激烈内战，无暇顾及海上的情况；二是罗马在东方最凶恶的敌人米特拉达特国王开始雇佣海盗为自己效力。罗马人暴露在威胁之下的不仅是商路，还有沿岸城市。海盗们沿海岸线修建了大量防御工事，而且他们的船只豪华、配备丰富，舵手和海员技能高超，让和平居民在厌恶的同时又胆战心惊。海盗们不仅抢劫庙宇，还劫掠人质。有一次，两名执法官连同仆人和保镖落到了他们手里。还有一次，一位显要的元老被劫走了女儿，被迫支付大笔赎金。要是人质对他们生气并且威胁说，他是罗马公民，劫持了他不会有好果子吃，海盗们就会满口戏谑地致歉，为人质穿上衣服穿上鞋，然后说立即就会将他释放，他可以随意去哪里，接着就会向海里为他放下一条软梯……海盗们的大本营之一是小亚细亚吕西亚的奥林匹亚城。据普鲁塔克讲，他们在那里“会过一些奇怪的、莫名其妙的节日，还会进行一些神秘的仪式”。

在奥斯提亚的劫难后，受到惊吓的罗马人决定采取行动。但要采取什么行动？共和国的整个政治体系都是建立在制约和平衡之上，所有关键的行政职位都是双人担任，罗马人就像惧怕火灾一样害怕国王独裁。然而保民官加比尼乌斯还是建议，为使

奥林匹亚城（不要与希腊北部的神灵住所、奥林匹亚山或是希腊南部举办奥林匹克运动会的奥林匹亚市混淆）位于土耳其南海岸（据安塔利亚约 80 公里），是一处风景如画的废墟遗址，现在常被称为奥林波斯市。这里名义上是博物馆考古区，但经常可以从海滩上直接走进

去。如果没有游客和随地可见的垃圾，这些废墟很像19世纪的古罗马废墟，那时现代考古学家和官员们还没有插手对这里进行管理（也未必不是好事）。散落在四处不知为何物的建筑物、马赛克碎片、砖门和石门、古罗马神庙的遗迹，所有这些都隐没在难以通行的植物之中。附近并没有在安塔利亚常见的多层楼饭店，因为邻近的契拉里海滩受到生态保护，大头海龟会游到这里产蛋（“大头”不是形容词，而是物种名称）。附近的一处山地与一个古希腊传说有关，在那片山上从地里冒出天然气燃起的火苗。这座山叫作奇美拉山，传说中希腊英雄柏勒洛丰正是在这里大战神话中的妖怪。

国家免受匪患，应将权力前所未有地集于一身，授权给年轻的将领格涅乌斯·庞培。根据法案，庞培将获得地中海海域以及海岸80公里以内的地区（这几乎囊括了国家大部分领土）全部的战争和行政权力（imperium）。他也获权装备由200艘船组成的舰队，任命15名特使管理各地并且不受限制地使用国库资金。

人民热情支持这一法案，元老们则忐忑不安。经历了一系列的私下交易和诡计之后，加比尼乌斯法案获得通过。城市的商品价格急剧下降，庞培的大名对市场起到了稳定作用。

庞培没有辜负期望，他用3个月时间镇压了海盗，但并没有将他们处死，而是分散到偏远地区，让他们从事农业生产，养活自己。此后继任的保民官同上一位一样，也是庞培扶植的人，建议不仅延长统帅的权力，而且还应将此前归元老院管理的行省也交给他领导。这一法案轻松获得通过。庞培在得知消息后说：“哎呀，这下我可没法和老婆逍遥地住在农村了。”就连他的密友都反感这种做作的谦虚，大家都明白是谁导演了法案的通过。

此事让人不自觉地与一件当代发生的事情联系起来。英国文学家、几部古罗马题材小说的作者理查德·哈里斯为《纽约时报》撰写了一篇文章，其中将奥斯提亚受袭与2001年的“911事件”相提并论，将庞培获得的权力与“反恐战争”导致公民自由权利受限进行对比。文中不乏戏谑之词。

但哈里斯很清楚，罗马共和国也不是什么维护人权的堡垒，从共和制到帝国的转变恰恰减少了政治迫害的规模，而不是增大了（至少在初期是这样的）。这篇调研文章还是有些道理的。难怪当时在元老院中唯一支持加比尼乌斯法案的人是朱利乌斯·恺撒。他很明白，有朝一日（这一日来得相当快），当这种无限权力转移至他的手中时，他需要有个先例可循。

奥斯提亚的25个世纪

拉丁语的"ostium"（复数为"ostia"）表示"门，大门，河口"。这个词起源于"os"（"口"），同印欧语系发源于同一个词汇，俄语中也有同样的词汇"河口"与"口"。（像这样不用胡编乱造就能用俄语词汇解释外国城市名字由来的情况简直少之又少。）

古罗马作家称，奥斯提亚由国王安库斯·马尔奇乌斯奠基，也就是说在公元前7世纪。考古工作暂未找到任何对此的印证，奥斯提亚最早的建筑来自于公元前5世纪至公元前4世纪之交。然而也不排除会出现新的进展，古代居民点经常不是建在河湾的外侧，而是在内侧，也就是现在河流经过的地方（《罗马古代史》作者迪奥尼希·加利卡尔纳斯基认为奥斯提亚就位于这个位置），而研究者们目前还没有好好探查过那里。

名字为"奥斯提亚"的地方一共有几个，我们所讲的是其中唯一不能被称为居民点的一个。首先，在罗马郊外有一处沙滩叫作"奥斯提亚"（它还被称为"Ostia Lido"，"Lido di Ostia"或者"Lido di Roma"。"lido"表示"海岸，沙滩"）。这个地方是19世纪末才建立起来的，当时人们将沼泽地排干并消除了疟疾对此地的威胁。其次，还有一处叫作"老奥斯提亚"，它是中世纪的街区，在当地港口无法使用后城市居民移居到了这里。这处街区最著名的景点是一座防御城堡，是16世纪初儒略二世还未当上教宗时建立的。最后一处叫作"奥斯提亚"的地方是一处考古区（意大利语叫作"Scavi di Ostia Antica"）。我们所要讲的就是这里。

盐是人体重要的日常所需，而古代在还没有发明冰箱和罐头时，盐的作用愈发重要。问题不仅在于很多食品放盐会更可口，还在于盐有防腐剂的作用。腌过的食品会比没有放盐的食品储存时间长很多。盐能够防腐是由于它能够吸收水分，而使食品发生腐败的细菌和微生物在低湿度之下很难繁殖。古罗马时人们当然并不知道这些，但盐的神奇效应却是显而易见的。有可能也是出于这个原因，盐经常被用于宗教仪式。

甚至是那些并不熟悉古罗马历史的人也可能听说过这样一个故事：罗马人在彻底制服迦太基后，将其所在地完全摧毁，用犁耕了一遍地而后撒上了盐。故事讲得挺精彩，但几乎从头到尾都是编造的，而且是不久前才编造的。古罗马文献的确提到迦太基被摧毁，但最早是德国历史学家巴尔托尔德·尼布尔提到犁地的表述（他对农业很感兴趣），提到盐的事情则是在1930年出版的权威杂志《剑桥古罗马历史》中。文章作者可能是受到了《圣经》《士

从远古时期开始，人们就在台伯河口采盐。欧洲最古老的商路之一始于第勒尼安海，终于亚得里亚海，叫作“盐道”（Via Salaria）。在罗马人学会铺设并维护道路之前，这条商路就已投入使用了。一些历史学家认为，罗马城之所以出现在这个位置，恰恰在于这里是盐道上的一个重要战略据点。并且也不排除是盐矿的缘故，使得奥斯提亚得以发展成城市。

公元前5世纪，在又一次与伊达拉里亚城市维爱发生冲突时，罗马人怀疑费登内的居民帮助了自己的敌人，这座城市位于罗马与伊达拉里亚之间的边境，不久前才被征服。罗马人在费登内进行了仔细的搜查，将那些无法自证清白的居民迁移到了奥斯提亚。这也是奥斯提亚有时被称为罗马第一块殖民地的原因。起初，这个新居民点的常住人口并不多，只有约300人。

奥斯提亚的军事和商业价值随着时间的推移不断增长，在第二次布匿战争期间，它起到了尤其重要的作用。为保证有足够人手为战舰提供服务，奥斯提亚的居民们甚至被免除了兵役。奥斯提亚很快变成一座大型港口城市，保障着帝国西部的几乎所有商业活动。（东部的商业活动主要通过罗马在部丢利的老港口进行，即现在那不勒斯湾的波佐利市）。运到奥斯提亚的有西班牙的葡萄酒、粮食和黄油，英国的锡，高卢的金银。内战期间，统帅马略包围并毁灭了这座城市，但他的对手苏拉最终取

得了胜利，重建了奥斯提亚并修建了新城墙。

此后就发生了海盗侵袭事件。这次侵袭尽管引起了划时代的政治后果，但奥斯提亚很快恢复了元气。奥古斯都时代，城市中进行了大规模建设，不仅建起了住宅，也建起了娱乐产业相关的建筑。例如，这里建起了一座常设剧场。

卡利古拉时期，城中铺设了水道（此前居民使用水井），商业也愈发繁荣。但在帝国早期，奥斯提亚首次遭遇了生态问题，这一问题对于现在的每位游客来说都显而易见：既然这是一座港口城市，那么大海在哪里？原因在于台伯河的水流中夹带着大量淤泥，淤泥沉积在河口，如果不进行有针对性地清理，港口就会被淤泥堵死。正是由于这个原因，古奥斯提亚废墟距离现在的海岸线已差不多有 3 公里远。

师记》一个章节故事的影响，那个故事讲一位叫阿维梅勒克的统帅攻占了西赫姆城，“打死了城中居民，毁灭了城市并撒上了盐”。这个编造出的故事在几代专家中大行其道，这种情况并不多见。

绘有罗马港口景像的浮雕，19 世纪 60 年代寻获

有一段有意思的历史：在掀起新一波内战时，庞培的儿子塞克斯图斯曾企图攻打奥斯提亚。那是在公元前1世纪40至30年代，不久之后就将发生内战中决定性的亚克兴海战，此时内讧已将罗马帝国分成多条战线。庞培当时已为背信弃义的埃及人所杀，他的大儿子打了败仗并被处决，只有小儿子塞克斯图斯在西西里拥有一处强大的海上军事基地，威胁着朱利乌斯·恺撒的继任者。他对奥斯提亚的侵袭很快被制止（当地官员嘉马拉和波普利科拉击退了敌人进攻，为此竖立了二人的雕像并安放了纪念牌）。马克·安东尼的部队随后追上塞克斯图斯·庞培，并未经审判和审查直接处决了他。

上有老庞培侧面像的硬币

朱利乌斯·恺撒曾考虑过如何解决这个问题，但主要工作是在克劳狄皇帝时期开展的。克劳狄解决问题的手段比较极端：他在此地北面几公里外开工建设一座新商业港口。这座港口被毫无创意地起名为“波尔图斯”，就是“港口”的意思。图拉真扩大了波尔图斯的规模，挖出了一片六角形人工湖（湖留存至今）。新港口的中央立着一座巨大的灯塔。为了给灯塔在水下打地基，人们将一艘百米长的大船沉入水下并浇灌了混凝土。这艘船就是当年卡利古拉从埃及运送那座立在圣彼得广场的方尖碑所用的船。

波尔图斯与其说是奥斯提亚的竞争对手，不如说是它的延续。主要的商业活动还是像往常一样集中在老港口，包括粮食在内的货物运输通过奥斯提亚进行。当时还特别设立了一个特殊的官职来监察运粮：“食品事务专员”（procurator annonae）。哈德良在城市中设立了消防队来保护粮仓。公元1世纪至2世纪商务活动的顶峰时期，奥斯提亚有大约5万名居民，按照罗马的标准（当然除去罗马城本身），这是很大的城市。为了照顾到移民，奥斯提亚城中开始建设多层的楼房。城市中有剧场，有大量公共浴池，但没有圆形剧场和竞技场（不久前在波尔图斯的考古挖掘中发现了一座不大的圆形剧场）。当然，邻近的大海也提供了多种多样的娱乐，基本上和现在休假地的娱乐方式差不多。

公元2世纪、3世纪之交，和整个帝国一样，奥斯提亚被危机笼罩。从历史文献中可以看出，从这时起，参选地方官员的人越来越少，几乎没有人二次参选（参选需花费大量个人钱财，很少有人能够负担）。当君士坦丁皇帝将波尔图斯从奥斯提亚的行政属地中剥离出来时，奥斯提亚的命运就被注定了。

在罗马帝国的衰落时期（这一时期不应仅仅限定在476年一年），奥斯提亚遭受了来自海上和陆地的双重攻击。哥特人和匈奴人对它进行劫掠，中世纪时阿拉伯人对它进行侵袭，即使是教宗额我略四世修建的新工事也未能阻止他们。淤泥在河口不断沉积，将大海推得越来越远，周边的原野变为沼泽，并成为疟疾的滋生地。城市变得空荡荡。中世纪时，奥斯提亚的废墟没能躲开古罗马城市的共同命运，它也成为一处采石场。文艺复兴时期，奥斯提亚开始引起建筑师、艺术爱好者、古董商和小偷的注意。20世纪初，开始在这里进行系统性挖掘工作。在一个乍一看让人意外的时期——第二次世界大战开始之初，即1938年至1942年间，这里的发掘区域扩大了一倍。自20世纪中叶至今，对奥斯提亚的研究主要集中在共和时期和帝国早期。

1938年至1942年间，人们对奥斯提亚进行了仓促并且时常是草率的挖掘，这一行动的倡议者当然还是那位墨索里尼。他本希望向罗马世界展览会（Esposizione Universale di Roma，缩写为EUR）的客人们展现一个崭新的奥斯提亚。展览会计划于1942年、法西斯统治意大利20周年之际举办。但由于战争爆发，展览会未能举办。法西斯倒台后，意大利人发现，他们的城市里竟然有一个大型的现代化区域，用来进行商务活动再理想不过。而当时欧洲的其他城市（伦敦或是巴黎）刚刚开始对此进行考虑。现在的EUR区是个汇集了大量办公场所和部委的地方。这里的标志性建筑是意大利文明宫，也被称为“方形斗兽场”。古罗马爱好者会对罗马文明博物馆（Museo della Civiltà romana）感兴趣，那里面有著名雕像的摹塑品和建筑模型，其中包括君士坦丁皇帝时期的罗马城模型。这个模型是研究古罗马时期奥斯提亚的主要专家之一、考古学家伊塔洛·吉斯蒙蒂根据卡皮托利诺大理石平面图和20世纪考古发现制作的。

城墙和大门

进入考古区的入口后，参观者可以继续沿着从罗马通往奥斯提亚的道路行走，这条路叫奥斯提亚

塞斯提乌斯金字塔和特斯塔丘山

罗马的奥斯提亚门附近有一个值得一看的地方，这是一处堪称最为古怪的罗马古迹：盖乌斯·塞斯提乌斯金字塔。这处陵寝中埋葬的逝者也是除了名字再找不到其他任何信息。我们对盖乌斯·塞斯提乌斯的全部了解均来自于他古怪的墓穴本身。墓上的一处题词称，塞斯提乌斯是执政官、保民官和礼宴祭司（即负责祭神宴席的祭司团成员），金字塔是根据他的遗嘱在 330 天内建好的。后来金字塔被作为补充工事纳入到奥勒留城墙中，中世纪时金字塔上长满了藤蔓，塞斯提乌斯的名字也被遗忘了。到了 17 世纪，金字塔开始被人们称为“雷穆斯墓”（与“罗慕路斯墓”相对应，罗慕路斯墓是一座更大的金字塔，位于梵蒂冈山丘，被毁于 17 世纪初）。1663 年，人们根据教宗亚历山大七世的命令将塞斯提乌斯金字塔清理干净并进行了修复（在金字塔正面下方的铭牌上用大字对此做了标注）。在进行挖掘工作时，人们找到了两个带有铜像残片的大理石基座。基座上讲述了关于安放这些雕塑的有趣故事。塞斯提乌斯在遗嘱中要求身着奢华的帕迦穆斯布料（attalici）入葬，但反对奢侈的新法律不允许这样安葬死者，他的后代们只得出售了布料，用卖得的钱置办了雕像。按照早已习惯了吉萨埃及金字塔的比例的现代人眼光，塞斯提乌斯金字塔显得过窄，过于细长。而就在不久之前，情况却刚好相反：此前欧洲人见过的唯一一座古代金字塔，恰恰就是塞斯提乌斯金字塔。这导致有些到过埃及的画家开始怀疑自己的印象，并将开罗附近的金字塔也画得细长。这种形式的陵寝在古代麦罗埃王国较为典型，这个王国位于现在的苏丹，于 19 世纪被欧洲人再次发现。这种相似促成了一种假说，即塞斯提乌斯曾到过埃及以南的非洲地区——参加讨伐战役或作为商团成员。

塞斯提乌斯金字塔建立在此前的一座大型公墓之上，公墓通常被称为新教公墓，实际上它只是“非天主教公墓”（Cimitero acattolico）。在这里找到最后归宿的不仅有很多著名的新教徒（诗人约翰·济慈和珀西·比希·雪莱）和无神论者（马克思主义思想家安东尼奥·葛兰西），还有与意大利命运相连的东正教和希腊天主教徒，包括画家卡尔·布留洛夫和亚历山大·伊万诺夫、诗人维切斯拉夫·伊万诺夫。

紧挨着新教公墓的是一片军人公墓，这里长眠着在第二次世界大战中牺牲的盟军士兵。公墓的圣物中有一件与古罗马有关，那是一段不长的哈德良城墙残迹，卡莱尔市的居民们希望以它来缅怀来自英国坎布里亚郡的将士们。

在军人公墓北侧有一座约 50 米长的山丘，叫作特斯塔丘山，周边街区也以它的名字命名。山丘并不是自然地貌，而是一座完全由古代双柄瓶碎片堆积成的人工小山。古代传说称，各地均需向罗马缴纳实物税收，在这里打破瓶子并堆成小山是为了宣示罗马的伟大。但考古学家在调查特斯塔丘山时（山丘的名字源自拉丁语“testa”，意为“碎片”）发现，事情不是这么简单。首先，据调查，所有双柄瓶均来自于西班牙行省贝蒂卡（约相当于今安达卢西亚），瓶子被用来装运一种食品——橄榄油。其次，陶土碎片不是无序地，而是一层层堆积成小山的。为了消除变质油脂的气味，碎片中还被灌注了石灰。但这样做的目的何在，目前仍无法确定。有可能是因为古罗马时人们认为装油脂的容器无法再次使用。特奥多尔·蒙森的学生海因里希·德雷斯开始研究特斯塔丘山时发现，这些双柄瓶是研究古代题词的重要材料，因为很多碎片上都留有印章和题词。根据在罗马的工作成果，德雷斯制定了双柄瓶的分类法，这一方法在加入一些补充后沿用至今。20 世纪 90 年代，一支西班牙与意大利联合考古队对特斯塔丘山进行了研究，将此地的陶片与很多西班牙罗马时期的陶瓷作坊作品进行了对比。

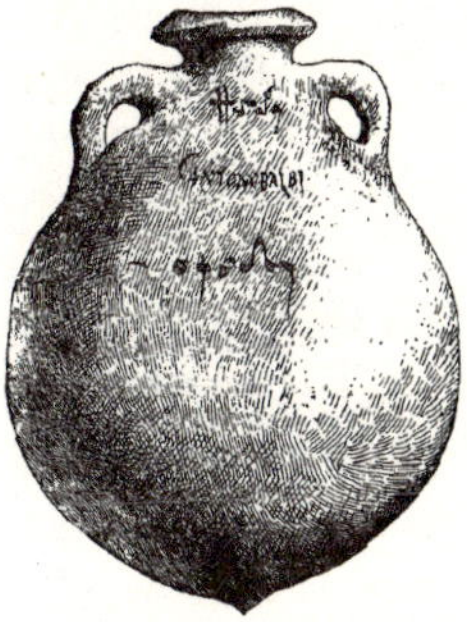

双柄瓶

塞斯提乌斯金字塔

大道（拉丁语叫“Via Ostiensis”；意大利语叫“Via Ostiense”）。在罗马，这条道路的起点在奥斯提亚门，从这条道路进入奥斯提亚的门也自然称为罗马门（Porta Romana）。时至今日，这座古老城市的客人依然可以看到，铁围栏后面破破烂烂的大门遗迹。

在奥斯提亚遭遇海盗侵袭后不久，执政官就于公元前63年将城墙和大门重新修建起来。这位执政官不是别人，正是马可·图利乌斯·西塞罗，他是罗马著名的演讲家和作家，他所使用的语言被认为是标准拉丁语的规范。西塞罗作为修辞学家的声望完美无瑕，有些拉丁语字典和语法词典甚至标注着：所有文中未标注作者的引言均出自西塞罗。对西塞罗的引用要远远多于其他作者，他在语法学上的威望不可动摇。不知道西塞罗本人会如何看待这种身后的荣耀，他一生都追求仕途腾达，希望成为祖国之父和共和国拯救者。诉讼练就的伶牙俐齿对他来说只是实现这一目标的阶梯，而语言学和道德学论著只是他在政治事务超负荷时的休闲消遣。

恰恰是在公元前63年，西塞罗前所未有地接近了自己的夙愿。他成为没有家族背景的新星，政坛“新人”（homo novus）。他不仅占据了国家的最高职位，还出色地揭露了元老喀提林的大阴谋，在案件侦破阶段发表了整个人类史上最著名的演讲之一。

西塞罗的第一次反喀提林言论是在朱庇特神庙开元老院会议时发表的，他是这样开头的：“喀提林，你打算将我们的耐心浪费多久？你还要疯狂地愚弄我们多久？你还要让自己失控地无礼放肆到何种地步？难道你看到帕拉蒂诺山的夜间巡逻队，看到巡视全城的卫队就不害怕吗？难道笼罩全城的恐惧感，这么多诚实之人的存在就没有让你忐忑吗？难道选择如此守卫森严的地点开元老院会议就没有使你不安吗？难道在场所有人的脸庞和目光没有使你恐慌吗？难道你还不明白，你的企图已经泄露了吗？难道你看不到，你的阴谋已被在场所有

虽然担任执政官的一年颇不平静，但西塞罗还是拿出时间和精力开展了奥斯提亚的工作。他很可能是从元老院得到了授权。西塞罗的著作中称，他很重视航海和港口，因此也算是他的个人观点和社会责任恰好重合了。

这时命运和西塞罗开了个恶意的玩笑。公元1世纪，图密善皇帝对奥斯提亚的大门实行修复时，翻新了上面的铭牌。铭牌碎片得以保存了下来，在考古学家和语言学家共同努力下，拼出了上面的文字。在文中不仅提到了西塞罗的名字（他“建立了”大门），还提到了保民官克劳狄乌斯·普尔喀的名字，他将工程“完工并举办圣洁仪式”。假如克劳狄乌斯不是西塞罗最凶恶、最不共戴天的敌人，这本不值得留意。而在流传下来的文献中西塞罗抱怨说，克劳狄乌斯喜欢在别人盖的建筑物上留下自己的名字。这位演说家可能首先会为自己珍爱的奥斯提亚大门心痛。

刚一过城门就是一座不大的广场，叫作“胜利广场”（Piazzale della Vittoria），更准确地说是“维克托利娅广场”。广场现在的名字来自于一尊长着翅膀的密涅瓦维克托利娅雕像，它是在图密善时期修复的（图密善特别偏爱密涅瓦神）。这座雕像的复制品现在还矗立在广场上，但在古罗马时期，雕像很可能是立在大门附近的。

人获悉并被揭露了吗？你难道觉得，我们中还有谁不知道，你昨晚做过什么，到过哪里，召集了什么人，采取了什么决定吗？哎呀，这是什么世道！哎呀，这又是什么风气呀！元老院了解这一切，执政官也都看到了，可这个人居然还好好活在这里。”

克劳狄乌斯与克劳狄娅

布普利乌斯·克劳狄乌斯·普尔喀是个个性极鲜明的人，这样的人只可能出现在共和末期（“在乱世之际造访了这个世界”）。他出生于克劳狄家族，一个显贵而富有的家族，他从年轻时就因为荒淫无度和喜好打架闹事而恶名远扬。他干过的最出格的事，便是进入善良女神（Bona Dea）的节庆现场。善良女神是位只接受女性祭拜的偶像，男人们甚至连女神的真名都不知道（因此我们也无从得知女神的真名）。这个节庆仪式一般是在执政官家里举行，但那一次两位执政官都生病了。朱利乌斯·恺撒当时担任着大祭司的职务，于是他当时的妻子庞培亚便负责接待客人们（罗马贵族夫人们）。克劳狄乌斯穿着女式长裙，乔装潜入府中（据说是为了与庞培亚约会，他们之间有过浪漫史），但他被女仆认了出来。此后的丑剧闹了好几年：恺撒和妻子离了婚（他声明，作为恺撒的妻子“不应有任何可疑之处”），而克劳狄乌斯也因违反社会道德（incestum）被起诉。尽管西塞罗做了最大的努力，但克劳狄乌斯还是买通法官，最终被宣布无罪。

克劳狄乌斯一生中再一次发生丑闻是在将贵族身份转为平民身份时。克劳狄乌斯本身是个民粹主义政治家，希望担任保民官的职务。对于那些喜欢直接民主[1]和民众权力的人来说，保民官的职务可以获得更大的影响力，但这个职务是贵族无法获得的。于是克劳狄乌斯就做了某位平民的养子（可能是某位远房亲戚）。从那时起，他也就由克劳狄摇身一变成了克劳狄乌斯。收养孩子在罗马的家庭和社会生活中本是件常见之事，但需要遵循非常严格的原则。克劳狄乌斯在被收养时肆意违反了所有原则。别的不说，仅仅是养父比养子岁数还小这一点就违背了所有的礼数。

在担任保民官期间，克劳狄乌斯推动出台了一项法案，宣布任何不经审批处决罗马公民的人均为罪犯。这项法案具

[1] 指统治者与被统治者的身份重合，公民作为国家主人直接管理自己的事务。

有追溯效力，矛头直指西塞罗，因为他未经正式司法审判就镇压了喀提林阴谋的参与者。西塞罗开始还试图在法律基础上自证清白，但很快就明白靠演讲已经不管用，于是踏上了逃亡之路。克劳狄乌斯和他的帮凶们随后拆毁了西塞罗及其家人在罗马的住所和在郊外的庄园。

克劳狄乌斯有一个妹妹，据说与他有不正当关系。（西塞罗挖苦地写道："……要不是我和这个女人的丈夫敌对——是哥哥，我想说的是哥哥，我老是搞混。"）妹妹与克劳狄乌斯一同被平民家庭收养并获得了新的名字——克劳狄娅。相传在丈夫死后，克劳狄娅过上了快乐的寡居生活，同时勾引着好几个情夫。情夫中有一个叫马可·凯利乌斯·卢西乌斯的，在分手后被克劳狄娅公开控诉企图对她投毒。事情一直闹到了法院。西塞罗承担了凯利乌斯的辩护工作，他在辩护词中描绘了一个道德沦丧的荡妇形象，克劳狄娅的后代到现在想起来可能都会浑身发抖。由于被描绘为这种形象，以及两个世纪后一位作家做出的广为流传的描述，克劳狄娅常被认为就是卡图卢斯抒情诗的女主人公蕾丝比亚。卡图卢斯笔下的蕾丝比亚同样性感迷人，性情无常而且内心冷酷。当然这也就是个猜想，不能排除蕾丝比亚是个拼凑起来的形象。（克劳狄娅比卡图卢斯岁数大很多，诗人创作这部诗作时她已年过四十。一些历史学家据此否定她是蕾丝比亚原型的可能性，一位古典语言学家气愤地驳斥了这一无稽之谈。当然，这位语言学家是法国人。）

克劳狄乌斯注定活不过西塞罗。公元前 53 年，他的新对手出现了——同为民粹主义政治家的米洛。双方都豢养了打手，在罗马街头公然大打出手，城中的和平居民人人自危。有一次，敌对双方偶然在阿庇亚大道上相遇，克劳狄乌斯在随后的冲突中被杀身亡。他的葬礼搞得大张旗鼓，最终将元老院会堂烧了个精光。

车夫浴池与涅普顿浴池

游客在这里经过的街叫作“东西大街”（Decumanus Maximus）。罗马的城市，特别是军事城镇，都按照固定的蓝图建立（南北向和东西向街道各有专门的词汇表示）。罗马的东西向大道叫作“德库马努斯”，南北向大道称为“卡尔多”。东西向与南北向大道的交汇点就形成这个城市的地理中心。

沿东西大街走下去，遇到的第一个景点是所谓的“车夫浴池”废墟。

奥斯提亚浴池的有趣之处首先在于，它们的保存状态不错，而且在原地保留了马赛克地板。在罗马和其他大部分城市，这种马赛克地板或

“车夫浴池”中绘有骡子的马赛克

是丢失了，或是被转移到了博物馆。浴池得名于冷水浴室中地板上的大片马赛克。马赛克的周边位置描绘着一些神话传说中的海洋生物，中间则画着现实生活中的运输工作者——车夫，他们正在罗马和奥斯提亚之间运送乘客。进行运输的车队人员不多，使用骡子拉车（从马赛克上判断，是敞篷车辆）。在有些骡子边上标注着外号："小谦虚"（Pudes）、"痛风病"（Podagrosus）、"小傻瓜"（Barosus）。在马赛克中镶嵌着城墙图案（或许是罗马城墙），在中心部位是一面带有四座瞭望塔楼的城墙（或许是奥斯提亚城墙），塔楼下面有男像柱做出托举状。这个人物很像埃菲尔铁塔的样子（从下往上看）。

在车夫浴池中，这不是唯一的一块马赛克。另一面马赛克的内容也很引人入胜：爱神厄洛斯骑在海妖上，还有一头海妖在与水中宁芙女神交谈，猎食动物在捕猎食草动物，一位运动员正在做什么运动（有一块希腊语注释牌，但保存状况不好）。

在浴池北侧（观看马赛克的最佳地点），现代道路后面的凹陷地带可以看到台伯河古河道的痕迹，就是所谓的"死河"（fiume morto）。

沿东西大街的右侧经过车夫浴池后，先是一片空地（还没被认真挖掘过），然后会出现一大片正方形的浴池群（差不多 70 米 ×70 米）。这就是所谓的涅普顿浴池。浴池的名字是现代人起的（奥斯提亚其他建筑也是如此），如果登上围墙俯瞰那些

在涅普顿浴池大堂地板上有大量各式各样的基督教标志：既有各种类型的十字架，也有几种形式的基督合体字，还有棕榈枝图案（在耶稣骑驴进入耶路撒冷当日，民众用棕榈枝铺满

马赛克，立即就能明白这个名字的含义。浴池东侧的两个厅都装饰着马赛克图案，内容遥相呼应：一幅画上是海神涅普顿坐在战车上，拉车的是海中的马，四周围绕着各色仆人和海妖。在另一幅画上是涅普顿夫人安菲特里忒骑着海马（请注意，她是倒着骑的），四周也有一大堆随行人员。必须说，这些画家们对海妖形象的想象非常单一：全都是以马或狮子之类的陆地动物为原型，再安上巨蟒的躯干和尾巴。在安菲特里忒前面飞着一个长翅膀的小男孩，乍一看像是厄洛斯，但从他手持的火炬可以认出这是婚姻之神海曼。婚礼上要是海曼没有出现，婚姻就不会幸福。为了召唤他前来出席典礼，希腊人会在婚礼前四处奔跑并大声呼喊海曼的名字。（俄语词汇“国歌”和医学术语“处女膜”的词根都源于这位神的名字。）

两座装有马赛克的大厅的西侧，是一大片几乎空着的地方，这是“体操房”的遗迹（在原地有部分圆柱已被修复）。附属建筑中的马赛克彰显着浴池服务中的运动元素，马赛克上描绘着拳击手、摔跤手，还有两名运动员在进行一种很暴力的打斗项目——古希腊式搏击（这一项目的名字源于希腊语词汇“全力”）。在这幅画上可以注意一下拳击手的手套。戴手套的作用不是为了保护对手，而是尽可能地伤害对手，因而上面都有吓人的刺状物。

在“涅普顿浴池”，这些马赛克还远不是全部。冷水浴室中有海妖图案的马赛克，大厅地板上

了道路，在俄罗斯因为没有棕榈树，传统上将复活节前的星期日称为“柳枝礼拜天”），地板上还有永恒生命的象征——葡萄图案（难怪神职人员常以“维诺格拉多夫”、俄语的“葡萄”一词作为自己的姓氏）。我们可以特别留意一下基督标识合体字的形式（希腊文“基督”一词的前两个字母），在有些地方被用万字符表示。万字符是代表太阳的一种古老标志，自新石器时代，也就是文字发明前数千年就已有之，主要存在于印欧民族文化中。遗憾的是，在欧洲这个符号已经被不可逆转地与纳粹联系起来。亚洲民族对这种联想不是那么敏感，因而在印度、日本或是中国生产的儿童玩具或者时尚提包上常会因为出现这种标志在美国、欧洲和加拿大闹出风波。很多西方国家在法律上禁止使用万字符，但可以在博物馆看到这一标志。例如，在巴黎的“证章厅”（国家图书馆的一部分）保存着一个在赫库兰尼姆考古发掘中找到的头盔，上面就带有万字符标志。

有基督教标志的马赛克（相对于建筑物中其他马赛克是更晚期制作的），甚至连卫生间也有马赛克，图案是尼罗河日常生活中的场景：河上漂着一艘小船，岸边草丛中蹿出一只鳄鱼，鳄鱼正在追一只小动物，眼看就要咬到小动物的臀部。或许，向画家订购这个图案是为了使客人们出于对自己臀部的担忧而缩减如厕时间？

消防队员营地

在浴池旁有一处不大的房子，意大利语称为“Caupona di Fortunato”（“福尔纳图斯酒吧”）。房屋中只有一间房间，房间中央有一面保存状况不太好的马赛克，上面有题词。题词经过修复后大意为：“福尔纳图斯说：‘想喝酒了，就要用大杯喝葡萄酒。’”考古学家据此认定，这里本是一处酒吧。自古罗马时期以来，题词的设计风格一直没有太大改变，题词最显眼的一行（最后一行）设计为：BI（模仿酒杯外形）BE（bibe 是“喝酒”的意思）。

酒吧后面是消防队员营地。自克劳狄皇帝时期，消防队员（enato）就开始护卫奥斯提亚和波尔图斯（营地建筑主要于晚些的哈德良皇帝时期建立或改建）。“消防队员”这种译法是我们现在的称呼。拉丁语的“enato”指的是所有“守卫者”，在奥斯提亚消防队员的职责中也确实包括制止街头犯罪。消防队属于服兵役范畴，从罗马派来的 4 个百人队驻扎在海岸地区，每 4 个月一轮换（后来轮换周期延长了一倍）。这些军人的职责也包括消防工作，在居民夜间只能使用火把或油灯照明的时代，这一职责显得尤为重要。如有违反安全用火原则的情况，消防队员可以用棍子惩戒居民。

营地建筑与罗马大多数房屋式样一致，中间是一大片露天庭院，四周是二层住宅楼，里面有很多小房间。在建筑的东南角是一处厕所，里面摆放着福耳图娜小神龛（摆有女神像的小神龛挂在墙上，外形很像天主教的圣像画，这种圣像画在意大利很多大小街道上还能看到）。基督徒作家来自亚历山大城的克肋孟语带嘲讽地写道："罗马人将自己所有成就归功于福耳图娜，将她作为大神供奉，与此同时又将她送入茅厕，就好像在那里她才是正得其所。"遗憾的是，克肋孟并没有解释罗马人以如此特殊的方式供奉福耳图娜的原因。

在营地中找到了大量题词，有的刻在石头上，有的直接题写在墙上（但不是那种随便什么人都可以画的涂鸦，而是含有正式内容的装饰）。一项题词的内容是很适合港口城市的祝福："平安出发，平安返回"（salvos ire salvos venire）。还有部分壁画得以保存，一个房间中的墙壁上，可以约略分辨出一个男人的形象。

在内院的西侧，对着主要入口的地方有一座皇帝庙。庙里的大厅中画着一长串"连环画"，以奥斯提亚传统的黑白马赛克风格制作。画面上表现的是以牛做献祭的过程：仆人牵牛去做祭礼，四周立着乐手和其他什么人，后面就是牛躺倒在血泊中，旁边站立着杀牛的人（这种人的职业拉丁语称为"victimarius"）。

剧场和公司广场

东西大街北侧的下一片建筑群是奥斯提亚规模最大的公共建筑。建筑群包含两部分：剧场和所谓的"公司广场"（Piazzale delle Corporazioni）。

剧场是奥古斯都最亲密的战友阿格里帕建立的，能容纳三千名观众。建筑现在使用的石料是公元 2 世纪改建时的，当时剧场被扩建为可以多容纳一千人。剧场的铭牌上标注着，改建工作由皇帝塞普提米乌斯·塞维鲁和卡拉卡拉完成，但砖头上的印章又显示出，工程始于康茂德时期。我们应该还记得，康茂德对角斗士表演抱有特殊热情，不排除他曾经在奥斯提亚登台比赛。剧场中有大量赫拉克勒斯的形象，康茂德自认是这位神的化身。康茂德未被剧场的铭牌提及，应该是在他死后被实施“除忆诅咒”的结果。

公元197年，塞普提米乌斯·塞维鲁曾在元老院演讲，试图为康茂德说情：“你们都在辱骂已故的康茂德，而他仅是在竞技场杀死些野兽。听说这些天你们中曾做过执政官的某位元老、一位长者，去奥斯提亚看身穿豹皮的妓女取乐。”这种娱乐应该指的是一种公开演出（否则与康茂德相提并论就不合时宜了，谁知道他们在自己家里都怎样娱乐），而且演出应该就是在这座剧场举行的。

我们如今在剧场中所看到的大部分东西是20世纪20年代修复的样貌。剧场的部分装饰，包括石灰板、人物面具、大理石圆柱（在一根圆柱的浮雕上刻画着神的图案，还有标注的铭文，但不知为何其中官员的名字被刮掉了）都在原地保存至今。这座剧场的舞台可以注水，由此形成的临时水池不深，约1米半深，因此当然是无法进行海战剧演出的。但也不难想象，这里会进行一些水中的杂耍表演，还有穿着水神服装（以及没怎么穿衣服）的女演员表演节目。

在剧场后面是一片巨大的长方形广场，它建立的时间与剧场基本一致。在广场中央立着一座不大的庙，可能是手艺人和奥斯提亚的守护神伍尔卡努斯的神庙。神庙四周是一圈柱廊（剧场观众可以

在剧场旁边曾矗立过一座卡拉卡拉凯旋门，这也和其他信息一致。但是，有关克劳狄二世统治时期的历史资料很缺乏，3世纪大部分“军人皇帝”都是类似的情况。无论如何没有可靠证据证实，克劳狄二世取消了他的前任加里恩努斯采取的对基督教徒的宽容政策。提到这些的《圣徒事迹》（Acta Sanctorum）一书当然是一部丰碑式的著作，但还是很难将它作为可靠的历史文献。而且，甚至一向偏颇的基督教文章中都提到，包括狠毒的皇帝（iratus Claudius）在内，所有罗马官员是如何执着地试图向基督徒提供一条退路，基督徒又是如何执着地断然拒绝，宁愿为信仰而死。对《圣徒事迹》一书我们应该做些单独的说明。这是一部综合了所有天主教圣徒传记的巨著（目前共68卷），按照时间排序（根据圣徒纪念日）。世上再难找到第二部持续时间如此之久的研究和出版项目，这部著作的第一卷（讲述纪念日在一月的圣徒）于1643年问世，迄今的最后一卷（讲述十一月纪念日

在演出前后在这里散散步），柱廊下面有很多面积不大的房间。这些房间与在奥斯提亚营业的公司或行会有关。公司广场上展示着当地的两种主要职业——船员（naviculari）和商人（negotiantes）。广场四周的这些小房间很可能是些办公场地，供商务人士讨论供应粮食、双柄瓶或是买卖野兽的事务。在很多办公室前面都有广告性质的马赛克，马赛克上还推介了几个社团组织，包括钢索工社团、制革工社团、来自非洲城市萨布拉塔的商人社团（上面画着一头不太像的大象），还有来自迦太基的船员社团，来自卡拉利斯（现撒丁岛卡利亚里）的船员和商人社团，来自高卢城市纳博讷的船员社团，还有亚历山大同乡会和船工社团。船工的工作在当时特别重要，他们从大船上卸下货物并用平底船沿台伯河将货送到罗马。广场上其他的马赛克描绘了一些奥斯提亚的常见情景，包括海豚、船舶和附近城市波尔图斯的灯塔。

的圣徒）出版于1940年，而且工作现在还在继续。针对这部巨著所做的工作已经持续了超过三百年，由比利时耶稣会僧团组建的语言学家、神学家和历史学家天主教社团组织实施。在项目实施的最初几年，主要由历史学家开展细致的科学研究，对所有现有手稿、经文、复制品进行比对。研究工作不仅针对写作风格，还对书写的方法和材料进行研究。这一社团开展的工作促进了人文科学从原文鉴定学分离，成为独立的研究领域。

船和灯塔（广场上的马赛克）

从题词中可以了解到，当时的奥斯提亚是座非常国际化的城市。在城市街道和船坞上应该可以听到很多种语言，也会有很多穿着奇装异服、肤色各异的水手光顾福尔纳图斯的酒吧，让老居民们新奇不已。

在剧场和浴池之间，有一座不大的基督教小教堂遗迹被保存了下来。教堂墙壁上的铭牌是现代制作的，旁边有一座大理石石棺，其中可能安放着某位基督徒的遗骸。有两个证据可以证实这一点。首先是石棺上的浮雕绘制着一个正在弹奏七弦琴的牧羊人。这个人毫无疑问是歌神俄耳浦斯，在早期基督教传统中常将俄耳浦斯与基督相提并论，特别是他化身为“善良的牧师”时。其次，在石棺的盖子上（现存奥斯提亚博物馆）写着：“基里亚克于此安然长逝”。在这个题词中虽然没有任何特别的基督教因素，但《圣徒事迹》中记载着一位叫基里亚克的奥斯提亚主教。公元 269 年，在克劳狄二世短暂的统治时期基里亚克和他的教民一起在“剧场附近的凯旋门下”被处决。或许，这就是那位基里亚克的石棺？

歌神俄耳浦斯（圣卡利斯特地下墓穴壁画）

古罗马广场周围

剧场左侧（自东西大街看去）的一片空地上，是四座排成一排的神庙。这些神庙规模不大，却是奥斯提亚最古老的庙宇，应该与城市的港口功能有所关联。在神庙后面的一隅坐落着所谓的“阿普列乌斯宅邸”，人们通过输水管道上的印记判定了房屋主人。这有可能就是那位冒险色情题材小说《金驴记》的作者阿普列乌斯，普希金曾在贵族学校的花园中饶有兴趣地阅读这本书（而不是读西塞罗的书）。这栋房子上装饰着一面绘有美杜莎·戈耳工图案的马赛克。在这里也曾找到另一幅优美的马赛克，上面描绘了罗马建城传说中的场景：（未来罗慕路斯与雷穆斯

奥斯提亚废墟（19 世纪图画）

的母亲）维斯塔祭司蕾娅·西尔维娅正在睡觉，手臂撑着一个大双柄瓶，瓶子中淌出水来，而战神马耳斯正在心怀不轨地向她飞临下来。这幅马赛克现存罗马银塔广场附近的阿尔铁里宫。遗憾的是，如今占据那栋房子的不是博物馆，而是意大利银行业协会。

阿普列乌斯宅邸旁边是一座密特拉神庙，这是发现于奥斯提亚的 17 座密特拉神庙（这可不是个小数）中的一座。这座神庙被称为“七界密特拉神庙”，得名于里面的一面马赛克，上面绘有七个半圆形，象征着天国的层次（以及密特拉圣礼中的七个层级）。这座神庙中还装饰着大量的天文学符号，还有星座符号。

沿东西大街继续前行，会在一排保存状况不好的店铺后面看到一大片半空置的场地，这就是所谓的大库房（horrea），是奥斯提亚最大的仓库群。根据历史资料和建筑规模来判断，这片库房是供公众使用的，而且应该首先是用于保存粮食的。在为库房加盖第二层楼之前，这里就能装下约 7 千吨粮食，这些粮食足够一万五千人吃上一年。

再向前是一座保存状况良好的大房子，它被称为“狄阿娜之家”。虽然叫这个名字，但这恐怕不是有人居住的屋子（domus），也不会是某一个家庭的住所，甚至不是有多个住宅的多层楼房。从这里规模巨大的厕所和中心庭院里同样巨大的喷泉可以看出，狄阿娜之家当年应该是用于某种公共用途。庭院的一面砖墙上有一片陶土浮雕，上面绘有狄阿娜带着狗和鹿的形象，这座建筑便得名于此。建筑物里有大量的独立房间，有些房间的地板上铺着绘有几何图案的马赛克，有些房间的墙壁上绘有壁画（遗憾的是，壁画上的图案已很难分辨，但从 19 世纪描在上面的轮廓来看，上面画的是神话中的生物和建筑物背景下的人物）。根据不同说法判断，“狄阿娜之家”可能是大车店或者港口官员的办公场所。

在“狄阿娜之家”附近还有一栋有意思的建筑物，“朱庇特与伽倪墨得斯之家”。在这片街区的房屋上都绘有壁画（这个区意大利语称为

带有希腊式餐厅的房子

在古罗马广场东南角有一座所谓“带有希腊式餐厅的房子”。它是建筑公司的总部（fabri tignuarii）。没有建设者，任何城市都无从谈起，更何况是一座生气蓬勃的港口，因此这个行业的代表才得以在如此好的地段获得了一块地皮。在内院的一面墙上找到了一块标有行会成员名单的牌子，上面共有约 350 个名字。

房子的名字来源于挨着内院的四个房间。这些房间中都安放着石头长凳，长凳不是家具，而是房间本身内饰的一部分。这是罗马餐厅的典型布置方式，称为“希腊式餐厅”（词根为希腊语“三个沙发”）。

庞贝寻获的厨房用具

此前我们还从未见过实际保存下来的罗马餐厅。餐厅看上去是这样的：三面墙前各有一个长沙发，在沙发中间是一张桌子；第四面墙前空着，便于上下菜。在电影中，古罗马富人通常的形象是卧在桌子前进餐。这是不准确的，因为每张沙发不会只坐一位食客，而是给三位（有时更多）食客准备的，他们会并排挨着卧在沙发上，枕着靠枕。长沙发上的位置也是根据尊卑划分的（为客人上菜的顺序则根据官职高低），主人会躺在侧面最边角的位置，桌子尽头的长沙发侧面的位置被称为“执政官席位”，是预留给贵宾的。

罗马人认为，共同进餐的客人数量不应少于美貌女神格拉提亚的数目（3 位），也不应多于缪斯诗神的数目（9 位）——也就是 3 位至 9 位。希腊式餐厅的标准配置证明了这种规矩。在任何一家餐厅中几乎从来不会摆放超过三张长沙发，但在富足之家，在皇宫或是奥斯提亚的希腊式餐厅，供人们用餐的地方都不止一个房间（有时是很多间）。罗马人一天之中只在傍晚时饱饱地吃上一顿，晚餐开始得比较晚，有时会进行到深夜，甚至持续到第二天早上。小普林尼和西塞罗这种好发牢骚的知识分子则不赞同这种习俗，在晚餐之后还会继续工作。

主人一般会提前邀请客人来吃晚餐。拒绝邀请是不礼貌的，而更不礼貌的则是爽约。有些时候客人可以带一两名随行人，这种人被称为客人的“影子”（umbrae）。（还有一个有意思的细节是，进入别人家里时要脱鞋并换上特别的家居鞋、拖鞋。在欧洲只有俄罗斯和斯堪的纳维亚地区保留了这种习俗。）客人们会聊一些愉快的话题。普鲁塔克专门有一本用餐聊天集锦，收录了他与罗马和希腊的朋友们吃饭聊天的内容，话题如下：“是主人应该为客人们安排座位还是应该由客人自己选择座位？”“为什么老人将字母拿远了看得更清楚？”“先有鸡还是先有蛋？”“男人和女人谁更性感？”“犹太人为什么不吃猪肉？”但即使是这种全人类共同的话题，也不是每位客人都能聊起来，这时就需要职业的娱乐工作者出场了。在讲究的饭局上充当这一角色的可能是奴隶朗诵者，他们通常擅长朗诵（当然是背诵）拉丁语和希腊语诗句。（罗马人在CD和磁带问世前很久就已经发明了有声读物，比如老普林尼一刻也受不了没有书读，所以在去类似浴池这种不方便读书的地方时，他就会带上朗诵者）。朴素一些的饭局会邀请乐器演奏者或歌手（诗人马提亚尔对这种习俗生气是有道理的，这是种让人无法聊天的习俗，我们现在还会时常抱怨咖啡馆或餐厅里的音乐声过于吵闹）。诗人、作家和哲学家们吃饭时会各自读一下自己的作品，但这并不总是一种让人愉快的消遣，讽刺主义诗人常会抱怨，吃饭全被热情的写作爱好者给破坏了。事务繁忙的人会在吃饭时继续干自己的事：读书，写作，口述信件；这并不被认为是失礼的行为。

古代时，妇女是不能与男人同桌吃饭的。然而为她们（还有老人们）会准备一种特殊装备：椅子，供她们坐着用餐。一个大男人坐在椅子上用餐是不体面的行为。但在共和晚期和帝国时期，在这方面并没有严格的隔离政策。出席卡利古拉宴会的男人们都只能祈祷，但愿这位好色的皇帝不要看上自己的妻子。

人们不会在吃饭时饮用葡萄酒，而是在饭后。这时会向客人献上鲜花花环，开始祝酒、讲笑话，有时还会选一位酒司令，拉丁语称为“magister”或是“arbiter bibendi”（卡图卢斯有一首诗，普希金曾翻译过。诗中描写，在一次友好的饮宴上选了一位喝醉酒的艺伎做行酒官，“这是饮宴的主人波斯图米亚吩咐的”）。在罗马，醉酒现象和酒鬼并不少，但这毕竟是在主要喝葡萄酒的意大利，人们不是喝伏特加或威士忌，因此这里并没有像在北方国家的那种普遍酗酒现象。客人们在深夜各自离开，要是有自己走不了的就让奴隶搀着或是别人把他送到家。

“Caseggiato dei Dipinti 壁画区”），这栋房子便是其中之一。这面绘有朱庇特和年轻的司酒官伽倪墨得斯的壁画，是奥斯提亚最大的一幅壁画。遗憾的是，与奥斯提亚大部分其他壁画一样，这一幅的保存状况也难言良好。

在这里我们可以暂时停下沿着废墟前进的脚步，走入“壁画区”后面的博物馆看看，它几乎就在台伯河岸边上。博物馆里面只有 12 个厅，但这所博物馆还是值得一看的，因为这里集中了奥斯提亚考古中发现的大量雕像、马赛克和其他艺术品。考古学家和历史学家倾向于将物品留在原地，但遗憾的是，现实往往不尽如人意。在博物馆条件下，古迹可以得到更好的保护，免受盗贼和恶劣天气的侵害。

参观完博物馆后，可以去古罗马广场。这是奥斯提亚主要的广场，主要建立于哈德良皇帝时期。和罗马一样，奥斯提亚的古罗马广场也挨着卡皮托利诺，这里是一座供奉“卡皮托利诺三圣”（朱庇特、朱诺和密涅瓦）的卡皮托利诺神庙。古罗马广场四周是各式各样的公共建筑：元老院大楼（地方元老院），巴西利卡和罗玛女神以及奥古斯都的神庙。广场上矗立着皇帝安库乌斯·马尔奇乌斯雕像，本地居民将他尊为城市奠基人。在铭牌中奥斯提亚被称为“罗马公民的第一处殖民地”。在这附近曾有一座康科迪亚女神（和谐女神）的圣坛，它是在安东尼乌斯·皮乌斯皇帝的夫人法乌斯缇娜去世并被奉为神灵后建立的（你想必还记得，在罗马古罗马广场也有一座她的庙宇）。这座圣坛是新婚夫妇必去的圣地。附带的铭牌上标示着，建造这座圣坛是为了让“奥斯提亚殖民地出嫁的姑娘们可以与未婚夫一起前来献祭”。

在古罗马广场对面，也就是东西大街的另一侧，还有一片浴池群——奥斯提亚最大的一片浴池（“古罗马广场浴池”）。浴池前是一块不大的广场，叫作“英雄雕像广场”，得名于 1927 年在那里找到的一尊雕像残迹，雕塑为所谓的英雄裸体风格。雕像头部以罗马典型的现实主义风格塑造，而躯体部分则以希腊理想主义风格雕刻。这种雕像通常会稍高于普通人身高，尺寸上正好可以使观看者在惊讶的同时，又不会注意到比例的变化。这座奥斯提亚英雄雕像所表现的可能是哈德良皇帝。

人的消化过程分为几个阶段，我们不能无视最后的那个阶段，更何况在整个古罗马地域内，古希腊式餐厅的公共厕所比所有其他此类建筑的保存状况几乎都要好。从厕所的情况来看，当年这种行为远不像现在那样私密。厕所的结构是一大块石板，上面凿有窟窿（用途很明显），前面也有窟窿（这个的用途就不是很清楚了，从高度上看也不像是小便池）。通常的说法是，前面的窟窿中插着绑有海绵的棍子，罗马人将海绵作为卫生纸使用。清洁好之后，如厕的人会再把棍子探入水中清洗，茅坑前面的小槽中流动着活水，清洗好棍子后，人们会把棍子放回原地留给下一位。厕所中没有隔断，人们可以在这里继续进行在古罗马广场、浴池或是公司广场开始的话题。

西郊的住宅

继续沿东西大街向西走（入口的反方向），会在右侧看到所谓的“拉瑞斯之家”（在这座房子中有优美的彩色壁龛，用于摆放圣物或不大的雕像）。房屋中保存着一口井的遗迹，上面有一面铭牌标注着，这口井由粮食计量公司总裁根据塞瑞斯（这是合逻辑的，因为这是一位掌管五谷和食品的女神）和宁芙女神（这就让人不太明白了）的指令修建。这一指令很可能是某位官员在梦中收到的。

在拉瑞斯之家后面，矗立着一座大型砖结构建筑，它的正门很大，游客如果不看导游书的话会以为这是一座神庙。但这其实只是一座库房，入口处的大理石铭牌上写着，房屋主人是获释奴隶埃帕嘉特和埃帕弗洛吉特。在房子里面有黑白颜色马赛克的遗迹，上面画着带有万字符的几何图案、黑豹（似乎叼着一块猎物），还有一只跳起的老虎。

罗马人并不避讳厕所幽默，只要到过奥斯提亚西郊的七贤浴池，就不会怀疑这一点。七贤是指公元前 7 世纪至公元前 6 世纪，古希腊七位传奇般的立法者和哲学家。他们的著作没有流传下来，但传说刻在德尔福阿波罗神庙墙上的生活哲理警句为他们所作，这些语句包括“认识自我”“行动强于一切”“一切自有其时”等等。在奥斯提亚浴池的墙壁上画着这些先贤的画像，包括雅典的梭伦、米利都的泰勒斯、斯巴达的契罗、普里恩的毕亚斯（剩下三位的图像没有保存下来），画像旁边题写着格言，但并不是什么道德哲学警句。奥斯提亚先贤的话语如下：“梭伦抚摸肚子是为了好好放松”；“滑头的契罗教别人如何放屁不被发现”——完全不是什么“认识自我”！维苏威火山的喷发为我们保留下来一处涂鸦，是赫尔库拉努姆一位在公共厕所如厕的人写上去的。这句话是，“Apollinaris medicus Titi imp.hic cacavit bene”（“皇帝提图斯的医生阿波利纳鲁斯在此地好好地拉了一泡”）。这句话中的“cacavit”[1] 一词无需翻成俄语，这古老的印欧语系词汇，在拉丁语和俄语中都是通用的。

在有一处大水神庙的地方（关于这种巨型喷泉的建筑形式，我们已经通过罗马的尼禄水神庙和亚历山大·塞维鲁水神庙有了很好的了解），东西大街分成两路：一路向左而去；另一路向右侧的西北方向，向着台伯河老河道而去。

如果向右继续走，道路右侧就会出现一座“带有港口图案马赛克的房子”（港口画得完全是抽象的，画上有一座灯塔，自然也少不了海妖，还有一手持三叉戟另一手握着鱼的海神涅普顿、坐船的人，不知为什么还画了一个正在游泳的女人）。在这栋房子里可以看到给散粒物（例如

[1]“拉大便”。——译者注

粮食）称重的计量衡，这些用具在商业中和分发口粮时曾被使用。再向前是一片共和时期的老旧神庙，其中最主要的一座是赫拉克勒斯神庙。在讲述牛市的一章里我们提到过，赫拉克勒斯是商业守护神，因此在一座港口城市有这样一座古老神庙简直再合适不过。人们在庙中找到了一个希腊大理石制作的雕像基座，上面的铭牌写到，这是为纪念赫拉克勒斯，由名为普布利乌斯·李维的获释奴隶制作。这是奥斯提亚最古老的大理石铭牌。在神庙中还发现了其他一些有意思的物件，都已经被送到了博物馆，原地留下的都是摹塑品。比如，有一尊裸体男人像，他身体重量压在向前探出的一只脚上，有气无力地站着（从题词上可以判断出，此人名叫盖乌斯·卡尔提利乌斯·普布利科卢斯，是公元前1世纪奥斯提亚的一位高官）。神庙中还有一面浮雕，描绘的是赫拉克勒斯从盒子中抽出答案交给先知（sors）的场景。这幅占卜场面的浮雕是一位肝脏占卜祭司（haruspex）订作的。

赫拉克勒斯神庙后面是一座不大，但是装修很华丽的房子，由于在房子中找到的一尊雕像得名为“厄洛斯与丘比特之家”。这座雕像的摹塑品矗立在屋子中央的一个房间里。这尊雕塑要是放到现在，毫无疑问会受到制造儿童淫秽物品的指控。房间的地板上铺装着马赛克，不是奥斯提亚常见的黑白色，而是彩色的。奇怪的是，这栋（建在昔日店铺之上的）豪华官邸并不在城市南面高档住宅集中

一位学者曾说过，“我们通过废墟了解古罗马建筑，通过复制品了解古罗马雕塑，而要了解古罗马绘画则只能通过文字描述”。这并不是说，没有原品流传至今，只不过是时间对待实物作品没有对待文学作品之类的艺术形式更宽容。例如有这么一位在世时和已故后都很有名的古罗马作家（像荷马，或是维吉尔，或是贺拉斯），他的作品会有大量摹本流传于世，摹本越多，有个别手抄本流传下来的可能性也就越大。知名度高的造型艺术作品当然也会被大量复制，而且越有名被复制的数量就越多，但此时复制者技艺水平的影响要比复制图书大很多倍。我们只需到阿尔巴特大街或是某个欧洲城市里街头艺人聚集的大街上转一圈，就会对此深信不疑。在街头，这些艺术家们出售的商品中通常会有经典作品的复制品。

但在庞贝保存下来的一些壁画还是令人叹为观止：笔触自信，眼力卓越，关注细节（依据描绘叶子和花朵的图画可以复原出整个古罗马花园中的各色植物）。在

的地方，而是在一个孤零零的位置。有人猜测，这是赫拉克勒斯祭司的房屋，他应该是希望住得尽量离工作地点近些。

庞贝的壁画上有时还会有超越时代艺术语言的、奇异的突破之作，有些城市风景画看上去就像出自达利或是德·基里科笔下。

在“厄洛斯与丘比特之家”对面是一座小而豪华的图拉真皇帝时期的浴池（可能是私人浴池）。小浴池中的马赛克上描绘着常见的海里的马、牛和其他海妖，中间是一个矮胖的人裸着身体，一手提着桶，另一只手拿着根棍子似的东西（可能是清除脏物和汗渍的刮板）。上面标注着他的名字：埃皮克特·布提科兹。整栋建筑由这个人物得名为“澡堂服务员布提科兹浴池”。

继续沿这条道路前行会看到密特拉浴池，这里有保存状况非常好的地下管线（包括供热管道），以及后来被基督徒改作己用的密特拉神庙。基督徒们将密特拉的大雕像砸成数块扔掉了（雕像块又被收集了起来，现存奥斯提亚博物馆），浴池看起来是被用作了洗礼池。在有活水持续流过的地方还是相当方便的。

浴池后方的街道右侧，矗立着粮食计量公司大楼（就是在拉瑞斯之家修建水井的那家公司）。房屋附属建筑中有一座曾由公司使用的小庙，其中最值得一看的是装饰着马赛克的中央大厅（马赛克又是黑白的，但如果仔细看，在有些地方的黑方块中有蓝色）。这块马赛克描绘了公司职员的工作场景：一个人扛着一麻袋粮食，另一个人拿着某个工具（可能是计量设备），第三个人撑着一个大口袋，

绘有粮食计量工具和不明题词的马赛克

还有一个小男孩（或许是奴隶，当时画幅上人物尺寸有时代表他的社会地位）手拿着像是树枝的东西，而且几乎所有参与者都用手指比划着某个数字（小男孩比划着“9”，最右侧的比划的“5000”）。马赛克中在计量工作者上方有部分题词保存了下来：“v ……sexhagihi……”。题词的意思完全无法辨别。解读语句的专家提出了不同理解：有的说这个意思是“阿基里扬纳货场的六名工作人员”，另一种说法是“今天我们这里分拣了五千赛克斯塔利乌斯（粮食计量单位）”。

在道路的另一面是“奥西里斯之家”（里面供奉着这位埃及神灵），还有七贤浴池和所谓的“战车夫之家”。一个通道分隔开浴池和“战车夫之家”，通道的墙上画着壁画。画上描绘的是跑马比赛的场景（“战车夫之家”即是由此得名)。我们已经习惯带着敬仰之情看待古代流传下来的所有东西，但流传下来的大部分日常工艺品都只是平庸艺术家为并不苛求的客户制作的日常用品。如果仔细看画上的战车，就会发现画家画出的透视效果很一般，对于解剖学比例也了解得不多。简而言之，就像朱利乌斯叔叔训斥小男孩的那样，“这匹马你可画得不怎么样”。在“战车夫之家”还有其他一些壁画，有些是纯装饰性的，其中一幅是水果静物画，另一幅画的是狩猎场面：猎人胯下的马前蹄扬起，一只鹿好奇地观望。从墙上的字迹可以看出，这座建筑曾经做过大车店。

西北面的浴池、神庙和犹太教堂

考古区的西北角坐落着“特利纳克里亚浴池”。“特利纳克里亚”是希腊语“三角形”的意思，这是西西里岛的别称。这座浴池的名字来自于一面绘有西西里岛象征的马赛克——长着三只脚的女人头(这些头上长脚的女人还常常长着翅膀、带着蛇，直到现在这还是西西里常见的纪念品)。在这片浴池的热水浴室中还有一条制作工艺精良但令人费解的题词，“statio cunnulingiorum”(这句话很难翻译得顺口，意思差不多就是“提供为女士们提供口交服务之人”。从古罗马作家留下的少得可怜的指摘中可以看出，罗马人对这种性交方式持讥笑态度)。有些专家认为这只是个玩笑话，意思指“提供黄口小儿”之类的；另一些专家则认为，这其实是个认真的商业广告，是在推销浴池中的男性“小白脸”所提供的服务。在浴池附近是“巴克科斯与阿里亚斯之家”，里面有一幅人物众多的大马赛克图画。

如果返回东西大街分叉的地方，这次沿着左边的路走，会看到路的右边有一座基督教圣堂，它的门楣上(架在圆柱的横梁之上)有一块令人费解的铭牌。铭牌的内容可能是来自于米兰主教圣安波罗修的著作

《论圣灵》，在这部著作中，基督被称为天堂四条圣河的源头。如果确实如此的话，这段题词应这样翻译：“在基督之中（没有使用词汇“基督”，而是使用了合体字）孕育着基训河、比逊河、底格里斯河与幼发拉底河；请饮用基督徒源头之水。”制作铭牌的雕刻师可能不识字，在第二行又开始重新刻“底格里斯河”一词，刻完前两个字母后才意识到。

圣堂后面是船舶建设者神庙，它建在一个古代洗衣店的遗址上（我们后面还会再见到洗衣店）；还有一座马耳斯宅邸，里面供奉着马耳斯和奥古斯都（战神与皇帝的形象融合在了一起）；一片叫作“三层窗子”的街区，以及旁边建有大型水神庙的房屋（水神庙的样子更像一个大浴缸）；此外在城门外面还有一座“闪电屋”（Domus Fulminata）。这座房屋上面有一块不大的大理石板，上书“FDC”，就是“fulgur dium conditum”（“此处曾被神的闪电击中”），说明了其名称的来源。当时习惯以这种方式标示曾被闪电击中的地方。这座房子中的水池边缘以普通但显眼的彩色石材装饰，里面的马赛克基本上都是描绘情爱色情内容的，包括：维纳斯、奥德修斯与塞壬、丽达与天鹅。有鉴于此，人们推测公元3世纪时这里曾是一座妓院。然而，庞贝房屋中大量的色情主题的壁画一开始也曾令研究人员大吃一惊，研究人员毕竟生活在相对保守的年代，他们一开始几乎把那里发掘出来的一

古罗马艺术中维纳斯的最著名形象之一是在所谓“路德维希宝座”上的浮雕，它在古罗马一个贵族家庭的庄园里被找到，19世纪末被意大利政府购得。如今浮雕在罗马国家博物馆中的阿尔滕普斯宫展出。在“宝座”较长

半建筑都认作是妓院。

这些建筑的北面是不大的海洋浴池（里面还有很多绘有涅普顿和特里同的马赛克），还有所谓的“花园洋房”。这是一片图拉真皇帝时期建的住宅区，围着一座长方形大花园而建。从宽敞的居住面积，以及很多房间中华丽的神话主题壁画可以看出来，曾住在这里的是富人。遗憾的是，壁画上的人物已经几乎无法辨认，只能对当年看上去的华丽感觉有个笼统印象。在这座楼的一些房间里，甚至是上面楼层的房间里（楼房共有四层），房主都配备有私人用的供水管道。这种情况在罗马的多层楼房中很少见，一般最多也就是在一层有供水系统。一片办公区域和商铺将住宅与东西大街的噪音和喧嚣隔离开来。晚些时候，住宅区发生了分化：一些住宅还像以往一样得到了良好的维护，而另一些住宅则被转手变作非住宅用途。公元 3 世纪，这片花园洋房因地震和火灾严重受损。

在哈德良时代，高档住宅区附近还矗立着另外两座外观华贵的房屋，一座是缪斯之家，里面的壁画画的是阿波罗与九位缪斯诗神，这可能是奥斯提亚最华丽的壁画；另一座房屋是狄奥库里孪生兄弟之家，里面有一些彩色马赛克，画的是孪生兄弟卡斯托耳和波卢克斯，在大幅构图的中央是从海上升起的维纳斯。马赛克上表现的这一常见场景几乎与波提切利名画上的一模一样，只是奥斯提亚的维纳斯坐在贝壳上，而不是站在上面。

一边是一个裸体女人，两名女仆正在帮助她从什么地方爬出来（虽然看不出来，但应该是从水里）。两侧还有两幅浮雕，上面画着一个穿着衣服的姑娘在一个特制的支架上燃香；另一位裸体的姑娘在吹笛子。路德维希宝座的真实性曾不止一次遭到过质疑，因为在古罗马艺术作品中这几位女士的美貌无可比拟。而且，吹笛子的姑娘是翘着二郎腿的，这需要雕刻家掌握解剖学，直到罗马晚期出现着装规矩的珀涅罗珀之前，这种姿态的女士形象是独一无二的。然而最近数十年来的研究表明，在洛克里市（意大利南部希腊殖民地）的阿佛洛狄忒圣殿有类似风格的艺术作品，看上去与路德维希宝座如出一辙。

在波士顿造型艺术博物馆有一个所谓的“波士顿宝座”，它的材料和做工与路德维希宝座都很像。这个宝座是 19 世纪末不知从哪里冒出来的，它的真实性遭到了更多质疑。

路德维希宝座上的浮雕

我们不知不觉间已经走出了城门（玛丽娜门，Porta Marina）。这座城门朝向大海，当年打算出海的旅客都是从这里出发。

古罗马时代的海上旅行危险而漫长，但这种交通方式无论如何都比陆路旅行速度更快。从北非坐船到奥斯提亚可以在两天内到达，当然这是最快速度。通航期为 3 月初到 11 月初，然而在这段时期内的不良天气也会时时干扰计划（有一次，谨慎的西塞罗计划在 11 月出行，但没有冒险上船从克基拉岛——就是现在的科孚岛前往意大利，他的选择是正确的，他缺乏耐心的伙伴上了船，后来在海难中淹死了）。如果 11 月赶路的人还离家很远的话，那他就别无选择了，只有到哪儿算哪儿，留在港口过冬。

绕过伯罗奔尼撒半岛必须经过极度危险的马里阿角。奥德修斯就是在被风吹偏航向后，从那里开始了数十年的漂泊生涯。有些人则要走运得多，有一位小亚细亚的商人树立了一个纪念标记，庆祝自己在前往意大利的商业航行中曾 72 次绕过马里阿角。

当时要策划一次海上旅程，需要做的很简单：只要前往港口，比如说去奥斯提亚，了解一下想要去的方向都有什么船，然后一切就都取决于船长的好心肠（和贪婪程度）了。那时同现在一样，人们深受航海疾病困扰，但又自我安慰觉得这些症状对身体健康有益，当时最好的医生都是这样认为的。

玛丽娜门是城区的边界，除了闪电屋、一座善良女神圣殿（Bona Dea），当然还有一些浴池，这块区域再没有其他房屋。从这里沿着现代道路（朱多 · 卡尔茨大道）可以到达犹太教堂废墟。

奥斯提亚犹太教堂几乎是整个西方世界里最古老的犹太教堂，大约建立于公元 1 世纪中叶。这片废墟到 20 世纪 60 年代初时才被发现。教堂位于城墙之外，古罗马时期它直接位于海岸上。这可能是因为犹太人想把自己的教堂建得距离多神教神庙足够远，而且在海水中也可以进行洗礼仪式。教堂的正面朝着耶路撒冷的方向。在那里的考古发掘中发现了一些不大的圆柱，上面的浮雕刻画着犹太教的宗教标志：七烛台、羊角号等等。

出口南侧

奥斯提亚南郊还有另外几栋建筑和城市空地值得留意，一处建筑是“孔雀酒店”（Caupona del Pavone），这是塞维鲁皇帝时期的一栋大型建筑。这栋建筑得名自一处壁龛中的孔雀形象，但孔雀远不是这栋房屋中最出色的壁画，房子里有很多壁画并且保存状况都不错，都使用了大量紫色色彩。“孔雀酒店”中大部分壁画都模仿建筑物的局部结构和大理石贴面。壁画的内容包括一些长着大胡子的男子（也许是哲学家）、人

洗衣工人与猫头鹰

在罗马的城市中当年有很多洗衣房。仅在奥斯提亚就找到了至少 7 处洗衣房，其中有规模很大的（比如剧场对面的那一家），也有很小的。看来有些钱的城里人都不在家里清洗衣服和布匹，而是将这项工作交给专业人士。所有洗衣房都有相同的布局。房子的主厅里有很多摆在一起的大型容器，人们把衣物放在这些容器中进行浸泡。墙边还有一些小点的容器，洗衣房的工人们会扶着墙壁的凸起物用脚踩压衣物，这一程序被称为“洗衣工的跳跃”（saltus fullonicus）。当时人们使用较易获得的化学物质，一种特殊的泥土（所谓的“漂白土”）进行漂白并除去污渍，在挂起来的布匹下方燃烧硫磺，还用特制的陶罐收集尿液用于洗衣。每一家洗衣房门口都有这种陶罐，以便让任何一位路人在解决需求的同时为社会公益做些事情（这就是为什么在公共厕所中找不到罗马版小便池）。估计臭气是少不了的，而且毫无疑问，洗衣工人应该会受一些职业病的困扰，包括肺病和皮肤病。洗衣行业的守护神（也包括整个日常劳作的守护神）是密涅瓦女神，在她的节日里洗衣房 (fullones) 工人们会举办盛大的宴席和游行活动。在庞贝的一家洗衣房墙上有一位饱学之士写道：“我歌颂洗衣业，歌颂猫头鹰，再不要战争和勇士（Fullones ululamque cano non arma virumque）。”猫头鹰是雅典密涅瓦的圣鸟，这段话应该是充分参考了维吉尔所著《埃涅阿斯纪》的开篇：“我歌颂战争和勇士（arma virumque cano）。”

密涅瓦和猫头鹰
（18 世纪版画）

头马、迈那得斯（巴克科斯的追随者）、戏剧面具、粮食量器、植物，还有长着翅膀的神灵。在一个房间里有一张吧台，与现代的样式差别不大。正是这张吧台使研究人员产生了这栋房子曾是酒店的想法。如果确实如此的话，那么这里应该是一座五星级酒店，无论是装潢，还是其位于高档社区的地理位置都足以证明这一点。

南城门（Porta Laurentina）附近有一片三角形空地，它的周边是一片与众神之母有关的建筑。众神之母就是小亚细亚女神库柏勒。在本书关于帕拉蒂诺山的章节我们曾讲到：在与迦太基战事正酣时，库柏勒的主要圣物被运送到罗马，但是装有珍贵货物的船沿台伯河自奥斯提亚逆流而上时在半路搁浅了。奥斯提亚被定义为国际城市，库柏勒在这里受到特别的崇拜，她的未婚夫阿提斯也受到尊崇，就是那位在冲动之下将自己阉割的神灵（自此也只有阉人才可充当阿提斯祭司）。在庆祝阿提斯的节日里，人们会将牛作为献祭品（同时为皇帝和皇室祈福），此时有些贵族会站到献祭地点下方用以供鲜血注入而特别挖出的坑里。这种血的洗礼被认为是一种净化的程序，这个程序还有为期 20 年的有效期。

从劳伦蒂诺大门可以返回东西大街，沿街道向着相反方向的出口走，路右侧（斜对着剧场）会出现一栋建筑，它通常被称为奥古斯都祭司团（Sede degli Augustali）大楼（或总部）。奥古斯都祭司团是对祭拜皇帝进行监控的团体。团体中几乎所有人都是获释奴隶。但不久前的研究成果对建筑的这一属性提出了质疑：这栋建筑中的大部分物件都不是原有的，而是从各处墓地遗迹中搜集而来。当时有可能是将雕像和铭牌集中到这栋房子，然后再送到炉子里烧成石灰，然而不知何故没有来得及送走。从建筑布局上看，奥古斯都祭司团大楼确实很像是某家机构的办公楼，但无法判定是哪家的。

再向前，在剧场对面，一排排圆柱所在的位置就是原来大型库房所在的地方，这是城市中最大也是最古老的库房之一。这片建筑被称为霍腾西乌斯库房，里面有一个被用于宗教用途的小房间。建设这片库房的是米塞诺舰队的一位名叫卢西乌斯·霍腾西乌斯·赫拉克里达的船长，他将自己的名字标注在了地板和圣坛的马赛克上。由于有很多米塞诺的水手出生于埃及，不排除霍腾西乌斯将这座小神庙用于供奉某位埃及的神灵，例如伊西斯和奥西里斯。

在奥古斯都祭司团大楼稍向南的地方是丰产福耳图娜之家（Fortuna Annonaria）。在里面的一个房间中有一面颇富表现力的黑白色马赛克，画面主要是动物主题（老虎、鹿、黑豹、罗慕路斯与雷穆斯住的狼窝、人头马等等）。

继续向前走，在洗衣房旁边是一条通往出口的笔直道路，在道路两旁可以看到一些墓葬遗迹，和所有罗马城市的墓葬一样，这里的墓地也是位于城外。

II. 蒂沃利

提布尔

1829 年 4 月，普希金向娜塔丽娅·尼古拉耶夫娜·冈察洛娃求婚，在得到对方母亲含混的答复后陷入了长期的抑郁。一年多之后，他想起试一试当初并没有对叶普盖尼·奥涅金起作用的方法——旅行。当时有一个俄罗斯使团正准备出发前往遥远的异域——中国，有熟人邀诗人一起前往。但国君拒绝了诗人的出国申请。在还没有得知当局的决定时，普希金写了一首诗，其中的片段将祖国历史中这不光彩的一页永远地记录了下来：

我已准备好，跟随你们，朋友们
无论你们要去哪里，我要跟随你们
走遍天涯，离开那傲慢的少女
去遥远的长城脚下
去喧嚣的巴黎，最终就去那
夜间船夫不再歌唱塔索的地方
那里，古老城市的恢弘在废墟下沉睡
那里，柏树林散发着芳香……

在此前约1850年，另一位诗人贺拉斯将一首内容刚好相反的诗献给了友人：

塞普提米乌斯，你将同我前去佳德，
去往那不受约束的坎塔布里亚人之地，
去往那原始的西尔特人之地，
在那里，海浪拍打着荒凉的滩地。
我宁愿留在古旧的提布尔，
这座阿尔戈斯人建立的城市，
就让我暂且远离那来自
陆地和海上的战乱。

提布尔位于罗马东面约30公里处，是一个建在萨宾山丘之间的小城，比永恒之城还要古老。据传说，在悲剧式的远征“七雄攻忒拜”结束后，这座城市由希腊英雄安菲阿刺俄斯（阿尔戈斯人）的后代奠基建造。现实主义历史学家认为，提布尔

“提布尔”一词与台伯河的名字以及罗马人的名字“提比略”有可能均出自同一词根。在晚期拉丁语中开始以“提布里”称呼这座城市，而后在意大利语中逐渐转化为“蒂沃利”。然而迄今对这座城市的居民都称呼为“提布尔人”（Tiburtini），而不是“蒂沃利人”（Tivolesi）。

洛卡布隆钟楼
带有半圆形柱廊的房子
坎诺帕斯
百屋

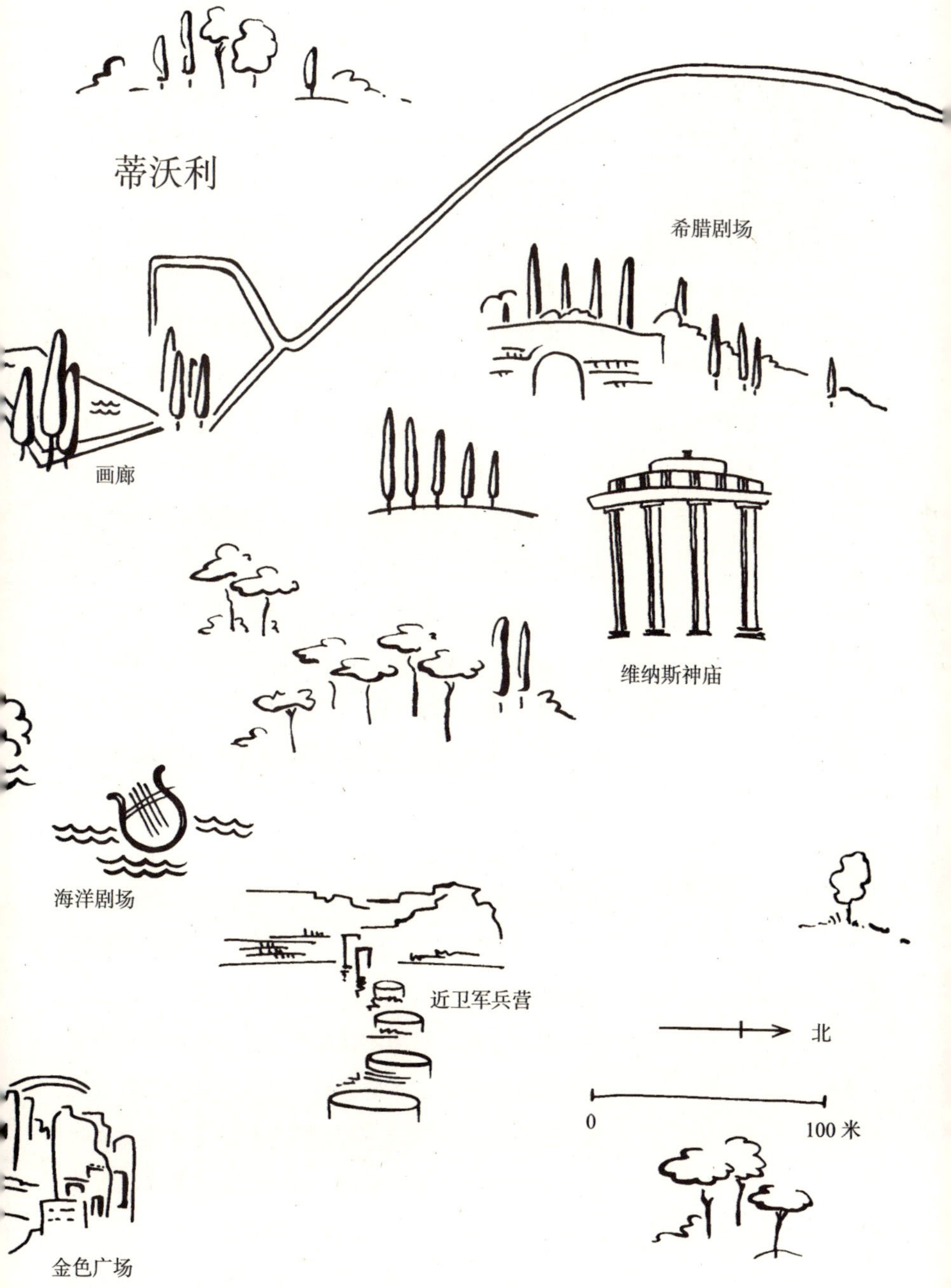

蒂沃利
希腊剧场
画廊
维纳斯神庙
海洋剧场
近卫军兵营
北
0
100 米
金色广场

长满苔藓的神秘洞穴中住着被人们遗忘的古老神灵……
到处都是古老的埃斯特家族族徽图案。
——马克西米利安努斯·沃罗申

是由阿尔巴隆加人建立的。当高卢人进攻罗马时，提布尔居民支持了高卢人，此后提布尔被罗马征服并变为殖民地。尽管距离首都很近，但提布尔居民直到公元前90年才获得罗马公民权。从那时起，提布尔翠绿的山丘、寂静的河流和树林就开始吸引罗马的有钱人，共和时期与帝国时期之交时，提布尔周边的山谷变为了高档别墅区。奥古斯都、梅塞纳斯、贺拉斯都在那里有别墅。不久前，一栋别墅被认定为贺拉斯的庄园。如果考古学家没有出错的话，这位诗人的实际居住条件比他在诗中所表现出来的要奢侈得多。

现在的蒂沃利是一座有5万名居民的城市。市内的教堂广场就建在原来罗马时期古罗马广场的位置。城市建有卫城，还有所谓的“西彼拉神庙”（提布尔在罗马时期是一位西彼拉预言家的驻地）以及“维斯塔神庙”。维斯塔神庙得名于其圆形的建筑形式（正如罗马台伯河岸上的圆形神庙时至今日仍不时被称为维斯塔神庙）。这座神庙曾长期被作为基督教堂使用，因而保存状况良好。这座神庙曾使英国非主流建筑师约翰·索恩先生赞叹不已，这位先生在伦敦的故居博物馆保存了很多在蒂沃利制作的图画和摹塑品。本地最重要的景点之一是红衣主教伊波利托·埃斯特的奢华别墅，这是文艺复兴晚期的建筑和园艺艺术精品。据说，彼得大帝建设彼得夏宫时，就是从这里的喷泉获得的灵感。

但我们要走的路通往提布尔郊区的另一座别

墅——哈德良皇帝别墅。从城市到那里的距离不近，不要相信那些旅游手册，它们往往声称只用一天时间就可以轻松步行游览埃斯特别墅和哈德良别墅。

被遗忘的角落

《古罗马皇帝史》中一份不太可靠的简历中保存着古罗马时期对这座别墅唯一的描写。“他很快就以惊人的方式建起了提布尔别墅，他用各行省名和地名中较为光鲜的名字命名别墅的各部分建筑，例如‘吕克昂学校’、‘雅典学院’、‘轮值执政团’、‘坎诺帕斯’、‘画廊’、‘滕比河谷’。为了没有遗漏，他甚至在那里建了一个地下王国。”

哈德良去世后，他的别墅在一段时间内被留作皇家财产，但不清楚是否有哪位皇帝使用过它。6 世纪时，意大利成为拜占庭帝国与哥特首领对峙的战场，哥特国王托提拉的部队在别墅区设立了营地。后来这片别墅没有逃脱宏伟的古罗马建筑通常的命运，别墅的一部分大理石被用到新的建筑物上，另一部分被烧成了石灰，还留在原地的建筑物则杂草丛生。此后这片别墅连同哈德良的名字一同失去了线索，偶尔经过的路人会把它当作一片废弃的城市。

两位杰出的人文学家复原了相关的历史脉络：

吕克昂学校是雅典的哲学学校，最初由亚里士多德创立。雅典学院是同样位于雅典的另一座哲学学校，最早由柏拉图创立。轮值执政团是获选的执政官员们在希腊城市的市中心集中工作的地点。最著名的轮值执政团位于雅典和奥林匹亚市，只是在奥林匹亚市的轮值执政团不是从事城市的日常管理事务，而是为奥林匹克运动会获胜者颁奖。坎诺帕斯位于尼罗河三角洲，是现亚历山大港郊外的一座城市。“画廊”是指位于雅典古罗马集市上的画廊。滕比河谷是指位于希腊北部的一段狭窄谷地，水流湍急的派恩奥斯河奔腾而过，流向爱琴海。称它为“河谷”并且罔顾事实地把它列为安逸祥和之地有可能是因为西塞罗的一句口误，他在一封书信中将滕比河谷与列阿特市郊（那里倒确实是安逸祥和）相提并论。

庇护二世（18 世纪版画，布留尔作）

一位是历史学家、考古学家、罗马古迹的热忱爱好者弗拉维乌斯·庇安多，另一位是学者、外交家以及情色诗作家埃内亚·西尔维奥·皮科洛米尼，他更加广为人知的称呼是教宗庇护二世。《庇护二世闻见录》是迄今唯一流传下来的教宗自传。这本书中充满日常故事、抒情的题外话和天马行空的想象。在提到哈德良别墅时，庇护二世写道："时间摧毁了这里的一切，曾经挂满奢华挂毯和金色幔帐的墙壁现在爬满了常春藤。在演说家曾经身着紫色托加坐过的地方刺李在疯长，在皇后奢华的卧室里毒蛇盘踞。人类创造的东西是如此转瞬即逝而又变化无常。"

庇护二世时代过去一百年后，到16世纪中叶，提布尔别墅已经成为"罗马古迹游"的常规项目。布拉曼特和拉斐尔都曾参观过这片别墅。建筑师皮罗·利戈里奥开始对它进行系统性发掘，后来他将在此处积累的经验运用到自己的经典之作——不远处的埃斯特别墅的设计工作之中。18世纪，乔瓦尼·巴蒂斯塔·皮拉内西将这里的风景纳入了自己的版画，他还制作了哈德良别墅的第一幅详细平面图。我们此前提到过的查尔斯·卡梅伦在皇村修建玛瑙厅冷水浴室时也借鉴了罗马和提布尔模式。

由于在贵族教宗家族之间不断转手，哈德良别墅并未得到细致的考古学研究。19世纪，别墅完全成为固定的旅游项目，英国显贵不惜重金地购买在别墅区找到的雕塑碎片和建筑装饰。维多利亚时代小说家乔治·吉辛在自己的未完成的历史题材小说《维拉尼尔达》中，将最核心场景之一安排在了这座别墅中。

直到19世纪70年代意大利统一后，这座别墅才被收归国有。在具有纪念意义的2000年到来前，人们为改善这里的旅游基础设施做出了巨大的努力，但遗憾的是，这座别墅作为博物馆建筑仍然很不理想。

东区

文艺复兴时期的考古学家和建筑师曾经满怀热情地在提布尔废墟中寻找《罗马皇帝史》中提到过的行省和地名。任何关于哈德良别墅的旅游手册或示意图上都能看到标有异国风情地名的冗长名单。这份名单是皮罗·利戈里奥及其追随者的杰作，当然，它谈不上任何历史准确性。所有杜撰的“金色广场”和“海洋剧场”，都应由文艺复兴时期的幻想家们负责。但这一行为本身已披上了某种古老的高尚色彩，我们也就不去破坏它，再说如果不提这些地名（几乎都是意大利语，而不是拉丁语），在别墅区很难辨认方向。

提布尔的地名还有一个奇怪的地方——3个主要的区域（根据距离博物馆区入口的远近）在指南中被称为“东区”、“帝王中区”和“上区”，然而这些区在地图上不是自东向西排列的，而是几乎从正北排列向正南。以防万一，我们也不去颠覆这一传统。

参观者遇到的第一组建筑是“希腊剧场”、“健身房”和“维纳斯神庙”（自此处起我们将不再处处强调是“所谓的”，还请读者明鉴）。“希腊剧场”倒真的很像一座剧场，它有半圆的舞台和长排的观众席。文艺复兴时期的作家们还提到过一座拉丁剧场，但现在已经找不到任何的痕迹了。

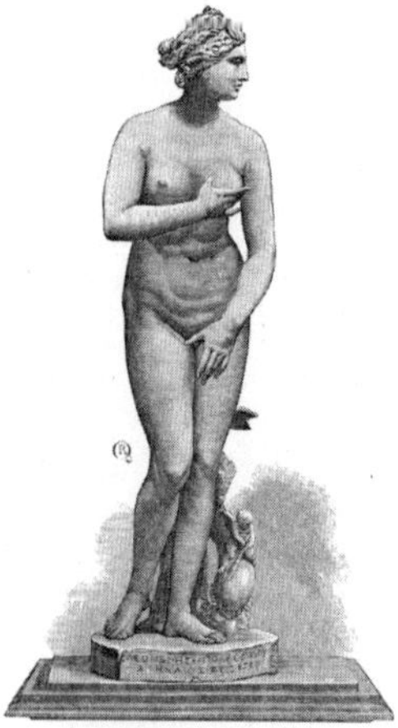
维纳斯雕像

剧场北侧是“健身房”（体操房）的巨大长方形建筑。在利戈里奥生活的年代，这座别墅的保存状态要好于现在，他描写道，“健身房”分为3个厅，其中最大的一个厅的地板上铺着绿色大理石（云母大理石）石板。不久前的考古发现证实了这些。

最后一座建筑在剧场东侧，是一座绿荫环绕的不大的建筑物。它被称为“忠诚水神庙”或“维纳斯神庙”，因为在那里曾经找到一尊尼多斯的阿佛洛狄忒雕塑复制品。

一条柏树林荫道通向这组建筑的南侧。柏树当然不是当年的古树，是在大约一百年前种的，但这条道路可能在哈德良时代就已经存在了。道路通往画廊（“Poecile”或者“Pecile”）的墙边。

画廊不仅具有美学价值，而且具有现实功能。人们沿着画廊高高的墙壁在荫凉处散步，特殊的环形通道连接墙体内外，可以不出画廊不断转圈。18世纪时在附近找到了一块牌子，上面标示着柱廊的周长为1450英尺，如果走上7圈，正好是4060步。毫无疑问，当时有很多人在这里进行罗马人喜爱的健步走（ambulatio）活动。砖头上的标记表明，这座画廊建于哈德良皇帝统治之初。此前曾认为，哈德良是在年事已高时建的提布尔别墅，但现在看起来不是这样的。

柱廊中间有一个花园，花园的中央有一个人工水池。柱廊的西侧，隐藏着一大片地下住所——“百屋”（Cento Camerelle），它的建成时间要比柱廊晚一些。当年住这些房间的，很可能是为别墅服务的奴隶以及守卫别墅的士兵。

柱廊的东北角紧挨着“哲学家厅”。穿过圆柱后，参观者会出现在一个带有圆顶的不大的长方形场所。利格里奥写到，这个厅装饰有最上乘的大理

雅典雕刻家普拉克西特列斯在收到科斯岛居民订购阿佛洛狄忒雕像的订单后，制作了两尊雕像：一尊穿衣服，另一尊裸体。科斯岛居民没有要不体面的裸体像，但另一座岛——尼多斯岛的居民兴高采烈地把它买走了。这尊雕像在尼多斯岛上成为了主要景点之一，尼多斯人以它为傲，即使在最困难的时刻别人出很高的报价也没有卖。据传说，阿佛洛狄忒从奥林匹亚山下来见到雕像后，阴郁地说：“我的爱人阿多尼斯和安基塞斯见过我的裸体也就算了，可普拉克西特列斯是如何看到的？”

普拉克西特列斯的真品未能流传下来。20世纪60年代，一位英国研究人员认为自己在大英博物馆库房中发现了原始雕像的残片，但现在很少有人相信这一说法。保存在梵蒂冈的维纳斯（阿佛洛狄忒）雕像被认为是最精确的复制品，但提布尔的维纳斯像也是重要的参考。

这种以手臂遮掩耻骨的雕像被称为“害羞的维纳斯”（Venus pudica）。

“哲学家厅”（版画，皮拉内西作）

石。现在还能看到些许痕迹。很难说这个厅当时是作何用途，有可能是皇帝接待贵宾的地方。墙上的壁龛当时有可能摆放着雕像，或者这里曾是个小图书馆，壁龛里摆放的是书架。

在柱廊东端“哲学家厅”旁边，有一片浴池的废墟。在哈德良别墅区内有好几片浴室群，这里是最大的一片。有座带有圆形水池和圆顶的形式独特的建筑紧挨着浴室，尽管它的圆顶早已损毁，但考古学家还是尽力复原了房间的构造并且得出结论：这个房间不是通过地下管线加热，而是利用了阳光的热力。这种结构的房间称为“日光屋”或“阳光房”。小普林尼在给朋友的信件中提到自己在劳伦蒂诺（距离罗马 17 英里）的别墅（这是现存对罗马郊外房屋最详细的描写之一），“在花圃、暗廊和花园的后面就是我心仪之处、我发自内心喜爱的地方，因为它是我亲自建起来的，这就是阳光房。它一面朝向花圃，另一面朝向大海，两面都向阳”。提布尔的阳光房有5扇朝向西南的大窗户（罗马人通常在下午去浴池）。然而还有一种假设认为，圆形水池由藏在下面的铜管以俄式茶炊的原理加热，那么这个房间应该是蒸汽房（enators）。

在浴池与“哲学家厅”之间矗立着别墅区最惊艳的建筑之一——“海洋剧场”（Teatro Marittimo）。这座建筑不是剧场，也和大海没有任何关系。它是一栋微型别墅，带有独立的餐厅、浴室、卫生间，总的来说就是有过日子需要的一切东西。看起来，皇帝（或是某位他的贵客）可以在这里独处，思考一下人生意义。为了思考不被干扰，微型别墅与周边环境之间被一条灌满水的壕沟隔断。现在壕沟上架设着一道常设的桥，而在哈德良时期架设的是木制吊桥。

“海洋剧场”可能借鉴了锡拉库萨暴君迪奥尼西别墅的样式，西塞罗曾在自己的一部论著中介绍迪奥尼西的别墅。迪奥尼西在统治末期陷入了偏执狂情绪——暴君的通病。他不再让理发师为他服务，开始还让亲生女儿们笨手笨脚地给他剪发，后来他连女儿们也开始担心，转而自己用烧烫了的核桃壳灼烧自己的头发。“他的卧室被宽阔的壕沟环绕，与外界只有一座木头吊桥相连，每次他都会亲自升起吊桥，把自己反锁在寝室内。”

“剧场”北侧是一片精致的建筑群，由于建筑物是成对的，人们曾以为它们是图书馆，希腊语和拉丁语图书馆。实际上这很可能是夏季餐厅。这片建筑物的西侧紧挨着一座被称为“Ospitali”的建筑，这应该是护卫别墅区的近卫军兵营。这一位置对于看护人来说再合适不过——位于围墙边，又可以看到低地的情况。这里很可能就是哈德良称为滕比河谷的地方。

主要的宫殿当时就位于这个地方，建在共和时期老建筑的地基之上。

我们无从得知，在哈德良之前这片别墅属于谁。这片宫殿的各部分被暗廊连接（在其中一座暗廊里的墙壁和天花板上保存有彩色马赛克），还有地下通道贯通。总的来说，在别墅区的下面铺设了四通八达的地下管线体系，它还没有被彻底研究。有些地道的宽度可容战车轻松通过。这位唯美主义皇帝可能是希望将所有保障别墅区日常生活的脏活从视线中清除出去。

宫殿装修豪华。甚至于保存下来的夏季餐厅、多立克柱厅和带有塔楼的“腾比”厅遗迹也可以让人想象到建筑本身的规模和富丽。金色广场（Piazza d'Oro）紧挨着宫殿，在广场上有柱廊和不明用途的建筑物。有些学者认为，哈德良在雅典建设柱廊以及图书馆时就是运用这里的建设宗旨。这里当时有可能就是宫殿主要的图书馆所在地，这对于一位学者型皇帝来说可是必不可少的。

中心区（帝王区）

在罗马人的住宅中，中庭（atrium）在位置上不一定总是在中心，但在重要性上占据中心地位。中庭是一大片长方形区域，类似于客厅。它也曾被用作厨房，这个习俗在贫穷家庭中有可能保留了下来，但在富裕家庭中到了共和晚期和帝国时期，中庭已完全不被用作日常生活

中心区实际上并不比旁边的东区更有帝王气。两个区之间的边界是画廊，画廊南侧有一大片住宅区，建设规模很大，在建筑的墙面和地板上使用了最昂贵的大理石品种。考古学家根据这些构造上的特点判断，这片建筑就是皇帝的住宅。在其他方面，这座宫殿与任何一座罗马富人的住房类似（拉丁语中对此类房屋的称呼与俄语近似，但更加具

体："domus" 即 "住宅"）。充当这片建筑群正面入口的是一座"带有半圆形柱廊的房子"（Edificio con Tre Esedre），房前有一座长方形的喷泉池。这座喷泉很像罗马富裕家庭中的储水池，当时很可能就是作此用。

这栋房子中最大一座厅的墙壁上至今还留有华丽的大理石浮雕痕迹。如果站在这里看向东方，整片建筑群的景色便尽收眼底，其中也包括所谓的"冬宫"。然而要直接走到"冬宫"是不可能的，需要通过狭窄的走廊和侧面几个房间。这种安排是否沿袭哈德良时期所流行的方式，抑或是出于安全考虑的设计方案，如今已无从得知。

在带有柱廊的房屋和宫殿之间有一片花园，花园中有几座露天喷泉，还有一座希腊式餐厅。这片花园被称为"体育场式花园"（Ninfeo Stadio），分为三大块，在北侧通过小门和暗道与画廊、"哲学家厅"和带阳光房的浴池相连接。这片区域当然不是真正的体育场，只是不知从什么时候开始，在建设皇家宫殿时流行把内院建成体育场形式（就像图密善在帕拉蒂诺山的宫殿一样）。

"冬宫"以其复杂的供热系统而得名。这个复杂的供热系统以及丰富的装饰物都表明当年住在这栋楼里的是皇帝本人。宫殿由三层楼构成，在最下面一层有一连串房间通往体育场花园，在最上面一层的开阔空间中可以看到周边山丘和提布尔市壮美的全景。有楼梯从下面通往上面楼层，楼梯倚靠在

场所。主人在中庭接待客人，整栋房子的祭神中心——炉灶（拉丁语称"focus"）也位于中庭。中庭在很大程度上是一家人与外界交流的场所，因而它比家中其他地方更具有代表性职能。在中庭会摆放希腊雕像、逝者面具和先人的战利品，还会展示贵重家具和其他上档次的东西。大部分中庭顶上有窟窿（除了一种被称为"带顶中庭"的形式，这种称呼源于"testudo"，"乌龟"一词），雨水会通过这个窟窿落入院内。水会被收集在一个特制的坑内，坑被称为"储水池"（impluvium）。通过对保存至今的储水池进行分析认为，当时收集的雨水有可能是通过沙子和砾石过滤后储存在专用地下水池。日常用水时，再像俄罗斯农村里一样，用绳子和桶把水打上来。

提布尔废墟（版画，皮拉内西作）

巨大的暗廊上，即使在最炎热的日子也可以沿着暗廊的过道散步。暗廊里其实并不暗，拱顶上的窟窿可以提供照明。

这栋楼的名字让人联想起彼得堡，而暗廊的一个细节会让人加重这种联想——在这里的一面墙上，一位著名的彼得堡建筑师贾科莫·科瓦伦齐留下了签名。遗憾的是，巴洛克和古典主义大师们的涂鸦都已湮没在现代游客题写的签名之中。

在“冬宫”倚靠暗廊而建的最高一层上，有一面不大的四边形池塘，这栋楼的意大利语名称就是“鱼塘楼”（Edificio con peschiera）。在水塘四周的壁龛里曾摆放过雕像，但雕像早在古罗马晚期就被劫掠一空。从这里有几条小路通往主皇宫和金色广场。

我们已经见到过奥斯提亚的消防队员营地，在蒂沃利这种设施同样必不可少。人们认为，在“冬宫”一侧的角落里，有一栋砖头地面的矮楼就是这种用途（Caserma dei Vigili）。在这栋楼内有很多厕位的卫生间也对此提供佐证，这种卫生间通常建在辅助性服务设施中。

这里已经有宏伟的大门、精美的花园、私人消防队，在一栋冬季官邸中要过上舒适的生活还需要些什么？当然是供暖。位于附近被称为“小浴池”和“大浴池”的建筑群就起到这一作用。

一些研究人员对此的设想是，“大浴池”给男人用，而“小浴池”给女人用，但这些建筑中不同的内部装潢和结构使人们得出了更加显而易见的划分：“小浴池”服务于皇帝及其客人，而“大浴池”给奴隶、仆人、消防队员和其他仆从使用。“小浴池”是整片别墅区中最精美的建筑之一，内有一座雅致的八角形大堂，大堂中平直的墙面和凸出的墙面相间而建。这座大堂的屋顶上曾是一面有个窟窿（oculus）的圆顶，就像万神殿的样式，在哈德良时期时常采用这种设计方案。在墙上和地板上装饰有大量古罗马晚期流行的碎块形马赛克（opus sectile）风格大理石，而“大浴池”中的马赛克则是传统样式的黑白色，和我们在奥斯提亚以及卡拉卡拉浴场见到的那种类型一样。还有一点是，从“小浴池”可以通过一连串复杂的通道和暗廊走到宫殿，一路上不会遇到任何外人，更不用

共和末期，鱼塘开始在罗马盛行。西塞罗对这种娱乐颇不以为然，因而将自己厌烦的贵族鲁库鲁斯和格尔腾奇乌斯称为“养鱼专家”（piscinarii）。鱼塘通常是海滨别墅的附属建筑，在海滨更方便将海水和淡水精心地混合在一起，为养鱼创造理想的环境。尽管养鱼池最早是用于繁殖鱼苗去卖的，但博物学家瓦罗说，养鱼虽然能够悦目，但是件费钱的事：首先要投入一大笔钱建设鱼塘，然后再买鱼放入鱼塘，最终将鱼塘整个体系维持在适宜状态也需要钱。农业论著作家科路美拉建议在这类池塘中放入长着水草的石头，“这样水中的囚徒就会较少感受到不自由”。

坎诺帕斯馆舍（版画，皮拉内西作）

接近“大浴池”。

“大浴池”旁边所谓的“禁卫军馆舍”仅仅留下了一片地基，而当年从这片馆舍可以欣赏到整片别墅的景色。从卫星照片上可以看到，馆舍的南面和东面的区域基本上没有经过挖掘。考古学家路易治·卡宁纳认为，当年那里是一片竞技场。

距离“禁卫军馆舍”一步之遥的地方就是别墅区里最著名、风景最优美的景点之一，这里也经常被记录在旅游纪念照之中。它的名字是“坎诺帕斯”（或“坎诺普斯”）。

这个地名当然是从已经提到过的哈德良履历中得来的。坎诺帕斯是距离亚历山大城不远的一座埃及小城（现称“阿布吉尔”，位于尼罗河三角洲，是一个著名历史事件的发生地。1798 年 8 月英国海军与拿破仑舰队在这里进行了决定性的战役；英国人取得了胜利，然而主帅海军上将纳尔逊在战斗中负伤）。古罗马时期，坎诺帕斯在两方面出名：它既是宗教中心，也是淫荡的中心。希腊地理学家斯特拉波对它进行了如下描述：

坎诺帕斯在淫荡方面的名声至少为罗马人所熟知。讽刺作家尤维纳利斯在宣扬远离女色的第六部讽刺作品中（书中有一句名言：“谁来监管监管人？”——“quis custodiet enat custodes”），慨叹罗马世风日下，在讲述一个放荡的罗马女人与情夫私奔到埃及的故事时，揶揄地说，即使是“坎诺帕斯也会谴责首都的道德败坏水准”（prodigia et mores enat damnante Canopo）。

> 如果走陆路，坎诺帕斯距离亚历山大城 120 斯塔迪昂，它以在这里去世的舵手梅列来·坎诺帕斯的名字命名。城市中有一座塞拉匹斯神庙，以能够治病享有名气，即使是最受尊敬的人也相信它的医治功效，或是为了获得裨益自己在庙中过夜，或是让别人在庙中过夜。有些人记录下了治愈的事例，还有些人记载了此处预言家的灵验。但这里最让人惊叹的景象是自亚历山大港沿运河顺流而下前来寻欢作乐的人群。这些人日日夜夜都聚集在船上，男男女女或吹奏笛子、或沉浸在放荡不羁的舞蹈之中。坎诺帕斯本地居民也参与到娱乐活动之中，他们在河岸上设立了专门供休息和此类娱乐活动的酒店。

提布尔的坎诺帕斯则是一条长长的林荫道，两侧摆放着雕像，中间挖有一条运河。运河是哈德良时期地貌设计师常采用的“曲别针”形式：运河较短一侧（北侧）是圆形的，而另一侧是直的。20世纪50年代，意大利考古学家萨尔瓦托莱·奥力杰马为蒂沃利皇家别墅群的复兴做了很多工作，得益于他进行的考古挖掘和提出的设想，坎诺帕斯的装饰得以复原。他所找到的部分雕像（包括曾经作为喷泉使用的尼罗河鳄鱼雕像）现存别墅博物馆，在运河两侧摆放的是复制品。环绕坎诺帕斯而建的柱廊只是修复工作者的想象，没有任何考古资料作为依据。20世纪80年代，下一代考古学家在坎诺帕斯附近发现了一些埋在地下的半截大型双柄瓶。古罗马的园丁们应该是在这些半截的双柄瓶中种植树木和灌木，坎诺帕斯附近当时应该是种有异域风情的植物群，时时可勾起哈德良对自己游历的回忆。

参观哈德良别墅区对游客来说是个考验，特别是在夏天。这里面积巨大，而且意大利夏季炎热无比。罗马帝国时期情况会好一些——在整个别墅区都挖掘有人工河，还有大量喷泉溅出水花，或是滴下或是流出水流，假山上也会淌下水来，在山洞和树林中也涓涓地流淌着水流。而如今在整个博物馆群中，几乎只有坎诺帕斯还有丰富的水流和怡然自得的绿荫——人们不仅可以去想象，还能亲眼看到。

坎诺帕斯笔直的运河一侧连接着一处带有拱顶的馆舍，看到它就可以明白，当年建筑师阿波罗多罗斯为什么让年轻的哈德良去“画南瓜”，这栋馆舍的顶部很像南瓜（看皮拉内西的版画更能引起这种联想）。这栋馆舍通常被称为“塞拉比斯神庙”（Serapeum），这位神在坎诺帕斯常被供奉。在神庙的中心还保存有就餐时使用的晚期式样沙发床遗迹。看起来“塞拉比斯神庙”是供哈德良和客人们使用的精致餐厅，内有壁龛、喷泉、两座不大的卫生间和辅助设施（应该是厨房），而坎诺帕斯则为御用餐厅提供了华丽的背景。

提比略山洞

1957 年，海滨城市斯佩隆加（位于罗马与那不勒斯之间差不多中心的位置）施工建设郊区的一条道路时，考古学家得到了研究提比略皇帝大型豪华别墅废墟的机会。在考古发掘过程中发现了一座山洞，当时被用作提比略和客人们的餐厅，在山洞中发现了数千块大理石雕像残片。修复工作者尽可能地将所有残片收集起来后，有两样东西引起了人们注意。首先是一组群雕，上面标有阿格桑德罗斯、波利佐罗斯和阿典诺多罗斯的名字，他们是来自罗多斯岛的三位著名雕刻家，老普林尼认为他们是“拉奥孔”的作者。专家们迄今还在争论，这就是那三位雕刻家，还是他们的亲戚或仅仅是重名。还有一项发现是皇家山洞餐厅中所有雕像都与《奥德赛》的情节有关，包括：阴险的斯库拉正在试图劫持船舶；奥德修斯抱着阿喀琉斯的遗体；奥德修斯和狄俄墨得斯将雅典娜圣像从特洛伊城堡中取出；还有一尊保存得最好的雕像是奥德修斯和伙伴们正在戳瞎独眼巨人波吕斐摩的眼睛。

公元 26 年，皇帝正在进餐时，山洞的洞顶坍塌了。卫队长塞扬努斯以自己的身体护住了提比略，使其免被掉落的石头砸中，随后赶来的士兵将二人从废墟中救出。此后提比略隐遁到卡普里岛，在那里继续统治帝国，而塞扬努斯虽然不擅国事，但还是成为了他在罗马的全权代表。

《奥德赛》是用来装饰皇帝住所，特别是餐厅时常常使用的主题情节之一，在提布尔的塞拉比斯神庙里找到了一组斯库拉雕像的残片。

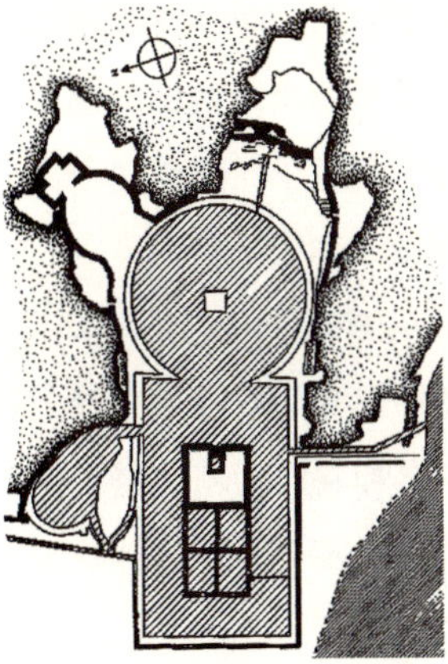

提比略山洞平面图

上区

上区囊括了坎诺帕斯周边及其南侧的大片区域，这个区域中的古迹不是很有名，保存得也不是很好，而且位置也不是很密集。上区的废墟基本不对参观者开放，这些古迹所在的部分区域迄今还属于贵族布加里尼家族。但这片区域绿树成荫，运气好的话还人流稀少。在树木和毫不起眼的古老石头之间有时可以更好地体会到生动的古罗马气息，或至少是 18、19 世纪旅游者所体会到的那种在古迹中沉浸的浪漫气息。

这个区域的东南部分是人工堆积出来的一大片广场，有一堵巨大的支撑墙残迹保存了下来。这里最显眼的建筑物距离坎诺帕斯西侧仅仅 200 米，叫作“洛卡布隆钟楼”。尽管塔楼上面的一层没有保存下来，但即使是在充斥着千篇一律的建筑和肮脏空气的当代，从塔楼露台看亚平宁山麓的景色也是秀美无比。在古罗马时期，任何一位善待自己的贵族都会在盖别墅时建这么一座观景台（最著名的例子应该是梅塞纳斯在埃斯奎利诺山未能保存下来的塔楼，我们曾在第六章讲到过）。

从塔楼有一条笔直的小路通往鲜为人知，但又是别墅区最有意思的建筑之一——“雅典学院”。这里只留下了三根柱子，应该曾经支撑过屋顶或圆顶，还有一大片内院，四周是高墙（很可能是用来防风的，建筑位于山丘顶部），以及中世纪时被用作干草房的三间屋子。这些屋子的遗迹现在还能看到，虽然在屋子上面布加里尼家族又加盖了房子。一座被称为“阿波罗神庙”的圆形大厅紧挨着内院的东侧，旁边还有一座被称为“献祭所”的大厅（皮罗·利戈里奥认为这个厅用于暂存用来献祭的动物）。当然，这些建筑物在古罗马时期的名字和它们的用途仅仅只能猜测。但根据找到的艺术品数量和质量来看，这里不会是辅助性的设施。

稍向东南方向走一些，可以看到一座不大的剧场废墟掩映在绿荫之中，准确地说，是一座供室内乐和诗歌表演的露天音乐场。这种迷你剧场遍布古希腊和古罗马（在雅典和艾菲斯、里昂都有）。它们被称为“奏乐堂”，源自希腊语 а э й д о （“歌唱”）；随后这个词汇成为新时代剧场和电影院的流行称呼。提布尔剧场仅留下了后墙，其他东西都被遮盖在了植物的下面。15 世纪末就在这里进行了我们所知的第一次考古挖掘，毫不令人奇怪的是，也正是在这里找到了诗神缪斯的杰出雕像，如今这些雕像装点着马德里普拉多博物馆的一间大厅。

这座剧场由地下通道体系与附近的一座人工山洞连接。在山洞中建有一座喷泉，上面有特制的凝灰岩沉淀物模仿在真正山洞中的钟乳石。考古学家将这个山洞称为“地下王国”（Inferi），这又是参照了《古罗马皇帝史》作者的说法。这座人造地宫又与稍北侧的地下管道的宏大体系相连接，地下通道系统被称为“大梯形”。这个梯形系统的一个游廊带有壁龛和凸起物，当时有可能是被作为马和骡子的隐蔽围栏使用。不久之前考古学家们推测，所有这些地下体系连同小剧场都是供某种宗教仪式使用的，可能是模仿哈德良曾在希腊参与的厄琉西斯圣礼。

继续向北走，不远处还保存了几处建筑物的废墟，其中一座由于距离假想中的“地下王国”很近被称为“普鲁托神庙”[1]，另一片建筑是为别墅区供水而建的水道，应该是与从阿涅内河向首都供水的大水道体系相连接。在老版画上可以看出，150 至 200 年前这条水道比现在的保存状态要好得多。这里的另外一座建筑也遭遇了类似的命运，它被称为“纪念堂”，是一座圆形建筑，带有巨大的地窖，地窖很可能不是用于墓葬，而是用来储藏雪的。

---

[1] 普鲁托为冥府之神。——译者注

哈德良宝藏

在数个世纪里，哈德良别墅为文明世界供应了很多古罗马雕塑和装饰艺术的卓越作品，在此处得到的考古发掘成果（在发掘之后伴随着买卖、盗窃和历险记）可以在世界上很多博物馆看到。有一位叫“朱塞佩·亚历山大·福利艾迪”的神父，是染指这个别墅区宝藏的古罗马爱好者中最执着的一位，18 世纪初他获得了当时已经属于布加里尼家族的地段开采权。他的探寻很快就取得了成果：找到了一老一少两尊黑色大理石人头马雕像，雕像非常精致。教宗本笃十四世希望将其买下纳入自己的收藏，但福利艾迪予以回绝，以至影响到了他的个人前途（他在 30 年后才当上红衣主教）。

得益于福利艾迪订制的一系列版画，提布尔人头马享誉全欧洲。在罗马找到的同一风格白色大理石雕像被拿破仑迫不及待地买下，如今收藏在卢浮宫。福利艾迪人头马复制品现在摆放在考陶尔德艺术学院画廊的入口，这座画廊是伦敦最好的艺术馆之一。人头马雕塑的原品如今在卡皮托利诺博物馆的大厅展出。在这座大厅旁是“鸽子厅”，厅里可以看

哈德良别墅残垣

到福利艾迪在提布尔找到的另一件著名艺术品，它是建在水池池盘四周的马赛克，上面有四只鸽子雕像。福利艾迪本人是古罗马文学的一位大行家和杰出的语言学家，他相信，这是著名的帕加马工匠索西亚的作品，老普林尼曾提到过它："这是一幅令人惊叹的马赛克，上面的鸽子在喝水，鸽子头部的阴影投射到水中。"

哈德良别墅区杰出考古成果不完整名录包括："蹲着的维纳斯"（维纳斯最典型形象之一，现存戴克里先浴场罗马国家博物馆）；曾经提到过的"害羞的维纳斯"（留在了蒂沃利）；诗神缪斯科利俄、塔利亚、忒耳普西科瑞（现存普拉多博物馆）；大理石半身像"奥德修斯的同伴"（现存大英博物馆）；两尊"掷铁饼者"雕塑（一尊在梵蒂冈博物馆，另一尊在大英博物馆）；红色大理石褐卷尾猴雕像（现存卡皮托利诺博物馆）；赫尔墨斯雕像（哥本哈根雕塑馆）；帕里斯雕像（现存卢浮宫）以及大量散落在世界各地的安提诺乌斯雕像。

蒂沃利哈德良别墅鸽子（马赛克）

罗马的雪

在老一代荷兰画家的画作上，可以看到冰冻的人工河和滑冰的人群，由此可以看出气候的变化。古罗马时的气候比现在要严酷一些，不仅在遥远的阿尔卑斯山可以看到雪（罗马人认为，阿尔卑斯山完全在意大利国境以外），就连距离罗马仅四十多公里的索拉科特山顶（现索拉特山）也可以看到雪。但希腊罗马文明的主要中心，包括雅典、科林斯、克里特、帕加马、米利都、西西里、罗马、那不勒斯，都处于温和的地中海式气候区域，这里夏季炎热，但冬季几乎从不会有真正的严寒。

由于此时距离发明冰箱时候尚早，对于古罗马美食家来说，食品和饮料的冷藏问题就显得十分现实。人们通常将冰激凌的发明归功于亚历山大大帝，他当时似乎是将冰、雪和花蜜以及蜂蜜混合在一起饮用。其实古代作家们只是一带而过地提到，亚历山大在远征之中用橡树枝遮蔽住装有冰的大坑，以此作为“冰箱”使用。据老普林尼讲述，尼禄发明了一种用雪冰镇的饮料，在生命的最后时刻他还带着惆怅的嘲讽语调提及。在流传至今的署名为阿皮基乌斯的著名古罗马美食书中介绍，用雪冰镇的方法不仅广泛用于葡萄酒，还用于制作其他食品，例如制作“阿皮基乌斯肉冻”，需要将面包、煮熟的鸡肉、小牛肚或羊肚、奶酪、松子、腌黄瓜和洋葱一起紧紧填入罐子，倒入浓汤，然后放入雪中，取出冰好的肉冻，再加上西芹、薄荷、无花果、葡萄干、蜂蜜混合的汤汁以及醋、橄榄油和葡萄酒。

APICII COELII
DE
OPSONIIS
ET
CONDIMENTIS,
Sive
ARTE COQUINARIA,
LIBRI DECEM.
Cum Annotationibus
MARTINI LISTER,
è Medicis domesticis Serenissimæ Majestatis Reginæ Annæ,
ET
Notis selectioribus, variisque lectionibus integris,
HUMELBERGII, BARTHII, REINESII,
A. VAN DER LINDEN, & ALIORUM,
ut & Variarum Lectionum Libello.
EDITIO SECUNDA.
Longe auctior atque emendatior.
AMSTELODAMI,
Apud JANSSONIO-WAESBERGIOS.
MDCCIX.

《谈做菜和调料》，古罗马晚期以阿皮基乌斯之名著作的书（阿姆斯特丹，1709年）

当时非常流行使用掺入雪的过滤器过滤葡萄酒，为此还有专门的装置。马尔奇乌斯在讽刺短诗集《礼物》一书中提到过这种装置：这是“一种掺有雪的葡萄酒过滤器”（Colum nivarium），还有“透过雪过滤葡萄酒的布袋”（Saccus nivarius）。专家们认为，布袋子仅供低等级葡萄酒使用；而美食家们则使用有洞眼的金属器皿过滤。在罗马衰落时期，半疯的少年皇帝依拉加巴路斯曾于盛夏时节在自己的院子里堆起一座雪山（为此专门从远方运来了雪）。再晚些时候的皇帝卡里努斯只愿意在用雪冷却过的水中洗澡，他有一次在冬天时去温泉洗澡，冲着仆人们喊道：“你们这是给我准备了什么娘里娘气的水！”提到此事的文献中不无讽刺地评论道，这就是皇帝说过的最著名的一句话了。

但无论如何，冰雪对于喜好温暖的罗马人来说还是无法习惯，甚至有些可怕的。被奥古斯都流放到黑海之滨托弥城（距离现罗马尼亚康斯坦察不远）的诗人奥维德，在自己的著作《哀歌》和《黑海零简》中不停地抱怨当地的坏天气：

> 北风刚刚停歇，雪花就聚集在天穹之下，
> 阴沉的天气和暴雪紧紧压迫着大地。
> 大雪堆积起来，无论在雨中，还是阳光下都不会融化，
> 雪在风中结成冰，长期地存续下去。
> 上一场雪还没有化，下一场又下了起来，
> 很多地方还时常能看到去年的雪。
> 头发上常会挂上冰柱，一动就瑟瑟作响。
> 严寒之下白色的道路闪闪发光。
> 葡萄酒保持着罐子的形状，可以自己立住，
> 喝酒时不是一口一口地喝，而是一块一块地喝。
> 在曾经行船的地方，现在行人穿梭，
> 在被严寒封冻的河流上时时响起马蹄声。
> 在冰桥之下河水静静流淌，
> 桥上犍牛慢慢拉着沉重的萨尔马特大车。

康斯坦察地区的黑海已很少结冰，但近几年来结冰现象倒时有发生。

代　跋

[Avunculus meus] dicere etiam solebat nullum esse
librum tam malum ut non aliqua parte prodesset.
（我的叔叔）喜欢说，没有哪本书能够烂到里面找不到一点有益的东西。

——小普林尼（关于老普林尼），公元 1 世纪
（马·叶·谢尔盖延科译）

Prima urbes inter, divum domus, aurea Roma.
金色的罗马，神的住所，天下第一城。

——奥索尼乌斯，公元 4 世纪
（瓦·雅·布留索夫译）

Dumque offers victis enator consortia iuris,
Urbem fecisti quod prius orbis erat.
你只赋予胜利者加入的权利，最终全世界变为一座城市。

——卢提留斯·纳玛提亚努斯，公元 5 世纪
（奥·维·斯梅卡译）

Si fueris Romae, Romano vivito more,
Si fueris alibi, vivito sicut ibi.
到了罗马，就守罗马的规矩，在什么地方都要入乡随俗。

——中世纪谚语
（维·瓦·松金译）

Par tibi, Roma, nihil, cum sis prope tota ruina;
Quam magni fueris integra fracta doces.
Urbs cecidit de qua si quicquam dicere dignum
Moliar, hoc potero dicere: Roma fuit!
罗马，你是举世无双的；
虽然你已几乎被毁，但你仍在宣示往昔的辉煌。
为了它和伟大的荣耀我只想说：
这里有罗马的往昔！

——拉瓦尔丹的希尔德贝特，11世纪末
（费·阿·彼得罗夫斯基译）

Sive favore tuli, sive hanc ego carmine famam,
Iure tibi grates, candide lector, ago.
无论我是否赢得你的好评，都要对你，我的读者，说一句谢谢。

——奥维德，公元1世纪
（米·列·加斯帕罗夫译）

延伸阅读

介绍古罗马和罗马城的读物无穷无尽，取之不竭。此书目列出的古罗马文献俄文版本图书或可具有一定的代表性，但在浩如烟海的古罗马读物中仅是冰山一角，书目迫于必要仅主观而扼要地选择了较少读物，建议读者以审慎而宽容的态度对待。

Lesley and Roy Adkins. *Handbook to Life in Ancient Rome*. Oxford University Press, 1994.

Peter J. Aicher. *Rome Alive: A Source-Guide to the Ancient City*. Bolchazy-Carducci Publishers, 2001.

J. P. V. D. Baldson. *Life and Leisure in Ancient Rome*. McGraw-Hill, 1969 (reissued by Phoenix Press, 2002).

Mary Beard. *The Roman Triumph*. Harvard University Press, 2009.

Mary Beard, John Henderson. *Classics: A Very Short Introduction*. Oxford University Press, 2000.

Mary T. Boatwright, Daniel J. Gargola, Richard J. A. Talbert. *The Romans: From Village to Empire*. Oxford University Press, 2004.

Jérôme Carcopino. *La vie quotidienne à Rome à l'apogée de l'Empire*. Hachette, 1939 (was reissued).

Amanda Claridge. *Rome. An Oxford Archaeological Guide*. Oxford University Press, 2010.

Filippo Coarelli. *Rome and Environs. An Archaeological Guide*. University of California Press, 2007.

T. J. Cornell. *The Beginnings of Rome*. Routledge, 1995.

Tim Cornell, John Matthews. *The Cultural Atlas of the World: The Roman World*. Time Life, 1991.

Adrian Goldsworthy. *How Rome Fell: Death of a Superpower*. Yale University Press, 2010.

Martin Goodman. *The Roman World. 44 BC –AD 180*. Routledge, 1997.

Michael Grant. *The Roman Forum*. McMillan, 1970.

Keith Hopkins, Mary Beard. *The Colosseum*. Harvard University Press, 2011.

Rodolfo Lanciani. *Ancient Rome in the Light of Recent Discoveries*. Houghton, Mifflin and Co., 1898.

Rodolfo Lanciani. *Pagan and Christian Rome*. Houghton, Mifflin and Co., 1892.

Tyler Lansford. *The Latin Inscriptions of Rome: A Walking Guide*. Johns Hopkins University Press, 2009.

Alta Macadam. *Blue Guide Rome*. Blue Guides Limited of London, 2010 (11th edition).

Paul MacKendric. *The Mute Stones Speak. The Story of Archaeology in Italy*. Norton & Co., 1983.

The Oxford Classical Dictionary. Oxford University Press, 2012 (4th edition).

Samuel B. Platner, Thomas Ashby. *A Topographical Dictionary of Ancient Rome*. Oxford University Press, 1929.

Lawrence Richardson, Jr. *A New Topographical Dictionary of Ancient Rome*. Johns Hopkins University Press, 1992.

Margaret Steinby (ed.). *Lexicon Topographicum Urbis Romae*. Vol. 1–7. Oxford University Press USA, 1995–2001.

Ronald Syme. *The Roman Revolution*. Oxford University Press, 1939 (was reissued).

David Watkin. *The Roman Forum*. Profile Books, 2009.

Greg Woolf (ed.). *Cambridge Illustrated History of the Roman World*. Cambridge University Press, 2003.

译名对照

A

Accademia dei Georgofili 农学家学会
Achaea 亚该亚
Acilius Glabrio 阿奇利乌斯・格拉布里奥
Acqua Felice 费利切水道
Acron 阿克隆
Actium 亚克兴
Adrian of Nicomedia 阿德里安
Aegeae 爱格爱
Aemilia 埃米利娅
Aeneas Sylvius Piccolomini 埃内亚・西尔维奥・皮科洛米尼
Aesculapius 埃斯库拉庇乌斯
Agesandros,Polydoros and Athanodoros 阿格桑德罗斯、波利佐罗斯和阿典诺多罗斯
Agrippina 阿格里皮娜
Aksum 阿克苏姆
Alarich 阿拉里克
Alba Longa 阿尔巴隆加
Alessandro Albani 亚历山德罗・阿尔瓦尼
Alessandro Farnese 亚历山德罗・法尔内塞
Alexander Ivanov 亚历山大・伊万诺夫
Altare della Patria 祖国祭坛
Amanda Claridge 阿曼达・克拉里什
Ambrose 安布罗斯
Amenhotep III 阿蒙霍特普三世
Ammianus Marcellinus 阿米阿努斯・马尔切利努斯
Amphiaraus 安菲阿剌俄斯
Amphitrite 安菲特里忒
Amulius 阿穆利乌斯
Anacletus II 克雷二世
Ancus Marcius 安库斯・马尔西乌斯
Andrea Carandini 安德烈亚・卡兰迪尼
Andrea Palladio 安德烈亚・帕拉第奥
Antinous 安提诺乌斯
Antioch 安提阿
Antiochus III the Great 安条克三世
Antiope 安提俄珀
Antium (Anzio) 安提乌姆（安济奥）
Antoninus Pius 安东尼・皮乌斯
Antonio Gramsci 安东尼奥・葛兰西
Antonio Nibby 安东尼奥・尼比
Apelles 阿佩利斯
Aphrodite 阿佛洛狄忒
Apicius 阿皮基乌斯
Apollo Medicus 医者阿波罗
Apollodorus of Damascus 大马士革的阿波罗多罗斯
Apolonia 阿波罗尼亚
Appian 阿庇安
Appius Claudius 阿庇乌斯・克劳狄
Appius Claudius Caecus 阿庇乌斯・克劳狄・卡阿苏斯
Appius Claudius Pulcher 阿庇乌斯・克劳狄乌斯・普尔凯尔
Apuleius 阿普列乌斯

Aqua Virgo 维尔戈水道
Arcesilaus 阿尔克西拉奥斯
Arch of Septimius Severus 塞维鲁凯旋门
Arco dei Pantani 沼泽之门
Arco di Portogallo 葡萄牙凯旋门
Arcus Argentariorum 货币兑换商凯旋门
Arelate 阿瑞拉特
Argiletum 阿尔吉来图姆街
Argos 阿尔戈斯人
Argus 阿尔戈斯
Aristotle 亚里士多德
Arpi 阿耳皮
Artemis 阿耳忒弥斯
Arval Brethren 阿尔瓦兄弟会
Ascanius 阿斯卡尼乌斯
Asclepius 阿斯克勒庇俄斯
Ascletarion 阿斯克勒塔利昂
Athanasius Kircher 阿塔纳修斯·基歇尔
Atia 阿提娅
Attalus I 阿塔罗斯一世
Augustyn Mirys 奥古斯丁·米尔维斯
Aulus Gellius 奥卢斯·革利乌斯
Aulus Postumius Albus 奥卢斯·波斯图米乌斯·阿尔布斯
Aventino 阿文蒂诺山
Avignon 阿维尼翁

B

Bacchus 巴克科斯
Baiae 巴亚
Barberini Vineyard 巴尔贝里尼葡萄园
Basilica di San Giovanni in Laterano 拉特朗的圣若望大殿
Basilica Emilia 埃米利亚巴西利卡
Basilica Sempronia 森普罗尼亚巴西利卡
Battle of Cannae 坎尼战役
Battle of Pharsalus 法萨卢斯战役
Battle of Vercellae 维尔塞莱之战
Belisarius 贝利萨留
Bellerophon 柏勒洛丰
Bellona 柏洛娜
Benito Mussolini 贝尼托·墨索里尼
Benozzo Gozzoli 贝诺佐·戈佐利
Bias of Priene 普里恩的毕亚斯
Bithynia 比提尼亚
Bocca della Verità 真言之口
Bona Dea 玻娜·得亚
Boniface IV 波尼法爵四世
Bonus Eventus 好运神
boustrophedon 牛耕式转行书写法
Brennus 布雷努斯
Britannicus 布里塔尼库斯
Britomartus 布里托马尔图斯

C

Cádiz 加的斯
Caecilia Metella 凯西利娅·梅特拉
Caelius Rufus 凯利乌斯·茹福斯
Caenina 凯尼那
Caere 凯里
Caligula 卡利古拉
Callimachus 卡利马库斯
Calpurnius Siculus 卡尔普尔尼乌斯·西库卢斯
Campo dei Fiori 鲜花广场
Campo Vaccino 奶牛牧场
Campus Martius 战神之地
Canaletto 卡纳莱托
Canopus 坎诺帕斯
Capadocia 卡帕多西亚
cape maleas 马里阿角
Capena 卡佩纳

Capitolino 卡皮托利诺山
Capocci 卡波奇
Capua 卡普阿
Caracalla 卡拉卡拉
Caravaggio 卡拉瓦乔
Carinus 卡里努斯
Carlo Fontana 卡洛・丰塔纳
Carlo Ludovico Visconti 卡洛・卢多维科・维斯孔蒂
Carol Twombly 卡萝尔・通布利
Carolus Magnus 卡尔大帝
Cassius Dio 卡西乌斯・狄奥
Catiline 喀提林
Cato the Elder 老加图
Celer 刻勒耳
Celio 切利奥山
Centrale Montemartini 蒙泰马丁尼中央博物馆
Centumviral 百人法院
Cerveteri 切尔韦泰里
Charles Cameron 查尔斯・卡梅伦
Charles Dickens 查尔斯・狄更斯
Charles Mills 查尔斯・米尔斯
Chersonesus 克森尼索
Cherubino Alberti 凯鲁比诺・阿尔贝蒂
Chiesa di Santa Maria di Loreto 洛雷托圣母教堂
Chilon of Sparta 斯巴达的契罗
Cicero 西塞罗
Cilicia 奇里乞亚
Cinecittà 奇尼奇塔
Circus Flaminius 弗拉米尼乌斯竞技场
Clara Petacci 克拉拉・佩塔奇
Claudia 克劳狄娅
Claudia Quinta 克劳狄娅・昆塔
Claudia Severa 克劳狄娅・塞维拉
Claudius Pulcher 克劳狄乌斯・普尔喀
Cleopatra 克利奥帕特拉
Clivus Suburanus 苏布拉坡路
Cola di Rienzo 科拉・迪・里恩佐
Colline Gate 科林纳门
Colosseum 斗兽场
Colossi of Memnon 门农巨像
Columella 科路美拉
Column of Phocas 福卡斯圆柱
Comitium 集议场
Commodus 康茂德
Constantius II 君士坦提乌斯二世
Cornelius Cossus 科尔内利乌斯・科苏斯
Corniculum 考尼库隆
Corso Vittorio Emanuele II 维托里奥・埃马努埃莱二世大道
Cortile del Belvedere 贝尔韦代雷庭院
Cosmati 科斯马蒂
Crescenzi 克雷申齐
Cumae 库迈
Cumbria 坎布里亚郡
Curia 元老院会堂
Curiatii 库里亚提乌斯三兄弟
Cybele 库柏勒

D

Dalmatia 达尔马提亚
Dan Brown 丹・布朗
Danaides 达娜伊得斯
Danaus 达那俄斯
Dante 但丁
Decemviri 十人委员会
Delphi 德尔斐
Demosthenes 狄摩西尼
Diana 狄阿娜
Diocletian 戴克里先
Dionysius of Halicarnassus 哈利卡纳苏斯的狄奥尼西奥斯
Dionysus 狄俄尼索斯

Dioscuri 狄俄斯库里
Dirce 狄耳刻
Djémila 贾米拉
Domitian 图密善
Domus Gelotiana 格洛提乌斯之家
Donato Bramante 多纳托・布拉曼特
Drusus Caesar 德鲁苏斯・恺撒
Dura-Euopos 杜拉欧罗普斯
Durandal 杜兰德尔之剑

E

Edward Gibbon 爱德华・吉本
Egeria 厄革里亚
Einsiedeln Itinerary 艾因西德伦旅行指南
Elagabal 埃拉伽巴尔
Elagabalus 埃拉伽巴路斯
Eleusis 厄琉西斯
Emisa 埃美萨
Ennius 恩尼乌斯
Epaphroditos 厄帕弗洛狄托斯
Epidaurus 埃皮达鲁斯
Epirus 伊庇鲁斯
Eros 厄洛斯
Esquilino 埃斯奎利诺山
Étienne Dupérac 艾蒂安・迪佩拉克
Etore Muti 埃托雷・穆蒂
Euboea 埃维亚岛
Eugene IV 恩仁四世
Eugene Onegin 叶普盖尼・奥涅金
Euphrates River 幼发拉底河
Eurystheus 欧律斯透斯
Eusebius 尤西比乌斯
Evander 厄凡德尔

F

Fasti Consulares 执政官年表
Fasti Triumphales 凯旋年表
Faustulus 浮士德勒
Faustus Cornelius Sulla 福斯图斯
Favorinus 法沃里努斯
Felice De Fredis 费利切・德・弗雷迪斯
Felix IV 斐理斯四世
Fenimore Cooper 费尼莫尔・库柏
Feronia 斐罗尼亚
Flavio Biondo 弗拉维乌斯・庇安多
Flora 佛洛拉
Floronia 弗洛罗尼娅
Fontana dei Quattro Fiumi 四河喷泉
Fortuna Huiusce Diei 今日之福耳图娜
Fortuna Virilis 阳刚的福耳图娜
Forum Boarium 牛市
Forum of Augustus 奥古斯都广场
Forum of Caesar 恺撒广场
Fra Angelico 安杰利科修士
Francesco Borromini 弗朗切斯科・普罗密尼
Frascati 弗拉斯卡蒂
Friedrich von Duhn 弗里德里希・冯・杜恩

G

Gabinius 加比尼乌斯
Gaetano Donizetti 葛塔诺・多尼采蒂
Gaius Cilnius Maecenas 梅塞纳斯
Gaius Curtius Philon 盖乌斯・库尔提乌斯・菲隆
Gaius Duilius 盖乌斯・杜伊利乌斯
Gaius Gracchus 盖乌斯・格拉古
Gaius Laelius 莱利乌斯
Gaius Laetorius 盖乌斯・莱托里乌斯
Gaius Lutatius Catulus 盖乌斯・卢塔提乌

斯·卡图卢斯
Gaius Marius 马略
Gaius Scribonius Curio 盖乌斯·斯克里波尼乌斯·库里奥
Gaius Servilius Glaucia 格劳西亚
Gaius Sosius 盖乌斯·索西乌斯
Gaius Valerius Catullus 卡图卢斯
Gaius Verres 盖乌斯·维勒斯
Galatea 伽拉忒亚
Galba 加尔巴
Gallienus 伽利埃努斯
Ganymedes 伽倪墨得斯
Garamante 加拉曼特人
Gelasius I 哲拉修一世
George Dance the Younger 小乔治·丹斯
George Gissing 乔治·吉辛
George Wigley 乔治·威格利
Georges Chedanne 乔治·谢达纳
Gerald Durrell 杰拉尔德·达雷尔
Germanicus 日耳曼尼库斯
Geryon 革律翁
Geta 盖塔
Ghirlandaio 基兰达约
Giacomo Barozzi da Vignola 贾科莫·巴罗齐·达·维尼奥拉
Giacomo Boni 贾科莫·博尼
Giacomo della Porta 贾科莫·德拉·波尔塔
Giacomo Puccini 贾科莫·普契尼
Giampietro Gampana 詹彼得罗·坎帕纳
Gian Lorenzo Bernini 吉安·洛伦佐·贝尼尼
Gianicolo 贾尼科洛山
Gihon 基训河
Giovanni Battista Piranesi 乔瓦尼·巴蒂斯塔·皮拉内西
Giovanni Ganganelli 乔瓦尼·甘加内利
Girolamo Rainaldi 吉罗拉莫·拉伊纳尔迪
Giuliano da Sangallo 朱利亚诺·达·桑迦洛
Giuliano della Rovere 儒略二世
Giuseppe Moretti 朱塞佩·莫雷蒂
Giuseppe Valadier 朱塞佩·瓦拉迪耶
Giuseppe Vasi 朱塞佩·瓦西
Giza 吉萨
Gnaeus Domitius Calvinus 格涅乌斯·多米提乌斯·卡尔维努斯
Gnaeus Naevius 奈维乌斯
Gogol 果戈里
Gracchi 格拉古兄弟
Gratian 格拉提安
Gregory XVI 额我略十六世
Guido Baccelli 圭多·巴切利
Guillaume Berthelot 纪尧姆·贝特洛
Gustave Flaubert 居斯塔夫·福楼拜

H

Hadrian 哈德良
Halicarnassus 哈利卡纳苏斯市
Hannibal 汉尼拔
Harpocrates 哈波克拉提斯
Helios 赫利俄斯
Helvius Cinna 赫尔维乌斯·秦纳
Henryk Sienkiewicz 亨利克·显克维支
Hephaestus 赫费斯托斯
Heracles 赫拉克勒斯
Heraclius 希拉克略
Herculaneum 赫库兰尼姆
Hercules 赫耳库勒斯
Hercules Olivarius 橄榄商赫耳库勒斯
Herennius Siculus 赫伦尼乌斯·西库卢斯
Herod the Great 希律大帝
Herodes Atticus 希罗德·阿提库斯
Herodian 赫罗狄安
Homs 霍姆斯
Honorius 霍诺留

Honorius I 和诺理一世
Horace 贺拉斯
Horace Walpole 贺瑞斯·华尔波尔
Horatii 贺拉提乌斯三兄弟
Horatius 贺拉提乌斯
Horatius Cocles 贺拉提乌斯·科克莱斯
Hormizd 霍尔米兹德
Hostus Hostilius 霍斯路斯·荷斯提利乌斯
House of Bourbon 波旁家族
House of the Vestals 维斯塔祭司之家

I

Ignatius of Antioch 安条克的伊格那丢
Innocent III 依诺增爵三世
Io 伊俄
Ippolito d'Este 伊波利托·埃斯特
Irene Iacopi 伊雷妮·亚科皮

J

Jan Willem de Winter 扬·威廉·德·温特
Jerome 哲罗姆
Joaquín Ibarra 华金·伊瓦拉
Johann Burchard 约翰·布尔夏德
Johann Tischbein 约翰·蒂施拜因
John Keats 约翰·济慈
John Paul II 若望·保禄二世
John Soane 约翰·索恩
José Carreras 何塞·卡雷拉斯
Joseph Brodsky 约瑟夫·布罗茨基
Joseph Mullooly 约瑟夫·马卢利
Jugurtha 朱古达
Julia Domna 朱利娅·多姆娜
Julius Caesar 朱利乌斯·恺撒
Julius II 儒略二世
Julus 朱卢斯
Juno Curitis 持枪者朱诺
Juno Regina 天后朱诺
Juno Sospita 救世者朱诺
Jupiter Stator 坚守者朱庇特
Justinian I 查士丁尼一世
Juvenal 尤维纳利斯

K

Karalis 卡拉利斯（现撒丁岛卡利亚里）
Karl Bryullov 卡尔·布留洛夫
Kerkira 克基拉岛

L

L. Pescennius Eros L. 佩希尼乌斯·厄罗斯
Lacus Curtius 库尔提乌斯湖
Lacus Juturnae 朱图耳娜湖
Lago Fucino 富齐诺湖
Lake Regillus 雷吉卢斯湖
Lanuvium 拉努维乌姆
Lapis Niger 黑石
Lares 拉瑞斯
Lares Permarini 海上之拉瑞斯
Largo Corrado Ricci 科拉多·里乔街
Latona 拉托娜
Law of the Twelve Tables《十二铜表法》
Leda 丽达
Lemnos 利姆诺斯岛
Leo IV 利奥四世
Leto 勒托
Lew Wallace 卢·华莱士
Licinia 李锡尼娅
Livia Drusilla 利维娅·德鲁希拉
Livy 李维

Londinium 伦狄乌姆
Lucan 卢坎
Luciano Pavarotti 卢恰诺・帕瓦罗蒂
Lucius Aemilius Paulus 卢西乌斯・埃米利乌斯・保卢斯
Lucius Aemilius Regillus 卢西乌斯・埃米利乌斯・雷吉卢斯
Lucius Albinius 卢西乌斯・阿尔比尼乌斯
Lucius Appuleius Saturninus 卢西乌斯・萨图尔尼努斯
Lucius Caecilius Metellus 卢西乌斯・凯西利乌斯・梅特卢斯
Lucius Cornelius Balbus 卢西乌斯・科尔内利乌斯・巴尔布斯
Lucius Cornelius Sulla 苏拉
Lucius Junius Brutus 卢西乌斯・朱尼乌斯・布鲁图斯
Lucius Licinius Crassus 卢西乌斯・李锡尼・克拉苏
Lucius Licinius Murena 卢西乌斯・李锡尼乌斯・穆列纳
Lucius Mummius 卢西乌斯・穆米乌斯
Lucius Munatius Plancus 卢西乌斯・姆纳蒂乌斯・普兰库斯
Lucius Opimius 卢西乌斯・欧皮米乌斯
Lucius Postumius Megellus 卢西乌斯・波斯图米乌斯・梅格勒斯
Lucius Venuleus Apronianus 卢西乌斯・维努琉斯・阿普罗尼亚努斯
Lucretia 卢克蕾提娅
Ludovisi Throne 路德维希宝座
Ludwig Pollak 路德维希・波拉克
Lugdunum 卢格杜努姆
Luigi Rossini 路易吉・罗西尼
Lupercal 卢佩尔卡尔洞
Lusitania 卢西塔尼亚
Lyceum 吕克昂学校
Lycia 吕西亚
Lycurgus 吕枯尔戈斯
Lympha 林帕
Lysippos 留西波斯

M

Madaba 马代巴
Maenads 迈那得斯
Magistrates 高级官员
Maison Carrée 方形神庙
Mamertinum 马墨尔庭姆
Manius Acilius Glabrio 格拉布里奥
Mantegna 曼特尼亚
Marcus Atilius Regulus 马库斯・阿蒂利乌斯・雷古鲁斯
Marcus Aurelius 马可・奥勒留
Marcus Calpurnius Bibulus 马库斯・毕布路斯
Marcus Claudius Marcellus 马库斯・克劳狄乌斯・马塞卢斯
Marcus Curtius 马库斯・库尔提乌斯
Marcus Fulvius Nobilior 马库斯・富尔维乌斯・诺比利奥尔
Marcus Furius Camillus 马库斯・弗利乌斯・卡米卢斯
Marcus Gavius Apicius 阿皮基乌斯
Marcus Licinius Crassus 马库斯・李锡尼・克拉苏
Marcus Manlius Capitolinus 马库斯・曼利乌斯・卡皮托利努斯
Marcus Minutius Rufus 马库斯・米努提乌斯・茹福斯
Marcus Terentius Varro 瓦罗
Marcus Vipsanius Agrippa 阿格里帕
Marforio 马尔福里奥
Marguerite Yourcenar 玛格丽特・尤瑟纳尔
Mark Antony 马克・安东尼

Martial 马提亚尔
Martino Longhi the Younger 小马蒂诺·隆吉
Massilia 马西利亚
Mater Matuta 玛图塔圣母
Maurice 莫里斯
Mausolus 摩索拉斯
Maxentius 马克森提乌斯
Medusa Gorgon 美杜莎·戈耳工
Melozzo da Forlì 美洛佐·达·弗利
Mercury 墨丘利
Metelli brothers 梅特卢斯兄弟
Mettius Curtius 梅蒂乌斯·库尔提乌斯
Michelangelo Antonioni 米开朗基罗·安东尼奥尼
Mickiewicz 密兹凯维奇
Miletus 米利都
Miliarium Aureum 金色里程碑
Misenum 米塞努姆
Mithraism 密特拉教
Mithras 密特拉斯
Mithridates 米特拉达梯
Mylae (Milazzo) 米莱（米拉佐）

N

Narbonne 纳博讷
Narses 纳尔塞斯
Nataliya Nikolaevna Goncharova 娜塔丽娅·尼古拉耶夫娜·冈察洛娃
Naulochus 瑙洛库斯
Nazirite 拿细耳人
Nero 尼禄
Nero Claudius Drusus Germanicus 德鲁苏斯
Nicomedes 尼克美狄斯
Nicomedes IV 尼科美德四世
Niobe 尼俄柏
Nora 诺拉市
Northumberland County 诺森伯兰郡
Numa Pompilius 努玛·彭庇利乌斯
Numitor 努米托尔

O

Oceanus 俄刻阿诺斯
Octagonal Room 八角厅
Octavius 屋大维
Odoacer 奥多亚塞
Onofrio Panvinio 奥诺弗里奥·潘维尼奥
Opimia 欧皮米娅
Oppio 奥皮奥山
Ops 俄普斯
Oranienbaum 奥拉宁鲍姆宫
Oratory of the Forty Martyrs 四十殉教者礼拜堂
Orazio Censore 奥拉齐奥·琴索雷
Orazio Torriani 奥拉齐奥·托里亚尼
Orpheus 俄耳浦斯
Ostia 奥斯提亚
Ostia Antica 奥斯提亚
Otho 奥托
Ovid 奥维德

P

Palace of the Conservators 保守宫
Palatino 帕拉蒂诺山
Palazzo dell’Anagrafe 户籍登记宫
Palazzo Farnese 法尔内塞宫
Palazzo Nuovo 新宫
Palazzo Orsini 奥尔西尼宫
Palazzo Orsini Pio Righetti 奥尔西尼–皮奥–里盖蒂宫
Palazzo Senatorio 元老宫

Palazzo Spada 斯帕达宫
Palazzo Valentini 瓦伦蒂尼宫
Palazzo Vidoni 维多尼广场
Palazzo Wedekind 魏德金宫
Pantheon 万神庙
Paul V 保禄五世
Pavlovsk 巴甫洛夫斯克
Peloponnesus 伯罗奔尼撒半岛
Penelope 珀涅罗珀
Percy Bysshe Shelley 珀西 · 比希 · 雪莱
Perseus of Macedon 佩尔修斯
Pessinus 培希努
Petronius Arbiter 佩特洛尼乌斯 · 阿尔比特尔
Philippi 腓立比
Phrygia 弗里吉亚
Piazza del Biscione 巨蛇广场
Piazza Del Grillo 德尔格里洛广场
Piazza del Paradiso 天堂广场
Piazza del Popolo 人民广场
Piazza della Consolazione 忧苦之慰广场
Piazza della Minerva 密涅瓦广场
Piazza Maggiore 马焦雷广场
Piazza Margana 马尔加纳广场
Piazza Mattei 马泰广场
Piazza Navona 纳沃纳广场
Piazza San Bernardo 圣伯尔纳铎广场
Piazza San Marco 圣马尔谷广场
Piazza Venezia 威尼斯广场
Pierleoni 皮耶莱奥尼
Pietro Rosa 彼得罗 · 罗萨
Pinturicchio 平托瑞丘
Pirro Ligorio 皮罗 · 利戈里奥
Pishon 比逊河
Pisistratus 佩西司特拉托斯
Pius IX 庇护九世
Placido Domingo 普拉西多 · 多明戈
Plato 柏拉图
Plautus 普劳图斯
Pliny the Elder 老普林尼
Plotina 普洛提娜
Pluto 普鲁托
Poggio Bracciolini 波焦 · 布拉乔利尼
Pollux 波卢克斯
Polybius 波里比阿
Polycrates 波利克拉特斯
Polyphemus 波吕斐摩斯
Ponte Cestio 切斯蒂奥桥
Ponte Fabricio 法布里奇奥桥
Ponte Palatino 帕拉蒂诺桥
Pope Agatho 教宗佳德
Pope Paschal II 教宗帕斯加尔二世
Pope Silvester I 教宗西尔维斯特一世
Pope Simmachus 教宗西玛克
Poplicola 波普利科拉
Porta Pia 庇亚门
Portico of the Harmonious Gods 十二主神柱廊
Portunus 波图努斯
Postumia 波斯图米娅
Praeneste 普赖涅斯忒
Praxiteles 普拉克西特列斯
Priapus 普里阿波斯
Processus and Martinian 博策稣和玛谛酿
Proconnesus 普罗科尼苏斯
Procopius 普洛科皮乌斯
Propertius 普洛佩提乌斯
Proserpina 普罗塞尔皮娜
Prudentius 普鲁登提乌斯
Publius Clodius Pulcher 克劳狄乌斯
Puteoli 部丢利
Pyrrhus 皮洛士

Q

Quintus Articuleus Petinus 昆图斯·阿耳提库琉斯·佩提努斯
Quintus Aurelius Symmachus 叙马库斯
Quintus Hortensius 昆图斯·霍腾修斯
Quintus Lutatius Catulus 昆图斯·卢塔提乌斯·卡图卢斯

R

Ramesses II 拉美西斯二世
Ravenna 拉韦纳
Regia 雷吉亚
Remus 雷穆斯
Rhea Silvia 瑞亚·西尔维亚
Richard Deakin 理查德·迪金
Richard Harris 理查德·哈里斯
Richard Meier 理查德·迈耶
River Aniene 阿涅内河
Robert Guiscard 罗贝尔·吉斯卡尔
Robigus 罗比古斯
Rodolfo Lanciani 鲁道夫·兰恰尼
Romulus 罗慕路斯
Romulus Augustulus 罗慕路斯·奥古斯都路斯
Rostra 演讲台

S

Sabratha 萨布拉塔
Saepta Iulia 朱利亚投票处
Saint Bernardino of Siena 圣伯尔纳定
Saints Sergius and Bacchus 圣塞尔吉乌斯与圣巴克斯
Salita del Grillo 格里洛上坡路
Sallustius 撒路斯提乌斯
Salonia 萨隆尼娜
Samnite 萨莫奈人
San Bartolomeo all'Isola 岛上的圣巴尔多禄茂圣殿
San Bonaventura al Palatino 圣博纳文图拉教堂
San Clemente al Laterano 圣克肋孟圣殿
San Giorgio in Velabro 维拉布鲁姆的圣乔治圣殿
San Giuseppe dei Falegnami 木匠圣约瑟夫教堂
San Lorenzo fuori le Mura 城外的圣老楞佐圣殿
San Lorenzo in Lucina 卢西娜的圣老楞佐圣殿
San Lorenzo in Miranda 米兰达的圣老楞佐教堂
San Lorenzo in Panisperna 潘尼斯帕纳的圣老楞佐教堂
San Martino ai Monti 蒙蒂的圣马丁教堂
San Nicola de Calcarario 烧石灰匠的圣尼古拉教堂
San Nicola dei Cesarini 切萨里尼的圣尼古拉教堂
San Nicola in Carcere 监狱上的圣尼古拉教堂
San Sebastiano al Palatino 圣巴斯弟盎教堂
San Stanislao alle Botteghe Oscure 圣达尼老教堂
Sanctus Ambrosius 圣安波罗修
Sant'Alfonso di Liguori 圣阿方萨斯·利果里教堂
Sant'Omobono 圣奥莫博诺教堂
Santa Croce in Gerusalemme 耶路撒冷圣十字架教堂
Santa Domitilla 圣多米提拉地下墓穴
Santa Francesca Romana 圣妇方济加圣殿

Santa Lucia in Selci 塞尔奇的圣露西娅教堂
Santa Maria Antiqua 老圣玛利亚教堂
Santa Maria del Popolo 人民圣母圣殿
Santa Maria della Pace 和平圣母教堂
Santa Maria in Ara Coeli 天主祭坛圣母圣殿
Santa Maria in Cosmedin 科斯梅丁的圣母圣殿
Santa Maria in Pallara 帕拉蒂姆的圣玛利亚教堂
Santa Maria in Via Lata 拉塔街上的圣母教堂
Santa Maria Maddalena 抹大拉的圣玛利亚教堂
Santa Maria Maggiore 圣母大殿
Santa Maria Rotonda 圆形大厅的圣母教堂
Santa Maria sopra Minerva 密涅瓦神庙上的圣母圣殿
Santa Rita da Cascia 卡夏的圣丽塔教堂
Sant'Agnese fuori le mura 城外的圣依搦斯教堂
Sant'Agnese in Agone 阿戈涅的圣依搦斯教堂
Sant'Andrea della Valle 山谷的圣安德肋圣殿
Sant'Atanasio dei Greci 希腊人的圣亚纳大削教堂
Santi Vito, Modesto e Crescenzia 圣维笃、圣模德多和圣妇格森夏教堂
Santissimo Nome di Maria al Foro Traiano 图拉真广场的圣母圣名教堂
Saracen 撒拉森人
Satyricon《萨蒂利孔》
Saul of Tarsus 来自大数的扫禄
Scipio the Great 大西庇阿
Scribonia 斯克里波尼娅
Scylla 斯库拉
Sebald Beham 泽巴尔德・贝哈姆
Sebaste 塞巴斯特
Sejanus 塞扬努斯
Senators pedarii 站立元老
Septizodium 七节楼
Sergei Lvovich Utchenko 谢尔盖・利沃维奇・乌琴科
Servianus 塞维安努斯
Servius Tullius 塞尔维乌斯・图利乌斯
Severus Alexander 亚历山大・塞维鲁
Sextus Tarquinius 塞克斯图斯
Shrine of Venus Cloacina 克罗阿西娜祭坛
Sibylline Books 西彼拉书
Silenus 西勒努斯
Silvanus 西尔瓦努斯
Simon bar Kokhba 西缅・巴尔・科赫巴
Siren 塞壬
Sirmium 锡尔米乌姆
Sixtus V 西斯笃五世
Smaragdus 斯马拉格达斯
Solon of Athens 雅典的梭伦
Sperlonga 斯佩隆加
Spes 斯佩斯
St. Mark's Basilica 圣马尔谷圣殿
St. Cyril 圣西里尔
St. Peter's Basilica 圣伯多禄大殿
St.Agapetus I 教宗阿加佩图斯一世
Staffordshire 斯坦福德郡
Statius 斯塔提乌斯
Strabo 斯特拉波
Subura 苏布拉
Suetonius 苏维托尼乌斯
Syracuse 锡拉库萨

T

Tabularium 档案馆
Tacitus 塔西佗
Tarpeia 塔佩娅
Tarquinius Priscus 老塔奎尼乌斯
Tarquinius Superbus 高傲者塔奎尼乌斯

Teatro Brancaccio 布兰卡乔剧院
Tellus 忒卢斯
Temple of Antoninus and Faustina 安东尼和福斯蒂娜神庙
Temple of Castor 卡斯托耳神庙
Temple of Concord 和谐神庙
Temple of Hercules Victor 胜利者赫耳库勒斯神庙
Temple of Janus 雅努斯神庙
Temple of Juno Moneta 警告者朱诺神庙
Temple of Jupiter Feretrius 打击者朱庇特神庙
Temple of Jupiter Optimus Maximus 至高至大朱庇特神庙
Temple of Juppiter Tonans 雷神朱庇特神庙
Temple of Magna Mater 大母神神庙
Temple of Peace 和平神庙
Temple of Saturn 农神庙
Temple of Veiovis 威俄维斯神庙
Temple of Vesta 维斯塔神庙
Temple of Victoria 维克托利娅神庙
Temple of Victoria Virgo 处女维克托利娅神庙
Termini Train Station 特尔米尼火车站
Tertullian 德尔图良
Thales of Miletus 米利都的泰勒斯
The Basilica of Santi Cosma e Damiano 圣葛斯默和圣达弥盎圣殿
The Tusculan Disputations《图斯库兰讨论集》
Theatre of Marcellus 马塞卢斯剧场
Theodor Mommsen 特奥多尔・蒙森
Theodosius I 狄奥多西一世
Theseus 忒修斯
Thessaloniki 塞萨洛尼基
Thisbe 提斯柏
Thomas Babington Macaulay 托马斯・巴宾顿・麦考利
Thomas Gresham 托马斯・格雷欣
Thurii 图里伊
Thutmose III 图特摩斯三世
Tiberius Claudius 提比略・克劳狄
Tiberius Claudius Nero 提比略・克劳狄・尼禄
Tigris River 底格里斯河
Tiryns 梯林斯
Titian 提香
Titus Aebutius Elva 提图斯・埃布提乌斯・厄尔瓦
Titus Annius Milo 米洛
Titus Lartius 提图斯・拉尔基乌斯
Titus Pomponius Atticus 阿提库斯
Titus Tatius 提图斯・塔提乌斯
Tolumnius 托卢姆尼乌斯
Tomis 托弥城
Torlonia 托洛尼亚
Torre dei Conti 孔蒂碉楼
Torre delle Milizie 民兵碉楼
Totila 托提拉
Trajan 图拉真
Tsarskoye Selo 沙皇村
Tuccia 图克西娅
Tullus Hostilius 图路斯・荷斯提利乌斯
Turgenev 屠格涅夫
Tuscolo 图斯科洛
Tyrrhenian Sea 第勒尼安海
Tyutchev 丘特切夫

U

Ulpius Junius Valentinus 乌尔皮乌斯・朱尼乌斯・瓦伦丁
Umbilicus urbis Romae 罗马中心原点
Urban VIII 乌尔巴诺八世

V

Vale of Tempe 滕比河谷
Valentinian II 瓦伦提尼安二世皇帝
Valerian 瓦列里安
Valerius Romulus 瓦勒利乌斯・罗慕路斯
Vedius Pollio 维狄乌斯・波利俄
Veii 维爱
Velia 韦利亚山
Venus Victrix 征服者维纳斯
Vercingetorix 维钦托利
Verginia 维尔吉尼娅
Vespasian 韦斯巴芗
Vettius Agorius Praetextatus 维提乌斯・阿革利乌斯・普莱特克斯塔图斯
Via Agonale 阿戈纳尔街
Via Appia 阿庇亚大道
Via Bacchina 巴奇纳街
Via Biberatica 比贝拉提卡街
Via Carlo Alberto 卡洛・阿尔贝托大道
Via Cavour 加富尔大道
Via dei Fori Imperiali 帝国广场大道
Via dei Polacchi 波兰人街
Via del Dabuino 狒狒街
Via del Corso 科尔索大道
Via del Foro Olitorio 菜市街
Via del Foro Piscario 鱼市街
Via del Mare 海洋大道
Via del Piè di Marmo 大理石足部街
Via del Sudario 苏达里奥街
Via del Tempio di Giove 朱庇特神庙街
Via delle Botteghe Oscure 暗店街
Via di Grotta Pinta 彩绘洞室街
Via di S.Stefano del Cacco 卡科的圣斯德望教堂街
Via di Torre Argentina 银塔街
Via Equizia 厄奎齐亚街
Via Florida 佛罗里达街
Via Giovanni Lanza 乔瓦尼・兰萨大道
Via in Selci 塞尔奇街
Via Labicana 拉比卡纳大道
Via Luigi Cremona 路易吉・克里摩拿街
Via Magnanapoli 大那不勒斯街
Via Merulana 梅鲁拉纳大道
Via Montanara 蒙塔纳拉街
Via Nomentana 诺门塔纳大道
Via Paolina 保禄街
Via Quattro Novembre 十一月四日街
Via Sacra 圣道
Via Salaria 萨拉里亚大道
Via Tiburtina 提布尔提纳大道
Via Tor de' Conti 孔蒂碉楼街
Viale Serapide 塞拉皮斯小街
Villa Arconati 阿尔科纳蒂别墅
Villa Medici 美第奇别墅
Villa Wolkonsky 沃尔孔斯基别墅
Virginio Vespignani 维尔吉尼奥・韦斯皮尼亚尼
Vittorio Emanuele III, 维托里奥・埃马努埃莱三世
Vittorio Morpurgo 维托里奥・莫尔普戈
Vulcanal 伍尔卡努斯祭坛

W

Walter Scott 沃尔特・斯科特
Wiazemsky 维亚泽姆斯基

Z

Zenodorus 芝诺多罗斯
Zethus and Amphion 仄忒斯和安菲翁
Zhukovsky 茹科夫斯基